錢海岳撰

南明史

第十册　列傳

卷七十四至卷八十三

中華書局

南明史卷七十四

列傳第五十

無錫錢海岳撰

等　阿仲等　安坤等　黄鑾長等　黄安信等　沈文崇等　薛士道等　蓋世禄　王耀祖　王先住等　齊正等　周羲等　禄昌賢等　王朔等　秦祖根等　李日芳等　禄益等　楊道生等　蟒達喇　弟蟒猛白

畢方濟　艾儒畧　潘國光　李科羅　瞿紗微　卜彌格等

秦良玉，字貞素，重慶忠州人。石砫宣慰使馬千乘妻。萬曆二十七年，征播州蠻，破婁山關，良玉夫婦功稱最。千乘以忤内臣丘乘雲下獄死，命良玉代領其職。爲人饒膽智，善騎射，料敵如神，兼通詞翰，儀度嫺雅。每行軍，號令嚴肅，秋毫無犯；有犯，親故不少貸。所部兵器用長矛，白木爲之，「白桿兵」遂著名海内。

泰昌時，奉調征清兵遼東，遂卸裙釵易冠帶，與子祥麟、婦張鳳儀、家將文指揮妻白，及左右侍婢，皆男妝雄服，衆八千人。賜良玉三品服，授兄邦屏都司僉書，弟民屏守備。天啟元年，邦屏渡渾河戰死，民屏突圍出。遼瀋連破，關外殘兵奔竄。良玉聞變，統精卒三千，與祥麟兼程守山海關。祥麟中矢，猶拔矢策馬奪勇防禦，不肯退。良玉陳邦屏死狀，尚書張鶴鳴亦言渾河血戰，實石砫、酉陽二土司功，詔加良玉二品服；祥麟指揮使；贈邦屏都督僉事，廕子，祠祭；民屏進都司僉書。命回川練兵赴援，良玉率衆回蜀。

未幾，奢崇明圍成都，陷重慶，川中大震。諸土司皆貪崇明賂，逗留，獨良玉斬使焚書，遣邦屏子翼明、拱明，都司胡明臣，裨將秦永成先發，自與祥麟率殺手六千，令民屏提調，楊學禮督陣，前鋒沿江而上，寇不敢出。而崇明圍成都急，巡撫朱燮元調援，良玉乃繇川北鼓行而西，分遣民屏復安岳、樂至，良玉復新都，長驅抵成都。寇敗解圍去，乃還救重慶。民屏禽寇將樊虎，奪二郎關、佛圖關。時南坪關先爲翼明所扼，拱明斬寇將沈霖兩河，火舟千餘，寇束手困守城中。良玉兵抵城下，腰刀先登，手斬千級。寇張彤迎戰，祥麟斬之，乘夜復重慶。永成斬將冉應龍忠州。川東悉平，功第一，授都督同知總兵，復晋祥麟宣慰使，民屏都督同知副總兵，翼明、拱明咸加參將。良玉益感奮，以首兇未獲，即領兵進剿。分遣裨將秦衍祚復遵義，祥麟克永寧、藺州，親率翼明、拱明先後攻破紅崖墩諸大巢，禽將李榾等。朝命數賚金幣，良玉疏謝，且言：「臣率翼明、拱明提兵裹糧，累奏紅崖墩諸捷，乃行間諸將，未睹賊面，攘臂誇張。及乎對壘，風聞先遁，敗於賊者惟恐人之勝，怯於賊者惟恐人之强。如總兵李維新渡河一戰，敗衄歸營，反拒臣不容一見。以六尺軀鬚眉男子，忌一巾幗婦人，亦當愧死。」優詔報之。

崇明巢破，結水西安邦彦同反，引苗衆圍貴陽。良玉命民屏及其子佐明、祚明從巡撫王三善救之，大破邦彦平越，搗大方。三善死，民屏從殉，佐明、祚明重傷脫。良玉疏聞，有「仇不共戴」語。詔贈民屏右都督，佐明、祚明授參將，翼明、拱明皆晋副總兵候調。

崇禎三年，清兵陷永平四城，畿輔震動，詔天下勤王。各鎮自保觀望不前，良玉獨慷慨誓衆，率翼明捐資濟餉，師晝夜兼行抵都。都人聞白桿兵至，朝市喧傳安堵。上詔褒美，加少保，挂鎮東將軍印。召見平臺，賜蟒玉綵幣羊酒，賦詩四章旌之。會四城復，蜀有百丈關之警，命良玉歸。翼明護築大淩河，城成，亦撤兵還鎮。祥麟、鳳儀代駐近畿防守。後夫婦分兵逐王嘉胤、王自用於山西、河北。已調襄陽，鳳儀以孤軍戰歿侯家莊，祥麟乃南旋。良玉自京師還，奉命專防川東。七年，張獻忠入川，圍太平，良玉提兵急救。會祥麟自北還軍，前後夾擊，大破之，遁去。十三年，羅汝才復入川，聞良玉兵至，反走。良玉率永祚、翼明、譚穩、秦篆，迭破之馬家寨、留家埡，斬東山虎，追至譚家坪，寇披靡逃，王光恩、惠登相降。良玉率祥麟親追至仙寺嶺，奪汝才大纛，禽渠虎埸天，前後斬八千餘級，蹂死者徧山谷，獲甲仗馬騾無算，衆喪膽不敢西。

先是，左良玉縱獻忠走合汝才。是歲七月，二人悉銳復攻川。當是時，楊嗣昌主驅寇入川，盡撤蜀精鋭赴楚，邵捷春以弱卒二萬守重慶，所倚惟良玉及副總兵張令二軍。適知州陸遜之過重慶，捷春命按行其營，嘆曰：「不圖今日見細柳營，娘子軍名不虛也。」良玉爲置酒論兵，語遜之曰：「邵公不知兵，吾一婦人，受國恩應死，恨與邵公同死耳。」遜之問故，良玉曰：「督師以蜀爲壑，無智愚皆知之。邵公不以此時爭山奪險，令寇無敢即我，而坐以設防，此敗道也。」遜之醉，誤曳其袖，良玉遽引佩刀自斷之。

十月，獻忠破觀音崖，從上流渡，良玉偕令急扼竹箘坪，挫其鋒。令戰死，良玉趨救不克，所部三萬人畧盡。單騎見捷春曰：「事急矣！盡發吾溪峒卒，可得二萬，我自餼其半，官半之，猶足辦寇。」捷春見嗣昌與己左，而倉卒無見糧，謝其計不用；良玉乃太息歸。捷春師旋覆，嗣昌乃來重慶，謀邀獻忠。獻忠復出峽破襄陽，嗣昌亦死。

十六年冬，獻忠盡破楚地，將入蜀。良玉圖全蜀形勢，上之陳士奇，請益兵守十三隘，士奇不能用；復上之劉之勃，之勃許之而無兵可發。

十七年正月，獻忠攻夔州，良玉馳救，衆寡不敵潰。威宗殉國，衰絰北向大哭。及清兵入蜀，良玉語其衆曰：「吾一婦人，受國恩二十年，今不幸至此，其敢以餘年事虜哉？」與所部中軍江國紀等約曰：「從虜者族無赦。」乃分兵守四境。獻忠徧召土司，無敢至石砫者。忠、酆民襁負來依者踵接。昭宗即位，晋太保兼太子太保，封忠州侯。永曆二年，宗室容藩使至徵粟，良玉不應。容藩將攻之，乞救於李占春，容藩乃走。未幾卒。年七十五，謚忠貞。

鳳儀，沁水人。尚書銓女。祥麟，字瑞徵。有勇畧，屢立戰功。先與良玉書，言：「兒誓與城存亡，願大人勿以兒爲念。」良玉批其旁曰：「好、好，真吾兒。」卒，子萬年嗣。

翼明，官總兵，封威遠伯。十三年，與萬年、楊璟以衆同降於清。拱明，官總兵。討普名聲，力戰死。

同時，冉紹益，字添昌，石砫人。累功官荆州總兵。國亡隱卒。

況上聞，字德陞，上高人。歲貢。授石砫經歷。良玉兵悍，以威折之。良玉勤王，以監軍遷寧川參軍。

楊光斗，字北樞，邑梅洞人。世襲長官。萬曆時，卻貴州紅苗。播州楊應龍反，與石砫馬千乘、酉陽冉御龍、平茶楊光祖，隸總兵馬孔英討之。播州平，論功，進散官一階。清兵侵遼，奉詔將邑梅兵援遼陽，陞都督僉事、京營參將歸。崇禎十七年，乞休。永曆三年卒，年七十三。

子昌厚，字義極。諸生。愛墳典。襲職。昭宗即位，溪洞土官均陞階，昌厚晉都督僉事同知。光斗卒後未幾卒，子勝皞襲。十三年降清。

同時楊勝吉、楊昌統、楊光同、楊通堯、黄達。

勝吉，平茶洞人。世襲長官。父昌胤，天啟中，從征奢崇明、安邦彦，論功，授都督僉事。剿河南、湖廣寇，禽斬多。貴州紅苗滋釁思、銅間，攻平茶，昌胤築太平新營，扼險自守。勝吉從昌胤剿寇承天，以驍敢，賜「忠貞報國」旗號，授京營參將。永曆時，歷恢剿漢羌總兵、思沿都總管，挂平夷將軍印。紅苗間出剽劫，復扼太平營，苗無所掠，引還歸降。卒，子秀新襲。

昌統，字繩可，石耶洞人。世襲長官。征鎮溪苗、防淮安有功。永曆二年，錢邦芑奏擢狼山總兵，加太子少傅都督同知。卒，子勝美字如文襲，十二年降清。

光同，地坎人。世襲長官。永曆十三年降清。

通堯，邑梅洞人。世襲大田所千户。奢崇明亂，以督運功，陞指揮僉事。崇禎十七年，大田蠻畔，率五百人討之，轉戰山峒間，重創死。從弟通靈，亦力戰從死。僕負屍力竭死。

達，彭水人。都督僉事屯練總兵。

冉天澤，字沛生，酉陽人。讀書便弓馬，以恩貢授都司。張獻忠入蜀，修戰備。米壽圖薦參將，擊唐崖、大旺二司。隆武元年，酉陽官舍冉天錫謀畔誅。二年，遷都督僉事、援剿川黔副總兵，屢破寇，乞改文官。吕大器疏調監紀推官，防永、保邊徼。永曆元年，寇攻保靖，天澤大破之，一方以安。

從子奇鑣，大器疏請封定遠伯，天澤爲兵部司務。四年，楊鴻薦陞職方主事。宗室容藩又題授奇鑣襲宣慰使，挂鎮夷將軍印；天澤監軍僉事。六年，胡際亨調監軍。後李占春、湯思忠、白士眉攻彭水，犯西邊，天澤扼守容坪，迭有戰功。十一年，官舍冉奇錕謀畔，不果。天澤尋卒。奇鑣於十二年十一月降清。

同時冉天嗣，酉陽人。都司僉書。鞠龍，酉陽人。以力聞，官把總，大破大旺兵。姚繼崇、周延卿，巴縣人，酉陽宣慰司經歷。

又吴縣王道弘，涪州龍惕庵，盱眙何之潤，天台王伯繩、華大炎，嵩江華亭彭梧鳳、汪穎，酆都林確，鳳陽張天植，高陽李如滂與張文政、李澹庵、李之華，皆先後避地酉陽，以詩篇酬唱。

田元，字太初，容美人。世襲宣撫使。崇禎中，助餉從征中原，命子霈霖等授剿襄、鄧、房、竹，遷宣慰使，加太子太保、右都督。十二年，命率土兵七千入衛。會威宗凶問，歸。安宗立，蠟丸上書文安之及嵩滋户部伍甲。華陽王至澧避寇至，時加存問。元工文好士，笙歌唱酬無虚日。隆武二年卒。

子霈霖，字厚生。諸生。襲。永曆中，加太子太保、左都督。命千户覃應祥間謁行在，陳方畧。劉體仁兵至，憂憤卒。既霖，字夏雲。諸生。襲。永曆九年，爲劉體仁所襲執，以助餉放歸，後降於清。甘霖，字特雲。諸生。襲。降清。元弟圭，字信夫。好文史詩酒。子商霖，字珠濤。諸生。

同時張六謙，字吉士，施州人。襲石寶司長官。體仁兵入，多方安定。唐鎮邦，水濜人，世襲安撫使。有雄畧。寇亂，出征有功，安之重之。起兵數攻長陽。後納體仁逃兵，爲所害。覃進孝，忠路人。奇勳子。世襲安撫使。從楊嗣昌軍，以援勦功，封忠義侯，加太子少保。子承國襲。

覃勳麟，散毛人。世襲宣撫使，挂鎮遠將軍印，降清。

田永豐，大旺人。世襲安撫使，降清。田獻章，東流司人，世襲長官，降清。田禄龍，臘壁人，世襲宣撫使，八年卒。子琦襲，降清。

向同廷，卯峝人。世襲宣撫使，官總兵，降清。弟明廷，同知，拒永順兵，襲。向國泰，漫水人，世襲安撫使，降清。向柱，散毛人，世襲百户。天啟二年，征水西有功，官副總兵。子金鑾，降清。

又向霖龍，諸生。義勇守備。剿安、廬、池、太、光、固、蘄、黄，陞都指揮使。崇禎十二年，清兵入塞，勤王，加副總兵；向雲龍，遊擊；向霈龍，遊擊；牟世勳，參將；杜宗周，指揮屯田總兵：，向鼎周，指揮總兵：，向汝選，遊擊，皆施州人。田弘澍，字伯霖，巴東人。降清。

彭象乾，保靖人。世襲宣慰使。負才名。萬曆二十七年，從母兄冉御龍征播，禽斬張弢、阿保等；征盧溪苗，禽張喬六。又督長官彭天元，追寇麅皮寨，禽斬張蒯兒等。四十七年，清兵侵遼，與妻蓬氏，率五千人援之。四十八年，晋指揮使。至涿州，病不能行，命其子姪象周、緄、天佑將親兵出關，戰渾河，全軍覆，歸。天啟二年，陞都督僉事，轉後軍都督。崇禎末，張獻忠入蜀，拒守不下。昭宗即位，擢防剿湖北路苗總兵。永曆元年，以傅作霖請，與子朝柱出辰、詟，待捷封伯。三年七月卒。朝柱征苗，斬靳龍、老梗、吴老、喬若、師保等。獻忠攻長沙，破詟、武，督兵援剿，以功官左軍都督。子鼎，任錦衣指揮，降清。王進才、馬進忠至，鼎率舍把彭養鋭、彭象震以藥弩手千餘拒之，二人潰。八年，高必正來攻，鼎率苗兵萬人拒之，必正中矢死。

同時向暹，桑植宣慰使，征夷陵寇。弟鼎，降清。上峒長官楊國棟調夷陵，加宣撫使銜。子九鸞襲。

彭弘澍，字海若，永順土司。永曆元年降清，拒必正、李赤心。

田儒英，五寨長官。以征紅苗功，陞思石守備。子茂玉襲。二年，被圍自刎死。

魯國道，辰州土官。七年三月，攻慈利，斬教諭梅聯甲。終事不詳。

楊之明，天全人。世爲天全六番招討使。弘光元年三月，張獻忠至雅州，知州王國仁初通李自成將馬科，繼又歸獻忠，與下川南道胡恒不睦，將執致獻忠。恒走土司高克禮家。而之明族姓與克禮世仇，互殘殺。弟之喬又欲因亂弑之明以降，遂執恒並家口數十人送獻忠殺之。指揮阮士奇與二子鼎鉦、鼎鐘討之喬死。之明與宗室奉鉀、主事鄭延爵合謀起兵。其妻洪亦能兵，以婢自成一隊，部將陳國富尤勇武。已戰飛仙關，兵敗皆死。子嘗襲。永曆十二年，清兵入天全，招討使高際泰、副招討使楊先柱降。際泰子一柱，字梅坡。以儒雅稱。都督銜。後與蘆山百户竹兆夢降清。

士奇，成都人。初守成都，城破力戰出。

同時嵩潘土知事薛維屏。獻忠攻龍安，與王、李二土司守番寨，一門死。

嵩潘千户馮昌期，獻忠至，城守。五年，平東南二路番亂，陞副總兵。汶川瓦寺土官曲沃太守澈底關，獻忠不得過。子翊仲，後降清。威州龍、蒲諸寨於九年攻城敗歿，龍山番於十年斬嵩潘守備楊國柱。雜谷土官桑吉朋、阿日土官阿必太兵千餘人，於十一年攻瓦寺敗。六月，吉朋降清，阿朋、阿姜濟於十六年敗歿，上下五族於十七年敗歿。叠溪大定堡山後住牧巴猪五族番，於康熙二十四年起兵挖子，火死。

威遠衛長官安在嵩，禽遵義亂民郭士奇。崇禎十三年，水西再反，防禦南關。十六年，赴永寧。十七年，援川北有功。

高縣哈壩土巡簡郭鸞昌，寇至，以土兵三百力拒不支，退高縣降清。土百户金甌解富順圍，隱卒。

又陝西、四川土官先後降清者：弘光元年，則河州韓家集指揮使韓千貫、河州衛指揮同知何永吉、乩藏土百户王國柱、莊浪參將魯希聖、連城指揮使魯弘、古城指揮使魯大誥、大營灣指揮使魯之鼎、西大通峽口指揮同知魯培作、紅山堡指揮僉事魯典、古城渠千户魯大謨、西五渠百户楊茂才、西六渠副百户何進功、岷州宕昌百户馬國棟、質卜指揮僉事昝承福、西寧寄彦才溝指揮使祁廷諫及子興周、北川指揮使陳師文、南川指揮僉事納元按、起塔指揮同知李珍品、西川指揮僉事汪陞龍、乩迭溝指揮僉事吉天錫、碾伯上川口指揮僉事李天俞、勝番指揮同知祁國屏、趙家灣指揮同知趙瑜、老鴉堡指揮同知阿世慈、米喇溝指揮僉事治鼐美、都指揮僉事甘廷建。永曆元年，則瀘州九姓長官任宗學。二年，則馬軍堡副千户魯三奇。三年，則茂州左都督郁孟賢、小姓長官郁從文、大定沙壩千户蘇忠、小黑水百户郁從學、嵩坪百户韓騰龍、安陽地隘口長官王熖、土通判王啟睿、龍溪土知事薛兆選、阿都正長官結固。四年，則懋功阿日土司黑兒加。六年，則平夷長官毛長才、蠻夷長官文鳳鳴、沐川長官悦嶢瞻、雅州大乘司徒張世禄、大國師樂雲程、泥溪長官王嗣傳、瀘衛長官任長春、瓦寺宣慰使曲翊伸、茂州長寧長官蘇廷輔、静州土司董應詔、隴水長官何裳之、沙壩安撫蟒答兒、草坪巡簡蘇尚智、竹木坎巡簡坤兒布、牟托巡簡温懷忠、沈邊千户余期拔、冷邊長官阿撒氹、黎州安撫馬甲。十年，則三川王家堡百户辛偉鼎。十二年，則嵩潘阿思峒千户桑立架、國師巴碧太。十三年，則平茶長官楊抵綱、河東長官安泰寧、威龍長官張炤遠。十五年，則麻竜里百户趙應臣、洮州卓泥指揮僉事楊朝樑。十六年，則黎州土司馬溶、穆坪宣慰堅參喃喀、董卜韓瑚土司達結租、馬兒結等。

廷諫，西寧衛人。自成兵至，與諸生胡璉器、莊浪，土司魯胤昌、中族，番目完沖等歃血誓盟力守。璉器爲參軍，斬賀錦，已廷諫被執，子興周至西安乞師。清兵至西寧，釋廷諫，與李天俞招西寧、河西各土司，執番趙進忠降清。

馬京，黎州人。世爲安撫使。初，張獻忠入蜀，以蜀人易制；惟黎、雅間土司難於驟服，用降人招誘，鑄金印賫之。京時年十六，擲印於地，誓不屈。獻忠遊擊苗甲赴黎雅任，京密調番衆，與弟亭攻之，禽弁目七十餘人，斬之演武場，祭旗起兵。命白通使及其子寰翠招致富莊頭人姜、黄、奈、李、蔡、包、張七姓子弟。土千户李華宇亦率衆至，京即以七姓畀之，而建昌將周雙橋、全倖，海棠堡指揮使丁應選，越巂衛指衛同知王自明，寧越守備楊起泰，以道臣胡恒之檄，引兵入援。聞恒死，屯大渡河所，遂與京兄弟合，得兵萬餘。大戰雅州龍觀川，斬數千人，陣禽方總兵戮之，餘寇遁還，遂復黎、雅，自是不被兵者三年。京少年好酒色，踰年竟卒，亭襲爲千户。永曆四年九月，孫可望將劉文秀至，竭力拒守，被執不屈死。華宇苦戰，被執剮死，年八十四矣。應選亦以年老歿於陣。七姓子弟頭人亦俱戰死，無一降者。

華宇，黎州人。累遷副總兵。

雙橋、倖，建昌衛人。倖遷遊擊卒。

應選，字如龍，越巂衛人。官副總兵。

自明，彭縣人。能用衆，遷副總兵卒。妻周經殉。子乘龍領其軍。

起泰，名山人。後戰死。

同時何應辰，珙縣人。土指揮同知。侯天錫調成都，追寇鄭家山，防白水。已從楊嗣昌太平瑪瑙山，禽張一川，授守備。中創歸。樊一蘅起兵，調軍前卒。

廖依乾，名山人。世爲土千户，掌黎州所印。和解漢夷相攻。艾能奇至，保名山，敵不敢入。王國仁降，郝孟旋來歸，曹勳、范文光以師會。依乾招集軍民，安插羅繩、名山。清兵陷名山，楊成名妻張自刎死。其後越巂、淳山各寨番倮於十三年屯冕山相犄，未幾敗歿。

龍在田，石屏人。世爲土舍人。天啟二年，與阿迷普名聲、武定吾必奎平滇賊安效良等，繇土守備遷坐營都司。崇禎八年，應詔擊楚、豫寇有功，擢副總兵。十年三月，禽大盜郭三海；與許名臣破張獻忠鄖陽山中，斬二千餘級。十一月，破羅汝才於天井山。十一年九月，破賀一龍、李萬慶於雙溝，晉都督同知。十二年三月，破馬守應於固始，斬三千五百級。獻忠畔，熊文燦命在田駐穀城，防其東突，中譏罷歸。行至貴州，擊平畔賊安隴壁。

十五年夏，中原盜益熾，疏言：「臣捐資募精兵九千五百，戰象四，戰馬二千五，載捷二十有八，忌口中阻。自臣罷歸，親藩辱，名城陷。蓋諸將所統多烏合，遇寇即逃，乏餉即譟。滇兵萬里長驅，家人父子同志，非若他軍易潰也。一歲中，秋冬氣涼，寇得馳騁，春夏則入山養銳。夫平原戰既不勝，山蹊又莫敢攖，蕩平何日？滇卒輕走遠跳，善搜山。臣願整衆掃寇，望速給行糧。」下部議，竟不行。

隆武元年八月，必奎畔，在田與禄永命討禽之。未幾，沙定洲據雲南，迤東諸郡盡陷，在田走大理。向在文燦所，獻忠方受撫，因與孫可望相識。至是可望入黔，在田遣使告急。定洲破滅，而可望遂不可制。加左都督。後與龍起濳、龍飛拒可望定番。永曆六年卒。

子韜，十八年與從子飛揚起兵攻石屏、廣西應王耀祖，有衆數千。攻石屏久不下，總兵趙得勝兵至，韜敗走。二十年十月，走納更山死。

祿永命，臨安寧州人。世爲土知州。崇禎中，從熊文燦轉戰豫、楚有功。隆武元年八月，吾必奎反，永命偕龍在田討禽之。十二月，沙定洲作亂，沐天波自水竇逸。時永命方與必奎餘黨相拒，留其將周鼎祉防禦城中。鼎祉勸天波留討賊；天波疑爲誘，已而殺之，去楚雄。永命遂率所部歸。明年，寧州陷，死之。

同時王克猷，嶍峨人。世爲土官，死定洲之難。

高位，賓川赤石里土巡簡。亦征定洲死。

那嵩，字維岳，元江人。世爲土知府，循法敬事。昭宗幸滇，嵩與子燾入覲，供奉甚厚，設饌用金銀器，宴畢，即斂以獻，曰：「聊以佐扉屨耳。」

及李定國以敕印招土司，聯合古剌、暹羅，並通鄭成功海上，圖大舉。嵩與總兵孫應斗、賴世勳以衆應之，請平緬開省，備車駕巡幸，爲馬吉翔所泥，不果。尋授嵩總督雲南，便宜行事；弟崙挂佐明將軍印，華挂懷明將軍印；子龔，襲知府，監軍僉事，傳布各土司。

先是，永曆十三年三月，延長伯朱養恩，將軍高應鳳、總兵許名臣、龍贊陽，副總兵吴宗秀，以二千人自嘉定出建昌詣羅次降清。至是，復與嵩合，定議襲取雲南。有諫阻者，嵩怒曰：「腐儒何知大義。吾受任撫軍，世受國恩，義不忍負。今舉大事，成則汾陽王，不成則爲文丞相。吾計决矣。再阻者斬。」遂攻石屏，不克。

九月，吴三桂以清兵至石屏，總兵龍世榮率壻沐忠顯赴軍前降。嵩命養恩屯老虎山爲外援，又設伏大竹箐山以待。世榮知其謀，導清兵取道荆竹林，出伏後。十月八日，清兵至元江，壁江東，勢張甚，養恩不敢救。十二日夜，嵩出兵劫營不利，清乃掘濠立木城圍之，又造浮橋通水路。三桂攻元江不下，嵩益堅守。時命總兵馬秉忠出兵戰城下。降將楊威立城下，説嵩獻應鳳、名臣，許仍故爵土。名臣請出縛就死，嵩曰：「三人共義，豈以生死易心乎？」乃積薪樓下，雜以硝磺引火物，以死自誓。三桂射書江干，令兵民獻嵩，不且屠。嵩亦射書城外，備列三桂入關罪狀，且詈其書曰：「山海關吴三桂開拆。」城上發礮，幾中三桂，三桂大怒，日夜奮攻。十一月六日，秉忠、應斗及總兵馬忠君敗績。城陷，嵩自北門馳歸，西向拜曰：「臣力竭矣，無以報陛下。」與妻及龔、沐忠亮闔室登樓舉火，華與總兵賴世勳、魯二力、許甲桂自刎，應鳳、應斗、秉忠及總兵周長統被執死，士民十餘萬盡巷戰死。那氏藏書甲滇中，灰燼無一存焉。

贊陽於十四年冬被執至臨安死。崙自普洱命子杰、烈降清，己則不復出。十八年三月，烈起兵攻元江敗績，十月被執死。

當嵩議起兵，應鳳請約李定國兵至永昌，誘三桂往拒，然後合迤東土司攻其後，使清兵腹背受敵，滇京可得也。嵩不從。及遣人報定國，定國方與景線構兵，跌足太息，怪其太早，曰：「何不稍待耶？」嵩死，定國勢孤，訖不振。

養恩，延長人。永曆七年力請孫可望招定國。元江敗，奔定國，以瘴死。

應鳳，大荔人。

宗秀，字榮生，宿嵩人。少從張獻忠軍。

許名臣，字見還，石屏人。世爲土官。名臣少爲廩生，見天下亂，憂心如焚，投筆從戎，以都司隨龍在田轉戰中原。崇禎六年，守襄陽。七年，改陝西。八年，仍還襄陽，以篁子兵三千六百人繇保康、房縣抵竹谿。十年，破張獻忠、馬守應於黄州白羊山，又破鄖陽山中天井山寇，調征水西蠻，積功擢都督同知總兵。昭宗在廣西，以扈從勞，挂懷德將軍印。

上幸永昌，直趨行在，獻犄角之策，欲繇臨元別起一軍，以解追逼之危，乃回石屏，住居馬坂龍，造令牌。永曆十三年二月，高應鳳斬石屏知州鄭相。九月，名臣起兵，挂贊明將軍印，與應鳳逐知州文國珍，復其城，約那嵩、朱養恩同策應。兵敗，走元江，再攻石屏。時提督張勇屯臨安，去石屏七十里。名臣僞爲吴三桂檄，召勇赴雲南。勇將往，而怨家發其事，合篆文少異，乃止。名臣與龍贊陽回元江，清兵至，奔梓潼閣池中，折蓮幹呼吸，欲圖再起。三桂兵見池水之中呴煦沫也，訝之，擊以戈，有血縷縷浮出。窮之，則名臣傷且死也。

同州袁潤，字榮之。廩生。工詩好武。北京亡，痛哭不食。名臣兵起，司運械運籌，率二僕哈二、哈明往來石屏、青龍廠間。名臣死，遁易門茶山，羽衣黄冠，不薙髮。後隱袁家山，閉户鑿坏通飲食。病亟，謂子弟曰：「生爲明臣，死爲明鬼，爾曹毋薙我髮，葬則向東西，不宜向北。」言訖而歿。

刁定邊，本應天人。世爲干崖宣撫使。定邊，萬曆三十九年襲，崇禎五年，以年老乞休，子鎮國嗣。吴三桂招降各土司，定邊與南甸龔氏、隴川多氏不屈。盞達副宣撫使刁思韜乘亂欲奪職，執定邊父子五人送三桂軍死。

同時宋守臣，字鎮南，麻哈人。恩貢，世襲土同知。天啟初，征水西；崇禎元年，征山東，累功官總兵歸，日以詩書韜畧課子弟。國亡後，久之卒。子昌謨，從扈楚、粵，永曆二年，以征苗功，歷後宰將軍、右都督、侍衛。弟昌期，歲貢，官黎平教授；昌胤，諸生，襲土同知。

王顯甲，養鵝人。世土千户。永曆元年，撫苗有功，加級。

楊桂杏，銅仁人。世烏羅土官。永曆元年十二月，清攻銅仁、思州。桂杏與省溪土官楊德勝復銅仁，擢總兵。

龍建極，亮司人。長官爲霖子。武生。何騰蛟監紀。

韋國相，興隆人。司官屬。嚴恪以禮自處，睦鄰敬宗，八十後不衰。司上其事，奉旨優獎。

隴懷玉，鎮雄人。世土知府。以輯寧疆功，歷布政使、太僕卿。上有「忠猷益著」之褒。子弘勳襲，降清。

陸安貴，霑益人。鎮寧阿坡土舍。永曆時，以功陞長官。後降清。

沙飛雄，亦佐人。世土舍。永曆十五年，謀起兵，事洩死。

龍昌，安寧人。世土官。昭宗發滇京，過安寧，謁見大哭，上貢，爲備夫馬，送扈永昌。

高天錫，順州人。世土州同知，加遊擊。子禄祥，降清。

程文俊，景東人。襲左百户。永曆中，剿寇那敦，中矢死。

段朱綉，廣通人。土主簿。永曆中襲。子佳璜，降清。

楊忠藎，廣通人。回蹬關土巡簡。四年襲。降清。

蘇鑑，廣通人。沙矣土巡簡，十二年襲。降清。

岑廷鐸，字覺斯，田州人。偉幹負文才，世襲土知州。屢平寇。北京變聞，痛哭蓮山寺。

昭宗立，累擢右都督，挂恢剿將軍印。國亡，以印付子漢貴，入棋盤山中不返。

黄天祥，向武人。世土知州。崇禎十五年。平都結土州盧棍亂，授總兵。

黄世勳，思恩人。世舊城土巡簡。崇禎十五年，討武緣有功，陞知州。

王萬化，字端明，白山司人。護國將軍龍光子。諸生。累功，官御前總兵。國亡，痛哭不出。

韋繼宗，河池人。世土官。征覃鳴珂，禽思恩姚應元及徐彪有功，乞休。子光祚，永曆六年降清。

韋英，慶遠人。永定長官司，崇禎十五年襲，永曆五年卒。子盛春，降清。

鄧世廣，永順長官司人。世土官。永曆六年降清。三十四年，與戴天禄謀反正死。

莫貴忠，忻城人。世土目。永曆二十六年匿故總兵李象新於家，子宗威亦匿楚人雷春軒於毛峒，謀起兵。事洩，象新、春軒執死。三十一年，宗威謀攻城，衆散走。

景東土知府陶斗，蒙化土知府左星海，麗江土知府沐懿，烏撒土知府安重金，東川土知府禄萬兆，烏蒙土知府禄世孝，永寧土知府阿鎮麟，鎮沅土知府刁允中，鎮東土知州刁悶達，灣甸土知州景文智，威遠土知州刁漢臣，北勝土知州高斗光，南寧遷峒長官某，慶遠土知府莫宗詔，永順長官彭希聖，順寧耿馬宣慰使悶抵、安撫使罕悶振，臨安納樓茶甸副長官普率，容甸副長官太昌，車里宣慰使刁穆禱，大理十二關副長官李恬森，永昌遮放副宣慰使多爾忠，潞江安撫使線有功，芒市安撫使愛衆，騰越南甸宣撫使刁呈祥，隴川宣撫使多紹寧，安靖干崖宣撫使刁建勳，盞達副宣撫使刁思韜，猛卯安撫使刁思瑄，猛緬長官奉國珍，户撒長官賴朝佐，臘撒長官蓋朝選，貴陽中曹長官謝正倫，白納長官周爾齡、副長官趙啟賢，虜冢長官宋繼榮，定番程番長官程民新，上馬橋長官方維新，小程番長官程登雲，盧番長官盧大用，方番長官方正綱，韋番長官韋璋，卧龍番長官龍國瑞，小龍番長官龍多賢，金石番長官石玉如，羅番長官龍從雲，大龍番長官龍登雲，木瓜長官石玉林、副長官顧大維，麻響長官得志，開州乖西長官楊瑜、副長官劉國柱，龍里大谷龍長官宋之尹，小谷龍長官宋景運，羊場長官郭天章，貴定平伐長官李世蔭，太平伐長官宋世昌，小平伐長官宋天培，新添長官宋鴻基，朗岱西堡副長官温捷柱，歸化康莊副長官于應鵬，永寧頂營長官羅洪勳，沙營長官沙裕先，鎮遠偏橋長官安顯祖，印水長官楊勝梅，黄平巖門長官何化洪，思南蠻夷長官安如磐，朗溪長官田養民、副長官任進道，沿河祐溪長官張承禄、副長官冉鼎臣，平越楊義長官金榜，思州都坪長官何學政、副長官周如明，都素長官周之龍、副長官何起圖，黄道溪長官黄金印、副長官劉士元，施溪長官劉師光，黎平潭溪長官石玉柱、副長官司石巖，歐陽長官歐陽運洪、副長官吴登科，龍里長官楊勝梯，亮寨長官龍文炳，中林驗洞長官楊應韶，古州長官楊雲龍，湖耳長官楊至通、副長官楊大勳，八舟長官吴遇主，新化長官歐陽謹，洪州泊里長官李煦、副長官林起鵬，都匀長官吴玉、副長官王應祖，邦水長官吴昌祚、麻哈平定長官吴士爵，樂平長官宋治政，獨山爛土長官張威遠，豐寧上長官楊懋功、下長官楊威遠，銅仁省溪長官楊秀銘、副長官戴以正，提溪長官楊通正、副長官張體泰，烏羅長官楊弘基、副長官冉天臣、平頭著可長官楊昌續、副長官田茂功，先後繳敕印降於清。

楊光謙，字和甫，平茶人。世襲土司。通兵法。安邦彦反，從軍征討。調剿中原寇，所部稱勁旅。累功官總兵。已從皮熊軍，與武邦賢解貴陽圍。奉天陷後，拒清兵清浪，挂討虜將軍印，封餘慶伯。與孫可望降清。永曆十二年，李定國出師，間使四出，光謙反正，與馮天裕、丁國祥、羅大順、任守綱、王光興、王友進皆響應。十一月，命光謙復甕安、餘慶，斷清兵後。十三年二月，天裕走，大順亦敗。三月，守備王禮執袁家渡死，副總兵雷雲、參將劉應試、千總戴玉、知縣楊紹魁戰死山箐中。總兵江起龍，土總兵李漢、毛鵬程自餘慶降清。四月，光謙自泥落壩再降清。施秉苗起兵斬知縣趙玉奇。八月，光謙妻兄副總兵傅天榜與總兵張俊龍被執甕安降清。

國祥，光謙妻，新貴人。土酋某女。驍勇多智計。嘗男裝馬上擊弩，發無不中。父從邦彥反，國祥悅光謙奇偉，設伏生得之，白主將求爲夫婦，相得歡甚。久之，語父曰：「吾儕皆大明臣子，背主負恩，山林爲盜，非良策也。」父頷之，遂自拔歸。尋領征西軍，光謙副之，從楊國棟守奉天。光謙被圍清浪，率黃平兵三千援之，大敗清兵，賜今名，授總兵，挂壺儀將軍印。上幸緬後，與總兵湯有星降於清，被羈累年。吳三桂兵起，間歸卒。同時張國禎，亦以女子爲都督總兵。永曆四年，爲可望所執。終事不詳。

大順，新添人。起兵勤王，授都督總兵。永曆十二年四月，兵敗火衛城，與仲家王三選保十萬大溪，合天裕、光謙師，兵多者三萬人，少亦萬人。九月，封龍平伯。與中軍陳萬善、蕭揚聲自喇啞攻新添，再敗入山，列栅設槍礮，清兵不敢迫。十八年，安坤起水西應之。十九年五月，降清。

守綱，九姓司人。總兵。亦降清。

龍吉兆，麻哈人。土司。永曆十四年四月，奉李定國命造仗招兵。文元、胡世昌、況榮還，及黑、謝、毛三把事附之。與結箋土司龍吉佐、樓下營土司龍吉祥盟，攻泗城土寨安南衞阿計屯。吳三桂遣馬寶、高啟隆、趙良棟攻之。十一月，果母寨陷，死者數千人，吉兆子吉佐妻被執死，元、世昌歿於陣。吉兆等守咔呷寨七十餘日不下。十五年二月，寨破被執。三桂問何反？吉兆、榮還曰：「我等受國恩三百年，仗義守死，何名爲反？」又問：「獨不畏死耶？」曰：「我兩人盡忠而死，不賢於爾之不忠不孝而生耶？」同聲極駡。三桂怒，截吉兆舌殺之，榮還從死。

同時土司之起兵者：

黎平曹滴司長官楊華如、陳洪金，於十四年六月，與孫可望部洪舍、曹尚死。

順天呂洪揚，於十四年，奉鄭成功命入水西隴革，稱興國公，與權時泰、賀鼎謀復貴陽。九月，安坤發其事，皆被執死。

丹平土官莫之廉，於十五年九月，與劉鼎攻定番，提督李本深拒之。十六年八月，黎平歸弓寨苗起兵，敗死。十一月，之廉屯兵西梁八貢山高巖，弩矢齊發。清兵番進，總管廖國忠衆死者六百人，之廉及妻妾子女被執大洞，絶食死。都司李國柱、盧明臣攻鎮西死。

金筑土司王應兆，受定國命與鼎交通，於十二月，以三千人戰江崖石寨死。鼎走水西七日死。

隴納土官阿仲，於十七年十二月，與土目賀雲、賀良臣、賀富、賀坤新、陸亮，自遮別攻安龍，稱永龍元年，據桂、黔、滇交。三桂攻之，雲走，三桂以亮居上、下木咱，近與雲爲親，恐藏匿，命總兵王會、良棟、張鵬程三道入。阿仲等以礮弩力拒，勢寡不敵。十八年二月，阿仲、亮被殺，雲自刎死。

水西宣慰使安坤，父承宗，永曆中御營都督卒。坤襲，晉光禄少卿。先，十二年十一月，清兵迫，與西陽宣慰使冉奇鑣、藺州宣慰使奢保受、平越參將萬成功及蓋世禄降於三桂。坤命把總曾經、熊彦聖引清兵間陷貴陽入滇。十四年，上元常金印自粤至，自稱湘平伯，挂蕩虜大將軍印。又有劉永寧、倪生龍、丁調鼎、李化龍至阿堵牛場，言海上已有君，定國尚在，坤命陳鳳麟、高岑、吉士英、米應貴、熊國賢、戴勝、李萬紫、陳國才招諭各土司起兵，并密使漢把鄒瑜赴十三家，約請西義將軍印。十八年正月，爲陳大出首，金印等均見執死。二月，坤遂與烏撒土知府安重聖，土目察革喇、慕魁、周室，把總高揆起兵，衆數萬，以安如鼎爲總統，合貴州羅大順等共取雲南，斬總兵劉偁。陳進才告急於清，三桂以雲、貴二路兵禦之，自率劉之復滇十鎮兵至畢節，繇大方、烏西攻卧這。總兵沈應時繇卧這、果勇、隴胯、大方分道入，李本深以黔四鎮兵攻塔寨箐，又自雪棚陷阿哈箐。三桂受困二月，糧盡援絶，總兵劉安邦死，清兵不振。適如鼎命人偵黔軍，爲本深所得，始知三桂困狀，乃使爲導，攻龍廣、補岡、六廣河。都統吴國貴大捷衆矣列，追及天生橋，坤僅以身免。九月，坤又敗於紅巖峒，以妻子走林弄箐。繇烏撒至烏蒙，不納。十一月，總兵李世耀自烏蒙進，坤悉衆拒，迭敗於波羅箐、阿作峒、初得峒。十九年二月，退大方、杓箐，與調鼎、生龍、張默被執死。陳老善起兵東隆箐死，阿木被執大木廠死，如鼎亦被執死，重聖、安重坤及驍將夷目以罵陣死。清就其地置黔西、平遠、大定三府。重聖妻隴氏，二十年七月，與隴勝、隴安藩等起兵永寧，攻大定、威寧，斬畢節經歷袁績、秦文。十二月，隴氏被執，同死者數萬人。清改烏撒爲威寧府。

當清兵陷廣東、廣西、湖廣、貴州，苗瑶相率起義，可紀者：莫廣東新會瑶獨岡黄鑾長，於永曆元年二月，以十餘萬人攻城，爲降將司徒義所拒。黎成合各瑶於七月攻連州死。杜甲於八月死。花山練復寧、吴萬雄、龔紫金、張斌友、楊太公、伍亞青兄弟，於元年起兵，六年斬慕德巡簡柳之桂，七年敗。不二年，陳學道再起兵，勢甚張，用砂礮滚牌奇中，出没山中。至三十六年冬降清。黄萬勝於二年十二月攻乳源死。興寧瑶峒官龐國安等，於十一年降清。李瑛、劉明漢於十二年七月攻德慶死。黎黎國祚於十八年六月起兵德慶大廟、雞坑、黄石死。

廣西思明土官黄安信，於五年十月，合思能龍英壯雷各土司兵二萬餘入衛新寧，命與趙應選進復潯、梧。永福瑶廖道隆，於十三年與廖環、廖扶江，馬平瑶韋文耀，永安瑶廖鳳，雒容周富江、扶紅、扶傘，融縣蘇昌，臨桂莫應鳳，武宣覃扶鑾、覃文選，宜山張士、馬士昌，上林蘇應泰，潯州毛太金，融縣居大倫，博白許賢、陳韜，應南土府儂朋起兵。上林瑶於十五年斬守備翁且。

鎮安瑶沈文崇，挂開武將軍印，於永曆十五年三月，與總兵蔣載舉、朱長興戰死，朱以龍降清。十二月，以數千人自富川、恭城、修仁、荔浦攻道州、江華、永明，斬祁陽知縣沈甲，十八年六月爲清督神會、盧屈盡美所殺。九月，廖萬千死修仁，周晚、李太平死永福。十月，雷神全、羅道曉力竭執死。楊奇清於二十四年六月攻横州。沈紹基於二十八年，起兵天保，三十四年復鎮安死。

湖廣嘗寧瑶薛士道於十二年七月入麻堂山，同寶溆瑶攻靖、奉敗死。黔陽羅翁、沈克諸瑶，於二十年三月攻奉天，八月降清。城步石灰寨瑶李癲子、沈老當、李全寶父子，於是月與通道吴老潘攻城步不利死。黔陽瑶及奉天白茅壠、邵溆、麻塘、東山瑶數萬人攻奉天，敗降於清。黔陽羅翁山沈姓、克姓諸瑶於是年五月攻奉天，遠近震動。瑶沈鳳、亞六等降於清。貴州黎平黑峒苗於二十年起兵死。黎平田氏諸寨苗於二十三年起兵死。鎮遠那磨三十六寨苗於二十四年起兵，降於清。臻剖凱里土司阿福於二十六年正月起兵死。廣順、都勻苗於二十七年二月起兵。獨山、永順土官鄧世慶、戴天禄於三十四年造印謀起兵死。扯處烏夷目俄凹、阿蠟等於三十七年春降清。周大聖於是年七月攻城步死，又阿危獨山苗先於十年結連十一州司所轄苗反攻城，爲馬寶及州人萬國清所平。

蓋世禄，字民標，畢節人。選貢。皮熊疏薦仁懷知縣，改畢節教授。劉文秀至，被執，後授畢芒同知。熊命畢節趙國良爲畢永四衛監軍，國良以世禄爲孫可望所用，將殺之。世禄歸熊，爲畢節通判。可望殺國良赤水，世禄説各夷人獻馬於可望，遷督餉僉事、馬湖知府，調曲靖。李定國擢爲副使，永曆十二年改屯田驛傳。

王耀祖，澂江新興人。世襲迤東土司。永曆十八年三月，見吴三桂遠出水西，欲自新興攻滇京，稱大明大慶元年。以王先任、王先倫招撫江外，興陽侯齊正，總兵馬麟甲、李明陽攻易門，徐元勳、楊佩遠内應，復其地，斬知縣胡邦靖；周義等復丘北，向澂江。二十年，土知州禄昌賢復寧州，斬知州曹誠，攻昆陽、晋寧三泊。王弄山副長官王朔、王霸、王隆、李世屏、李成林，教化副長官張長壽、普率攻臨安，秦祖根合趙應選彌勒，龍韜、龍飛揚，趙有才攻石屏，蒙自縣丞李世璠攻蒙自，知縣禄益、主簿王揚祖復嶍峨，舉人董奇馨、楊緗響應。

昌賢分兵攻河西，舉人蘇若頵、諸生似頵兄弟内應死。餘衆分攻廣西、維摩。楊道生、王翔、李禄久、李伯牛、李日森、沈應麟、沈兆麒、昂復祖、王承祖、龍元慶、葉向陽、葉正昌、儂得功、資洪、秦家鼎、劉汝襄復彌勒、江川、霑益、平夷，圍通海、宜良、石屏，有衆二十餘萬，雲南大震。

總督卞三元、巡撫袁懋功、提督馬國柱，分道進攻。三桂聞警歸滇京，將攻寧州，以耀祖多謀，先計拒之。四月，宜良竹子山李忠義攻城敗死，耀祖被執新興大營死。揚祖自嶍峨屯鐵鑪關，扼要道，三桂敗之。自以大衆馳易門，麟甲、明陽戰死。圍易門，十七日陷，正義、元勳、佩遠，軍師蓋傳信被執死。昌賢戰都督何進忠宜良竹工山大敗，棄寧州。臨安溪處副長官趙恩忠、瓦渣副長官錢覺耀起兵死。都統高拱辰陷嶍峨，益走，緗、奇馨及其父名臣被執死。三桂命趙得勝救石屏，王輔臣援彌勒，執應選。七月，李日芳、日森、世璠仍屯蒙自，昌賢、益依之。應麟屯維摩。韶入樂育，與那烈、飛揚合朔屯老寨，成林屯八寨，元慶屯枯木，向陽、正春屯儻甸，謀攻雲南。三桂以總兵嚴鎮援臨安，土司李阿側助之，朔、長壽、日芳、日森、世璠、應麟、元慶大敗，臨安圍解。三桂攻蒙自，敗應麟，老寨諸兵走。别谿元江攻烈、飛揚。親以大兵從臨安阿迷進。清兵入蒙自，敗日芳、世璠、正昌，陷其城。又敗日森發果山。八月五日，清兵逕攻老營，朔、昌賢走八寨大西山、隴箐、馬耳山、普蚌山，朔走文山霧露結。三桂繇王弄山抵教化。九月，自枯木進牛羊，元慶走依得功，清兵追之，走安南死。進攻蒙自，日芳、世璠、向陽、正昌走大江沼，日森走打巫白箐，旋與妻執死。清兵繇大江沿追至勒古簿，執世璠、正昌死。至維摩，應麟知不支，從法古隴城突出死。十月，清兵次落恐，韜走納更山死，烈、飛揚、龍衮、龍圖執死。次八寨，昌賢、道生屯龍蔭山戰死，朔死霧露結。總兵馬維興陷丘北，長壽死，成林走安南死，元慶妻資執死，世屏、率降清。雲南陷，清設開化府。

同年七月，朗岱土司隴安藩、水西土司阿豆與烏撒隴氏各起兵，攻安順。三桂以都統馬應麟、總兵馬寧攻之。八月，安藩、阿豆敗死。

二十三年，阿戎起兵定番，總督甘文焜攻之，退保阿魯山。一日出戰，爲副將冶秉忠所殺，部衆死者千人。

二十五年十月，副將楊宗周，本名勒昂，反正魯魁山，斬守備張廷桂，攻南安州。宗周與都司普爲善、李尚義、方從化降清。

先任、先倫、復祖、承祖，彌勒人。

正，易門人。

羲，羅平人。諸生。

昌賢，寧州人。祿永命卒。祿氏目把立永命叔祖加敕，而族人又立澩。孫可望授澩土知州，加江通、河浪參將。無何卒，昌賢代澩領兵，旋授遊擊，加參將，襲土知州，以軍功陞武英營副總兵。李定國疏薦總兵。許名臣起兵，承制挂將軍印，命與張琦起兵。昌賢洩其事，琦乃敗，後又反正。

朔、揚祖，嵋峨人。

祖根，路南人。諸生。

日芳、世屏，蒙自人。

成林，八寨人。

長壽，教化人。

率，納樓人。

益，昆陽人。

道生，江川人。

應麟、兆麒，維摩人。

元慶，枯木人。

向陽、正昌，倘甸人。

洪，陸涼人。

家鼎，霑益人。諸生。

汝襄，平夷人。歲貢。

蟒達喇，緬甸人。世襲國王。緬甸自萬曆二十二年因亂請救不允，遂絶貢。永曆十三年，昭宗幸緬，使使奉迎具表如嘗儀。及幸蠻莫，進衣衾食物，執禮甚恭。及幸者梗，貢御豐腆，上優詔答之。時潰兵入緬，夷罹兵火，死者過半，皆懟曰：「王迎上，故階之爲厲者，王也。」蟒達喇曰：「我迎上，不迎兵，兵禍我，上不禍我，奈何以是爲怨乎？」

弟蟒猛白守景邁、景線，以五萬人入拒李定國，并大出金帛犒衆，羣夷愛之，歸心焉。會吴三桂謀世守雲南，必入緬犯駕以獻，檄緬劫上自效。馬寶爲間，云：「苟能出上，則富貴可致也。」蟒猛白受指，決計劫駕。蟒達喇知之，曰：「因人之危而爲之利，不義。且彼天子也，天之所立，中土之所戴，我不能助而反爲之害，是逆天也。逆天不祥，不如全之。」

十五年二月，蟒猛白遂縛蟒達喇投之江而自立，來求賀禮。上曰：「以臣弑君，朕不能討，乃言賀耶？」不許。護守緬官亦請賞賚，不予。未幾，咒水禍作。三桂屯舊晚坡，緬相錫真持貝葉文降，願劫駕，乞清兵退錫箔，而别以百人進蘭鳩江扞衛，其後上竟蒙塵。

畢方濟，字今梁，意大里亞人。耶蘇教會士。萬曆中，與艾儒畧、潘國光、李科羅先後來中國傳教。四十六年，朝廷下封禁耶教之令，被逐至澳門。熹宗立，遼患急，欲藉外國槍礮禦清兵，乃起用教士，弛教禁。方濟於天啟三年召見，命修曆法。崇禎元年，疏請開礦。三年，回澳門，招勸殷商，集資捐火礮。陸若漢、公沙的西勞率其國人攜銃礮至遼效力，屢建功。公沙的西勞後戰死登萊。十二年，上籌邊四要：曰明曆法以昭大統，曰辨礦脈以裕軍需，曰通西商以富海利，曰購西銃以資戰守。疏上，命與劉若金同往海上，議澳門舶商事宜。安宗即位，再命通洋舶。

紹宗初在唐邸，聞方濟學術湛深，懷經濟才，器之。崇禎三四年間，迎於奉藩，方濟從遊，出入王邸，備承優遇。九年，禁錮鳳陽高牆，方濟深以爲冤，借假振罪宗入見，並說路振飛力救，事卒白，大赦得出。及即位福京，召授日宣諭使，因上修齊治平頌，並命教士練兵製器。上大悦，賜詩褒之。福京亡，避地澳門。

永曆元年，入桂林，大製西洋銃。清兵迫，糾夷兵三百，助瞿式耜城守，大破清兵，桂林獲全。三年，卒於澳門。

艾儒畧，字思及，意大里亞人。萬曆四十一年至北京，徐光啟迎之上海，轉浙江宣教。葉向高招赴福建，閩中推爲「西來孔子」，受教者甚多。隆武元年卒。

潘國光，字用觀，西濟里亞人。傳教蘇、嵩、上海。南京亡，從軍，入廣東卒。

李科羅，意大里亞人。傳教居思明，鄭成功禮之。及定臺灣，閩、粵人寓呂宋者數十萬，受苛虐，詒將議取其地，命李科羅至馬尼拉説呂宋總督，陰檄閩、粵人起兵，將以舟師爲應。事洩戒嚴，閩、粵人起兵戰敗，死者數萬人。或小舶赴臺，多溺死，成功撫定其衆。呂宋恐成功申討，使與李科羅來求成。諸將欲問罪，未出師而成功卒，李科羅遂留東寧。

瞿紗微，熱而瑪尼人。崇禎末，傳天主教入中國。昭宗再幸肇慶，龐天壽薦掌欽天監，改用西曆，上命頒行之。時召宮中講經，任機密，服中國衣冠，欲佐保嶺南，如東羅馬之君士坦丁帝。永曆四年十月，朝議遣使羅馬，命教士卜彌格偕遊擊沈甲往，齎詔書羅馬國王因諾曾爵。詔曰：

大明寧聖慈肅皇太后烈納，致諭於因諾曾爵代天主耶蘇在世總師公教皇主聖父

座前：

竊念烈納本中國女子，忝處皇宮，惟知閫中之禮，未諳域外之教。賴有耶蘇會士瞿紗微在我皇朝，敷揚聖教，傳聞自外，予始知之，遂爾信心，敬領聖洗；使皇太后瑪利亞、中宮皇后亞納、皇太子當定，並請入領聖洗，三年於茲矣。雖知瀝血披誠，未獲

涓埃報答。每思恭詣聖父座前，親領聖誨。惟以遠國難臻，仰風徒切。伏乞聖父在天主前，憐我等罪人去世時特賜罪罰全赦，更望聖父與聖而公一教之會，代求天主保佑我國中興太平，俾我大明第十八代帝、太祖第十二世孫主臣等，悉知敬真主耶蘇；更冀聖父多遣耶蘇會士來華，廣傳聖教。

如斯諸事，俱惟憐念，種種眷慕，非口所得宣。今有耶蘇會士卜彌格知我中國事情，即令回國，致言我聖父之前，彼能詳述鄙意也。俟太平之時，即遣使官來到聖伯多禄、聖保禄臺前，致儀行禮，伏望聖慈鑒茲愚悃。

紗微尋爲尹三聘劾罷。肇慶陷，見執不屈死。卜彌格奉旨及天壽書，繇廣東經印度卧亞登岸，經莫卧兒、波斯，以翌年至小亞細亞之斯密爾納，入威尼斯，見其統領，陳天壽書。又翌年，入羅馬，因諾曾爵以內爭未息，知明無中興望，助之召清嫉視，不利，遲不報。九年，因諾曾爵死，亞歷山大七世立，始復書。卜彌格於十年起程，十二年至粵，往返六年，備極險阻。時上在滇京，太后已崩，天壽亦死，乃入安南。十三年，死中道。甲入山以終。

卜彌格，熱而瑪尼人。傳天主教，瞿式耜、丁魁楚信之，王、馬二皇太后，王皇后，皇太子慈烜，皆以天壽之勸，崇奉其教。

贊曰：良玉以巾幗效命疆埸，古所未有也，跡其忠忱武畧，足愧鬚眉已。之明等皆死王事，嵩一門俱燼，節烈尤著。吉兆「國恩」之言，當日南京之亡，不聞徐胤爵、趙之龍爲此語也，可以風動衛世禄之臣，焉得以邊遠而鄙之乎？蟒達喇、畢方濟、瞿紗微，要荒知尊中國，足徵明三百年餘威猶在。夫武王以盧濮伐商，春秋以姜戎佐晉，叔季之世，安見外兵之不可復用哉！肘腋變生，君臣同殉，蓋人謀焉。余聞清兵南牧，狐兔不存，逼索蠻女，行歌侑酒，諸蠻恨入骨髓，攖鋒畢命者，正自有人，惜裔陬無文，不可考云。

南明史卷七十五

列傳第五十一

無錫錢海岳撰

鄭成功 子經 孫克壓 克塽 楊明琅 吴球 鄭鴻逵 子耀基 族弟芝莞 兄子聯 季弟斌 弟子泰 從子纘緒 纘祖等 弟鳴駿 黄昱 盧恩 楊富 謝士英

鄭成功，字明儼，本名森，字大木，南安人。芝龍子。生而風儀整秀，倜儻有大志，以諸生遊南京國子監。紹宗即位，芝龍引謁，見而大悦，賜姓，改今名，命都督御營中軍，儀同駙馬，自是中外稱爲「國姓」云。隆武二年，封忠孝伯，挂招討大將軍印，總理中興恢剿兵餉器甲，賜尚方劍便宜行事，協理宗人府事。清攻建昌，率兵出大安關，招鄭彩潰兵。鉛山急，會各鎮赴援，奏陳治兵、籌餉、精器三事。尋出分水關救贛，回募兵漳、泉。

芝龍議降清，持裾泣諫，不納；欲與俱，不從，曰：「父教子忠，未聞以貳。」遂謁孔廟，焚儒服。入金門，樹「殺父報國」旗，收餘衆數千，屯南澳。是時監國魯王頒曆海上，成功以紹宗舊臣，不欲奉之，又未聞粵中即位詔，故仍用隆武年號。永曆元年，會路振飛、曾櫻及將吏安平，設高皇帝位，歃血誓恢復。有曰：「本爵乃大明之臣子，縞素應然，實中興之將佐，披肝無地，冀諸英傑，共申大義。」文移稱「罪臣」。建演武場廈門中左所，出家財練兵、整舟楫。二月，清兵陷安平。母翁，日本人，仗劍不去，剖腹死。成功聞警歸，復城。七月，會彩攻海澄。八月，會鄭鴻逵桃花山，攻泉州，不克，回安平。陳子壯家人陳榮、張家玉部將楊可㮚來乞師。

二年閏三月，復同安，趙國琪反正。五月，復攻泉州，歷七十日解圍去。遣使日本請兵，不報。林察來自粵，始知昭宗立，加額曰：「吾有君矣。」自是奉正朔，遣陳士京齎表行在，領大隊舟師至銅山候旨會師恢復。聞同安急，返金門。八月十六日，同安陷，林壯猷等戰死，移鎮海銅山。十月，太監劉玉齎詔至，晉威遠侯。三年三月，攻漳浦，王起鳳反正。進雲霄港，自白塔登岸，督諸軍復雲霄，姚國泰反正。圍詔安，屯分水關。柯宸樞敗績盤陀嶺死。七月，晉廣平公。十一月，撤詔安圍。自分水關進潮州，駐黃岡。八日，討許龍至南洋。敵猝至，馬驚墮，幸領班蔡巧、李長斬敵得免。十二月二日，平達濠。八日，復惠來。十四日，會鴻逵揭陽。命王裕詣北京偵芝龍動靜，被執。施天福至潮州降清。

四年正月，至潮陽，常翼鳳反正，父老郊迎。二月，督師入洋烏洮水平山寇，至棉湖，普寧反正。四月，平九軍，破溪頭寨，劉公顯、丘瑞歸附。會鴻逵揭陽。二十五日，降新埠寨，郝尚久來救，親督師迎戰。五月，駐揭陽。六月，討蘇利碣石，不克。旋師圍潮州，屯溪東葫蘆山，大破尚久。傅城西南北，三面重圍，礮攻之。一日，與諸將飲城畔山下，敵礮碎壺漿，管家阿三死。殺黃海如。七月，解圍軍潮陽。八月十五日，回中左所，殺鄭聯，併彩軍。九月二十八日，惠來陷，盧爵等死。設左、右、前、後、中五軍，自領中軍。十月，太監楊進、胡安國至。十一月二日，次潮陽時江楚、廣東陷，上幸南寧，提塘黃文自行在詔入援。十二月，至揭陽。二十一日，率百舟南下勤王，發自達濠。

五年正月四日，至南澳。二十七日，發南澳。二月，至白沙湖。二十五日，大風，入鹽洲港。三月十日，至天星所。清巡撫張學聖、總兵馬得功襲陷中左所，掠黃金八十萬、銀百萬兩。四月朔，還救，復之，築礮臺。十日，誅鄭芝莞。五月，練兵金門後埔。太監劉九皋詔勤王，即行，過表裏，大風，入潮陽港，歸。施郎畔降於清，誅施顯等。二十二日，規復沿海各縣，督師海澄磁竈，大敗總兵王邦俊兵，圍漳州。公顯兵敗揭陽死。六月二日，回中左所。九月二十五日，再大敗邦俊兵。十月，回中左所。十一月，提督楊名高援師至，督師繇九都屯小盈嶺，大破之，回中左所。十二月十五日，向漳浦，陳堯策、楊世德反正，復詔安、平和。二十四日，回中左所。遣使通好日本。

六年正月，張名振奉魯王次中左所，命兵科給事中葉亭與徐孚遠奉啟：「天子在粵，請去監國號。」以宗正禮謁，迎待甚恭。王賜玄玉帶一、玉章二。二日，郝文興以海澄反正。至海澄，周全斌來歸。十日，入江東，破漳州兵。二十三日，再破之，屯長泰石高山，攻城不下。二月二日，吴世珍戰死。俄報總督陳錦以潮汀兵及彩畔將蔡興、章雲飛水師數萬衆至同安。三月七日，移屯江東山。十三日，大破錦兵，復長泰。四月，進圍漳州，兵二十萬屯南院，分兵守漳浦、海澄、詔安、長泰、平和、南靖。五月，總兵馬逢知救漳州，撤萬嵩闕龍江圍，誘之入城。逢知出，分兵迎戰，而自以雲梯傅城，逢知棄陣奔回，死傷枕藉，漳州援絶。巡撫宜永貴水師攻中左所，大破之。六月，至浯洲。七月，圍漳州。錦敗歸，慚恚，偶食不如意，鞭奴宛平李忠等瀕死。忠與李進忠、時有亮、陳憼、陳恕、李世登弑之。忠携錦部院印出，與盧丕昌被執。忠自經獄中，丕昌被殺。進忠以首級來奔。嘆曰：「僕隸而弑其主，是天下無刑也。」厚給其家而斬以示衆，島民以是大服。八月，秋霖暴漲，塞鎮門山，灌漳州城。至九月，城中草木盡，噉弩掘鼠，人相食，死者七十餘萬。諜知統領金礪以浙直兵數萬至泉州。二十六日，解圍，駐古縣。十月三日，次海澄，黄山等戰死，回中左所。十一月，命效用官李景赴廣西，約李定國、劉文秀會師。

七年正月，芝龍使周繼武至，命與清和議，遣李德以書報之。三月，命名振北上。四月，遣使至靖州，約孫可望會攻南京。二十八日，礪全師出祖山頭。五月朔，乃以大兵至海澄，張蓋天妃宫將臺督戰。四日，礪以步馬數萬、大小銃礮數百，日夜齊攻，柵壞立修，兵多死傷。五日午，諸將請出一決，葉章戰死，諸營多壞，無立足地，人多懷懼，而指揮自若。六日，登臺瞭敵，諸將環請不可乘危。曰：「礮避我，我寧避礮！」清兵見之，矢礮交集，典膳蘇貴擁被護，甘煇强翼之下，甫離臺而坐碎。知明早敵必傅城，命諸軍立隊不許動，斫以大刀不許追，待衆軍渡河併力。礪於是夜礮攻益烈，五鼓薄濠，三礮遞發。成功令曰：「是殆傅城矣。」勒兵挺巨斧視敵緣城者斫之。清首疊漢兵，二疊滿兵，填濠攀柵，大呼齊登，兵被重鎧，刀刃不傷。有厮養卒舉巨斧斫，萬斧與火箭箭從之，隨斫隨墮，濠爲之平。礪親乘屍，三疊滿將齊進，鋭不可當，諸軍不動。九日犁旦，清兵盡渡，雷發，多焚死。諸軍齊出，未渡者斬殺無遺，遂獲大捷。十二日，回中左所。斬黄維璟，大宴將士教場，立拜厮養卒鄭仁爲都督。萬年英至，晋漳國公。命監督張自新從年英詣行在，上煇等勳績。又命監督池士紳表謝，命林祚答定國、文秀書，請會師恢復。六月，督師南下，攻鷗汀寨，寨主陳鐵虎堅拒，礮傷踝，退。諭尚久，不報，得龍、熕二港口，以副總兵楊廷臣統五百人翌衛。七月，駐揭陽門闢。八月，回中左所。芝龍遣德、繼武書勸議和，曰：「將計就計，權措餉米以裨軍食。」陽復許之，因請三省地。九月，尚久自潮州來乞師。復潮陽、惠來，以大隊舟師進，十月，復揭陽。十二月，督師南安、惠安，討畔寨。

八年正月，回中左所。命楊致扈魯王之行在，未果。芝龍來書，云清許割興、泉、漳、潮四府。二月朔，命常壽寧使福京。六日，至安平。七日，清使鄭賈以海澄公敕印招，不開讀，曰：「非四省不可，和則朝鮮有例在。」十日，清使歸，乃回中左所。名振、洪旭入長江。總督劉清泰來書，不受。定國、文秀使至，請會師。命景詣行在。三月，督師自南安至楓亭，屯鎮東海口，復海壇。四月，回中左所。殺黃大振。五月，遺書清泰，必得三省。誅黃愷。六月，出師長樂措餉。巡撫佟國器書來求情，不報。清封芝龍、鴻逵侯伯，學士葉成格以四府安插兵將敕來招。八月二十四日，成格、阿山至泉州，命德、繼武至，曰：「不薙髮，不奉詔，不必見。」叱之。清泰再來書勸。九月，復雲霄。景同定國使至。四日，命禮據呂太與德入泉州，餽問清使。七日，成格命侍衛送成功弟渡、蔭來見。十一日，渡回泉，約成格。十七日，成格、阿山至安平，不受詔。二十日，成格、阿山歸。二十一日，命差官林侯偕渡餽問。二十四日，渡、蔭、德、繼武、黃徵明至，咸涕泣言：「和議不成，父命其殆。」二十六日，再命旗鼓史讜、鄭奇逢赴泉請成格，不果。二十九日，成格、阿山、渡、蔭、德、繼武、徵明並成功母顏北歸。徵明求書。復芝龍曰：「萬一不幸，惟有縞素復仇，以結忠孝之局。」十月，回中左所。十九日命察以水陸兵送效用官林雲濬賫奏行在，南下勤王，會定國師。十一月二日，劉國軒以漳州，劉良璧以漳浦，楊青以長泰反正。四日，駐漳州，屬縣皆定。十二月，回中左所。復同安，楊其志反正。復南安，周瓊反正。繼復惠安、安溪、永春、德化，移師至興化。總兵余三執天興白沙死。可望、定國使來約會師。

九年正月，在中左所。五日，復仙遊。命瓊遺書國器。又書招泉州總兵韓尚亮歸順。時成功雄視海上，分所部爲七十二鎮，建六官司務察言承宣審理六察官，日督兵操。設儲賢館，以考取諸生優行者洪初闢、楊經、阮旻錫、陳昌言、陳鵬羽、楊芳、葉儒羽、呂鼎、陳繼明、林復明，及薦舉薛聯桂、鄧愈等充之；育胄館，以死事諸將及侯伯子弟柯平、洪蔭、林鴻猷、林維榮等充之。二月，改中左所爲思明州。勸學取士，得黃帶臣、葉后詔等四十人。禮待避地薦紳，咨軍國事。四月，玉、廷世、九皋、周金湯、劉國柱先後至。晋延平王，命總督南北直省水陸官、義士漢軍務，節制勳鎮，總理糧餉，賜尚方劍便宜行事，協宗人府事。漳平守將謝徵内應迎師，以其反復，誅之。未幾，城陷。五月七日，以煇爲陸師正總督北征。察等援粵師，以梧州陷還，論罪降罰有差。行演旗禮，大閱陸師，戈甲耀日，斬蔡飛，設監紀、大餉司、監督、監營督陣官。名振、旭入長江。六月，召煇回駐漳州，調福泉興兵回漳。黃廷以十二鎮自漳浦、詔安巡下潮州。回思明，立總理監營。清泰復以書來招，許畀福、興、漳、泉，不報。廷復揭陽、澄海、普寧。清以招徠不得，大怒，以簡王濟度滿漢兵三萬至泉州。來書不復。成功墮安平、漳州、惠安、南安、同安城，空思明，以待敵。大演舟師。江龍攻饒平烏石寨死。七月，遣使日本。旭總督北征水師。九月，文興卒。十月，攻揭陽，何猛生戰死。參將李環執死。檄旭、林勝回師思明。二十八日，巴臣興以舟山來附。丁弘業戰崇明洋死。張洪德自定關反正。有人稱無爲教主謀起兵福京，執死。十二月十三日，旭師回。濟渡再招，不納。馬信自台州反正。命曾定老、伍乞娘、龔孫觀、龔妹娘設五大商號蘇杭，覘清虚實，事洩，被執死。

十年正月，揭陽陷，吕德等戰死，普寧陷。二十二日，黄勝、林文燦戰死。命袁彩、袁士元探芝龍，中道執死。總兵何吉戰興化，執死。先鋒吴一執馬蹄嶺死，總兵劉廣、參將聶士執安仁墩死。總兵李旌至福清降。二十日，命廷等南征。三月，回師，殺蘇茂。四月，濟渡以陸師自石井攻白沙，尚亮以舟師攻思明，成功命兵民家屬渡海，分布水陸師。清水師三道攻金門、浯洲、思明。十六日，大破之泉州港外，風雨大作，尚亮溺死，奪巨舟十，火舟三十，歸者不及十舟。滿兵眩暈，壞舟，飄向青嶼、金門者，斷掌斯耳鼻縱之，諭濟度毋輕動兵。濟度亦回泉州。五月，討利碣石。閏六月，練兵思明，親督操銃。二十二日，黄梧等以海澄畔。七月，命煇等攻福京。四日，復閩安南臺，圍福京。歐子禧内應長樂死。八月十七日，解福京圍。十八日，發思明。二十七日，舟山陷，陳六御、阮駿、洪德、林德死。九月三日，至閩安，巡閩清永福港、蕭家渡設防，出至壺江、定海、鳳埔，復連江。十月，黄元、郭子龍以百舟攻漳浦，成功駐三都，攻福寧，王玉戰死。芝龍命家丁謝表、小八再來勸和議。十二月，督舟師自梅溪登陸攻羅源、寧德。二十九日，復羅源，回三都。

十一年正月，書復芝龍，和議遂絶。二月七日，復温州金鄉衛，瞿永壽反正。三月，督師北上，阻風，鎮下澳。貝子佟岱來招。成功慮總督李率泰窺思明，乃回師。四月，議大舉北征。遣廷臣、九皋内司鎮中營副江玉振之行在，請滇黔粤楚師出洞庭會南京，並説定國、可望忘私憤，伸大義。五月，李順等招撫定海關死。七月，發思明北征，以旭居守。十日，至興化黄石。十三日，諸軍畢濟，進狼崎、閩安，屯鳳埔。二十九日，北上，前鋒攻吴淞。八月十二日，入海門港。十四日，攻黄巖，王戎反正，禮葬清知縣劉登龍。二十日，攻台州，營西南城外，李必等反正。九月，駐台州，復太平，高綿祖反正。七日，韓文盛反正，引復天台、仙居。九日，至海門衛。十一日，張捷反正。十二日，前所劉崇賢反正。十四日，閩安陷，余程等死，陳斌、盧謙等以羅星塔畔。十八日，督師南下。二十一日，至狼崎。二十六日，回思明。十月二十八日，督師南下。十一月朔，至南澳青嶼山。八日，回思明。二十一日，唐邦杰自漳浦畔。十二月，練兵思明。

十二年正月，稽核糧餉。金湯、國柱、九皋、廷世至，晋上柱國、潮王，疏俟收京後再受。以六部郎中各一人隨師紀録。手敕進復南直，申大義於天下，號召勤王。命孚遠、九皋及太監劉之青之行在報師期，遂設長史等官，置左右武衛親軍。二月，調南北各鎮回思明訓練，建演武亭。清攻南澳，蘇興等戰死。四月十日，討龍，復澄海，劉進忠等反正。回思明。五月，平白沙城。七日，布出征嚴禁奸淫焚殺劫掠宰牛令。十三日，大舉北征，命旭居守，從行甲士十七萬，習流五萬、習馬五千、鐵人八千，號八十萬。戈船八千，揚帆北上。二十一日，次沙關，阻於風雨。六月四日，自分水關向平陽。十一日，復平陽，車任暹反正。十三日，艾誠祥以瑞安反正。十六日，攻温州。七月二日，至舟山，逐日練兵。十八日，移食鹽澳，操兵候風。八月九日，次羊山。十日，颶風碎舟百許，没士卒八千餘人，子睿、裕、温死焉。都督陳德，太監張忠、王守禮請禱於神，風止。十四日，回舟山。九月十日，至象山，知縣徐福、守將温甲率父老迎師。十月二日，次台州灣，進忠畔。復海門所衛。十一月七日，復磐石衛。八日，復樂清。十二日，屯磐石衛。十二月十五日，至沙關。

十三年二月二十日，回磐石衛。二十五日，較武大、小門澳。四月，再較武。二十九日，火定海關，入寧波港。馳馬入信營，班官陳勇以未奉令不許入，斫馬被創。信執勇議斬，命獎銀釋之。回攻崑亭，領班陳池、鄭順戰死。五月四日，至舟山烈港。率文武官舟先行，泊排沙港。十七日，次羊山。十八日，至崇明新興沙，移蘆竹洲，丁秀等戰死。十九日，泊吴淞口。時清以蘇嵩提督駐嵩江、江寧提督駐福山，圌山譚家洲設大礮。命劉澄通提督逢知，巡按馬騰陞、梁棟宇説總兵梁化鳳反正。逢知使禮部事蔡政同澄、柳卯來迎師。張煌言爲長江嚮導，顧忠探烏喇寧古塔港道，舟師蔽江上。二十三日，會操永勝洲，重申約法。移順江洲上大沙。二十七日，至順江洲，取糧泰興，再申禁令。六月朔，至江陰，不攻。八日，至丹徒鎮。十四日，至焦山，祭太祖、威宗、紹宗，三軍縞素慟哭。謂諸將曰：「瓜鎮爲南京門户，必先破之。」因授諸將攻取機宜。十六日，建大將旗鼓。復瓜洲，集議將士恒河庵。十八日辰，號角熕銃三鳴，陞七星大旗，各舟兵登瓜洲列隊。漕督亢得時失措水死。禽操江朱衣佐，曰：「此腐儒也，殺之汙吾刀，釋之見吾寬容。」與銀五百遣之。十九日，悉師趨鎮江七里港，令專與滿兵決，遇漢兵則舍之，曰：「同類不相殘也。」清將告急，提督管效忠以滇南瓜代滿兵數萬赴援，憍躁欲戰，而成功舟忽上忽下，清兵南則泊北，北則泊南，日夜不息，酷暑連雨，人馬飢疲。二十日，登岸立營未定，清兵分道來，以静制動。清兵退十里，乃下營。清騎兵屯銀山，成功攻對山上，清兵移大路爲營，成功以銀山迫府治，爲必爭地。二十二日二鼓，移營山下。二十三日犁旦，傳令登山，去清營一二里。清兵大驚，分五道三疊來犯，礮火集成功壘。成功亦設三疊陣，督親軍當其鋒，告周麾傳礮，鉦鼓與江聲相沸騰。成功以二百人斬滿騎八百餘。清騎三百突首疊陣内二疊前，首疊兵不動，人騎爲二疊兵斫死，首疊清兵退，二疊清兵立定，矢注如雨。成功首疊喊殺，竟突二疊清兵，清兵下馬殊死戰。薄午，成功師益奮，無不以一當百。成功奪山，清兵多墮崖水死。初，清騎遇步首疊兵勒馬退數丈，合二三疊加鞭突前，敵陣動，則合勢衝之，步卒相踐踏，以此輒勝。至是，施之成功師，則嚴陣屹立，團牌自蔽如堵。清三卻三進。四路見中軍不動，以一路綴各提鎮營三路再犯中軍，方欲卻馬再進，而成功師疾趨突陣合戰，忽白旗揮衆兩開如退狀，或伏地。清意其將遁，馳馬前，忽發大礮，清兵死千人。效忠身犯陣，陣變首尾應，效忠負旗走，遂大潰，喋血填濠，追十餘里，一路亦散，自辰至未，部衆五萬餘人殲焉，僅以身免。嘆曰：「身入中國十七戰，未有此死戰也。」高謙等以鎮江反正，兵民安堵。二十五日，巡城至甘露寺，民歡呼天兵。大享士京峴山，慷慨賦詩。分兵徇屬縣，儀真歸附。巡撫蔣國柱遁丹陽，民閉城不納。揚州文武棄城走，清兵逡巡不敢入，百姓以龍牌綵旗羊酒請師，厚待之，給符嚴禁。淮揚蘇嘗自巡撫而下皇皇欲走。二十八日，議取南京。諸將以炎暑多雨，決谿水道。乃傳檄遠近曰：

> 昔五胡亂華，僅一再傳而滅；今東虜應讖，適二八秋之期。誠哉天道好還，況也人心思漢。慨自李賊倡畔，神京陸沈。建酋爲我屬夷，屢生反側，爲乘多難，竊據中

原，衣冠變爲犬羊，江山淪於夷狄。凡屬血氣，未有不腐心切齒於奴酋者也。本藩奉天倡義，伐罪弔民，卧薪嘗膽，法古用兵，生聚教訓，已踰十年。正朔雖偏，僅存一綫。兹者親統大師，首取南京，出生民於水火，復漢官之威儀。

爾僞署文武將吏，皆係大明赤子，誰非中國紳衿，時窮勢屈，委質虜廷，察其本懷，寧無隱忍。天經地義，華夏之辨甚明〔二〕；本末水源，忠孝之良自在。

至如遼人，受大明三百年之豢養，遭逆虜三十載之摧殘，祖父既罹其騈戮，母妻盡被其宣淫，爾一二三孤兒，尚爲旗下之奴，百千弱女，竟作胡中之婦，報仇雪恥，豈待異時，歸正反邪，端在今日。則張良報韓，先揮博浪之椎；朱序歸晋，遂成淮淝之捷。誠先機革面，或臨敵改圖。以全省全部來歸者，不惜分茅裂土；以一邑一鎮來歸者，定與度地紀勳；或率兵而至，則論其多寡而紀功掄升；或潔身而來，則就其職掌而量才超擢。

若蒙古、女真人等，世受國家撫賞之恩，原非一類，共在天地覆載之内，亦有同仇，無懷貳心，視之一體。不特休屠歸漢，名高日磾；且如回紇扶唐，烈光葉護矣。

〔二〕華夏：原稿如此，疑爲「華夷」之訛。

本藩仁義素著，賞罰久明。先機者有不次之獎，後至者有不測之誅。一身禍福，介在毫芒，千古勳名，爭在頃刻。師不再舉，時不再來。布告遐邇，咸使聞知。

七月朔，駐舟中，江浦復。二日，六合復。三日，太平復，劉世賢反正。四日，督師趨南京。五日，蕪湖復，句容、金壇遠及廬鳳徽池廣九南瑞饒吉忠韶武岳荆襄汝南歸德響應，中原震動。清世祖如南苑，集六師親戎，議將遷都。南京市人結羊尾黨應成功。總督郎廷佐疑京城百姓皆内向，至欲屠城。六日，當塗、繁昌復。七日，成功至南京觀音門，謁孝陵，哭奠列祖列宗。以黄安總督水師。九日，駱儀鳳門登。望金陵王氣，親以十數騎歷城下度營壘。十日，諸軍畢登。丹陽反正。十一日，諭效忠歸順復至。十二日，設大營岳廟山。十三日，含山、來安復。十四日，滁州復。十五日，和州復。清南京矢礮且盡，廷佐遣使來謁，曰：「清朝例，守城過三十日，罪不及孥，乞寬一月限，即當開門迎師。」允其請，諭曰：「本藩攻此孤城，不過一脚尖耳。既來降，姑許寬陷者，蓋以取信天下也。」又以累捷自驕，但命八十三營日則瞭望，夜則伏路，金鼓晝夜不絶，環守以待降。會有部下閩人徐福者，以犯法走清營，告十六日爲成功生日，諸將爲壽，備必虚，攻必破，因請前導。及期，諸軍果解甲開宴，或浮後湖而嬉。清駱儀鳳門攻余新營敗之。十七日，煇等請即攻城，曰：「銃礮未使，俟援敵至，一鼓殲之。」十八日，池州、溧陽復。十九日，安慶、徽州、九江父老乞師。命蔡翼調各中軍正副靈熕備攻城。監紀鄭潛曾往江北截清文報，命宋維寧送軍前，知北京絶文報一月，王子王孫公侯駙馬待劄起義，降臣令子弟先歸，爲後來進見地。二十日，杭州徐楷報城空，請劄備迎師。二十二日，設礮、樹十丈雲梯七百攻城。先，逢知、化鳳已歸命，許攻南京，僅以政、綿祖犒之，不時調。化鳳偵丹陽、句容無備，中變，引兵入南京城守，乘成功息。是午，突攻新營敗之，大隊出城。夜，成功駐觀音門調軍，倉卒移帳，壘竈未安。二十三日辰，清兵傾城出儀鳳、金川、神策諸門，銜枚疾擊中堅。都統哈哈木別以騎數萬繞後。成功傳令中軍營無令不輕戰，諸軍山隔，上下不見，清兵蔽野至，對山發礮，兵齊下馬，礮矢交注，兵難立足，望山上成功麾蓋，不敢退；又未奉號令，亦不敢相救。成功見不利，下山催水師，自後抄殺，乃下快哨，值潮退，至江心，諸軍披靡。晚，令趨鎮江。兵走江邊，不得舟，悉溺死。煇、新、勝、潘賡鍾、萬禮、張英、藍衍、陳魁、林世忠、張廷臣、郭良玉等皆戰死，惟左右武衛、右虎衛後衝、援剿後鎮兵數萬人得全。二十四日，抵鎮江。二十八日，出長江，泊排沙嶼。八月朔，次狼山上沙。四日，泊吴淞港。命政見逢知請和議。八日，至崇明。十日，登岸。十一日，攻崇明，韓英、王起鳳戰死。政同逢知差官劉秉忠歸。逢知以事敗，不敢發，乃回師。清以都統劉之源爲鎮海大將軍，屯鎮江。江上諸舉義者屠戮無遺。十八日，至林門，督諸軍訓練，卹陣亡將士。二十七日，分屯各提鎮温、台、舟山，仍分撥鎮兵，屯

蓁峽、三都、興化、南日、海南地方。九月三日，次沙關。七日，還思明。十月，劉猷死隘頑

所。十一月，修舟、備武器。是歲，李奇生、陳其綸、李廷玉、李五廷、萬雲龍、汪龍、盧洪士、潛良泗、蕭來儀、曹子布等起兵河南、江西，先後死。

十四年正月，在思明演武亭。二十一日，命蘇迪章、李明世同金湯、國柱之行在，上表自貶，仍用招討大將軍印。三月，安南將軍達素，提督得功，海澄公梧，粵督李棲鳳，總兵利、龍、吳六奇，與率泰會三省師襲思明。初，率泰旗牌張應熊弟德爲成功司庖，應熊以孔爵膽遺德弑成功及諸將。德使徒王四下藥，則身戰慄，告其父耀，大驚，首其事，德伏誅。五月朔，駐思明演武亭，督師拒漳港水師。八日，督師海門。十日，清滿漢精兵水陸三道齊攻思明，出海門，周瑞、陳堯策戰死。成功坐熕船，執旗劍，問左右曰：「流平否？」曰：「流已平矣。」成功曰：「流平潮轉，轉則風隨之，速發火礮，俾諸舟起椗，各發斗頭熕迎敵。」命何義守坐駕，自下快哨來往督戰，林登戰死。將午，風吼濤立，各軍並進，踏浪如飛，正副龍熕二船破艅而入。清兵不習水，暈眩，遂大敗。陳鵬通敵事發，伏誅。六月，屯浯洲後埔城。命禮武鎮戴罪中軍吳亮、犯人俞承持巾幗諭達素、率泰再戰。達素、率泰受巾幗，並答書。尋達素自殺。七月，命張光啟徵兵日本。八月二十日，大修舟。十月，回思明。十一月，駐金門。察卒。

十五年正月，在思明大修舟，定策取臺灣。初，臺灣爲芝龍出没地，就撫後，爲荷蘭鄂易度所據，即世所稱紅毛夷揆一王者也。鄂易度建赤嵌、鯤身城礮臺，沈甲板，港沙屈折，水淺不可渡，舟入必過礮臺前，越之則舟觸甲板破，夷恃爲天險。當成功北征，鄂易度遣通事何斌入貢，求互市，願歲輸銀五千、箭標十萬、硫磺千石，許之。斌以侵牟夷銀二十餘萬，懼，密測鹿耳門、赤嵌城水道，於汙泥中得水沖港，深四尺許。成功自南京歸，亟思拓土。斌間來歸，陳可取狀，乃至金門。於二月朔，率兵二萬五千祭海興師，兵衣金龍甲，軍容甚盛。命旭居守思明，成功督師先行，諸軍集料羅候命。三月十日，候風料羅。二十三日午，齊出料羅。二十四日，泊澎湖堺内嶼。二十六日，祭禱山川，巡諸島。二十七日，行至柑桔嶼，阻風，歸堺内嶼。三十日晚，傳啟椗。管中軍舟翼、陳廣請候風，不許。令曰：「勿以紅毛礮火爲疑畏，視吾鷁首所向而進。」四月朔旦，坐駕建帥旗，旁列五方，中龍纛、三礮，金鼓震天，諸舟魚貫。辰刻，泊鹿耳門線水。焚香祝曰：「承先帝眷顧，寸土未復，孤島危居。今冒波濤，闢不復區，天如佑明，假我潮水，行我舟師。」竹篙度之，則潮驟漲丈許。以手加額曰：「此天所以哀不穀而不委之壑也。」放礮金鼓招旗，與後舟爲記。斌按圖轉舵，揚帆呐喊，向赤嵌城，下小哨繇門登岸。午後，大綜銜尾進。晚泊禾寮港，登岸立營。六日，各社土番目均迎附，賜冠帶。南北各社聞風來歸。七日，屯鯤身山。十二日，至蚊港，度地勢，士民壺漿載道。二十四日，圍赤嵌城，降之。先數夕，風潮聲震雲霄，鄂易度登城望海，見一人襆頭紅衣，騎長鯨進，遊漾紆回，繞城而没，至是，聞鹿耳門外礮作，以遠鏡窺見旌旗，笑謂下曰：「兵近礮臺，無噍類矣。」俄見小舟樹旗纛，倏北倏東，餘舟依首舟以次入，遠礮臺行，駭爲天兵。急傳礮，礮弗能及，呼酋黎英三以甲板拒。未幾，而大兵傅赤嵌矣。翌晨，夷鼓吹出七鯤身，敗之。招鄂易度，不從。圍王城。五月二日，斬吴豪。六月七日，朱壽、郭義、蔡禄、陳華、羅棟等以銅山畔，張進死。七月，大肚番阿德狗讓畔，楊祖死。八月，鄂易度悉衆水陸犯安平、鯤身，大破之，林進紳戰死。十一月，王城夷久抗不下，死者千六百餘人。絶其水源，窮蹙出降，縱之歸，臺灣平。十二月，以王城爲安平鎮，備上巡幸，祭告山川神祇；赤嵌城爲承天府，總曰東都。設天興、萬年二縣，澎湖安撫司。六日，殺楊朝棟等。巡新嘉港、嘉溜灣、歐王、麻豆四大社，錫烟布，番酋大悦，率衆歸誠。以周全斌總督承天南北路。制法令，定職官，大起池館，延納宗室遺老，寓兵於農，惠、潮流民雲集，政以大和。又遣使呂宋西班牙互市，欲用兵收呂宋諸島，揚威海外。初，清以成功在海上，終爲大憂，梧、房星燦及其弟通判星耀上書遷界。清命尚書蘇納海至閩，議棄海島，用堅壁清野之法，於山東、南直、浙江、福建、廣東瀕海三十里居民界外者勒徙内地，發兵戍守，寸板粒米不得入，違者連坐，謂爲海禁。民戀田宅，多不願行，脅以嚴刑，流離蕩析，死者億萬。中土臣民之不忘故國者，有司輒以睚眦深文通海，身殞家籍，罹其毒者垂三十年。又於直、浙、閩、廣各設兵、户部郎中，用事招來，欲以携貳其衆，孤成功勢。

十六年正月朔，率文武官於安平西向朝拜。尋聞芝龍被害，發喪擗踊。二月，柳會春自浙海降清。三月，陳霸自南澳畔。四月，林英自滇至，得上蒙塵信。信等以成功勳德日盛，率文武官及滿洲士新、尼馬喇、紅毛夷切石丁等各具啟請登大位，改年號，不許。會子經通乳母事發，命兵都事黄昱、洪有鼎斬之。諸將不從，上公啟曰：「報恩有日，候闕無期。」五月朔，得微疾。都督洪秉誠調藥以進，不飲，投之地。猶日强起登將臺，以遠鏡望澎湖。八日，登臺畢，冠帶請太祖祖訓出，坐胡床進酒。讀至第三帙，嘆曰：「我有何面目見先帝於地下也。」因掩面而卒，年三十九。克塽立，謚曰武。子十：經、聰、明、睿、智、寬、裕、温、柔、發。

成功爲人勁毅果直，厲氣自負，夙將戾夫避駭不及。又善處敗，於危疑震蕩之中坦然自若，謀定割斷，卒轉爲勝。所部戰將數百，雄兵二十餘萬，舳艫千計，就地取糧，吕宋、日本、暹羅、咬嵧吧、東京、交阯洋船充斥。御軍，部曲行陣，節制如山。南京之圍，化鳳謂戰勍敵多，最難挫者莫如成功軍，事後告人，猶覺心悸。兵行所至，禁暴掠，見婦人在室，則卻退不入。治臺，犯姦與盗死不赦，有伐民一竹者立斬之，期年之間路不拾遺。以賞罰無私，立法過嚴，其下輒懼誅降清，清即貴顯之，以誘其衆。然推心置腹，臨事身先，仇親兼用，人亦慕成功賚予渥，第宅供張，與己無二，以是迄死不貳。臺灣感其威愛，崇若神明，廟祀至今血食。

經，字式天，仁慈恭儉，好學善射，而眈聲色。嘗通四弟乳母林昭娘，生男。成功入臺，以世子守思明。

成功卒，臺人洶洶。十三日，諸將舉成功五弟襲護國事以安之。襲私人蔡雲、李應青、曹從龍、張驥説黄昭、蕭拱辰；襲割襟與昭結姻。從龍即矯成功遺命，數經罪狀，奉襲爲主。十四日，經聞訃嗣位，發喪，修表行在。二十一日，得襲自立報。七月，率泰、耿繼茂命林忠、辛輝英來招。八月，復至。命楊來嘉、吴蔭僞款緩兵。十月朔，祭海興師入臺。六日，東行。七日，泊澎湖。八月，祀山川神祇，巡諸島。諭襲，不從。十一日，至潦港，偃旗息鼓，椗一條邊灣。十七日早，登岸，斬昭，免胄示諸將解甲，撫慰之。抱襲哭曰：「幾爲姦人離間。」待如初。斬從龍、李應德等，雲經死，餘不問，民大悦。十一月，巡南北路，鎮撫諸番。陳蟒、林明、黄昌等自閩海降清。

十七年正月，得上凶問，發喪。以安總督承天南北路。十一日，與襲回思明。承旨封全斌忠明伯。六月，以鄭泰總督思明、金門。七日，殺泰。鄭鳴駿、鄭纘緒、鄭賡、楊富、來嘉、蔭、義、陳宗、蔡協吉、顔立勳降清。陳輝、吴英自南日降清。副總兵林維、吴習敗績海澄海門死。九月，陳舜穆等自閩海降清。十月十九日，得功、富、郎、梧會紅夷攻思明，全斌大破之金門烏沙港。陳昇降清，引率泰、繼茂兵大至，屠思明，乃退銅山。十二月，總兵紀鳳攻雲霄海門死。

十八年正月，林順自鎮海衛降清。二月，杜煇、吴陞、楊世炯、張雄、鄭夢蛟自南澳降清。馮澄世爲下所弑。總兵林俊奇降清。經悉衆東徙。三月，將軍陳燦、吴盛自閩海降清。毛興、毛玉等自銅山降清。張堯天等自金門降清。六日夜，東行。七日，至澎湖，巡諸島，設營壘礮臺，戍兵以四閱月瓜代。十日，大隊至東都。設南路安撫司。全斌等自鎮海衛降清。廷、許貞以銅山降清，王秀奇至南直降清。清益厲海禁，盡徙五省各島及瀕海居民内地四十里。逢山開界溝二丈許，内爲界牆，厚四尺餘，高八尺；逢河則用大木樁柵，五里相望，高處立礮臺，外二煙墩，二十里立大營，千把總拒守。有警，一墩烽起，左右各應，營將各以衆合圍攻。閩駐一王、一貝子、一公、一伯，將軍、都統下各開幕府。滿兵居民舍，役民力，朋淫焚掠，喑啞叱咤，稍不如意，箠楚立斃。守界者賄縱出入不問，睚眦出界外殺之不問，號泣載道，流離顛沛，背夫棄子，失婦離妻，老弱死溝壑，骸骨委荒野，民無孑遺。然自後經竟不能出臺灣，浙、閩、廣瀕海，中外懸隔，不復見大明旌旗矣。五月，翁求多、余寬自南澳降清。六月，將軍鄭殷、總兵林賢敗績閩海死。七月十七日，煌言被執南田，蔡登昌自浙海降清。八月，改東都曰東寧，升天興、萬年爲州，設鳳山、諸羅二縣。九月，英吉利人來求互市。十月，利、陳英、鄭盛反正海豐死。十二月，安平土番阿德狗讓。

十九年正月朔，集文武官朝賀先帝於安平。二月，聞郎謀窺東寧，設鹿耳門、澎湖雞籠山、大綫頭防。四月，郎舟飄歸。六月，班師，大搞士。七月，安卒。八月，烏家騎起兵閩海死。十月，都督朱英，都督僉事翁貴、金興、黄榮、劉進，總兵陳綺、朱忠、張朝紘，副總兵吴弘、劉雄，參將朱顯龍，遊擊劉揚自澎湖降清。

二十年正月，東寧孔廟、太學成，行釋菜禮。州縣各社設學，定考試法。三月，以陳永華爲督學御史。七月，都督李順自澎湖至浙海降清。八月，吕宋總督遣巴禮僧入貢，求設教。命予衣冠，以臣禮入見，且申互市之約，毋遏貢，毋虐我華人。使者唯唯。是月，旭卒。九月，復設鎮思明。

二十一年正月朔，朝賀先帝於安平。五月，總兵孔元章來招，議炤朝鮮事例。鄭君赤起兵惠來魯陽寨敗死。

二十二年六月，金漢臣自海澄反正。十二月，陳玉友等敗揭陽死。

二十三年正月，永華總政事，國軒掌軍事。二月，清展界。七月，尚書明珠、侍郎蔡毓榮、總督祖澤沛及繼茂命太嘗卿慕天顏、都督僉事季佺造賫詔，許削髮如朝鮮封貢例。曰：「田橫齊匹夫耳，猶知守義不屈，況余家世受國恩，恭承先王之訓乎！衣冠我所自有，爵禄亦我所自有，而重爵厚禄永世襲封之語，其何以動海外孤臣之心哉！」天顏廢然返。經乃以間督課耕種，安撫土番，設鎮達濠、銅山、南日、舟山，貿易外國，振興魚鹽，民日殷阜。

二十四年二月，命監紀推官吳弘齊聘吳三桂。三月，阮欽殺呂勝，至泉州降清。八月，討斗尾龍岸畔番。十月，林柏馨、施轟等自浙海降清。沙浦六攻黃岡死。平沙轆番亂。

二十五年，歲大有，命諸島守將勿擾民。

二十六年正月，顏望忠、楊祥請征呂宋，不果。沙浦七攻港口死。

二十七年，詹盛、陳大興等自閩海降清。八月，三桂謀起兵雲南，耿精忠命黃鏞來乞師。十月，整舟師，次澎湖，歸。十二月，三桂兵起，使祝治國、劉定先至，約會師。命監紀推官陳克歧、副總兵陳文煥報之，勸立先帝裔，取北京、天津。

二十八年三月，命郎中周襄緒招精忠。精忠以閩應，使鏞來，許歸漳、泉及全閩戈船，請繇海道出南直。五月，經以永華留守，奉正朔而西，傳檄遠近曰：

中國之視夷狄，猶峨冠之視殘履，故資冠於履則莫不惋忿，淪夏於夷則孰不感愧。

凡在血氣之倫，寧無羞惡之心，但運數使然，莫可奈何。是以犬豕餘孽輒干閏位，遂使我明三百年之天下，一旦淪胥爲夷狄，豈盡無忠義之士哉！洪惟二祖列宗，豐功偉業，澤潤生民，踐土食毛，世承君德，即有亡國之禍，非有失道之主，而煤山龍馭，死守社稷，尤忠臣義士所摧心而感泣者也。狡虜徒以詐力奪我天下，竊據之後，爲虐益深，蒸婬之醜，上及骨肉，殺戮之慘，下逮狗彘。官方貪婪，役賦煩重，歷觀故元之政，未有敗壞如今日之甚者。

我先王忘家爲國，抗夷於方張之際。固嘗敗之於海澄，敗之於護國，敗之於鎮江，敗之於思明，所至殲其名酋，禽其渠帥者，不可勝計。即余嗣位之初，亦嘗敗之於烏沙，斬其僞侯馬得功。續以糧運不繼，因退屯東寧。生聚教誨者，一十餘年，庶踐句踐之圖，不墮先王之志。今者虜亂日甚，行事乖方，積惡已稔，天奪其魄，以致吳王倡義於滇南，耿王反正於閩中，平南、定南各懷觀望，秦、黔、楚、蜀莫不騷動，人望恢復之心，家思執箠之逐，正符廿八之謠，遂應大虎之讖，此正夷虜數窮之會與天誅之日也。余組練十萬，樓船數千，積穀如山，不可紀極。征帆北指，則燕齊可搗，遼海可跨。旋麾南向，則吳越可掇，閩粵可聯。陸戰而兕虎辟易，水攻而蛟龍震驚。所願與同志士，敦念故主之恩，上雪國家之仇，下救生民之禍，建桓、文之偉業，垂青史之芳名。

凡諸文武官吏，不論漢滿，有能以城邑兵馬反正歸附者，各照原職加階委用。其有前係舊將中道離去者，悉赦不究，一體收録。方今以國事爲重，不必以小嫌分意。其間有奇才異能者，可赴軍前投牒，量才擢叙。大師所過，秋毫無犯，非得罪社稷及抗我戎行者，一無所問。喜與士民同建匡復之勳，永快昇平之樂。刊布直省，咸俾知聞。

經出師至思明，黄興、楊信集漳泉兵。兵都事李德之日本鑄錢及軍器。李春謀起兵揭陽，不克死。鄭阿葵起兵攻大埔執死。張治起兵興國。精忠違約，禁寸板不下海，並絶往來。大怒，乃命馮錫範出師復同安，張學堯、華尚蘭、施明良、王世澤反正，趙得勝以海澄反正，承旨封興明伯。精忠命馮國銓來求和，欲以邊島歸經，不禁貿易。曰：「天下乃我太祖之天下，與爾主何與？漳泉係父母邦，兼爾主請渡海，戮力匃勦，共扶王室，故不惜提師，今墨瀋未乾，遽爾背約。本藩養蓄精鋭，屢欲西討，恨未有便。以清前日之全盛，尚與爭衡吴越，今爾區區一旅，何足道哉！」不成。六月，王錫璠以泉州反正。駐泉州，分兵定七邑。故部李瑚起兵永福，李梓、黄玠、陳辛起兵泉州，陳申、李復貴起兵南安，黄機起兵寧化。承旨封尚蘭蕩虜伯。克歧、文焕同三桂禮曹錢點至，告三桂稱帝。曰：「吴藩逆萌已誤，不但不能取信於天下，號召英雄，實爲後世羞耳。」黄芳度以漳州反正，承旨封德化公。劉進忠以潮州反正，承旨封定夷伯。七月，進忠復程鄉、普寧。劉唐宗等起兵永安死，勞陸初等起兵潮海死，蔡元義起兵安溪。八月，普寧陷。宗室統錩起兵復都昌。十六日，漢臣等敗績潮州鳳凰洲死。治攻興國，楊元真戰死，澄海陷。英吉利再使至，請互市。九月，總兵林鳳敗績長泰天柱山，副總兵孫恭死。將軍吴田敗績東埭塔潭死。蔡龍復寧洋。復貴等敗績同安小盈嶺死。三桂遣禮曹周文驥來平。十月，國軒大破清兵興化塗嶺。統錩復南康，敗入廣信山中。總兵許志遠自閩海、副總兵黄邦漢自漳州、將軍楊鎮邦自廣海降清。十一月，以錫範爲帥，攻漳浦。精忠使蒲日興來修好。十八日，劉炎以漳浦反正。命得勝爲總督，求潮州。十二月，副總兵黄忠敗績泉州小營死。沈瑞以饒平反正。進忠復澄海、揭陽、潮陽。

二十九年正月朔，率文武官拜賀先帝於泉州承天寺。精忠使吏曹張文韜來成，以仙遊楓亭爲界。何祐大破清兵潮州百子橋。瑞以饒平畔，復反正，承旨封懷仁侯。二月，毁洪承疇祠，祀黄道周等，流洪士昌、士倫、士恩、楊明琅眷口雞籠淡水。士昌等，承疇從子；明琅，過威宗梓宫不下馬者也，後死戍所。四月，以進忠總督潮州。五月，回思明、海澄。進忠大破清兵鱟魚山，復龍川。羅萬里反正死。楊士蔚内應大埔，事洩死。精忠將陳武魁反正，復萬年。六月，芳度、馮有魁、賴陞、楊壯猷以漳州復畔，督師圍之，萬宏、鄭國選等死，復平和。十月六日，吴淑以漳州反正，移駐漳州。十二月，朱纘戰揭陽湖寮死。英圭黎萬、暹羅、安南入貢。思明番舶互市，烟火市廛復故。

三十年正月朔，率文武官拜賀先帝於漳州開元寺。復海豐碣石。苗之秀以程鄉反正。復興寧、惠來、和平、連平、河源、河州。攻博羅，黄經邦等死。二月，丘煇水師谿虎門攻廣州，張國勳、趙天元以東莞反正。復長樂、新安、新會、龍門。三月，三桂歸惠州、歸善、博羅連和。命禮部都事林貴聘尚之信，告師期，出瓜鎮、豫章，清中原，拜孝陵。昇以龍泉反正。徐命久等復定南。毛龍光、李善長戰死。克歧、文煥報三桂會師，遂奄有南閩、東粤，更定官制兵制。四月，劉應麟以汀州反正。命淑經畧江西，復上杭、寧化、建寧、瑞金、會昌。張進攻雩都死。承旨封應麟奉明伯。六月，王百萬敗定南大石堡死。八月，馬成龍、朱雲從以興化反正，承旨封成龍殄虜伯。九月，清兵逼福京，精忠欲來歸，不果，遂降清爲前導。十月，王進功、郭炳興反正，承旨封進功匡明伯。楊德以邵武反正，復光澤、泰寧。以許耀總督諸軍攻福京，守烏龍江。陳英反正。總統徐堯、總兵陳信敗績鳳山嶺死。十一月，朱天貴至定海反正。二十四日，耀敗績烏龍江，林祖蘭戰死。以得勝爲帥，守興化。十二月三日，攻延平，總兵楊大任等戰死，總兵阮信降清。四日，邵武陷，張人傑戰死，彭世勳、王安邦降清。光澤陷，胡祥、楊昇等降清。十二日，建寧陷。十四日，汀州陷。

三十一年正月，泰寧、寧化、清流、歸化、連城陷。興化陷，得勝戰死。統錩復貴溪、瀘溪、光澤。二月九日，泉州陷，謝貴等戰死。十日，回思明。漳州陷。元義攻安溪，林惠、徐化戰死。寧洋陷，蔡龍戰死。林艮、陳爾峯起兵安溪。瑞金、上杭、武平、永定陷，總兵尹雲龍、曾顯、張威降清。三月二日，海澄、漳浦、詔安、雲霄陷，之秀、炎、世澤降清。欲回東寧，民號泣，惻然許留。誅薛進思。十九日，元義復泉州，許挺死，尋棄之。張七攻泉州死。四月，朱仁戰泉州小門山死，王雲龍敗信豐死。分水陸守汛。康王傑書命僉事朱麟、臧慶祚以書來招，命禮都事林桂答曰：「萬古正綱嘗之論，春秋嚴華夷之辨。世受國恩，每思光復舊業，枕戈待旦，以至今日。倘天意厭亂，人心思漢，則此成旅亦可挽回，何必裂冠毀冕，然後爲識時之俊傑哉！」五月，復東安、深扈、日湖、晒洲、大石湖各澳口，招兵派糧。炳興降清。六月，造舟舟山，爲清兵所襲，敗績。六日，進忠、陳璉、何鳴鳳等以潮州畔。十二日，棄惠州。王化龍自同安降清。廖丑起兵南安石坑死。總兵郭維藩以仙遊降清。林信起兵大田敗績。二十五日，復平和。傑書、將軍喇哈達再命卿銜卞永譽、張仲舉，泉紳黃志美、吴公鴻來，請讓諸島。經大會文武，曰：「先王在日，僅有二島，尚欲大舉征伐，以復中原，況今又有臺灣，進戰退守，權操自我，豈以一敗而易夙志。」作書絶之。八月，陳式等攻泉州死。十月，謝良等敗績灌口死。都督陳龍、蔡淑、馮珩、施建宇執統鋁，以光澤畔，統錩死。十二月，都督陳彬自閩海降清。劉天福、黃炎以舟師至温州降清。

三十二年正月二十二日，國軒總督攻漳州。二月十日，劉宗邦自玉洲反正，圍海澄。總兵林英起兵泉州，總兵林耀、副總兵黄弘戰死。三月二日，朱成等攻漳州死。十一日，國軒大破清兵江東橋。十九日，復平和、漳平。元義攻漳州，楊寧敗績天寶山死，漳平陷。四月，國軒圍海澄。五月十二日，張鳳戰祖山頭死。元義攻安溪，李榮等戰死。二十四日，汪明謀以海澄反正死。陳鎮等戰泉州黄肚寨死。平和陷，陳志戰死。六月十日，克海澄，孟安、馬虎、魏赫、田香玉、朱應麟、世澤反正。十四日，復長泰，黄輝反正；再復平和。十八日，復同安，攻泉州。二十八日，復南安、漳平。陳福等攻泉州，洪傑戰死。七月二日，復永春、德化、安溪、惠安，承旨封國軒武平伯，淑平虜伯。清逮廷佐，以姚啟聖代爲總督。八月十三日，漳平陷，張勝戰死，黄瑞鑣降清。惠安陷，王一鵬戰死。十八日，永春、安溪、南安、德化陷。二十三日，撤泉州圍。章元勳攻閩安敗績，吴兆綱戰死，殺蕭琛。同安陷，副總兵林欽戰死。九月，攻漳州不克，鄭英、劉正璽等戰死。長泰陷，輝戰死。何觀攻南靖死。副總兵林雲、林祺、林麟、詹天樞執總兵麥仁，自温州降清。啟聖命漳州進士張雄以書來議和，請歸海澄。十月，復命志美以書來招，不應。十二月，張毛皇起兵同安。江機、楊一豹自浙閩山中反正。馬承廕自閩海降清。

三十三年正月，飭禁諸鎮横征。清重遷界，自福寧至詔安民入内地十里或二十里。都督蘇亮、蘇桂，總兵王西莊、王永爵自浙海降清。二月十一日，國軒大破清兵果堂寨。二十九日，以陳諒爲水師提督，大破清兵於海壇。三月，蔡仲琱、黄靖、廖琠、賴祖、金福、廖興、何遜、楊采、黄柏、吴定方、陳化中、林翰、許毅、林忠、吕韜入泉州降清。陳士愷入漳州降清，鄭奇烈入山降清。諭飭各汛鎮營毋得害民。時南北汛防，每有徵調，動以缺舟餉爲辭。至是，遣官監紀，上自舟山，下及平海、大篷各鎮營汛地，酌地大小，配兵額多寡。每兵千名，準以七百充數，餘三百之餉，備船隻甲械之資，務宜先期整頓聽調。四月六日，以元子克壓爲監國世子。二十六日，楊忠等戰深滬死。五月，傑書再書來招，不成。六月，參將童耀敗績定海孝順洋死。七月，中書蘇礦來書請和，命賓客司傅爲霖齎書答之，不報。九月二十六日，東石陷，陳申等死。十月，啟聖開修來館漳州，以官爵銀幣眩降者，虎、李時春、郭承隆等畔降無虚日。柯瑞攻泉州死。楊金木等攻潮州山頭仔死。李棟等戰潮州井洲死。陳起萬起兵雙頭洞死。十一月八日，淑卒。石井寨陷，林英生等戰死。清封荷蘭國王，約會攻思明，許賂臺灣。都督同知紀朝佐、葉明起兵德化、永春降清。楊一虎戰江滸山死。十二月，以林陞爲水師總督，守思明。

三十四年正月十四日，世澤、明良通清欲内應，事露伏誅。二月，提督萬正色大舉攻思明。陳飛龍敗績大定、小定死。陞大破清兵海壇，遽退料羅，誤傳敗績，撤國軒兵。二十五日，康騰龍以汭洲降清。二十七日，蘇堪、羅士鈐、吴天禄等以海澄降清。楊吉戰死。焚思明演武亭，整師入東寧，百姓號泣攀留不得。陳昌、裴震忠、張志、吴桂、黄瑞、陳珍、張雄以思明、海門降清，吴國俊以金門降清。二十八日，駐澎湖媽祖宫，回東寧。三月，海壇陷，吴丙等戰死。天貴、楊一彪以銅山降清，馬興隆、楊德等死。清許福寧至詔安民復業。永華罷。貝子賴塔來書，以臺灣爲箕子之朝鮮，報書議留海澄爲互市所，不成。四月，清攻達濠，洪磊戰死。五月，總兵楊禄、張輝以官二千五百、兵二萬五千九百人自閩海降清。六月，永華卒。機、一豹、高茂芳自江滸山降清。陳虎等執鉛山死。七月，棄達濠、南澳。十月，國軒營猪身人面。經自東歸，命李景爲園洲仔尾，張日曜盛供張，又築北園别墅奉母董。同文武園射酣樂徹夜，文武一切事宜悉委克壓裁决。是年，許龍自南洋降清。

三十五年正月朔，克壓率文武朝賀於安平。經命居民大放元宵，克壓啟罷之。潦倒抑鬱，日近醇酒婦人，無何病革，八日卒於承天行臺，年四十，謚曰文。子八：克壓、克塽、克舉、克均、克坺、克商、克圻、克堉。

克壓，乳母林昭娘出，取永華女，初以世子監國，明敏果斷，謹守法令，禮賢下士，撫輯兵民，物望歸之，而於諸父昆弟不少假，羣小憚其明察。經卒，錫範調兵駐承天，會六官議所立。諸父昆弟均言克壓，李乙子，一旦得志，無遺育矣。白成功妻董，命儀賓柯鼎召至喪次。及門，聰、明、智、柔交數之。克𡒉曰：「我平日不避嫌怨，故有今日，既非先王血胤，願見太妃納璽綬。」聰等笑曰：「今日正奉命，不繇不遵。」目親隨協蔡添持刀出，克𡒉大駡曰：「匹夫敢弑主！」而刀已剚腹，羣以木撻之，立卒，年十八。毛興等聞變，欲奪門救，不克，走。

二月朔，改以克塽嗣。克塽，經妾和娘子，聘錫範女，年十二，幼弱不能涖事，人心離渙。承旨封聰輔政公；克舉恭謹侯，領護衛；明左龍驤將軍；智右龍驤將軍，主募兵；錫範忠誠伯。國事一取決於國軒、錫範。大赦。六月二十九日，成功妻董卒。八月，中軍營火。九月，塗輕庭火。十月，爲霖、高壽、蔡愷、陳國威謀畔，事洩，伏誅；事連瑞，死。吕龍執揭陽死。以國軒爲總督，諒爲陸師提督，陞爲水師提督，防澎湖；祐爲北路總督，守雞籠。

三十六年二月，郎爲清靖海將軍、水師提督專征。三月，平竹塹番亂，設北路安撫司。五月，雞籠新港番反，平之。十二月，啟聖命副將黄朝用來招，議炤朝鮮事例，不應。三十七年正月，李瑞等降清。命天興知州林珩使福京。二月，國軒至澎湖。十六日，郎窺澎湖，陞督師大破之，陳侃、陳時雨、陳旭戰死。二十二日，丘煇、江勝、曾瑞、王順、沈誠、黄聯、林順、施廷、薛衡、蕭武、陳政、劉明、洪邦柱、尤俊、楊文炳、蔡智、鄭仁、陳立、陳士勳戰死。國軒走，澎湖陷，諒、吴潛、陳起明、王隆等戰死，楊德、陳明、黄球、吴禄、林韜、顔國祥、楊章等降清。二十四日，國軒至東寧，兵民大恐。閏六月四日，諸將欲奉克塽遷吕宋，不果。七月五日，國軒、錫範、祐、陞、鄭斌、黄良驥、董騰、林亮、黄國柱、姚朝玉、蔡文、李茂、李廷桂、陳繩武挾克塽與諸藩，籍土地及文官四百、武官千六百、兵四萬餘人降於清。故部不願降者二千餘人，南走蘇門答臘。襲與黄進以文武二百二十四、兵百二十人走琉球，爲將軍，立寨東波，據島耕墾，後與遊擊傅鼎降清，惟進不至。八月十三日，郎至鹿耳門，舟膠淺不得入，忽大霧潮漲，引港者紆回方進，猶撞壞者十餘舟。十八日，克塽等薙髮，明朔亡，時清康熙二十二年也。部將陳辛起兵水沙死。克塽入北京，封漢軍公，卒，爵除。子安世、安邦、安國。

其後，康熙二十四年六月，林恩謀起兵漳州死。二十六年，將軍楊士玉與胡茂、金昌祐、毛國標起兵浙海思頭島死。王巖泉起兵同安。二十八年三月，王友聲、王宗玉、潘質卿起兵浙海死。武南公馮王成、馮亞六起兵潮州鳳凰山死。二十九年，朱紹光、朱紹熹起兵攻武平。十月，陸子道、何一起兵雙嵩死。三十年三月，林姐起兵平和琯溪死。十月，鄭德敬與大埔官用貴數百人攻大埔三河城，敗走上杭。三十三年二月，廖聯品、祝元甲起兵攻陳錦墟。三十五年七月，吴球謀奉宗室祐龍與陳樞、余金聲七人起兵鳳山死。德敬兵敗上杭死。三十六年二月，平和羅辰起兵大埔白葉、旗山、頂坪，稱大將軍，敗走。四月，詔安呂扁謀起兵平和死。三十七年七月，鍾廷弼、鍾二謀起兵平和，不克死。三十八年二月，土官卓个、卓霧、亞生起兵臺灣呑霄死。七月，土官冰冷起兵雞籠死。八月，卓个、卓霧、亞生死。三十九年，辰兵敗，不知所終。連州義師斬副將林芳。四十年八月，八排李貴、鄧二、沈立王起兵攻連州陽山。十二月，劉卻、陳華、何正等起兵諸羅死。四十一年，曾睦起兵漳浦死。三月，連州義師薙髮，執李貴九人致清兵，被殺。八月，澄海蔡俊率陳異等千人攻惠來，走潮陽死。李大可降清。四十二年，戴慶謀起兵長泰死。七月，海師攻威海衛，走。四十三年十月，徐容執自海上降清。四十四年十二月，蔡曾質自海上至廣州死。四十五年，浙江黄宜加、曹昌隆攻永定。四十六年，張俊英起兵大埔執死。八月，陳首魁起兵漳平降清。四十七年二月，宜加、昌隆攻大埔。四十九年十二月，鄭盡心執自錦州，至北京死。宜加被執汀州死。鄭茂、余國樑被執定海死。陳五顯起兵安溪，執至北京死。五十年，陳尚義自海上降清。五十一年十一月，海師至文登雞鳴島，斬遊擊滕國祥。五十二年，盧天章起兵順昌，攻延平死。十月，江振文、朱阿一起兵普寧執死。五十七年九月，薛合起兵長泰。五十八年四月，薛彦文起兵福清死。六十年，鄭堅、陳雒起兵安溪執死。七月，黄班慶起兵普寧塗洋山，葉啟隆、林阿恬、鄭阿勤、沈阿輔被執，班慶自經死。皆鄭氏部曲云。

初，克塽之降，奉成功、經二柩致北京。康熙二十九年，詔：「成功爲明遺臣，非朕之亂臣賊子，敕歸葬南安，置守冢建祠，如田横故事。」同治十三年，徇臺人之請，建專祠臺南，并謚成功忠節。

成功自初起，迄克塽納土，最三世三十有八年。自上崩滇京，臺灣設御座，每國有大事，寧靖王術桂左侍，經等皆稱臣朝服北向稽首，執事史奉璧告祝，抗手焚疏畢而奏事，與諸臣參決於前，定乃退，猶朝會焉。其紀年仍永曆故號，故傳從之云。

明琅，字質人，晉江人。崇禎十六年進士，改庶吉士。

球，新港人。負拳勇。起兵，授國師；兵敗，不知所終。

鄭鴻逵，本名芝彪，字高儀，南安人。芝龍弟。崇禎十三年武進士，初爲津撫鄭宗周部將，轉屬都督孫應龍。登州反，從繫津獄；改隸同撫張廷拱麾下。以芝龍平夷功，任錦衣千户，歷都指揮使。十六年，遷登州副總兵。曾應遴薦緩急可恃，益兵三千，鎮南贛、九江。安宗即位，檄守采石，擢左都督水師總兵，挂鎮海將軍印，節制京口至海門，與楊文驄、鄭彩守鎮江。

弘光元年四月，高傑潰兵渡江，礮擊之，得馬千、舟二百餘。傑妻以兵三千走泰州。十四日，餘兵火瓜洲，趨鎮江，以糧舟南歸，鴻逵拒之，舟半入海，以捷聞，封靖虜伯。傑兵無所歸，遂皆降清，引多鐸渡江，不能禦，都督同知蔣雲臺降清。鴻逵繇海道遁浙，遇紹宗杭州，命副總兵江美鼇、鄭陞衛送福州，偕芝龍奉以監國。鴻逵欲早正大位，以繫人心。諸大臣言監國名正，出關尺寸，登極未遲。鴻逵曰：「不正位，無以厭人心而杜後起。」議遂定。論擁戴功，晉定虜侯，總督京營戎政。

時政繇鄭氏，鴻逵不以家勢陵耀同列，然性雅懦，不能與芝龍立同異。芝龍以不出師無以塞衆望，乃請以鴻逵出浙東。隆武元年八月，上親征，爲定難扈駕太師、御營左先鋒，賜尚方劍便宜行事。督陞、周鶴芝、張明振、楊濟時、陳秀、郭熺、陳霸五萬人出仙霞關向衢、嚴，應張國維、方國安，以諸葛倬爲監軍。登壇行推轂禮，當授鉞，風雨冥晦；鴻逵出城，馬蹶踣地，識者以爲不祥。

鴻逵以兵數千出關，候餉，未即行，久駐仙陽鎮。惡上書言事者，嚴禁仙霞關四方儒生入。上璽書切責曰：「平、定二侯當爲子孫計，朕奉祖宗三尺法，斷不敢以假人。」時清已陷徽州，鴻逵乃遣都督施天福出開化，林順出仙霞，黃光輝出馬金嶺，郭芝英出連嶺，鄭亨出白濟，鄭貞出二渡，程應璠出仰山，然所部不過千餘人，或數百人耳。及二年正月，清以偏師綴白濟連嶺，而大軍攻馬金嶺，光輝敗還。鴻逵退扼仙霞，檄諸路回軍。上聞大怒，命官即軍中斬光輝。鴻逵皇恐，上疏謝，械光輝之行在，上乃赦之。而彩之出建昌者，亦潰入關。

上命鄭成功巡關招兵，扈駕西行。鴻逵上疏切諫，又之行在面奏，上嘿然，因與成功策戰守。上決計出關，鴻逵乃回軍。及六月，浙東潰，守關兵譁，訛傳清兵至，鴻逵即棄關，跣行三日抵浦城。事聞，行在大震，削其封爵。未幾，以皇子誕，復爵，晋漳國公，改定國。

時芝龍握重兵，陰思納款，鴻逵心非之，而力不能救，憤恨欲爲僧，退居安海。福京破，芝龍將畔，鴻逵流涕諫曰：「豈有一門封拜，受恩至重，而反顏事仇者？且自古降人必置京師，保全有幾，而望裂土受封耶？」不聽，且招子成功同行。鴻逵陰逸之，乃以衆屯金門。成功建義，鴻逵力也。

清兵陷安平，成功自金門逐清兵而守之。鴻逵謂安平彈丸，無險可恃，勸取泉州。會師桃花山，敗提督趙國祚兵。抵城下，爲溜石寨參將解應龍所扼。成功命杜煇、桑一鈞襲之，别以郭新、余寬伏中途。煇復寨，斬應龍。鴻逵督洪政、陳新、林順急攻泉州。王進援至。以張進伏刺園，煇、林習山泊濤尾，成功率寬、郭泰、楊才營五陵爲援。政敗，鴻逵解圍走金門，加上柱國。

永曆二年四月，至潮陽港口。劉公顯引師至揭陽。三年八月，戰敗鋪前，與公顯再戰，破郝尚久兵。喜不設備，清兵突至，戰失利，巫叔英、黄斌等死。十二月，會成功揭陽。

四年四月，再會揭陽，下新埠寨，燬平其城。十二月，成功南下勤王，命回中左所，約會師南澳。

五年正月，成功發南澳。鴻逵率洪旭、施郎、陳壎、鄭文星棄揭陽回中左所。三月十四日，馬得功、張學聖及巡按王應元、守道黄澍，以成功出師廣東，襲中左所，從五通渡，後回篔簹港。副總兵楊杼素、吴勃截之港口，勃戰死。鴻逵適至，分水師截五通、高崎，自以巨艦守神前港，郎、壎、文星從厦門港登岸大破之，追至城下，幾禽得功。得功故爲鴻逵守備，計窮，乃冒死單舸見鴻逵，説之曰：「得功過島，今無舟濟必死。但恐得功死，此島人民萬不全耳。公兄在京，眷口在安平，乞熟思之。」鴻逵乃弛高崎守，以舟縱之去。命都督鄭德及周全斌報成功，成功以爲大恨。既誅鄭芝莞，賞郎銀二百兩，壎、文星各百兩，郎不受。責水師鎮阮胤、後衝鎮何德各百二十罷，斬副總兵楊昇，祭勃，厚䘏之。飭諸將不許過鴻逵，而鴻逵見成功能行其法，殊不爲怒，將所部悉付之，謝權歸隱白沙，建華角寨，以園林度曲品笙自娱。

清以奉化伯印招之，不受。劉清泰、芝龍屢使勸成功，亦峻拒。後移金門。十三年，上以蠟書晋真定王，而鴻逵已先一年三月卒矣，年四十五。子耀基，隆武時與成功同賜國姓，

稱「小國姓」，後居東寧

芝莞或作芝鵬，鴻逵族弟，任錦衣指揮僉事，守安平。清兵迫，棄城走。成功復雲霄，上詔出師，命芝莞舟師自虎門進。後駐中左所，以親丁三百護家口。與郎說成功併鄭聯軍，授水師四鎮。四年十月，旭報潮陽山寇起，成功再往，以胤、德領水師，藍登領陸師，屬芝莞守中左所。得功來襲，胤、德守高崎，不戰走，芝莞聞報，席珍寶棄城入舟。成功大會文武議功罪，以失律論，罪當斬。芝莞方欲辨，而成功已冠帶出紹宗賜劍曰：「本藩鐵面無私，爾勳鎮各宜努力。」竟斬焉。母黃，率子姪家口降清。子省英自有傳。

聯，鴻逵兄子。成功起兵，傾財三千募衆，以總兵與彩屯金廈，稱左鎮。永曆元年，監國魯王封定遠伯，晉侯。四年八月，成功率甘煇、郎、政、杜煇以精兵五百，於中秋夕泊舟鼓浪嶼，聯方醉卧黃石巖，不得通。詰朝酒醒，櫛髮出迎。成功笑曰：「兄能以一軍相假乎？」聯不及答，諸執鋭者突前挽其舟，聯唯唯。成功麾軍過船，將士讋伏，於是彩將楊朝棟等亦以舟師歸成功。成功邀聯飲虎坑巖，投壺角勝。聯歸途至半山塘，杜煇伏起，被刺死。厚葬之，並令兵衛其家。將陳俸、藍衍、黃璵、吴豪來歸者四萬餘人。方彩出師，戒聯曰：「國姓帆船來往宜備？」聯曰：「少年乳臭，何足介意。」不聽，乃及於難。

季弟斌，永曆元年魯王封鎮南伯，爲成功禮官。鄭經命賫諭告臺灣，出使耿精忠，約以仙遊楓亭爲界；宣慰黄芳度漳州。後同鄭克塽降清。

泰，鴻逵弟子。隆武時，守泉南總兵，與蔡昇剿漳州土寇。芝莞死，守金門，授左都督。九年九月，濟度兵至泉州。時諸軍多南北征，僅萬禮等在思明，成功命空思明，官兵眷住金門、浯洲、鎮海。引禮舍人許靖、李從直言大不便，成功大怒，命斬之，泰勸免，杖八十，遂移安平家資金門。杜煇、黄昭諭泉州兵民渡。十年四月，韓尚亮至，以舟師應陳魁。七月，封建平侯，加少傅；子纘緒永城伯；弟鳴駿同安伯。成功北征，泰以户官留守思明。十四年，達素兵至，與寛及英兵鎮陳瑞保金門，護官兵眷。已，出浯洲，遏許龍、蘇利。成功親戰海上，命蔡協吉以趕繒船二十自浯洲進攻，盡移思明將士眷金門、浯洲、烈嶼。成功入臺，同協吉守金門。經通乳母生子事發，成功命黄昱斬經及林氏，與所生子，並母董。泰與旭、昱議曰：「主母小主其可殺乎？然令至不得不從，擬斬林及所生子復命。」共啟代爲請罪，不允，以佩劍交昱，必如令行。泰躊躇，送昱見經，留之。忽蔡鳴雷至。鳴雷有過，恐見責，揚言成功誓斬經等，違則及監刑者，且密諭全斌。乃並羈全斌。黄昌請殺之，不許。成功卒，與旭、黄廷、馮澄世立經。耿繼茂、李率泰來招，泰請於經，欲歸附。經曰：「吾將東行，其善圖之！」泰以職方郎中楊來嘉、總兵盧恩、遊擊姚萬使福京、北京緩師。以思明、金門付泰、旭、廷、王秀奇。臺灣定，於昭營得泰交通書，有命「扶襲拒經，金厦自爲」語，心惎之。

及回思明，泰亦不自安，稱病金門，經命斌問疾。有告與來嘉餽遺密者，經愈疑。十七年三月，海澄有密獻城者，經整師援之，泰恐圖己，以家揚帆出海。有勸勤兵自明者。曰：「今日救死耳，勤兵，重吾罪也。」或又勸降清。曰：「先公已誤，詎容再誤。」遂艤舟待命。後海澄事敗，經不果行，泰仍回金門。全斌曰：「事久則變，不如餌之。」六月，命户官吴慎告以臺灣新創，須詣安集，特鑄金厦總督印相畀；終未敢過謝。鳴駿不知其意，請曰：「骨肉至親，受土重寄，何遲疑而貽笑於人。」又報四日經與黄安、楊祥、劉國軒眷口舟過臺，鳴駿力勸行。六日，以五十舟、銀十萬之思明。待如初，語及成功，相向哭。七日，經置酒議事，伏甲幽之。泰言何罪？出與昭書，無可答，縊之死。蔡璋走免，全斌以大熕船隨之。

子纘緒，從子纘祖、纘昌，弟鳴駿，都督賡、陳宗、吴蔭、來嘉、楊忠、王明、陳義、陳一鵬、陳斌、謝元、朱德、陳奇策、許廷珪、陳琪、陳增、陳振、王超、辛球、黄成章、方晋、李義、楊亨、陳祖、陳耀、洪福、劉崇會、程偉、曾偉、張朱，正兵鎮楊富，左虎衛鎮何義，平南將軍顏立勳，參將謝士英，禮官都事陳彭年，及協吉、蔡義，文武四百、兵七千三百、舟一百八十入泉州降清。

泰有心計，善理財，十數年間積資百餘萬，别寄日本四十餘萬，以備不虞。死後，經遣官日本取銀。時鳴駿已歸清，遣人爭之。通事不聽，載銀回。及經入泉，遣原委寄人龔淳往取。通事利所有，僅以二十六萬歸經，餘皆混行開銷，淳并啟其子爲禮科掾辦。

授左都督。

忠孝推其潛德。纘緒，字哲教。清封慕恩伯。纘祖，字哲遠。父偕，字明履。孝友力學，從亡海外，王

纘祖，諸生。工詩文。清授參政。纘昌，字哲俞。輕財好士，人樂爲用，清

鳴駿，字明發。清封遵義侯。

昱，字惟日，晋江人。尚書鳳翔孫。

恩，同安人。從鴻逵糾義師海上，自贊畫通判累遷都督僉事總兵。

富，詔安人。

士英，字應時，江陰人。

贊曰：成功忠勇嚴整，受命叔末，感激大義，不得已爲君而畔父，其遇難矣。及六師縞素，汛掃園陵，上國衣冠重見豐鎬，左袒一呼，甲盾山立，中原黎庶，懷赴如歸，罡司馬九伐之威。清竭天下力，僅乃定之，何其神也！離天子蒙塵，國統已絶，猶惓念舊君，篳路藍縷，獨闢扶餘，用天復之紀歲，如克用之忠唐，三世不渝。美矣哉！三百年遺思餘烈所維繫也，豈僅如田横居島恥爲亡虜已乎！鴻逵録録庸才，負乘致寇，然能識龍於豫且之網而活之，假以雲雨，成功之所繇起也，故並傳焉。

南明史卷七十六

列傳第五十二

無錫錢海岳撰

馮澄世 黃愷 林俞卿 林其昌 蔡雷鳴等 潘賡鍾 張光啟 史興明 程應璠 李國佚 陳寶鑰
黃開泰 葉亨 吳慎 楊英 蔡政等 常壽凝 葉茂時 沈儒 鄧會 張一彬 洪志高 吳南朗 薛
聯桂 鄭擎柱 李孟瓞等 林習山 余寬 張英 王之經 馬龍 施天福 黃興 黃海如等 許龍
蘇利 高亮福 盧質 劉公顯 許國佐等 黃毅中 邢之桂 謝嘉賓 黃夢選 黃三槐等 張進
子日耀等 鄭香 陳華 羅棟等 道宗 翁求多 林察 黃大振 王秀奇 陳霸 杜煇 陳秀
郭熺 郭之英 楊濟時 朱壽 藍登 林順 甘煇 子孟煒 柯鵬 江龍 施舉 翁天祐 羅蘊章
余新 魏標等 朴世用 洪復 劉茂燕 萬禮 楊祖 唐邦杰 姚國泰 韓英 王起鳳 馬信 李必
蔡瓊枝 齊維藩 黎嶽詹 王士軾 黃揆 郝文興 陳堯策 楊世德 林明 黃昌 蘇茂 劉道
璋 華棟 王士元 柯宸樞 子平 林壯猷等 林德榮 陳六御 巴臣興 杜茂虎等 張魁等 張

洪德　陳魁　林勝等　藍衍　周瓊　王大雄　陳輝　陳奇　吴英　王志　黄廷　子而輝　方機　陳斌　汪滙之　陳鵬　陳璋　胡靖　吴豪　陳蟒　陳輝　陳奇　吳英　王志　黃廷　子而輝　洪政　黃山　王宇太　陳昇　許貞　許盛　黃明　周全斌　高謙　戴可進　高一階　劉世賢　沈吉　林孺　陳其綸　許勝可　李廷玉　萬雲龍　汪龍　盧洪士　潛良駟　蕭來儀　曹子布等

馮澄世，字亨臣，晋江人。隆武二年舉天興鄉試，爲鄭成功參軍。時清諸將來歸，成功以人多餉絀爲慮。澄世曰：「方今富足莫如日本，前太夫人回，國王意良厚，如以外孫禮通之，借彼土力，以阜吾用，然後下販吕宋、暹邏、安南諸國，則糧餉足而進取易矣」。成功即遣使通好日本，獲鉛銅，令官協理製大熕、永曆錢、盔甲、器械；又以户掾黄愷爲徵餉官，督泉、漳、福、興沿海軍餉，國以饒裕。長泰復，澄世爲知縣，沈奇防守。

金礪攻海澄急，成功命旗鼓張光啟傳各鎮營死守，不敢往，改令宣令廖達傳之。澄世亦言死不可去，命持招討印諭諸軍，有能立功者，以此畀之，諸軍感奮，陞御史監軍兼工官。舉人李贊元爲左司務，范斌、謝維俱司務。澄世建演武亭澳仔，督造堅甲，累擢太僕卿僉都御史。成功以海澄要害，舊有土城不足資防守，命澄世改築。城據漳州咽喉，與金、厦相表裏，内積米穀軍器，爲持久計。濟度大舉進攻，成功問策。郝文興、陳堯策請戰，澄世曰：

「彼弓馬嫻，糧餉饒，我一失鋭氣，則人心摇動，不如退厦門，堅守各島。水戰非彼所長，波恬浪静，猶苦暈吐，安能敵我？此以逸待勞法也。」成功然其計，乃命郭爾隆等墮安平、漳州、惠安、南安、同安諸城，斂兵回島。成功入南臺，命督萬禮、林勝相度地勢，爲寨閩安羅星塔，扼福京清兵。

閩安之陷，議進長江，澄世曰：「不復南直，清亦未必忘兩島也。」成功北伐，從出崇明，梁化鳳拒守。成功欲順風逕取瓜洲，舍而不攻，澄世言：「必先定崇明爲老營，庶流通積蓄，以爲外援。」成功曰：「崇明城小而堅，攻之費日，今先取瓜洲，則腹心破而肢體隨之，崇明可不攻而破也。」不從。已復鎮江，除嘗鎮副使，兵都事李胤爲鎮江知府。後從攻南京，以戴可進爲知府，監紀林若霖爲推官。澄世力言：「南京城池廣闊，進攻不易，且屯瓜鎮，據險斷糧道，遣人間詣行在，請李定國合師，乃爲上策。」成功以已命監紀劉澄通馬逢知，南直可傳檄定，不聽。

南京敗後，從歸思明。聞達素兵將至，大修諸舟。後隨鄭經東徙，行至東碇外，爲家丁所逼，蹈海卒。子錫範自有傳。

愷，字劍龍，莆田人。司餉漳、泉、福、興，民一田二賦，清不敢問。後以任意科斂，爲百姓所控，成功收殺示衆，民困少甦。

初，與澄世同爲參軍者，林俞卿、林其昌、蔡鳴雷。

俞卿，同安人，隆武二年舉天興鄉試。以户官與朴世用墮漳州城。

其昌，龍溪人，崇禎十二年舉於鄉。堯策以漳浦反正，知縣范進來附，其昌授知縣，後代澄世爲工官兼海澄知縣。以鞫曾六假人命事失入，杖八十，永不叙用；副審理王士元代爲知縣。

鳴雷，同安人。崇禎三年舉於鄉。後與子侍郎協吉、通政源，從鄭纘緒降於清。協吉，字舜孺。歲貢。

潘賡鍾，字道宣，晉江人。崇禎十五年舉於鄉，爲鄭成功參軍。漳浦復，與張英追清紳助餉，授吏官，張玉爲左司務。尋調户官。

閩安陷，成功問策諸將佐，賡鍾曰：「邊地雖得，不足號召天下豪傑。藩主如將戰船從瓜鎮復南京，南京定，則閩粵浙楚黔蜀豪傑自應矣。」甘煇不可，賡鍾又曰：「今若不取，自老其師，一日清會天下師窺二島，豈能獨全？所以未暇全師及此者，慮滇黔粵西牽制耳。今藩主統貔貅之衆，入據長江，截其糧道，則東南半壁悉爲我有，彼自顧不遑，奚暇謀兩島哉！」

瓜鎮復，賡鍾曰：「未可驟進，當暫小駐，分屯淮揚，扼其咽喉，北京滿漢兵民數百萬，糧道既截，兩月間必有内變，此曹操之所以取勝於官渡也。」成功曰：「不然，時有不同耳。昔漢祚改移，羣雄分據，袁、曹爭勝，故操嘗以算勝。本朝歷年三百，德澤已久，不幸國變，百姓罹殃，大兵一至，自然瓦解，恢復故京，號召天下豪傑，千載一時也。若自老其師，虜援四集，首尾受敵，我勢豈不自孤？昔太祖得俞通海、廖永忠水師，奪采石，取金陵，破竹摧枯，正貴神速耳。」不從。

及攻南京，請齊倚雲梯四面並擊，城必下。成功乃下令備雲梯、木牌、布袋備攻城。郎廷佐約日降，賡鍾曰：「此乃緩兵計，不可信。」成功曰：「自舟山興師來，戰勝攻克，彼必自懼不敵，焉敢緩我兵耶！」曰：「孫子有云『卑詞者，詐也；無約而請和者，謀也。』降則降耳，豈戀内顧？決爲城中空虛。速攻之，乃上策。」成功曰：「古者攻城爲下，攻心爲上。今既來降，又許其約，如猝攻之，彼心不服。俟其不如約，然後急攻，使城内人心悦服，且使天下皆知我行仁義之師。」成功以江上連捷，不聽，惟令兵嚴守以待降。

蔡禄敗績，成功出援，命代指揮。清兵傾城出，仗劍督護衛戰。梁化鳳仰攻，矢石如雨，不得上，陳魁死。化鳳兵環攻，山中四面受敵，死戰不去其蓋，卒力竭死。

同時可紀者：六官張光啟、史興明、程應璠、李國俟、陳寶鑰、黄開泰、葉亨、吴慎、楊英、蔡政，察言司掌六察官印常壽寧，六察官葉茂時、趙威、周素、沈儒，正副審理鄧會、張一彬，職方主事洪志高，户部主事吴南朗，思明知州薛聯桂、鄭擎柱，潮州知府李孟俊。

光啟，同安人。世職。以都督爲兵官，黄璋爲左司務，李胤爲右司務。已與璋坐黨黄梧借楊琦衣甲器械應點，失馭致畔，下獄。後察思明軍實功，仍起兵官，璋亦起隨征。成功入長江，禁諸軍殺掠，恐不遵令，命與儀衛吴賜督監督江振曦、高綿祖、宋維寧以新兵巡緝南北岸。從復瓜洲，留守。溧陽歸附，安撫之。永曆十四年七月，乞師日本，舟載僧隆元，遺書日本國王，不及上將軍主國政者，兵不出。十一月，得銅熕、鹿銃、倭刀歸。

興明，本名讜，莆田人。光啟下獄，護理行營兵官。從北征，與左衝鎮林燦、典膳洪涓舟覆羊山死。

應璠，字璵嘉，會稽人。武進士，有機畧。官遊擊。崇禎十六年，熊明遇命率水師載紅夷大礮蕪湖，拒左良玉兵，卻之。以監督管普寧地方事，歷都督，挂武平將軍印，改刑官。楊秉樞爲左司務，蔡政加銜司務，張義爲知事。與陳六御從張名振平陽沙，還攻吴淞，得清舟二百。後隱居卒。

國侯，詔安人。授刑官。

寶鑰，字大萊，晋江人。隆武二年舉天興鄉試，授禮官。永曆十年，假修舟入泉州降清。

開泰，字鶴洲，晉江人。隆武二年舉天興鄉試，授禮官。工詩。降清。

亨，同安人。翼雲子。歷承宣知事、禮官、國子助教、監軍、兵部郎中。黃芳度反正，爲漳州知府、興泉僉事。

慎，同安人。洪旭爲户官，漳浦弘光元年貢生林調鼎爲左司務，慎以昌密道參將授右司務，歷都事、户官、屯田僉事。

英，晉江人。與提調樓大勝、工官范斌、賞勳司張恢，從成功南下勤王。與陳中以出征，加司務銜，改户官都事。勘一彬徵收揭陽正供支銷，並察餉司監紀，追收米石，配載商舟回思明。從征南京，獲六合鹽舟北載米萬石。與兵都事胤閎各營，以余新憍虛不可恃，請增兵，不果，南京遂敗。從定臺灣，諸軍乏糧，日僅二餐，不足，食木子充飢，且多病死。英以米舟赴二林南社餉軍。上書屯田，請給農具耕牛。自永曆三年至十六年，大小戰役無不從，經理糧餉，備著勞瘁，有先王實録紀其事。鄭經嗣，陞户官，户都事楊賢爲工官。經奉正朔而西，英回東寧，與賢監造洋船，販暹羅、咬𠻘吧、呂宋。劉國軒辭俸，英亦請助餉。克塽嗣，陳生財裕餉。卒。

政，字拱樞，金門人。孝親，多才畧。從成功軍，號令條教立成，咸中機宜，成功重之。

北伐，奉命招馬逢知於嵩江。歸，授思明知州，勤於撫字，人咸德之。調賞勳司。成功卒，弟襲自立，政抗聲責以大義，不聽，奉成功冠袍走思明，請經嗣位。改審理所正，巡南北二路，民悉向化。永曆十七年，轉刑官協理，多平反。命使日本，取鄭泰存銀回之思明。會經入東寧，爲舟人挾至泉州，鄭鳴駿疏請題官，以計脱歸，擢禮官。二十二年卒，經臨其喪。子濟、漢、襄，俱官察言司。

壽寧，嵩江華亭人。襲錦衣衛指揮使。南京亡，從吴志葵起兵。嵩江城陷，謁福京。廣州建號，擢總兵。事敗，率舟師從林察歸成功。永曆八年二月，以副中軍掛顯義將軍印爲正使、典仗鄭奇逢爲副使，偕至福京接清鄭、賈二使，不屈歸。十一年五月，勘裕國庫恢利民庫。林義後坐密告泰没漳州銀萬兩失實，以家四十口死王事，幽死東寧。

茂時，思明人。監軍主事，請改中左所爲思明州，許之。

儒，宣城人。選貢。降清。

會，閩縣人。隆武二年舉天興鄉試。授思明知州，勸學取士。成功北征，以承宣司監督糧餉，後降於清。

一彬，龍溪人。恩生。

志高，南安人。隆武二年舉天興鄉試。永曆三年，成功命送諸生赴行在。風阻，獨謁肇慶，命回思明，敕成功大舉北伐。

南朗，泰州人。

聯桂，字忠遠，海陽人。隆武元年舉於鄉，後官察言司，與禄降清。

擎柱，字耀如，海澄人。天啟七年舉於鄉，自同知歷參軍、禮官，呂純爲左司務。後降於清。

孟弢，定海人。不知所終。

又，成功在思明，出銀十餘萬兩設五大商行内地，貿遷有無，以資軍實。永曆五年，季楚、楊奎執浙海死；九年，林行可等執閩海死；林元、王二、徐爾昌、陳二、吴泉執通州死；十年，林甲五執同安死。十二年，降官林斌訐南安廖福交通狀，於是五商曾定老、伍乞娘、龔孫觀、龔妹娘、黄孫娘、榮宇、曾肖吾於四月執閩海死。有陳阿五者，嘗從顧礽入海，十六年至南直僞降，行刺清吏，王順爲居停，顧瑞和爲領本，王景爲營辦，徐晋、顧進功爲奔走。事洩，皆死。

林習山，同安人。鄭芝龍部將。隆武時以總兵挂樓船將軍印，守永武，封忠定伯。命援廣信，破清兵許灣。芝龍降清，以樓船鎮與左右護衛鎮郭泰、余寬隨鄭成功入海。

永曆二年閏三月，復同安。三年十月，以右衝鎮與周瑞、林義自白塔右路攻雲霄，從黄廷屯盤陀嶺右。四年正月，鎮達濠。成功應詔援粤，有首黄海如通清者，命賜之死，宥其餘黨，分配各鎮。兵至南海而回。

十二年，同陳堯策、張英、林勝、周全斌、瑞、王秀奇、劉猷、李必、阮美、毛玉、王之經及護衛右鎮楊衍配坐水師一鎮洪善、二鎮蔡進福、三鎮林德、五鎮陳瑞，舟一百二十，兵四萬，從成功爲合後。南京之圍，合英、堯策屯岳廟山，連諸宿鎮爲大營護衛。

先，施郎畔，習山縱脱之。成功憾甚，屢欲斬之，獲免，然遂不得重任。成功入臺，輔其子經思明卒。

寛，龍溪人。都督總兵。十八年五月，以官兵三萬二千人從八尺門降清。

英，字茂之，同安人。與驍騎營黄璵，俱推勇將。五年正月，成功南下勤王，以監督爲正中軍。郝文興反正，以都督鎮守海澄。六年十二月，黄維璟逮，命理海澄縣事。七年，漳州清兵大隊至石碼，歸，繇英安集。八年五月，都督盧永譜戰虎頭寨死。九月，復雲霄，斬遊擊蔡恩。九年，以五軍中軍總制從復揭陽。九月，文興卒，擢左提督，力辭。命築海澄高崎、竹坑沿邊礮臺烟墩，大造熕船戰船。陳崇陽戰死海上，兄總兵崇俊降清。十年二月，與勝、杜煇從廷攻揭陽，截港斷接濟。十月，總督五軍戎政兼水師前軍。十一年正月，總督北征水師。二月，偕萬禮、陳魁、楊祖、余新至金鄉衛，遊擊瞿永壽、守備王虎、衛官于起麟反正，命蕭拱辰守之，安堵如嘗。七月，攻吴凇，斬守備王彪。九月，以中衝鎮坐營璵有將才，乞歸轄下，以材官陳印爲中衝鎮中軍。十二年三月，與秀奇、魁赴各提統鎮營拔勇士，都水司高陞懸銀牌，拔候缺將盧奎、黄喜、張伴，班長陳寵，二正領班劉雄，班長許順、石英、陳英、吴元。六月七日，北征至平陽，與馬信招守將車任遲，十一日來附。又招瑞安。十二日，艾誠祥與副將竇奉先、楊志道來附。賜任遲、誠祥蟒玉、都督同知、銀四百兩，奉先、志道、姚來泰、崔官、王虎、史大盛陞賞有差。誠祥尋領鑾儀衛。左先鋒毛魁守磐石，正兵鎮李顯、左武衛林奇守樂清。九月，攻象山，中軍許廷、巨魁、謝陞、謝文、許芳、潘毅、李吉、徐宜、李明、許豸執死。十一月，屯温、台。温嶺前洋參將陳龍及黄道啟執死。十三年五月，發舟山，成功率都督李順、總兵王耀武先行，英督大舟爲首程，都督羅藴章、馬龍引港，泊排沙；二程水艍船喬之鳳、陳威、李隆引港，泊新興沙；三程小船李國寶、殷繼忠引港，泊新開墕口。攻瓜洲，居右隊。二十三日鎮江之戰，清兵三路進犯，大破之。繼翁天祐進圍南京，從成功屯岳廟山。新敗，調伏觀音山内。諸軍潰，英未得號令，因大困，力戰中矢死巖下。

之經，字心起，龍巖人。官總兵卒。

龍，福清人。

施天福，宜春人，鄭芝龍部將。隆武時，授都督同知總兵，挂忠勇將軍印，封武毅伯。與總兵陳順、秦良佐守弋陽、建陽，又與黄興從蔣德璟崇安關逗留，嚴旨切責。已，擒清官朱盛德送行在誅之，調守仙霞關，命救衢州。芝龍密款，檄還安平城，大掠，清兵遂平行入關。降清，從略高、雷、廉、瓊，與耿獻忠鎮梧州。

李成棟反正，改封延平伯，回閩恢剿。

永曆三年十一月，鄭成功督師，繇分水關入潮州、黄岡。時潮屬土豪，黄岡有黄海如，南洋有許龍、魏朝義，澄海有都督楊廣，海山有都督朱堯，潮陽達濠、霞美有張禮，碣石有蘇利。天福偕海如同來，成功命典兵，以老辭。因説成功定潮陽，資其富饒，且近海口，有海門，所達濠浦，可泊舟通運，惟自南海黌灣過浦至縣，恐龍、禮爲梗。海如亦説旁徇諸縣，以緩其心，反兵擊之，一鼓可得。八日，成功乃命率總兵鄭亨、曾德、鄭芝英及鄭文星、張猷、楊文、林炤移兵南洋，敗龍。黄興、廣、堯與南洋唐玉來歸，勸成功舍龍擊禮。二十九日，周瑞及前衝鎮阮胤攻達濠。禮聞大隊至，棄二寨，走青林，乞降，授援剿右鎮。成功同禮會鄭鴻逵揭陽。三年十二月，鴻逵客陳四明家爲禮所掠，請殺之。鴻逵夜沈之於水，成功惜之，厚養其妻子。廣後以兵會攻鷗、汀。

十七年七月，天福與何義、林雄、李勝、吕勇、吴建、魏明降於清。

興，海陽人。成功授後勁鎮。六年三月，陳錦衆來犯，沈明、沈奇屯詔安拒潮兵，興以總督中權鎮督陳堯策、黄梧屯南靖、平和。千總薛加祥、賴策、張一男等反正，合拒汀兵。四月，提調楊祖、藍登、周全斌屯東岳，圍漳州。黄化鯤復南靖，知縣趙耿正反正，詔安土官馮啟反正。五月，虜援至，全斌、登伏東岳左，謝對、余新伏右。十月，與登守海澄西北門，副總兵蔡勒、謝子連守西門。十一月，爲正提調，與副提調萬禮率新、堯策、明、梧，戎旗一營王怡，三營陳端，恢撫盧若驥畧地詔安九甲、平和徵餉。十二月，在平和據險破清兵。七年二月，自詔安歸，以擅走斬怡，若驥罷。後從張名振北上。終事不詳。

海如，澄海人。廪生，黜爲郡吏。從軍南澳，官遊擊。南京亡，起兵，以興復爲名。知縣劉珙諭之，不聽。弘光元年閏六月，與饒平張更生攻潮州。參將劉遠固守，不下。更生爲楊球所斬。隆武元年七月，海如走。九月，入閩歸正。十一月，李天宜在海陽爲鄉民所拒走。二年九月，海如攻潮州，遊擊李明謀内應死。佟養甲至，與陳斌復澄海。尋降清，調屯雷州。永曆元年七月，唐奇觀入澄海，胡椒老攻廣澄海不克。八月二十七日，海如與蔡奎稱洪武二百八十九年，斬知府趙最、推官李鎮國、遊擊汪齊龍，反正，挂鎮南將軍印。二年春，回黄岡，攻郝尚久失利。三年六月，與斌入潮陽。四年六月，引成功攻潮州。有人誣告通清，爲成功所害。

龍，字慶達，澄海人。官都督。三十四年，與劉斌、薛文昌、黄元亮、黄居榮以衆降清，爲總兵內大臣。

利，海豐人。少爲盜。隆武元年七月，碣石衛指揮張明珍反，八月引惠來林珩、林耀斗至東海滘，被執，珩、耀斗亦爲陳錫萬所禽。同安蘇成據衛城，利依爲裨將。二年二月，成據甲子所。十月，潮陽陳拔伍屯虎山，黄亮采、林正輝屯馬公栅，李芳屯後山。會清兵至，皆走。永曆元年春，成入捷勝所，與林學賢相應。七月，攻海豐。二年正月，成偶病，利刺殺代之。成棟反正，命以太子太傅、右都督總兵，挂威武將軍印，鎮守惠潮，聯絡八閩。四月，海豐墩守備李夔龍與薛進閧，恐不敵，以城歸利。負魚鹽之利，歲入百萬，有兵數萬，舟千艘，沿海千餘里歸之。四年，廣州被圍，以粟二十餘舟濟之，未及而陷，降清。偵成功回中左，陷惠來，除左都督。七月，亮采、拔伍、芳畔，成功斬拔伍、芳，亮采敗。利雖降清，而心不忘國，完髮如故，時以蠟丸之行在。六年冬，尚可喜至海豐，執陳廷斌死。七日，揭陽馬山兵起，攻吉康五雲峒。李定國兩下廣東，約利爲聲援。惟與尚久不和，尚久反正潮州，不能協力。定國敗歸，仍與郭之奇往來不絶。十七年，周玉、李榮起兵，清數檄利遷界，利與周真、鄭三、余煌、陳演鴻自碣石、龍江、神泉、靖海反正，破苗之秀，復諸邑，惠潮震恐。十八年七月，清兵至海豐赤石，圍羊蹄嶺，破牛塘、官田、梅隴，將桂林吴仕與兵死者二千人。八月，演鴻及守備林柱被執死，甲子副總兵煌走。利迎戰南塘浦、燈籠山死，屍横四十餘里。捷勝所副總兵陳耀、參將陳華力拒。碣石陷，真與總兵陳英、副總兵李慧六千人皆死。總兵鄭盛、參將陳義扼甲子所東海滘三寨。盛自經死，義及參將蘇仲欽走免，部曲戰死舟中者百人，死水峙者二百人，死葛州嶺者三百人。十八年十月，余覺、楊古且起兵茶仔畬山死。十九年，義爲龍所殺，餘衆以舟八十降清。二月，利子紅舍及耀□□□參將陳忠等降清，副總兵陳璉戰新亭死。四月，黄起德自香山降清。二十一年，鄭君赤屯惠來魯陽寨，被執死。

又，高亮福，字佐素，海豐人。降清爲參將。弟亮正，字履初，遊擊。

盧質，漳浦人。白面長鬚，舞刀盾如閃電，百夫莫當。十五年，起兵貸嵩井尾，爲藍理所敗死，部將王都降清。

劉公顯，揭陽人。武生。弘光元年六月，與曾銓、馬麟、馬殿、馬登、傅達、丘瑞、黄甲、呂忠、呂玉九人反，稱九軍。又以潘俊爲東軍，陳雲爲南軍，陳汝英爲北軍，陳侃如爲西軍，溫韜魯爲都軍，吳元爲大將，曾懋昭爲二將，僞號後漢，建元大昇，立十五大營、十三大府，造印置吏。官溪藍玉、陳表二人附之。霖田諸生劉大隆起兵，不下。

隆武元年七月，俊攻揭陽，爲把總吳式亨所敗。九軍迭攻城，敗於吳煌甲。十月，陳霸數千人以百舟援揭陽，通九軍，知縣趙甲謨以失城論死。霸引公顯等謁福京，授官。

二年六月，副總兵湯家璧來揭，偕俊肆掠。九月，公顯、元麟自霖田陷揭陽，殺鄉官許國佐、黃毅中、邢之桂、謝嘉賓、黃夢選、楊琪華、黃三槐、楊世俊、林鼎輔、謝聯元、楊德威、王之達、鄭之良、郭之章，諸生謝名選等七十餘人。程峋命訓導汪起蛟諭止之，不應。公顯尋擢左都督總兵，與鄭芝龍合攻西營，爲式亨所敗。十一月，攻潮州，不克。先，閩將李旺來潮援剿，將圖不軌，峋命參將王振遠誘斬之。是月，攻潮陽不浞。十二月，清以閩人黃夢麟加府銜招撫潮州，式亨降清，九軍入山。九軍總劉有據揭陽，撻典史陳應位，清知縣張增寅不敢問。

永曆元年八月，銓與溫、鄒仇殺被執。九月，益王子由榛至揭，公顯與俊、元、有、許元烈、鍾振鳳、程纓、吳英、呂耀、林夢祥、林西疇、林互五奉之謀興復，許丹山爲軍師。命陳高震、黃虯合九軍，欲攻潮州。元畔，由榛、元烈、振鳳死。元後與劉漢益同死。

二年三月，有、夢祥、西疇、互五、高震、丹山執死。四月，白石寨長黃質白謀起兵，執死，金甲首耀爲清所殺，江西五匏、瓢三等死。公顯、劉勝、麟、甲攻潮州，不利。會鄭鴻逵至潮陽港口，公顯引次揭陽。七月，霸殺金甲總英兄弟。

三年，鴻逵敗於鋪前，與公顯再戰，破清郝尚久兵，無何敗走。四年正月，清攻鴛鴦寨，爲丁宗周所敗。五年，鴻逵棄揭。五月，公顯、麟、達執死；宗周、丁卿、丁羽、丁貴、鄒定、李衍之、羅懷鼎皆力拒，自火死。十二月，九軍總劉龍執死。忠於九年八月鄭成功復揭，招清將元與九軍勝、林標應之，終事不詳。

國佐，字欽翼。崇禎四年進士。歷富順、遵義知縣，職方員外郎、郎中，督九江餉，乞歸。

弘隆間召，未及赴。子茂芫，字爾揚，亂後歸，殺公顯子，再亡命十年。歸，灌園終。

毅中，崇禎十六年進士。户科給事中。

之桂，字仙友。天啟元年舉於鄉。授臨江推官，平安福妖僧。

嘉賓，萬曆四十六年舉於鄉。臨武知縣。

夢選，字賓王。廩生。負膂力，官碣石都司，先後破廖輝欽、張文斌、鍾淩秀，平楊乾參亂。

三槐，三年舉於鄉。鼎輔、聯元，歲貢。德威，武舉。之達、之良，太學生。之章，例貢。

名選，字欽甫，諸生，支解；妻陳、妹純玉經死。

張進，字伯旭，儀真人。生而面黑，左腮有赤痣大如指，讀書重氣節。及長，身長八尺餘，疏眉廣額，方口文牙。習水戰，善騎射，繇任子歷古北、宿遷守備，休寧遊擊，江北參將，嘉協邵武副總兵。弘光時，與郭奇隸鄭芝龍，晉右都督。紹宗立，與鄭香守銅山、澄海，加太子少師，封忠匡伯。

永曆二年，澄海陷。香二子廣、英戰石尾死。進以親丁鎮從鄭成功迎戰清兵泉州桃花山，敗趙國佐數百騎。

三年十月，自白塔中路從成功攻雲霄。

四年四月，王邦俊攻銅山，管理地方陳明登、督餉黃愷先走，至軍前，以進代朱壽守銅山。清兵進攻，力拒。會陳霸救至，乃退。

九年，整舟宮仔前，爲南澳聲援。

十年九月，馬得功窺八尺門，同華棟、黃元敗之，斬侍衛滿闕，輕車都尉錦珠、五達闌，雲騎尉海禄洪。

十四年正月，聞達素合三省水師攻金、廈，進出熕船爲援，謹守八尺門礮臺防陸路，元屯古雷。

成功入臺，命右衝鎮海澄蔡禄、宣毅左鎮海澄郭義助守。義通黄梧。鄭經命兵都事楊榮、押糧林春告禄、義合謀狀，成功命洪旭召禄、義過臺。義聞命欲東，禄與總兵陳華、羅棟降清，義不從。禄兄五促之，義躊躇，道宗復逼之，慮進不敢動。十五年六月朔，禄、華、棟、鍾瑞詐言許龍兵上山據四門，欲劫進同畔。進兵止數百，聞變出，欲一決，念傷民無益，陽許諾而稱病不出。部將吕簇入請，進泣曰：「進，海濱匹夫耳，受先帝恩，位伯爵，藩主委以土地之寄，失守已不容誅，尚何面目屈膝異族乎？」簇曰：「何不圖之？」進曰：「諸賊用意深久，險阻必周，謀洩則爲禍愈甚，貽丈夫羞。」曰：「然則坐以待斃乎？」進曰：「惟爾義俠可任。吾火藥環室，延諸賊入議事，擲火偕亡耳。」七日，簇如令往請。禄、義等行及門，心忽動，辭不入。進嘆曰：「事不諧矣，天也，吾盡心而已。」乃冠帶西拜，揮簇等出，縱火自焚死，屍身碎裂。禄、義等遂大掠，率官百八十、兵四千四百，及民家口萬人，渡海降清。

進在銅山，禁科索，約章程。民有沉冤者，片紙無不引見，詢其苦，平反之。專以鋤奸詰暴自任，民欣更生，皆扶老携幼依之，威惠頗著。既死，士民感泣，塑像以祀，弟伯俊殮葬之東陵鄉。成功命優卹，祀功臣廟，位第一。

旭、元、霸、黄廷、杜煇、翁天祐、何義、黄昌、楊來嘉追禄等不及，復銅山，以天祐、元相繼守。元調宣毅右鎮。十八年五月，威遠將軍翁求多及何政、李思忠、葉志鳳以民六萬人、兵三萬二千四百三十人、舟二百三十自八尺門降清。

進子日輝、日耀、日煌。日輝、日煌，卒於東寧。日耀，隆武二年舉天興鄉試。長泰知縣，萬年知州。永曆三十五年，擢承天府尹。爲人英達。後降於清。

香，南安人。累功官總兵，晋太子少師，封延國公。

華，漳浦人。

棟，平和人。降清爲總兵。

楝，平和人。降清爲總兵。

道宗，本宋姓，字古鏡，莆田人。工詩。

求多，字福子，詔安人。諸生。歷左鎮副總兵、總兵，屯銅山鎮海懸鐘。孤軍死守，歷久乃降，後屯田鄧州。

林察，漳浦人。黄蜚部將，與郭熺戍登津。隆武時授左都督、總兵，封輔明伯，提督廣東，賜尚方劍便宜行事，晋侯，鎮虎門。福京亡，扈唐王聿鐭廣州，與蘇觀生立爲帝，拒林佳鼎兵三水。

左軍。廣州陷，以舟十六駐湄洲，鄭成功資以起兵。成功併鄭聯衆，分所部爲五軍，察領水師

永曆二年八月，泊吴川、芷茸、梅箓，大掠逼餉，知縣賴此存自經死。參將錢柱反正，屯電白。

四年七月，有許杜虐民者，誘入舟中，殺其一家。

七年四月，劉清泰水師出福興，會金礪攻海澄、思明。察與周瑞、周鶴芝、阮駿、黄大振迎戰海壇，泊湄洲，風飄入興化，被執脱歸。

八年十月，總督水陸南下勤王，與瑞、王秀奇、蘇茂督杜煇、陳澤、黄元及殿兵營林文燦、正兵鎮陳壎、後勁鎮楊正兵數萬、戰船百，會李定國，次虎門。知定國敗，欲還。澤、元、文燦請至廣海，不從。

九年五月，至思明，成功責其逗留，命戴罪立功，澤等皆陞用。六月，自南澳會林勝，復普寧。

十二年五月，成功北征，以工官居守。

十四年，達素會三省師至。以水師總督督澤、蕭拱辰、黄昌、黄應、吴豪崇武，禦泉港兵。成功命每鎮以二號中船及水艍爲首叠，一號大舟爲二叠，遇敵則首叠舟前衝，二叠舟

應援，每大舟配陸師四十、中舟二十、水艍十五，候傍敵舟，躍登殺敵，轄下選六十大舟隨後。原防圍頭水師調遏廣寇，以豪代守。五月二十六日，諜報泉舟二百出洋芝澳，察起迎擊。敵在山礮攻，舟不得近。敵舟漸傍山而前，會同港舟百、漳港舟三百進圍頭。察督拱辰、澤、元泊劉五店拒之，斬護軍較穆雅納、尚機圖、達度、瑪喇奇，清兵遂不得入同安港。清別部自赤山坪登，陳鵬通敵不出。兵勢急，察督拱辰、澤救之，大捷。無何卒。

大振，莆田人，黄斌卿將。嘗劫番舶，得數萬金以獻，不饜。匿王朝先營，危言動之。朝先遂與阮進、張名振合謀殺斌卿。久之，歸成功，累擢授剿左鎮、前鎮，挂鎮南將軍印。七年，屯江口涵江，郭爾隆屯黄石塘。八年，大振措餉興化，募衆數千人，多不法。有訐之者，成功親往海壇召討事，執之歸，賜死。飲鴆不殊，絞殺之。以戴捷代領其衆。

王秀奇，南安人。隆武時以總兵領御營，晋都督同知，督湖東。

永曆四年四月，自監督轉戎旗鎮。會鄭鴻逵師揭陽，從鄭成功攻潮州不克，與周瑞、阮胤回中左所。瑞卒，以何德代之。

五年五月，秀奇從圍漳州，設伏山南，大捷。九月，王邦俊、陳尚智兵至錢山，秀奇敗之，追至龍井，二人僅以身免。十一月，從成功駐小盈嶺。楊名高三道來犯，迎擊中路。

六年正月，甘煇破清兵長泰。二十三日，清援至，秀奇再破之，圍長泰。二月二日，命神器營何明選精火器者洪善穴地設火藥，半月方達城下。三月七日，藥發，不及城，乃退。陳錦兵至，成功屯江東，選壯勇衝鋒三百人伏虎渡橋南北，與楊琦相應，拒漳州敵。十三日午，錦馬步數萬至，諸軍不動。錦斫陳壎正兵營柵，成功號發諸軍齊出。成功督秀奇突陣。四月，提調萬禮、吴豪、陳俸、楊朝棟及尾宿營楊正圍漳州西門。五月，清援至。從成功以黄昌營自中路攻敵，大破之，禽副將金鳳。九月，屯古縣，成功督秀奇爲援。

七年五月，金礪攻海澄，守鎮遠寨。礪攻城，爲寨所扼，必陷之而進。秀奇曰：「此寨大家今日死忠營也。」以死力拒。牆陷如平地，士卒無可容身，秀奇掘地爲濠藏之，終不能下。密令神器鎮明率善於五日夜埋火藥河畔，候令發之。六日夜，清兵傅城，諸軍大刀斫之，戎旗内班將蔡文、王明功爲多。天明，清兵畢濟，藥發，盡爲灰燼，未濟者禽斬無遺。論功，秀奇爲首；文、明授都督僉事。

十二月，從成功討南安、惠安畔寨。

八年三月，海壇嵩下民梗化，從成功平之。攻海壇，陳西賓乞降。十月，以陸師左統領南下勤王。

九年四月，擢右提督，封祥符伯。七月，爲陸師副總督，與張名振北征。十月十七日，出岑江口，攻舟山，右鎮陳瑞先登，斬中軍陳彪。郝文興卒，代守海澄。清多方誘降，堅拒不應。

十年六月，前衝鎮黄梧欲畔，憚秀奇不敢發。二十二日，秀奇赴思明計事，遂舉城以米二十五萬石、軍器衣甲畔降於清。領兵張協察有異狀告密，秀奇與林明、康熊堅守五都土城。甘煇至，運糧械思明。授協戎旗左鎮。閩安復，成功親督秀奇、明、張英、蕭泗、林雄、黄昭、蕭拱辰北上奪橋，三戰三勝，進圍福京，鼓勇礮毀烏樓。調左提督，總督五軍戎政，督各提統鎮守閩安。十一年七月，改總制。

十四年四月，達素窺思明，督守高崎，率陳璋、劉俊守澥仔寨，陳澤、豪守倒流寨，顔望忠守赤山坪，蔡禄守東渡寨，仁武鎮唐邦彦守神前。五月十日，清兵踩赤山坪登，璋接戰。命陳鵬助之，陳蟒右出，劉雄自水壠側出，同至赤山坪，斬侍衛噶賴、前鋒較鄂勒布、親軍較鄂滿。

成功入臺，留輔其子經思明，預大議。

十八年三月，至南直降清。

陳霸，本名吕豹，南安人。少養於石井陳氏，因冒其姓。從鄭芝虎起海上，芝虎殁，從芝龍軍。短身，多智勇，人呼爲陳三尺。

隆武初，從鄭鴻逵，以太子少師、左都督，挂鎮海將軍印，封忠勇伯，晉侯，鎮漳泉興汀惠潮。與楊濟時、張明振、鄭陞、洪政、黄山出永定關。汀州陷，歸南澳。

永曆二年，與吕英徵餉潮陽，爲張禮所拒。

四年，與濟時、郭子英、蔡昇、林貫、林英從淮王常清營揭陽。

五年七月，鷗汀寨民害左鎮吕未。

九年八月，與黄廷、萬禮、蘇茂、林勝、樊忠、史朝炯六七萬人，駕百舟，破潮州兵，攻饒平，破吴六奇。九月，復揭陽，救飢民，又復普寧、澄海，取鷗汀寨。

十年正月，揭陽陷，總兵吕志及何輝戰死；都總黄龍、三總謝安、勇總何勝、先鋒劉元、左副總鄭雄、二將王貴、五將陳保壽、右副總張亞晚、四總陳亞二、九將盧亞三、先鋒張亞養、紅旗張長生屯惠州黄砂巢死；李茂屯龍南祭石死。

十一年十一月，鄭成功督師南下，力請攻浙、直，大舉恢復。成功然其言，乃班師。

十二年二月，清兵攻南澳，蘇興、黄亮戰死。

霸鎮南澳十餘年，疏通海運，與許龍、蘇利幾百戰，粤人畏之如虎。顧不學問，性專恣，人多忌之。十六年三月，周全斌讒言通清，成功遽信之，命子經、洪旭以全斌大熕船五過思明，合杜煇、黄昌擊之。霸聞大驚，集部將告曰：「此必有大奸人反間，且奈何？」曰：「盍往辨之。」曰：「不及矣。」曰：「然則禦之。」曰：「禦之則情真，兩虎相鬬，必有一傷，我從平國數十年，肝膽惟天可表。辨之弗能及，禦之非本心，此藩主自壞長城，非我背恩也。」遂率子士龍及杜耀、參將陳珍以衆入廣州降清，封慕義伯。不數月，兩目俱矐。全斌至宫仔前，追不及，獲其子士龕而歸。經命煇、楊金木守南澳。部將都督吕志出入潮普惠界。十年三月，死普寧。

煇，字功參，同安人。以都督總協理，與水師一鎮桑一筠復泉州溜石寨。歷昴宿營護衛左鎮，挂蕩胡將軍印。復閩安，與林明守羅星塔。城陷，杖百二十，降尾名兵，以郭義代之。成功自南京歸，赦，領水師。十八年二月，與弟逵、森及觀武將軍吴陞、楊世炯、張雄、鄭夢蛟，都督僉事陳六言，監軍莊夢侯，參軍錢青、陳珍及伍濬益、洪徵、董時行、洪弼、杜騰、郭惠、吴鵬，兵二千、民八千及輜重，自南澳降清，爲總兵。從吴三桂起兵，爲左將軍，謀再降清，死。

同時，都督挂耀武將軍印毛興，水師四鎮毛玉，副總兵陳勝、林皋、陳好、李祐、林宗及張傑、吴盛，於三月自銅山降清；將郭勝、蔡福自思明降清；都督張堯天將杜進、林亮、張東自金門降清。

又鴻逵將陳秀、郭熺、郭芝英、楊濟時、朱壽、藍登、林順。

秀，字文崑，海澄人。水福標遊擊。隆武時，以汀州副總兵遷左都督、御營總兵，挂平虜將軍印，封武功伯，命援建昌。贛州急，成功督與熺、周麟、政、山剋日出分水關。尋調建寧，守永定關。三御營立，領威武營。二年八月，與熺獻仙霞關降清。經紀傅雲龍喪，力全其家。

熺，字振榮，龍溪人。諳韜畧。傾資築隄海邊，以登州隨營副總兵遷都督同知總兵，領鎮武營從征，封靖安伯。

芝英，字耀豪，龍溪人。官金門遊擊。貌英偉，力舉千斤，虜望而畏之。凡賫糧運輸、調遣進發，多其指畫。加太子太師，封忠奮伯。

濟時，莆田人。封靖遠伯。

壽，詔安人。水操旗鼓副總兵、總兵，封平胡伯，守銅山，與蔡禄降清。

登，漳浦人。永曆四年九月歸成功，以材武授援剿後鎮。蔣愷授副總兵。十月，領陸師從鄭芝莞守中左所。五年十一月，與煇、義、明、藍衍、蔡禄攻漳浦。戰磁竈，先登，大破楊名高兵。後管思明陸師。

順，福清人。隆武時，以副總兵與陳天榜駐建陽分水關，命赴邵武。尋與京營戎政總兵曾德守仙霞關。福京亡後，從鴻逵攻泉州，授禮武鎮。十年四月，韓尚亮窺思明，順與左營林福防海門，與明、蕭泗、楊祥、陳澤七鎮大熕船十四，駐泉州圍頭上風。尚亮至，合戎旗協楊富、援剿左協王明衝艅入，銃沈數舟，清陣大亂。忽颶風作，諸鎮收泊圍頭。清兵不習海戰，多被獲，或水死，師幾熸。王進功再窺思明，與昌、祥、衍、澤、陳斌、楊祖、八鎮援旭，進功退泉州。十三年，從征入長江，調援剿右鎮，前提督右鎮劉俊爲前衝鎮，福爲禮武鎮。李率泰合攻思明，與福防海門。福尋防倒流寨，順扼高崎禦同安各港舟。忽傳陳昇畔，廷走銅山，順退鎮海。後回屯海門，福屯三都。十八年正月，順以全師降於清。

甘煇，海澄人。黑面短軀，拳捷，通韜鈐，饒智勇。臨陣如山嶽不動，禦馬與礮有法，馭兵嚴，寬仁不殺。

永曆二年閏三月，以副總兵從鄭成功復同安，敗遊擊祁光秋、廉郎九都，挺身出鬬，斬守備王庭；趙國琪反正。詔安林日灼鼓衆拒義師，誅之。旋會鄭鴻逵揭陽。圍潮州，柯宸樞死。

四年正月，代林習山爲右衝鎮，調親丁。郝尚久援新墟寨，設伏石場左。七月，成功退潮陽，黃亮采乘虛與其黨陳拔伍李芳畔，犯行營，迎擊斬之，軍心乃定。

五年五月，從攻漳州，與右衝鎮柯鵬誘敵，袁進、池仕紳、張銘爲督陣官。二十七日，戰大捷。九月，繼蘇茂追敗總兵王邦俊兵。十一月，督蕭拱辰、楊祖、遊兵營吴世珍在成功陣後。提督楊名高兵至，祖中矢，與余新奮進，追至馬厝巷乃歸，名高僅以身免。

六年正月十七日，與禮武營陳俸自江東轉攻長泰。副將王進以健鬬聞清軍，欲與煇決雌雄，乃奮撾傳矢，兩馬相當，煇戢則進隱之，進彀則煇亦落之，自辰至午，縱横跌宕，觀者竦踴，會二軍至，乃解。煇至溪西，漳兵來犯。煇、俸兵少卻，煇中二矢，俸中四矢。督陣官王孔嚴鼓衆力攻，陣斬退縮親丁前鋒將陳震、總班曾猛。親兵副總兵歐斌突進，斬二將及知縣傅永吉，清兵遂潰。二月二日，攻城，世珍先登，死於礮，黄元代爲遊兵營。總督陳錦以大軍來犯，成功屯江東，煇督俸當敵衝。三月十日，錦大軍屯牛蹄山。十三日午，煇、俸前攻，大破之，追至牛蹄山老營，錦棄衣甲走同安鳳尾山。煇、俸爲首功，擢左都督、中提督；斌爲親丁鎮。復平和。

四月，圍漳州，與杜煇親隨營李長、鐵騎鎮劉有才爲各路援。五月，敵大至，從成功自右路破之，敵嬰城不敢出。斌卒，以郭廷代親丁鎮。馬逢知衝成功營，茂、林勝、陳斌、蕭泗拒戰。煇與周全斌、陳堯策、郝文興以雲梯傅城，斬同知王顯謨。泗、黄廷、黄山壅鎮門水，不克。城内金珠如瓦礫，紙木盡，人相食。九月，金礪援至，全斌及右先鋒鎮柯鵬、禮武鎮俸、角宿鎮康澄敗績，煇、泗、堯策、祖欲守關據橋，不及。二十六日，遂撤漳州圍，煇斷後。

成功在古縣，命煇統郭廷、勝、萬禮、蕭拱辰屯山頂。十月朔，礪萬人來攻。三日，斬清兵過半，山戰死，煇、黃廷力拒。成功退海澄，命都督王明舟師爲首程，煇率鍾宇爲二程，防烏礁水師。

七年五月，礪兵數萬至，煇、茂守關廟前木柵六日夜，清大小礮數百日夜番攻，營多壞。成功傳死守，煇曰：「人生誰無死，今日正死得其所。」將士無不感奮。成功計明早敵必傅城，命諸軍立隊，斫以大刀，不許前追，俟衆齊渡河併力。五鼓，敵營空礮發，各兵並進，諸軍以大刀斫之，煇班將鄭仁、李昴斫敵尤多。論功，煇第一，成功以忠孝伯印畀之，不受；擢仁都督僉事。礪走，成功將攻潮州，煇督楊朝棟守海澄。

八年四月，有謗黃大振欲獻海壇，成功令煇、黃廷、堯策、全斌執殺之。六月，與勝出師長樂措餉。九月，與王秀奇、堯策、禮、藍衍、茂、黃梧、全斌、楊文燦、吴豪、泗、林明、楊祥、黃廷、拱辰、黃昭、藍登、陳六御、鄭文、蔡祿、郭義並水師將，陣安平數十里設伏。成功與參軍進發，會葉成格馬數千步萬餘。十一月，劉國軒以漳州反正。十二月，煇、六御復惠安。又與全斌、堯策分復安溪、永春、德化諸縣，獨泉州守將韓尚亮、施郎堅守。大埔江龍以萬人攻永定，相持三月，食盡，走龍磜寨。

成功舍泉不攻，令煇率張英、六御、勝諸鎮先取仙遊，知縣陳有虞力抗，不下。九年正月五日，中協陳謙斬遊擊王嘉禎。命洪善穴三官塘地道，火藥發城下，有虞死。憤其抗命，屠之。四月，封崇明伯。

五月，入連江，斬縣丞袁用相。七日，北征，爲陸師正總督。從洪旭至舟山，道出湄洲。北鎮兵取民雞，煇對衆自罪失律，去衣乞杖。衆勸免之，不可，遂受十杖，斬兵以徇。故所過草木不驚，民皆迎附。

六月召回。梧畔，與勝斌、祥、陳鵬、黄安駕快哨至海澄海門。令斌、鵬伏要道，已不及，運五都土城米歸。

十年七月，統英、勝、全斌、杜煇、斌、明、巴臣興、陳魁、衍、魏其志、楊富安、國軒、楊來嘉、義、禄、文十五鎮大熕船四十、快哨二十，北上攻閩安，斬副將胡希孔，遊擊劉應田、潘廷縉，守備沈杰、李琚，禽延平參將張禮。清兵潰，遂復閩安，逼南臺，屯羅星塔，克東埭畔寨。成功大隊舟師入南臺，奪橋薄福京，分兵東守烏龍江以拒泉、漳，西守洪塘水口截延建糧道，北守連江北嶺遏温台援兵，惟南近水，不爲備。撤東南隅房舍，立栅礮臺，與烏樓對，日夜攻。時濟度、劉清泰在漳，城空虚，大震。巡撫宜永貴督副將田勝善城守，又分兵守烏樓，乞漳州援。成功未知虚實，調各鎮深溝高栅以爲久困計。每攻城，爲烏樓礮所阻。礮毁之，人心愈震。永貴出進及布政使周亮工於獄，主城守。八月，副都統阿克襄救福，馬得功攻銅山。十六日夜三鼓，亮工計開水門繞鼓山後。天明伏起，衝南臺，諸軍不及防，登舟走，楊炯、韓泰執死，福京圍解。

九月，復連江，斬知縣楊繼生。總兵楊宣兵潰小埕、萬安，入海。

十二月，從攻羅源、寧德。阿克襄，章京巴都、柯如良，以滿洲騎數千至。成功直薄寧德，授煇、全斌、魁誘敵機宜。二十八日，督師先行，煇斷後。阿克襄追及護國嶺，戰終日，勝負未分。馬信曰：「素聞公善戰，明日請觀退敵。」煇以敵衆己寡，決以操法三退誘之。命各營運米入舟，然後抽兵過橋。奇兵鎮韓德、前衝鎮劉巧伏西北山谷，昭伏橋東北謙及火武營魏標前誘敵，輪番接戰，陽敗過橋東北，聞礮合攻。又命金岸、康熊偷道西南，作攻城狀。二十九日晨，阿克襄整隊出，則見煇軍運糧者紛入舟，麾騎近橋，則標接戰，交綏輒退，謙繼之。標則已度橋，謙亦退。阿克襄追之，則見謙分隊伏橋左右，疑未敢進，而謙亦已過橋。益怒，追之，伏起，分隊接戰，則皆走。將至東北角，礮作，昭突出戰走，德、巧畧戰走。煇登嶺高望，視阿克襄懈，魁出不意刜之，阿克襄墜馬，陳蟒斬其首。諸軍並出，禽巴都、如良等。清兵大敗。歸者止數百人。阿克襄以驍悍冠軍，及死，清兵奪氣。煇回營，信曰：「今日始知公之真勇畧也。」遂復羅源，進圍寧德。

十一年正月，病，成功賜銀三百兩。

五月，施舉、李順招嵩門漁舟爲嚮導，備進長江。至定海關，舉風飄，力戰被執，不屈死。七月，取糧涵頭。

成功復台州，命以兵援閩安，居中策應。閩安陷，成功問計諸將佐。潘賡鍾等主取南直，煇曰：「直、浙地廣，非數十萬師不可。倘大隊前進，清會師犯，兩島危矣。不如就近窺舋，進戰退守。」十二月，屯晋南。

十二年四月北征。十日，與禮、全斌先行，泊圍頭，討許龍走之，復澄海。將劉進忠、副將高進威、知縣祖之麟、典史江景雲來歸，進忠爲後衝鎮。

旋大舉北伐，命爲前部先鋒，統護衛一萬、鐵人八千，及陳澤、楊正豪、巧、鵬、義、進忠、朴世用等兵一萬，配坐大熕船二十、烏船二十、快哨十。順引次羊山，颶風作，張翼、孫得功、陳定國等執死，副總兵朱昌、總班官鄧仁等至嵩江降清。回駐舟山，力諫「南直不可深入，俟李定國、孫可望會師信至進兵，庶首尾相應，戰守有方，可一鼓克敵」。不許。

十三年五月，攻崇明，丁秀、宫龍、陳義、陳正、曾進戰死。進至焦山。十六日辰，隨成功七中軍船出，煇爲左隊，督祖、翁天祐、羅藴章直搗瓜洲，復之。因請曰：「瓜鎮爲南北咽喉。但坐鎮於此，斷瓜洲，則山東寇不至；扼北固，則兩浙路不通，南京可不勞定矣。」不許。又請「繇陸趨京，乘破竹之勢，一鼓可下；或攻取其附近州邑，以絕援兵，則南京孤自難守。若繇水路，風信稽遲，援兵四集，又費工力」。亦不許。

南京之圍，繼英而進，屯獅子山後第二大橋頭山上，居中控要路。郎廷佐約期降，煇曰：「兵貴先聲。彼衆我寡，及其謀且未定，勢宜易拔。俟其守禦固，則難圖矣。」七月二十二日，余新敗被執，清盡出城中兵陣城外。煇、賡鍾、勝勸抽兵出觀音門再舉，成功曰：「將有大敗，必有小勝。明日正欲仗諸君力，滅此醜虜耳。」是夜，調煇、英伏觀音山內。衍死，諸軍潰不止。廷佐別軍繞山背，合梁化鳳兵自山下。煇在谷被圍，未得號令，遂大困。英死，成功麾軍退，爭舟而渡，煇殿，且戰且走，至江，騎能屬者三十餘人，煇力鬭不退，謙等左右濱盡，猶斬輕車都尉瑚伸布禄、猛格圖，驍騎較阿哈尼等數百人。

馬蹪被執，大呼曰：「吾甘縣伯也。」擁至城南金水橋，廷佐令拜，不屈。廷佐曰：「爲將不能戰死，被執即當降順，何抗耶，豈吾劍不利乎？」曰：「豈不知大丈夫當死沙場，但大厦將傾，非一木可支，默默與士卒同偃卧荒丘，是所不願耳。吾今聲言而來者，正欲知我之死所也。」廷佐見煇壯烈，愈欲降之。曰：「本爵頭可斷，志不可易也。」戟手罵不絕口死，清兵稱爲烈士。

總兵郭良玉同執死，魏標、林世忠、張廷臣、朴世用、洪復、劉茂燕、儀衛吳賜等咸戰死，副總兵林正禮降清。正收煇官兵，隸右鎮昴親隨營林正管束，昴陞義武鎮，左虎衛前協仁爲正領兵。

成功回思明，立忠臣廟，祀死難諸臣，以煇爲首。哭曰：「吾早從君言，不至此失。」子孟燁，成功婿，明敏能文。三十六年，授天興知州，民欠糧不能完者，輒代償之，以仁恕稱。

鵬，漳浦人。援河南，屯息縣。

龍，大埔人。負氣力，善馬矟。永曆三年，以大埔應成功，斬參將黃一灤。九年六月，攻烏石寨，中礮死。

舉，惠安人。管副中軍船。與管正中軍船內司都督蔡進福從成功南下勤王，遭風鹽洲港，操舟轉危爲安，舉遷水師後鎮，進福水師內司鎮。舉歷左都督總兵，死灘表頭。將傅廷、高後執興化死。

天祐，漳浦人。萬南把總。九年，以督運都督爲總理監營，都督鄭德及陳壎爲左右協理監營。十年四月，尚亮兵至，與秀奇巡思明。十二年九月，北征至象山，新附者多苦風濤走，軍中訛言新附北將納款，援剿右鎮賀世明朱其檣，疑之。成功使英諭世明、世用、標、張魁、李必去兵爲監督，世明憤恨死，天祐署左提督，隸其兵。十二年十一月，督黃應、韓英屯丁石。十三年，北征至焦山，命隨七中軍船進瓜洲，爲右隊。南京之圍，繼陳魁而進，屯儀鳳門外，爲新、拱辰聲援。城内清兵大集，成功知必先攻新營，命屯王家渡洲頭策應。新敗，聞礮聲，馳救不及，清乃悉出騎兵城外。及攻崇明，屯土堡爲老營，兼應北門，與富屯興化南日。回思明，仍爲總理監營，官兵歸胡靖統轄。後代張進守銅山卒。

蘊章，字季華，溧陽人。張名振將。歷都督同知、總兵、提督。成功圍南京，命招撫蘇州。未行，從張煌言爲長江嚮導，克譚家洲，引兵協守太平。後守舟山，從入臺灣，卒。

新，詔安人。美儀容。牛蹄山之捷，授援剿右鎮。九年，調前鋒鎮。十年十一月，平鑑岡寨。十一年九月，率魏騰復台州屬邑，守將高綿祖以太平歸附，標入守，尋以北鎮前鋒營蔡勤代之。七日，將韓文盛以天台歸附，仙居亦下，命中軍安撫，市不易肆。十二月，爲正提調，信副之，統姚國泰、世明、標屯海山。十二年十一月，北征，統安、拱辰屯平陽。先鋒陳京、王子福、畢時亨、朱粹、雷鳴暘、陳時福、黄定子、余思敬戰死。十三年入長江，復譚家洲，進圍南京，自儀鳳門登岸，繼信而進。七月十二日，與拱辰屯獅子山，堵儀鳳門。十六日，請以千騎薄門，破清兵，城中大懼，遂輕敵，縱軍捕魚。成功命英馳讓之，如故。十八日，成功命天祐同守，新欲獨立功，云兵已足，乃止。所部守白土山，以非孔道，防少疏。二十二日午，化鳳以五百騎穴儀鳳門十餘道突出，新出不意，不及甲，倉卒迎戰，敗入拱辰營。

化鳳乘之，新舞大刀被執，拱辰浮水走。禮欲救，而化鳳收兵。新既被執，清將問曰：「願爲官乎？」曰：「止求速死。」與左營副總兵董廷、中衝副總兵蕭拱柱皆死。成功至鎮江，嘆曰：「南京之敗，輕信新之所致也。」命拱辰收其官兵。

標，字進功，大名人。以漳州副將反正，授火武營。

世用，長子人。以漳州遊擊反正，授水武營。

復，同安人。初爲優伶，成功拔爲將，勇冠三軍，嘗懷竭命之志。從攻漳州不利，成功失印，復單騎繞清兵後，入營中挾印走。虜覺追之，復三矢殺三人，清不敢迫，遂以印返命。十一年十一月，以戎旗鎮中協從成功自南澳回思明。

茂燕，平和人。仕履不詳。

萬禮，本名張要，平和人。崇禎末，鄉官肆虐，百姓苦之，衆謀結同心，以萬爲姓，推爲首。永曆四年五月，以九甲義兵數千，因施郎來歸，授後營。郎罷，調戎旗親隨將。五年三月，從鄭成功至天星所，清兵拒據龍盤徑，斬惠州援兵無遺。歷前衝鎮援剿右鎮。五月，從攻漳州，與甘煇誘清兵大破之。七月，敗清兵同安。九月，繼煇破王邦俊兵。六年三月，成功屯江東拒陳錦，與陳壎繼林勝當敵。九月，成功退古縣，命屯嶺上。

七年五月，金礪攻海澄，守鎮遠寨，爲首功。

九年四月，封建安伯，擢後提督。以副總督與黄廷復揭陽、普寧。

十年四月，韓尚亮至，率黄梧、黄安、蔡文五鎮舟十、快哨十，巡高崎、潯尾、圭嶼，以防海澄諸港。七月，從煇復閩安，留守。十一月，督張魁、魏標、朴世用、唐邦杰、胡安然、陳魁二萬人攻福寧，王玉戰死。

十一年二月，與張英復金鄉衛。三月，督韓英、楊朝棟，左衝鎮洪善，輪守閩安、羅星塔。

七月，成功至閩安，命出征。九月八日，攻海門衛。十日，監督宋維寧招清將張捷，十一日出迎。又招前所劉崇賢，亦於十二日反正。進攻台州，斬遊擊李宏德。

十二年十一月，屯温台，副總兵胡雄坐匿民女伏誅，何祐杖。

十三年北征，統賀世明、蔡禄、安、陳魁、巴臣興，神祧鎮楊祥，宣毅中鎮李化龍，援剿中鎮文等二萬，配大熕船三十、水艍二十、快哨十爲三程，繼馬信而進。至焦山，命隨七中軍船趨瓜洲爲後隊，陳瑞龍爲諸鎮應。六月十六日，瑞龍奪木城三，長江與共。禮繞出洲後，伏通揚大道，絶其援師。瓜洲復，殲清潰卒，禽朱衣佐。南京之圍，自儀鳳門繼余新進屯第二大橋頭山上居左。新敗，援不及，命與郭義扼橋頭大道。道尾受敵，礮火密，力戰被執死。義泗水走，與禄收其官兵，繇楊正右鎮顔望忠管束，望忠擢智武鎮。

楊祖，漳浦人。初領奇兵營，梧爲英兵營，吴世珍爲游兵營，林文燦爲殿兵營，壎爲正兵營。與禄大破楊名高小盈嶺，中矢，猶斬一將。以首功，挂戎旗印，賜蟒玉，陞奇兵營爲奇兵鎮；世珍、蕭拱辰捆責。八年二月，與周全斌、黄昌從成功至安平。九年八月，復揭陽，功爲首。十一年十月，成功在思明，以右先鋒鎮統英兵鎮唐邦杰屯漳浦。十一月二十一日，邦杰以前鋒親隨二營副總兵林翀、葉禄、吴興遊擊張元經、陳贊、林贊、張雲鴻，都司莊天成文武百三十三人、兵千六百人、家口八百人畔。左營將鄭然、中軍許定珪不從，密告祖、藍衍，追之不及。十二年三月，調左先鋒鎮。十一月，統姚國泰、禄、黄昭，屯蓁與、水澳、斂城。十三年，北征至焦山。攻瓜洲，爲左隊。南京之圍，率援剿右鎮副總兵陳彩，參將方光夏、黄輝、陳碧、程文星，遊擊黄瑞，都司王興國、王良、楊文，守備吕春、陳起，繼煇而進，屯第二大橋頭山上，居右。新敗，統國泰、正、衍屯觀音山作犄角。詰明，梁化鳳全師襲山後，首薄營，祖奮拒，三合三卻。南京敗，成功論祖、國泰、正罪斬，諸將救免。及至崇明，與後勁鎮中提督前衝鎮戰船防狼山上流，泊王家港口。已合禄屯蓁嶼。五月十日，諸軍大破達素。午後南風作，與鄭泰、黄元從浯嶼入，清兵潰走。後屯佛潭橋。臺灣定，屯北路新港仔竹塹。昭、張志縱部將楊高陵削土番，大肚番阿德狗讓殺高反，欲援紅毛夷。祖征之，中標槍死，圍志營。陳璋、陳瑞、望忠使兵都事李胤監諸軍，不許擾土社，移昭屯南社。

邦杰，字輔宸，宣城人。

國泰，武陵人。精騎射，清雲霄守備。初，成功以舟師自白塔登岸。分道攻城，清參將張國柱迎拒，施顯斬之，國泰巷戰重創被執。成功欽其勇武，護至銅山，命地方官陳明登醫治，用爲監督。陳六御辭兵柄，管北鎮事。世明解兵，遷援剿右鎮。十二年，改宣毅右鎮。十一月，與祿、昭架橋温州堵清兵。七日，屠磐石衛。南京敗，罷官。及回思明，起右提督協理，黑雲祥爲左協理。

英，長泰人。代壥爲正兵鎮。十年十月，取糧福安。與善從禮守萬安、羅星塔。從攻瓜洲，與祖藤牌蔽身，首奪門登城立幟。後與王起鳳攻崇明東北，斬知縣陳慎。命梁棟宇、曹黑子招降不得。八月十一日早礮攻，午西北城崩數丈，梁化鳳隨時堵築，運木馬釘置崩處。成功親督攻，英、起鳳緣梯上，皆死，楊富代爲正兵鎮。

起鳳，本名起俸，鳳翔人。便弓馬。三年九月三日，亦以漳浦副將密謀反正。事洩，與轄將吴大明棄家來歸，授都督同知，領鐵騎營。四年五月，攻潮州，命伏葫蘆山下。後挂總練將軍印，教成功軍騎射，凡陣斬馬首者同首虜，成功任之。後同柯宸樞連絡銅山，養兵措餉。

馬信，字玉樓，遼東人。溧陽守備，降清，官台州總兵。永曆九年九月，命將王英、李國寶密款於洪旭。十二月，旭、張洪德命中軍虞允昇、推官林潭迎之。率部劫馮用棄城，以兵馬三千人歸思明。授中權鎮，挂征虜將軍印，賜銀二千兩、蟒玉，母妻各五百兩、冠帔，將兵千兩。

十年二月，阮駿報清定關造舟，將攻舟山，命信、洪德協守舟山，管左提督事。舟山陷，歸。十月，擢右提督，封建威伯。

清提督田雄來書，許來歸如黃梧例。信答曰：

數年不見，每念老親臺以中國父母之身，屈首犬羊，必有鬱鬱愧憤，待時而動之志。弟向叨至愛，未嘗不時時在意中，亦每向忠義豪傑豫爲揄揚，以留其地。頃接教言，悉皆顛倒刺謬，殊爲悒惋。此或因比來不相聞問，以耳目所礙，故爲飾説以通其意耶？弟世荷國朝厚恩，暫屈清廷，以圖報雪，故其爲清官時，潔己愛民，得報最而至於台，計乘便以歸正。當日之舉，有何屈抑而避難於一時哉？

夫弟雖不稱智勇，正爲不貲之身，身名可惜，不甘與草木同腐，幸得一當，以無負先人耳。乃老親臺輩反以歸正爲墮先人之教，事清爲身名之泰，豈諸公之先人原無衣冠？諸公之身名胥爲異類？不謂諸公受恩本朝，而登枝忘本，爲悖戾之語一至於此也。

諸不足較。弟有傾心相告者，國朝深仁厚澤，理必中興，庶其時勢圖讖，恢復大事，斷在於今。我藩主奉詔提百萬之師收復東南，兵威震讋，諒親臺素所心折。當乘時幡然全師來歸，則茅土之勳寧在其後？若待大師壓境而後倒戈，未免少遜一籌；如怙終不返，則名實兩喪，弟雖有一日之雅，未必能相全也。弟素性樸誠，又以名義關切，故所言實肝膈之要，非徒騰口説以相激昂，幸鑒諒之。

鄭成功北伐，諸將多言不如近攻完利，信獨力贊之。及出師，統楊祖、魏標、藍衍、黄昭、楊世德、林明、黄昌、黄應等兵二萬，配大熕船三十、趕繒船二十、快哨十爲二程，繼甘煇而進。十一年八月二十日，單騎招降台州總兵李必。二十六日，必及將常太初來見。以姚國泰屯南門，賀世明屯東門，魏騰屯西門，仁武營唐邦彦屯北門。台州副使蔡瓊枝、同知齊維藩、知縣黎嶽詹斬中軍鄭之文，執知府傅夢籲、劉應科，通判李永盛，知縣徐珏來見，授如故官。副總兵張應台、朱國青被執死。攻太平，斬都司李柱國、李一元。黄廷棟自寧溪登岸，復仙居。繼攻磐石衛，斬遊擊熊應龍。樂清知縣王士軾反正，舟山遊擊杜茂祐反正，授副總兵。未幾，與副總兵許天禎、周大道降清。十二年十一月，屯温台。

十三年北征。六月，至焦山，進攻瓜洲，請爲先鋒。成功喜曰：「公效力，城必下矣。」

命與余新、衍、昭、黄安、蔡文分取鎮江譚家洲大礮，各大舟隨信從南港泊瓜洲北岸待命，小舟自北港入。命阮美、李順，職方主事袁起震，及煇、林勝、周全斌、陳魁、陳鵬、張英、萬禮、翁天祐銃舟及水師舟至瓜洲發礮，護陸師進。都事謝維傳各舟火藥分撥各舟大銅熕，攻城大銃隨軍江邊駕駛備用。十五日，諸軍屯瓜洲北岸。清兵於金焦間斷以鐵鎖，曰滾江龍，操江朱衣佐恃以自固。信舟揚帆吶喊，旌旗蔽天，都司羅明昇、吴應昌以五百人守譚家洲、瓜鎮，中列巨礮，與瓜洲柳隄礮臺相對以待。程應璠督信環攻奪礮，明昇等力拒。午正，礮盡矢絶，全軍殁，以文守之，乘勝合全斌師進。全斌斬滾江龍登岸，信從後登城，斬驍騎較巴合里，守備趙維新、賈大第，功第一。

南京之圍，自儀鳳門首登，與昭、郭義營漢西門，連明、昌、世德，宣毅後鎮魏雄之壘。時城中約降，信初至，即欲揮兵傅城，成功不許。以漢西門兵少，命韓英、安協力攻守。新敗，與英、吴豪繇水道抄清後，當大橋頭小橋應禮。及至鎮江，命收五軍驍騎鎮官兵，繇允昇協理黑雲祥管束。瓜鎮棄，同英、王起鳳以舟師先行，扼江口。諸軍攻崇明，爲各路應。參將沈立、守備郭玉至江陰降清。梁化鳳回守崇明，攻之不克，乃與安以陸師守舟山，爲陳輝應，拔左鎮陳瑞爲英兵鎮，謝任爲左營，林明祚爲殿兵鎮左營。回思明。馬進寶弁曹應鳳嘗使成功，進寶死，欲入海，被執台州死。

親軍驍騎鎮立，爲提督。以轄將黄瑱久戰多勇，拔驍翊營。達素三省兵至，與林習山守裂嶼。清攻海澄海門，與旭、黄廷、林順、全斌諸大舟於鼓浪嶼後象鼻前横攻，斬輕車都尉賚三、驍騎校安塔錫、護衛雅圖。梧舟風不利，潮逆，舟觸破，眩吐昏迷。滿兵先鋒三舟迷港路，膠淺圭嶼，四百餘人登嶼死戰，折箭招之，乘夜沈之海中，滿將哈喇土心、尼馬剌、石山虎歸順，留軍隨征。

七月，率昭、應、何義、陳蟒、蕭拱辰、楊富北征取糧。八月，調應屯興化一帶，富屯福清一帶，黄元統邦彦、李昂屯澄海、小埕、長樂，聯絡徵餉。十一月，以副總督提調羅蘊章南下取糧。

成功議取臺灣，終日不決，信首然其議。及行，率昭、祖、明、昌、豪、全斌、拱辰、蟒、蘊章、富、義、張志、朱堯、陳澤、楊祥、薛進思、戴捷、劉國軒、洪暄、陳廣、林福、林瑞、張在、何祐、蔡鳴雷、楊英、謝賢、李胤，從成功至澎湖，以廣、祖、福、志守之。入鹿耳門，祥以藤牌手蕩抉，克赤嵌城。福銃傷，協將洪羽代爲禮武鎮。成功督師駐鯤身，攻臺灣城不克，乃斬竹爲籧篨，設門户，築土爲臺，設礮。城上亦以大礮拒，臺壞。紅夷出奪礮，信、國軒以弓箭手射之乃退。遂令赤嵌夷架礮攻城，信兵圍守不攻，俟其自降。久之。鄂易度以城歸順。臺灣自天啟四年紅夷竊據，至是三十七年，復爲王土。

尋與祥、拱辰、何斌統牌弓手各三百，具十日糧，從成功巡番社。成功卒，與昭議奉其弟襲護大將軍印。五月十三日，以哭泣過哀卒。必，慶陽安化人。以參將自揚州降清。反正，授護衛右鎮，調中權，挂印都督。從圍南京歸，管舟山地方。

瓊枝，字皖森，無錫人。順治四年進士。

維藩，字价人，桐城人。崇禎十五年舉於鄉，與曾體仁、陳修隱。

嶽詹，石阡人。順治九年進士。

士軾，字維瞻，惠安人。崇禎九年舉於鄉。

又黃揆，字敍百，高淳人。秉石從子，諸生。從信軍，後歸不仕。

郝文興，慶都人。清海澄遊擊。永曆四年七月，援郝尚久潮州，許龍濟師。五年十二月，密使中軍胡安然來款。六年正月二日，與安然、高明、張成功，守備時運高，千總馬史興，斬知縣甘體垣、守備郭進禄反正。鄭成功乘潮漲，航海直抵中權關，文興迎入城。授前鋒鎮，以左都督挂破虜將軍印，賜蟒玉、銀五千兩，犒將士萬兩，參將毛恒等授官有差。命文興率兵至中左所。三月，成功屯江東拒陳錦，爲各路聲援。十三日午，直搗中堅，大破之。十月，提調周全斌、藍衍守海澄東門。

七年五月，與陳堯策守海澄鎮遠寨，破金礪，前鋒下蕭自啟斬級多。論功，文興爲首，自啟授都督僉事。

八年三月，海壇嵩下民不服，與甘煇、楊琦自陸路入，復海壇。十二月，復同安，守將楊其志、知縣于元騏反正。

九年四月，封慶都伯，擢左提督。五月，大閱，以行伍不整，降級，督操官陳武杖百二十，林勝杖二十。九月，卒。成功臨奠，厚卹其家，分所部爲二，右鎮賀世明爲左提督一鎮，左鎮魏雄爲二鎮。十年六月，調一鎮安然爲援剿右鎮，雄爲護衛後鎮。

堯策，南安人。鄭芝龍故將，降清，守漳浦。五年十二月，與楊世德、包胤、蔡好斬參將包泰興反正，授護衛前鎮，仍守漳浦。九年五月，大閱，以操不如法，令管浪嶠地方，調左先鋒鎮副總兵蔡飛代之，守同安馬厝港。馬得功夜襲，飛敗坐斬，起協理五軍。十一年九月，閩安陷，成功至狼嶠，命督林明、陳澤、黃元守之，擢侍衛五軍都督，挂寧南將軍印。十三年，從圍南京，營岳廟山。十四年，達素窺思明，成功督同堯策、翁天祐、戴捷、薛進思在鼓浪嶼尾觀敵。五月十日黎明，黃梧引清舟四百出海門犯圭嶼，成功見潮逆，傳諸將碇海中流，候中軍號礮迎敵，妄動者斬。周瑞領首疊，與援剿右協楊元標泊上流。堯策領二疊，以事至瑞舟，清數十舟突至，順風前衝。二疊無令，莫敢先發，清兵環攻二舟。堯策、瑞督衆戰，逾時，斬殺相當，卒以衆寡不敵，火藥焚舟，與元標皆死。

世德，字邦纘，大興人。堯策反正，自刎投水。成功嘉其忠義，醫治之，授大監督，歷英兵正兵鎮。

明，福清人。隆武時，與龍勝同以副總兵誅奸人陳四寶、程陞發票示於鄉寨者，授後衝鎮協將。與黄勝攻漳浦，成功率之與劉巧登山觀戰。戰楊名高小盈嶺下，明發礮，各軍出，大破之。梧畔，與領兵康熊守五都土城。右戎旗鎮琦借梧衣甲，恐與謀，代之，調琦護衛鎮，熊擢都督僉事左戎旗鎮正領兵中軍。十年八月，從北征。十一年，調援剿後鎮。八月十四日，攻黄巖，屯南門外。未得令攻城，城下，杖六十。尋坐閩安陷，杖百二十，副翼將司哨先潰者四十二人斬，陳鵬代之。久之，起前鎮。拒達素海門。後與黄昌、黄義、余期英降清。

昌，漳浦人。五年十月，京霞寨梗化，戎旗親隨營李長、陳瑞平之。長病退，昌代之。九年四月，遷援剿左鎮。十年四月，韓尚亮攻思明，與蔡進福迎擊，大破之圍頭外，論功爲首。從圍南京，回守思明，敗達素海門。後屯崇武，黄應屯湄洲，楊富屯南日，相犄角。

蘇茂，同安人。施郎部副總兵。永曆五年五月，從圍漳州，設伏社内，破清兵。九月，從王秀奇大破王邦俊兵。十一月，屯小盈嶺西，楊名高三道來犯，迎擊右路。鄭成功應詔援粤，至南澳，命以左先鋒鎮代施郎。與蔡進福遭風入鹽洲港，敗惠州清兵。

郎故以知兵名，三年十二月，揭陽白灰寨李芳不服，一鼓斬之。四年正月，克溪頭寨。四月，郝尚久救新墟寨，當前伏，敗之。五月，攻潮州，尚久力拒，督親隨何義、陳法、林椿冒矢石斷浮橋，大破尚久。與弟援剿左鎮顯，皆恃才倨傲。成功次南澳，力言用兵不利，遂命閒住。顯至天星所敗清兵。

郎自解兵後，日怨望。請披緇爲僧，不許。又辱黄廷。部將曾德犯法當死，成功拔爲親隨，郎偵禽之，成功戒不殺，不從斬之，成功怒。五年五月，命黄山宣令廖達逮顯，廷命黄昌逮其父大宣，山命副總兵吴芳收郎，林習山以計脱之。成功購之急，曰：「此子不出，必貽後患。」下令島中敢舍者族。郎夜過茂門，曰：「聞藩主購我千金、高爵，子與我厚，故以贈也。」茂曰：「余詎賣公求榮者哉？」令門者祕之。三日，跡者至，茂匿郎卧室，命妻隅坐，衣覆之。夜，舟載渡安平，投施天福，依鄭芝豹求解，成功不許，郎乃降清。茂席藁請罪軍門，成功義釋之，誅芳妻子及大宣、顯父子。

六年三月，成功屯江東，茂伏東尾寨内外待敵。十三日午，與廷前攻，大破之。

七年五月，守海澄岳廟前，沈明守中權關，陳壎、楊祖守土城、九都城。

八年四月，與李增攻饒平，江龍屯大埔，鄭儼屯湯坑。劉道璋内應，爲吴六奇所阻。十月，以陸師右統領南下勤王。

十年正月，尚可喜以右營徐有功合總兵劉伯禄，以潮惠兵萬人向揭陽、普寧。茂合援剿右鎮黄勝、殿兵鎮林文燦及黄梧、杜煇守揭陽。廷議戰守，茂先請戰，爲首疊，梧次之，煇又次之，文燦、勝爲後應，廷率楊正襲後，約日進戰。二十二日，諸軍方操浦上，諜告伯禄過西門，茂欲出戰，金武鎮華棟曰：「列陣度橋，倘小失利，橋隘難退兵，且奈何？」梧曰：「戰則必勝，何退也？」茂遂揮兵進。有功從旁夾攻，茂陣亂，中二矢一銃，兵溺死者五千餘人，勝、文燦、楊奇咸殁，張英、巴臣興援不及，獨棟以所部近橋，得不敗。成功命張光啟按之。二月，調茂、梧、煇回思明。三月，棄揭陽。四月，遊雲伍被執揭陽死。議喪師罪，坐茂拒諫出兵，殺之；煇杖六十，戴罪立功；梧罰鎧甲五百。副總兵林仁，守備楊贊、柯美降清。

諸將以茂罪不至死，皆有後言，乃厚殮，養其妻子，自爲文，遣禮官陳瑞龍祭之，曰：「王恢非不忠於漢，而武帝不能爲之赦；馬謖非無功於蜀，而武侯不能爲之解。國無私法，余敢私恩？」云云。三軍始定。

道璋，字丹霞，饒平人。崇禎九年舉於鄉，山陽教諭。

棟，本名郭遂第，莆田人。諸生。以木武營代周全斌爲後衝鎮，與梧守海澄。梧畔，遊兵鎮黄元爲護衛右鎮，協張進守銅山。十年十月六日，濟度兵自詔安至，破之。尋夾攻李率泰鼓浪嶼。後屯長樂徵餉。十二年卒，劉進忠代之，材官曾熖管坐營中軍。初，棟從軍，父弟死清兵；母陳係獄，棟病革，猶以爲念。成功命鄭泰以銀二千，使旗鼓盧恩多方脱之得還。中軍陳有慶陳其事，將士皆奮。梧守海澄，以茂死不自安，十年閏六月二十二日，與郎弟副總兵明、鄭純、賴玉，參將陳言，監軍同知鄭憲周，知縣王士元以城降清。左先鋒後協康忠不從，斷手縋城出。明，清授内大臣，成功以其畔非本心，爲梧所脅，恕之，仍月餼其母。梧，清封海澄公，獻遷界、造舟、清畔産、斷接濟、發成功祖墓五策。清遂發墓，起屍入杉木，鐵圍加封，所經府縣寄獄，致福京。又薦郎爲副將，改名琅。其後，郎繇内閣學士李光地薦，累官水師提督，卒以其力亡臺灣，封靖海侯。

士元，金華人。天啟七年舉於鄉。

柯宸樞，晋江人。武舉。沈毅有謀。隆武時，與楊朝棟同以監軍，督軍出關。鄭成功起兵，兼統領，隨征，遷中衝鎮。永曆三年三月，與康明從成功自白塔中路攻雲霄，姚國泰力拒，與林義從西北登城。

二十日，從成功至盤陀嶺，偕王起鳳連絡銅山諸島義師，並任募兵籌餉。已督明及親丁鎮楊才復漳浦、雲霄、詔安。攻潮州，命當盤陀嶺東一面，別令正兵營盧爵屯嶺下爲應。王邦俊兵至，黄廷、洪政棄羅山嶺走，宸樞及弟中軍宸梅扼險守，斬副總兵許有信，清兵不得進。二十八日，邦俊以騎兵往來誘敵，而令副將王之綱自盤龍小路度嶺，遊擊張勝繇杜潯出雲霄合圍攻，宸樞分兵逆戰，礮矢盡，力戰，全軍歿，雲霄、詔安陷，清進黄岡。事聞，成功大痛曰：「吾不恨失雲、詔，恨失宸樞耳。」

子平，爲人寬厚。葉儒羽爲周全斌監紀不合，以平代之，大相敬待。歷督理行營監軍。瓜洲復，督理江防。南京敗，以快哨沿江救敗兵。二十年，以刑官與葉亨伴清使慕天顔至福京。明珠欲令入角門見，曰：「國有大小，使實一體，執行客禮。」數日不決，乃議相見聖廟，不得已繇角門入。堅執朝鮮不薙髮例。後耿精忠背約，復以禮官奉使責之。再後，與鄭斌出使，以楓亭爲界。入東寧，卒。子鼎開，成功婿，工詩。官天興知州，愛士類，民咸懷之，三十五年，入爲中書舍人。

先，成功復同安，以葉翼雲知縣事，留部將林壯猷、丘縉、金作裕守之，復攻泉州。佟鼎、李率泰、陳錦合兵援泉，逼同安，壯猷、縉守大盈嶺扼泉師，作裕守苧溪嶺扼漳師。清將黄有信以驍騎衝突，縉中五矢，壯猷、作裕不支退，同翼雲守城。清日夜攻，雉堞皆平。二年八月十六日，城陷，皆巷戰力竭死，壯猷一門死。清憤，屠城。壯猷，同安人，武進士。崇禎末，官浯銅哨總。隆武初，陞都督同知、南澳副總兵，守永定。與陳鼎出仙霞關。

又林德榮，天興長樂人。崇禎十三年武進士。膂力絶人，運六十斤長矛馬上飛舞，人見辟易。累功官總兵。成功復漳州，上謁。後攻七寶塞，垂克，中礮，與子端弢皆死。成功聞而哭曰：「吾失一臂矣。」

陳六御，字雪之，武進人。靖夷侯謙子。監國魯王至長垣，授總兵，從之舟山。永曆四年四月，以監督徵餉溪頭寨，取正供數萬。

五年六月，鄭成功回師，黄梧爲中權鎮左營副總兵，六御爲北鎮管北兵騎射事。七月，敗清兵同安。

六年三月，陳錦兵至，督陳澤守海澄。四月，提調澤、陳魁、藍衍，遊兵營黄元，圍漳州南門。

七年五月，督衍、楊朝棟、吴豪防海澄。命援郝尚久，統兵自揭陽港入。甫及南澳，而潮州已陷，攻鷗、汀諸寨，引還。

八年正月，與桂應麟攻温州平陽，轉攻定海，斬遊擊徐元吉。與都督程應璠攻崇明，入吴淓。

九年五月，辭兵柄，許之。七月，北征，以五軍戎政總制六師，從張名振、洪旭入長江，合阮駿、周瑞攻舟山。十月二十八日，監督李化龍招巴興臣，遊擊杜茂虎、李錫禎，守備楊光聲、張魁、許尚龍反正，遂復舟山。部將丁弘業戰死崇明洋。臣興千總魏邦縉、邢楝欲自定海入海，執死。監督李長至舟山調旭師回。十一月十五日，同名振、駿留守舟山。名振卒，代管前軍，爲兵部尚書總督戎政。

十年二月，舟山城哭凡五日，聲如風箏而咽，雞犬上屋日夕號。已而清兵迫，請毁其城。八月二十六日，清舟五百出海攻舟山，六御、駿以五十舟逆戰横水金塘洋，占上風，大破之，斬輕車都尉海拉布，參領祁塔海、伊勒圖，章京巴爾哈，護軍較巴拜、沙克習。二十七日，清兵又至，陽退，追至定關望江口山下，流急鋒交，六御少卻，舟被水擁，銃礮如雨，遂敗績，南拜投海死。張洪德及總兵李廷選、阮凱、姜英、楊挺生歿於陣，水師三鎮林德自刎死，遊擊高綿祖降清，馬啟龍至黄巖降清，惟馬信得免。成功聞而大慟，命優卹。十二年北征，命禮都事蔡政祭之。

臣興，本名臣功，蒙古人。勇猛有機謀。清官參將，反正後至思明，授驍騎鎮，賜銀五千兩，守舟山，挂破虜將軍印。十一年，從攻台州，張捷、劉崇賢反正，兵將隸之。十二年北征，中道卒，黑雲祥代鎮事。十三年六月，攻定海，領班官陳池被執死。

茂虎，榆林人。錫禎，北直人。

魁，大同人。擅騎射，發無不中。反正，授奇兵鎮。光聲，順天人。尚龍，榆林人。

洪德，字維善，北直人。寧波將，與臣興同時反正，授總兵前鋒鎮，封定寧伯，賜銀二千兩。清既陷舟山，以孤懸不可守，迫居民過海，溺死者無算，其地遂墟。部將總兵柳會春於十六年二月，寧遠將軍林柏馨，都督阮欽、施轟，副總兵林震溪、陳雄、黃麟、蔡龍、林居、王國忠、張秋、陳培、王祖、郭俊，以官百四十四、兵千六百九人，於二十四年十月自浙海降清。

陳魁，同安人。鄭鴻逵故將。永曆五年八月，與沈明、沈奇歸鄭成功，分授後勁護衛左右鎮。後衝鎮陳朝卒，葉章代之，同守海澄。

七年五月五日，清兵至，魁願充首疊，各鎮挑兵數百，合力乘礮烟進。章先出戰死，魁傷於矢，全軍被困。甘煇、黃廷開柵救回，以楊正代統其軍。

十年四月，合蘇茂、陳輝、陳斌配大熕船十二，泊料羅禦韓尚亮，斬輕車都尉哈勒巴。十二月，從甘煇戰阿克襄羅源護國嶺，突搏之，身中二矢一刃，卒禽之，賜銀三百兩，陞左先鋒鎮。

十二年三月，拔親軍左驍騎衛鎮，後改左虎衛鎮，兵皆精鋭。王俊爲右協，鄭仁爲前協，王大雄署領兵管候缺正領班，林鳳兼副領班，倪正爲火攻營。

十三年北伐，統鐵人八千至焦山，命隨七中軍船進瓜洲。七月二十三日天明，列陣分五隊進，清兵退銀山，魁逼柵。清兵見鐵人刀矢不入，駭不敢鬭，魁冒死突柵破之。南京之圍，繼陳鵬而進，從鄭成功屯岳廟山。余新敗，與林勝移陣觀音山下。藍衍、張英戰敗，清從山上乘其頂，魁力戰，勝受敵，抽兵遶道退。見梁化鳳迫大營，趨援，獨力不支，中箭死。所部鎧重不可斫，則輿以去。或斧以斫之，鐵人一時皆盡。

勝，海澄人。雄偉多武畧。三年十二月，與煇、楊才、黄山、施信、楊勇、洪進、阮胤、黄凱、史朝炯、潘加鐘、林期昌、林翰、賴尚通、蕭武、戴彰、翁文龍二十四鎮從成功至揭陽。四年正月，成功攻和平寨不克，銃中潘賡鍾右指，將退師。右先鋒鎮才冒矢石登，屠其寨。二月，才卒，以親隨正總班林勇代之。勇征蘇利陣亡。先，統領戎旗親隨中軍康明遷左衝鎮，正總班吴勝管中軍；至是，以退縮斬，勝以正總班代之。四月，陞戎旗中協，陳瑞爲右協。施郎畔，擢援剿左鎮。五年五月，從茂攻漳州，設伏社内。九月，從王秀奇大破王邦俊兵。十一月，屯小盈嶺西，楊名高三道來犯，迎擊中路。六年三月，成功屯江東拒陳錦，當次衝。十三日午，與茂前攻，杜煇、吴豪旁攻，大破之。九月，成功屯古縣，命陣嶺上。十月，成功回海澄，命與黄昌爲首程，黄大振爲二程，豪爲三程，防中洲水師。七年五月，守海澄南門外橋頭。八年十二月，復南安，知縣周瓊反正。九年四月，代秀奇爲戎旗鎮，王明爲前協，江春爲左協，江文英爲後協，楊祥爲神機營。八月，從廷攻揭陽。劉伯禄、吴六奇屯鷹嘴浦，勝揮兵渡濠，斧栅破其營，斬副將。伯禄倉皇不知所計，棄城去。論功爲首。濟度集閩兵進泉州，成功令思明民移金門、鎮海，空島以待，勝回守海澄。十年正月，揭陽陷，茂軍覆，命赴援。二月，同廷南征。三月。回師。四月，王明、黄安拒尚亮圍頭外，明發熕沈其前艅，尚亮不敢進，諸軍繼入，遂大捷。論功，明爲首。五月，分戎旗爲二鎮，勝爲左鎮，拔左衝鎮楊琦爲右鎮，翁陞爲副總兵。勝守南日。六月，以左戎旗内領班杜斌爲右戎旗前協，魏國爲後協，李尾爲左協，何義爲右協，裴德爲中協。十年九月，從攻福京，守羅星塔水陸。十一年三月，從回思明。七月，從屯黄石。八月十四日，攻黄巖，敗副將王戎降之，斬知縣劉登龍。朴世用入守，五軍中軍毛恒爲知縣。十一月，攻鷗汀寨，屠之，平其地。十二月，統豪、韓英屯達濠埔。十二年二月，拔將大雄力舉千斤，後爲左虎衛鎮正領兵中軍。又拔左戎旗下正領班林登、何昇、楊龍、黄高，副領班劉德、許貞爲將。三月，改左武驤鎮，後改左武衛鎮。四月，成功傳令北征，命導入長江。十日，與魁、鵬從成功至浯洲討許龍，火其穴。從北征。十一月十二日，與鵬、陳蟒屯磐石永嘉場。十三年北征。五月，率懷遠將軍王仕璋，正兵營都督僉事郭禄，遊擊陳昌、黄賢，援剿後鎮參將吴昇，守備許壯，木武遊擊林勝，都司王旭至焦山。命隨七中軍船進瓜洲。十六日辰，水陸兵攻洲，從成功居中。二十三日鎮江之戰，清兵三路再犯，大破之。南京之圍，繼萬禮而進，從成功岳廟山。新敗，調觀音山下，諸軍攻甘煇，營動，未戰者見成功黄蓋在山，不救亦不退。蔡禄潰，勝見蓋山上無號令，咋謂中協金岸、領兵康龍曰：「敵雖勝，實無多，藩主不發令齊擊，非也。爾二人擊之，吾爲若援。」二人方大戰梁化鳳，而東門騎驟至，勝轉禦之。魏雄已戰死，衆潰不止，獨力不支，遂俱歿。

衍與陳俸、豪、黄璵，故鄭聯部將。衍爲戎旗後協，俸爲前協，璵爲驍翊營中衝鎮管兵中軍。五營立，衍調義武智武營，俸禮武營鎮。衍以智武鎮攻漳浦，名高興泉兵至，與杜煇爲先鋒。南京之圍，改前衝，與禄、楊好屯東南角，依水立營。劉巧、黄應、劉國軒、正屯西北角，傍山爲壘，連周瑞、林察營。新敗，與正、姚國泰、楊祖抽兵屯山上，命鵬、禄往來接應。及戰，正敗，諸將以成功無令，不敢出，衍力鬬死巖下。

瓊，大冶人。順治六年進士，澄海知縣調。

大雄，天興長樂人。

陳斌，字朝歧，海澄人。手掌如人形，世稱大巴掌。初從黄海如爲盜，降清，從攻梧州。歸海澄，與楊廣不睦，廣圍之，斌負子，外掩甲，腰斧，手大刀，突出城門。門閉，一手斧斫門，一手刀擊衆，衆逼之，怒刀傷人，衆不敢近，從容碎門逸去，其勇如此。鄭成功討郝尚久，斌歸，授後勁鎮。合攻許龍，平平和獅頭寨，寨主黄亮采歸順，授鎮事。員山寨不服，左衝鎮林義先登，死於銃，吴仕標傷，屠其寨。

永曆四年四月，尚久援新墟，馬步數千至，斌躍馬入陣，俘其中軍陳禄而回，斬獲無算，尚久僅以身免。六月，進圍潮州，謂成功曰：「潮東西環水，止浮橋爲通漳路，須斷橋絶援兵，然後四面攻之，可勝也。」從之。六月，乃燒斷廣濟橋，晝夜攻，未克。九月二十八日，蘇利陷惠來，右衝鎮盧爵、知縣汪匯之死，乃退師。成功應詔勤王南下，從至潮陽。與施郎不睦，止不進。已與陳勝、蕭泗再圍潮州。

九年五月，調護衛前鎮，守沔洲新城，復閩安，攻温州。

十一年七月，同神器鎮盧謙、前提督右鎮余程，分守閩安羅星塔，與馬江蕭家渡水師相應。九月，林忠敗績永春，李率泰、黄梧、馬得功及都統朗賽偵大軍北上，以漳泉水師會，濟度自鼓山開道至閩安，張藴玉三千人潛度長樂港，過羅星塔，截歸路。閩安孤軍援絶，力守四日，銃礮毁寨垣，人難立足。十四日，程戰死頂寨，轉攻羅星塔，斌、謙斬雲騎尉吾庫。以衆寡不敵，郎招之，乃降清。先，成功在台州，命總理提塘徐日彩至閩安，歸報鎮後山、頂寨、西山僅神威營陳興防守，成功大驚。十八日，先命甘煇、林勝、周全斌赴援，自督師繼進。二十一日，至狼崎，黄廷、陳堯策來見，知閩安已陷，乃歸。

斌後爲清攻銅山，與將士千餘人俱殺於福京。

匯之，銅陵人。崇禎四年武進士，歷南澳守備、副總兵，從成功海上有年。永曆四年秋，攝惠來知縣，後斌降清者。

陳鵬，晋江人。崇禎間，以都指揮使勦紅夷、劉香，先登，功第一。後依成功，自前衝鎮副總兵歷義武營鎮。與鎮將楊琦、鍾宇不法，爲監紀所揭，被責。煇上言文武不和，乃聽諸監紀留用。十一年十月，代林明爲援剿後鎮。十二年三月，拔親軍右驍騎衛鎮，後改右虎衛鎮，以後提督領兵劉猷爲援剿後鎮。虎衛右協賴興，前協萬宏，後協陳沖，正領兵洪羽、劉雄，副領班張禄、許貞，領兵正中軍張彩，皆精鋭。十三年，北征至焦山，命隨七中軍船進瓜洲。南京之圍，繼勝而進，從成功屯岳廟山。余新敗，與蔡禄從成功屯觀音門，策應諸軍。楊正敗，鵬、禄馳救，斬清兵數千。山高不得上，梁化鳳從山下馳，乃大潰。及退鎮江，命收左虎衛兵，繇鄭仁、陳璋管束。總兵李國寶、楊嘉瑞，副總兵陳威降清。十四年，達素襲思明，胡靖璋以陸師守五通、高崎；援剿後鎮張志，左衝鎮領兵陳廣、吴裕，以水師泊高崎應援；林福防倒流寨；管大礮劉安世協守發礮。清水師至圍頭，滿兵屯潯尾、劉五店、新城，鵬守高崎，璋、劉俊、顏望忠守蟹仔寨、赤山坪，靖守東渡寨，唐邦彥守崎尾、神前，吴豪、黄昭、志、廣邀擊高崎、五通。五月十日，清兵自同安南北港來犯，從赤山坪登，漢兵爲先，滿兵次之。前衝鎮協將黄麟當首叠，迎戰失利，清兵齊進，璋首接戰，使敵不得登。王秀奇命鵬應之，禁不出兵。鵬先使正兵鎮陳昇密款清，請自五通渡海襲思明。及梧戰海上，達素、郎出同安港趨高崎赴約者，恃有內應，見鵬金龍甲兵至，以爲迎己，涉水而先。鵬部右協陳蟒、領旗協劉雄不與謀，至赤山坪，見敵大至，呼曰：「事急矣！」麾下逆擊，礮殪清兵無數。望忠、璋、宏及領兵林雄聞礮，力請奔赴，俊亦自東至。時潮將漲，清兵不得不齊登。豪水師亦來對戰，衝清兵爲二，諸軍鼓噪乘之。清兵被重鎧，退陷於淖，十死六七。鵬愕然計左，不得已，揮劉雄從東出合攻，昭水師自高崎至石湖頭，沈清舟，廣駕沙船出入縱擊，乃大捷，俘將哈喇土星，清兵死者千六百人，其出潯尾者亦殲，禽老本酋長，斬手割耳放歸。成功詗鵬密謀，命洪旭、秀奇僞賀，挾鵬歸，寸磔，族其家。璋、程應璠撫其衆，麟究罪。論高崎功，璋、豪爲首。璋陞宣毅左鎮，蟒、宏、俊、劉雄、林雄、黄安、蕭拱辰、陳澤、昭、廣、裕次之，擢蟒右虎衛鎮，統鵬軍，前協何義左虎衛鎮，廣入侍衛管效缺。

璋，惠州海豐人。從圍南京，自正領兵左虎衛鎮後協遷殿兵鎮。後與蔡禄屯雲霄。子啟明。

靖，臨川人。崇禎十五年武舉，授遊兵鎮。後與李昻屯杜潯，望忠、俊屯南溪、錢山、龍井。

豪，臨川人。崇禎十五年武舉，授戎旗副總兵。五營立，遷仁武營，以宣毅前鎮改後鎮。從圍南京，屯漢西門。藍衍死，收其官兵。攻崇明北門，與拱辰、郭義屯清江一帶。十四年，與志、何義自高崎力戰海門。志退，協將劉祝伏誅。十一月，統宣毅前鎮殿兵鎮遊兵鎮及後衝副總兵張華南下取糧。成功議進臺灣，力言不可。從定臺。坐劫掠誅，右武衛鎮右協魏國代統其軍。

蟒，海澄人。後與何義屯浯洲。從入臺，以罪罷。十七年，與周騰、林必遴、王秉耀、陳應、詹世好、林光降於清，屯田息縣。

陳輝，字燦珠，海澄人。鄭芝龍部將。以召美營哨官破劉香，歷福寧守備、舟山參將。隆武時，爲鄭彩右鎮，從張家玉捷許灣，封忠靖伯。已與彩入海。用兵不恃勇，數以智取勝。温恭下士，時稱長者。累官太子太保、中軍左都督。監國魯王趨舟山，黃斌卿不納，彩命與林奇扈中左所，授右先鋒鎮，挂鎮南將軍印。永曆元年正月，王封平南伯，奇呑胡伯。

四年八月，調水師一鎮。六年五月，巡撫宜永貴聞馬逢知圍漳州，以舟師薄中左牽制。輝爲總督，統周瑞、周鶴芝、林察、阮駿、施舉百餘舟大破之崇武，清兵棄舟登岸遁。已入連江，斬遊擊倪光友。七年三月，從張名振羊山，復舟山，回守思明。八年，斬整儀尉拉薩禮海上。三月，再從名振入長江。九年四月，晉忠靖侯。五月，副名振北伐，入長江。鄭成功攻閩安，命以熕船二十泊圭嶼，防海澄舟師。晉侯。十一年九月，輝將余魁、黄維、范大宗降清，仍横於海上。

成功攻南京，護官眷後行，留與羅蘊章、李順、阮美守舟山。提督田雄來招，復曰：

親翁捐平生之偉畧，甘今日之勤勞，在附羶輩亦或爲之欣羡；不佞竊爲惋惜者，律以春秋之大義也。每望親翁平旦回心，乘時反正，何期轉煩使者惠以枘鑿之言，俾不佞彌增浩歎。

今夏不佞仰承藩令，領繼發之樓船，統懷忠之義旅，正在進取，忽值旋師。蓋以前驅務速，羣力未齊，致封豕方殄於京口，而困獸尚鬭於石頭。區區勝負，數畧相當，寧足較哉！

今不佞駐紮舟山，恪遵指授，祇知擊楫揚帆，枕戈礪刃，以盡責任所當爲。若閩中、雲間一聽藩主，不佞不敢預。至信使往返，效羊叔子之遺風，今非其比，惟有凜不外交之戒已耳。

達素窺思明，同瑞、陳堯策、林順、楊元標、楊富護衛右鎮鄭仁，前提督下左方榮銃船，泊海澄，當首叠，截漳州大隊水師。瑞、堯策、方榮戰死。清兵二百攀輝舟上，輝力拒，斬統領伊勒圖、參將佟濟，而兵亡過半。已見事急，舉火自焚，清兵躍入舟者熸焉，輝跳免。

成功入臺，同翁天祐、富、楊來嘉、何義守南日、圍頭、湄洲，接應金門以防敵。

鄭泰死，十七年九月與都督吴英及王志、金魁，以文武官二百三、兵三千二百三十五人降清，封慕仁伯。寧南將軍陳舜穆於同年以總兵二、副總兵六、參將二十、遊擊十九、都司三、守備一、郎中一、主事一、推官二、兵千人自閩海降清。

奇，閩清人。

英，字爲高，晉江人。

志，字拔葵，同安人。

黄廷，字華明，龍溪人。善戰持重，百鬭不敗。崇禎末，以備總剿武平、上杭寇有功，累授右都督總兵。

隆武二年，清兵迫分水關，與副總兵洪習山守觀音隘，方機守蕉嶺。

永曆三年三月，以援剿右鎮與洪政守漳浦羅山嶺。九月，以援剿左鎮與施郎、施顯、阮胤，正兵營盧爵，衝鋒吴秋六、周順入雲霄港，繇左路攻雲霄。中軍包胤、把總蔡好降清。鄭成功至盤陀嶺，命屯嶺右。十二月，會郎、顯，從鄭鴻逵揭陽，改右先鋒鎮。郝尚久救新墟寨，與黄山設伏石場右，圍潮州。王邦俊大兵攻長橋、羅山嶺，廷、政不能禦，走。

五年十一月，督左衝鎮康明屯小盈嶺，東截泉州清兵，提塘方三、謝運通執死；戰石潯，將王義、陳尾執死；戰馬家巷，將秦信執死。十二月，督沈明、沈奇復詔安。黄興督黄梧復平和。康明告老，副總兵楊琦代左衝鎮。

六年三月，陳錦兵至，督琦、楊祖屯江東東北大山，扼通漳大道。十三日午，與甘煇前攻，大破之。以首功，擢前提督。四月，提調明、琦、陳壎、歐斌，右衝鎮柯鵬，亢宿營林德，圍漳州北門；兼以杜煇爲各路應援。五月，清兵大至，從成功自左路攻，大破之。九月，屯古縣，督右先鋒鎮廖敬及德、郝文興往來接應。

七年五月，金礪攻海澄，守關廟前木栅，刀斫清兵，提督下賴祐及楊正功多。論功，廷爲首，加太子少保、左都督；祐、謝仁授都督僉事。

八年四月，與萬禮入永定，王進功爲梗，敗之於雷胡，又平白土寨。九月，與禮平詔安溪南寨。

九年四月，封永安伯。五月，以總督統禮、林勝、蘇茂等十二鎮，自漳浦、詔安巡下潮州。六月，自揭陽登岸，屯桃花山，合陳霸復潮陽、澄海、普寧。攻饒平烏石樓，洪善爲地道，不克，失將江龍。八月，率禮、勝圍揭陽，劉伯祿拒守，屯排浦埔。十三日，諸軍敗伯祿，禽其中軍，斬七百餘級。二十四日，清惠州援兵萬人至，諸軍奮戰，斬千餘人，復揭陽，以張一彬爲知縣。論功，與張英各陞二級，鄭文星大監營祐、林福、翁天祐、池仕紳加級。

十年正月，揭陽陷，茂違令敗。廷守東門，聞變，欲奪伯祿營。伯祿回救，茂、梧得收兵。副總兵何猛，參將李環、陳真，都司王宇太，守備閻彰戰死。二月二十日，與勝南征，偵行在消息，攻蘇利於碣石。三月，至鹽洲、海洲、天星所，以行在阻遠，回師。八月，成功攻閩安，命總督水陸，率陳鵬、周全斌守思明南臺。復調守閩安。極言不可守，成功命且守一月，以陳斌等任之。十二月，督勝攻鷗汀寨，分兵入揭陽、潮陽、澄海以分其勢。冬旱濠竭，廷以木牌遮身，鐵鍪掘寨基，積火藥地雷。火發，寨崩十餘丈，勝入屠之。

十一年，同安參將楊啟智反正，授總兵，尋畔。四月，與張光啟勘思明防，啟陳正、黃昌、杜煇皆驍武，昌賜銀百兩。成功以廷軍雄健，軍仗實，賜百五十兩。七月，成功至閩安，總督水陸，防守寨城，杜煇、陳澤、林明同協防。十二月，移銅山。

十二年四月，以楊來嘉爲親丁鎮，歸統轄。五月，成功北征，總督留守思明，與洪旭計議行事，晉侯。馮澄世隨征，舟飄風回，夜中移眷，廷兵以爲畔，執之。中軍翼將鄭進報廷，啟其事，成功嘉其執法，賜廷銀百兩，進五十兩。六月，提塘范德、教練官丘城等執劉五店海外死。

十四年二月，與馬信督正、黄昭下揭陽徵糧，尋歸。五月，達素窺思明。十日，成功勒兵海門。廷與全斌、昌率趕繒船十，内硝磺棕麻火藥，泊狗子嶼劍石，以備燒舟；陳瑞護家口，善載兵民婦女過裂嶼、金門而空思明。清三舟來援先鋒哨，廷與許勝、關彪、廖程、陳德奪火哨一，左鎮翁求多及許國、昌、阮盛，與全斌下王欽、方虬等，奪火哨一，後屯思明。成功入臺灣，輔其子經居守如故。十五年，都督僉事萬禧自思明降清。十六年三月，柯鵬、黄順自海上降清。

十七年，調守銅山。十月，李率泰攻高崎，廷以二十舟泊南山邊，拒海澄海門，林順十舟、楊祥十舟在高崎、料羅接應，都督陳昇守高崎陸路。及戰合，何義迎擊大勝。率泰、耿繼茂分道至，廷督中軍吴朝宰、經親軍蕭乘龍前後夾擊，揮兵過舟，斬馬得功精兵三百，得功頓足水死。當全斌大捷，昇密款，郎、梧舟出，廷發斗頭熕迎擊。風潮逆，退，議再守。全斌以舟多壞，不可。郎都督洪忠、陳平、詹六奇、洪邦俊、黄越、陳恕，副總兵曾榮，參將曾捷，遊擊曾維勳、林皋、黃龍，守備曾大勛，陷思明，島民數十萬屠，其地遂墟。諜報昇引率泰大隊至，廷出合王秀奇、全斌督熕船往救，潮退風逆，乃之銅山。

金門亦陷，經入臺，命廷斷後。兵將不欲行，又與全斌左，乃於十八年三月與許貞、許盛、黃明、何政、李思忠所部五千人入漳州降清，封慕義伯，墾田鄧州以終。

子而輝，字述之，授思明知州。清兵進攻，經命島民渡海。令下三日，陳繩武遏之。及城陷，皆不免，繫累婦女童稚成羣，如驅犬羊。兵搜財物，掘墳墓，至剖鄭彩棺，殘其屍，乃墮城焚屋折木而去。而輝後亦降清。

機，龍溪人。都督總兵。

政，龍溪人。初從成功救贛州，以總兵鎮漳州。隆武二年四月，龍巖土寇黃德純、吳宛遂攻城，與參將顏榮破之，斬宛遂。後以左先鋒鎮攻海澄，戰祖山頭，中流矢，監軍楊期潢戰死。成功併鄭聯軍，命折矢招彩，彩從命，旋招安銅山、南澳、閩安諸島，悉受約束。

山，漳浦人。參將。弘光時，潮陽李班三亂，孟應春乞援，首陷陣，斬班三。已隨成功援鉛山。永曆三年十月，以援剿右鎮與楊才自白塔右路攻雲霄。十一月，與盧爵會攻張禮於達濠。十二月，才先登，下達濠。八日，督周瑞、林義、爵自靖海復惠來。爵陞正兵鎮，守之；山回，復南山寨。五年三月十五日，復天星所。五月，從圍漳州，設伏山北，大捷。七月，劉五店、陳春爲暴，督萬禮、陳六御、興逐之同安。九月，繼禮敗邦俊兵。十一月，督陳壎伏鵲烏山下。楊名高兵三道至，迎擊左路。六年三月，成功屯江東拒陳錦，設伏深青橋截敵歸路。十三日夜，伏兵追殺，錦僅以身免。以首功，擢右提督。四月，提調陳堯策、戴捷、勝、蕭拱辰、陳朝、周騰圍漳州東門。九月，退古縣。統余新、柯鵬、陳俸及護衛右鎮洪承寵陣田中，朝、沈明爲應援。十月三日，金礪、馬逢知、邦俊兵三道至，與敬、承寵、俸、郭廷以火攻敗之。會西北風大作，天昏不辨，火箭火礮噴筒鳥銃風反，一軍歿。成功退海澄，優卹山等將士家，德坐退斬，鵬捆責。海澄尋陷。

宇太，仙遊人。

昇，字師吉，同安人。左都督總兵。十八年四月降，墾田滎陽。

貞，字藎臣，海澄人。左都督挂靖海將軍印。

盛，字際斯，同安人。參將。

明，字龍光，晋江人。終浙江布政使。

周全斌，字邦憲，海澄人。少爲刀筆吏漳州，有文武才。永曆四年五月，從鄭成功攻潮州，大敗郝尚久兵。九月，拔爲援勦右鎮中軍協將，守中左所。六年正月，成功在海澄，全斌上三策：

以計間孔有德、尚可喜、吴三桂反正，檄孫可望、李定國分兵川楚，連師閩粤。一出湖廣，徑取漢中，規雒陽，拊其背；一繇巴蜀搗關中，封函谷，扼其項；一浮江規南京，遏其餉而虚其腹。爲上策。

會可望、定國分克楚、粤、巴、蜀，繇黄梅分克太湖、潛山、德化、建昌。一趨南贛，一趨廬州。粤師繇南雄會閩師，浙師左右之。而又分南贛師道浙浮江，分下大江南北，而下楚、蜀之粟，以爲蘇、閩、浙不時之需。爲中策。

若棲兵各島，以間蠶食浙、粤沿海，陸取南贛、汀、韶，觀釁乘便。爲下策。

成功大悦。

四月，二十八宿營立。以戴捷爲角宿，林德爲亢宿，鄭榮爲氐宿，周騰爲心宿，楊正爲尾宿，鄭文星爲箕宿，林功爲斗宿；謝對爲牛宿；蔡科爲女宿；洪承寵爲虚宿；賴策爲危宿；唐邦杰爲壁宿；葉章爲奎宿；杜煇爲昴宿；姚國泰爲柳宿；陳習山爲井宿；漳平清將廉彪工騎射，同副總兵蔡勤來歸，授室宿；全斌爲房宿，圍漳州。九月，總督劉清泰、都統金礪來援，全斌爲帥，督蘇茂、吴豪、黄梧、楊祥拒之九龍江東。豪、梧首攻，全斌應之。戰方酣，奇兵從長泰出，全斌陣亂，橋關悉陷，乃撤圍。章死，調後衝鎮。

七年五月，成功將攻潮州，命以水師守烏礁。已與總兵施琳、何炳、藍彪、王叙，監督李英傑、林世傑、張子光，及葉時茂，從張名振羊山，颶風折兵十一，轉屯福寧。茂死，代左先鋒鎮，守思明。成功北征，改右戎旗鎮。

十一年二月十一日，出師福安內港三十里地方取糧，克拮坑寨。七月，從成功屯黄石。十二月，統華棟、朴世用屯海山。

十二年二月，拔戎旗下壯勇協將何義，正領兵張愛、葉丁、陳飛，副領班黄忠、林盛、葉姐爲將。三月，改右武驤鎮，後改右武衛鎮。六月，復平陽，斬縣丞王牧民。十月，劉進忠聞賀世明去兵，畔入海門，全斌拔其城。十一月，殫忠營黄應有功，陞奇兵鎮。復樂清。十二日，與陳魁屯沙園所。

十三年正月，趙國祚來攻，成功命余新、楊富及領旗協火攻營援之，國祚不敢出。閏正月，全斌請攻瑞安，取糧青田、泰順，誘國祚出，進温州。二月，應守南日。

五月，北征，至焦山，命從七中軍船向瓜洲。十六日，馬信攻洲，居中隊。信阻滚江龍不得進，全斌與張亮、陳大勝揮兵帶甲逕渡小港。水深甲重，兵自水底行，没頂多溺死，遂以海舟揚帆直上，近滚江龍則復下。清礮擊，不傷一舟，循環者數，而滚江龍解。蓋海舟外蒙白絮，内藏善泅者十餘人，漾斷斬滚江龍，且誘清礮，度礮盡，諸軍揚帆，兩岸夾攻。成功揮兵大進，登岸列隊。朱衣佐出不意，大駭，令遊擊左雲龍滿、漢騎兵萬人出拒。時大雨濘，清騎皆陷於淖。全斌軍徒跣擊刺，往來剽輕，直貫其陣。富陣斬滿兵數十人，諸軍並進。全斌身中五矢，氣益奮。清兵退入城。會韓英、楊祖已於巳刻梯登，復城立幟。全斌毀西北城進，斬遊擊賈質、晋紳等千餘人，雲龍死大表橋下，譚家洲木城兵悉潰，遂復瓜洲，未時安民。論功，與信皆第一。請乘勢復鎮江，遲恐敵深溝高壘，徒費士卒。成功攻銀山，管效忠五道拒。全斌迎戰直衝，長繩界陣後，兵退者斬，兵遂爭先，清兵披靡，道隘港多，自相踐踏，餘衆遁走。銀山復，説成功曰：「時不可失，乘破竹之勢，城可下也。」轉身首敵，連斫數人。總兵高謙出援，不敢戰，斂兵入城。全斌尾追，奪門入，謙與知府戴可進、推官高一階、通判司民雍、知縣趙奮霄反正，遂復鎮江。二十四日，成功以全斌違令，將斬之，諸將力請，乃命同劉猷守瓜鎮，黄昭協守，謙協防。泰州劉坤以衆來歸。荆州衛糧舟十四迎師，以其首李文正爲衛指揮千百户。太平守將劉世賢反正，命挂鎮南將軍印。全斌再請神速進京，倘一鼓下，迎駕西來，中興指日。成功棄瓜鎮，謙以軍從，全斌、豪殿，斬騎都尉索博多，協領瑚伸、布禄，佐領額色巴、薩禮、薩爾泰。快哨救敗兵，韓德、劉巧、國泰、林明、郭義、蔡禄、正、應、張行、李纘元、蔡政皆賴以濟。及攻崇明西門，英死，全斌以孤城絶島，克之無益，成功乃班師。猷與顔望忠屯温州石塘一帶，全斌與左武衛鎮裴德屯金鄉、瑞安。

猷於十月徵糧溫州，入隘頑所，水淺舟膠，清騎突至，望忠救不及，全軍歿。全斌徵糧沙園所，清兵至，全斌正酒醉，禦之不利，左協方英戰死。

十二月，達素將窺思明，監督李長調各兵回州。全斌兵過興化，斬仙遊遊擊王嘉禎。回思明，請調舟山諸兵回州訓練。十四年，達素兵至，督親軍驍騎鎮防裂嶼尾。五月十日，成功督戰海門，斬參領赫特、赫博啟。全斌與正副熕舟首突陣，會富協將王錫下正兵鎮驍翊顏奇、許新陳六舟擊先鋒昂拜章眼紅舟，火梅勒耿勝舟，斬子爵莫雒渾，侍衛岱穆、納岱、赫虎，護衛納穆、桑額，參領鄂滿、尼什哈、納海、佟濟，護軍較夏穆達，騎都尉滿丕。清先鋒烏沙舟縱橫，莫誰何。驍翌營嚴保、領旗張盛，合前提督下劉仁、正兵鎮協將長奪烏沙舟，禽巨酋尼馬勒、石山虎，協將蕭泗，奪回楊元標銃舟。清舟或火或奪，梧、施郎大沮。參將林登戰死。全斌屯浯洲。七月，北征取糧。十一月，以總督提調左右虎衛鎮援剿後鎮，南下取糧，至潮陽，入和平貴嶼，敗潮州清兵，與朱堯以千舟至揭陽礮臺。十二月，回思明。

十五年，成功入臺，與陳蟒、義、信、祖、昭、豪、蕭拱辰、陳澤、林福、張志先行，候風料羅。兵將多卻走，命陳瑞搜逮。臺灣定，總督承天南北諸路，洪開、祁闢十人管社事。旋鎮南澳。

成功將殺其子經，命洪有鼎諭回師監斬。蔡鳴雷譖全斌於經，被執。經聞叔襲立，出爲五軍都督，定入臺策，以戎旗兵七千人從。襲聞軍東，以曹從龍守安平礮臺，昭守潦港，拱辰守洲仔尾，列大小熕礮岸上；又令金吾左協李成周、張驥以大小熕船從鹿耳門抄入會攻。昭令蔡雲兵五百，同李應青在赤嵌，督諸鎮策應。經至鹿耳門，問何路入，全斌曰：「紅毛所恃者安平礮臺。今安平一路，昭必使人守，大隊應繇赤嵌、潦港、洲仔尾登。」經曰：「有備奈何？」全斌曰：「昭、拱辰久戰，必能設險，決不委人，定自守。今可命兵都事張宸快哨持諭，從安平入，過赤嵌，布告：『叔姪至親，本無間言，蕭、黃陰謀不軌，乘先王薨，從中搆釁，假託遺言，間離骨肉，扇惑軍心。爾諸將士悉受先王數十年豢養，詎從作逆，明係脅迫，自當相諒。亟宜悔過倒戈，生禽二人，共扶王室，名垂竹帛。』」十六年十月十七日早，大霧，急請登岸，曰：「皇天默佑，先王神靈，故有此霧。昭機智勇畧，防備周密，沿邊設礮，半渡而擊，安能登岸。今乘此霧，盡將兵分散而上，昭不及防，沈舟背水，此其時也。」因誓師曰：「今日諸將登岸，背水一戰，誓不生還。」乃統黃安、李思忠銜枚上。陣甫定，昭聞水聲人語，奮勇連斫數人，全斌衆卻。全斌大呼曰：「今日背水而陣，大丈夫寧死於戰，不死於水。已將舟沈，可速前。」全斌先進，諸軍從之，昭中矢死，軍大亂，而霧遂消。全斌復疾呼：「世藩至。昭死，將速弛仗。」安向前曰：「此吾主之子，當迎之。」經免冠相示，諸將解甲。全斌請急據大營，敵拱辰。拱辰軍出，復再呼：「罪在拱辰一人，將士無與。」拱辰軍散，禽斬之。事定，承旨封忠明伯，從巡南北路，回思明。

已報紅毛合耿繼茂等分道至，請領熕船破之。洪旭曰：「當此勁敵，非全斌不可。」遂命督諸鎮。請使人先偵内地各港，分配舟將，然後計拒。偵者回告紅毛出福州港，馬得功、鄭鳴駿、富出泉州港，李率泰、梧、郎出漳州海澄。經欲分拒，全斌曰：「海澄師猝未敢前。泉州合紅夷夾板來，勢甚鋭，破之，則海澄各港自退。」遂以熕船二十分配各鎮，敵泉州師。十七年十月十九日，遇金門烏沙港。夷舟十四，巨如山，並設大礮；泉舟三百，箕張而下。全斌以夷舟大，必行深港，督舟緣海邊進攻，夷礮無一中者，清舟不敢追。忽富舟至，全斌直衝艅内。富少怯，全斌曰：「富，畔賊，今日汝死日也。」突陣逼之，富衆死盡，急躍水。得功轉舵援，全斌以爲鳴駿，力攻之。得功四面受敵，火罐藥矢盡，投海死，反攻夷舟。會黄廷敗，王秀奇不進，經退銅山，獨全斌拒夷舟及泉州、同安諸師。日將暮，二十舟無一失者。知思明陷，全軍從容退浯嶼。經大奬之，命復思明。

尋攻雲霄，敗於下蔡，張傑、吴盛以兵民降清。及東徙，命爲斷後。與廷、旭不協，恐見疾，又乏糧，欲襲旭併舟，不克，海風大作，舟飄散。

十八年三月，與將沈吉、林孺，副使周汝南，兵部郎中黄際會，員外郎許永忠，都督陳文煥，都督僉事吴賢、周履坦，副總兵黄國貞、黄有策、許雄、周義，都將司張國猷，守備黄志、蘇春，及都督下楊垾、周珍、曾傳、黄寶、林英、張隆、阮星、區瑞、陳麟、賴公、張岳自鎮海以衆入漳州降清，封承恩伯。卒謚恪順。

謙，榆林人。崇禎十三年，官遊擊。李仙風命自禹州趨郟縣，大破李際遇、申靖邦、任辰、張斷，一日三捷，斬三千三百級，又破寇封丘菜園，斬千三百四十五級，陞參將，調擊河北土寇。十四年，雒陽失守，李自成去遠，乃復雒陽，斬總理邵時昌。開封受圍，夜走三百里，至開封，助高名衡守，一日三捷，斬七百級，自成走；攻河陰，七日夜復之，斬土寇孟三，遷副總兵。揚州陷，降於清。徽寧道楊卓然被執，陰脱之。反正，擢都督同知，挂破虜將軍印，賜蟒玉、銀千兩；李發、高繼芳、潘麟、温琨授副總兵、遊擊、都司有差，銀五百兩。

可進，遼陽人。選貢，歷太谷知縣、葭州知州。

一階，字子堯，永城人。崇禎三年舉於鄉。反正，擢寧國知府，從至思明。以清録其母，請歸，成功餽銀二百兩，涕泣别去。

世賢，薊州人。以將才授蕪采遊擊。

吉，字世貞，詔安人。

孺，本名陳長子，字孝若，安溪人。

陳其綸，瑞金人。永曆四年二月，與黄允會、林昌屯汀州大柏地，僧超宗屯銅鉢山，有衆千餘。超宗被執，師覆。其綸仍不屈，合許勝可、鍾四將，及閩人劉芳、羅人俊等，稱麻布兵，屯瑞金羅漢巖東石寨，兵勢甚盛。其綸、勝可授都督。八年，寨陷，勝可等執死。九年，李三才戰横石寨死。十三年，鄭成功圍南京，與昌、王庭起兵響應，封瑞金侯。後戰雩都天心寨死。

勝可，瑞金人。隆武二年九月起兵東石寨，因山爲城。及陷，寨人甘死如飴，世比之田島。

李廷玉，曲江人。傭工爲生。初屯雩都佛婆里、老虎山、小莊。清劉武元兵至，以衆降。十三年，與張勝、蕭發祥、羅文顯、曾捷明在龍溪山反正應成功，封通海侯。以萬人攻忠誠，戰巡撫佟國器。兵敗，守山寨。數月，復攻雩都水頭、崇賢、安平、長樂、佛婆、安仁、青塘、坎田八里。新撫蘇宏祖益兵進，驍將張寧、閻勝數十人畔，廷玉窮蹙亡。十四年四月，被執九山田舍死，發祥守羊石寨死，袁汝瓚執石樓岡死。李五庭十三年起兵萬安應成功，丘雄等執死。

萬雲龍，吉水人。十三年起兵應成功，復吉水、新喻。十五年執死。

汪龍，九江德化人。吴江部總兵。十二年，與胡寧起兵九江應成功，封德化伯。十三年戰敗，與總兵吴讓德皆死。

盧洪士，靖安人。十三年八月，起兵華坊坪應成功，偕部千人死。

潛良泗，武寧人。十三年九月，起兵周家埠應成功，復靖安死。

蕭來儀，廣昌人。先，廣昌陳伯華以驍勇爲帥，號稱五總，屯陽石、滴水二寨。伯華降清，仍屯其地，尋反正，再降清。永曆六年，周二復屯之，又降。其黨殺之，推來儀爲首，於十二年起兵。十三年正月，總兵連捷、吴元，參將吴通、樂偉，先鋒蔡琦至延平降清。七月，與蕭來信、辛連陞、曾文標、周繇義、陳太宇、王尚智及子番天王、黄昂數千人在廣昌陽石、滴水二寨應成功。九月，攻廣昌不利。十四年，寧都劄毛起兵。五月，廣昌丘應龍降清，符龍吉、符汝發執死，文標、昂、傅邦泰、黄立功、傅勝、内應辛花狗死。八月，謝三總亡去。十五年正月，黄明宇縋布乞救，執死。二月，寨兵出不克。五月，來儀、孫齊玉執死。清攻二寨，多傷檑石。六月，大雨寨陷，來信、連陞、尚智皆死。

曹子布、子栗、子元，興國人。十三年十二月通粤兵，起長寧五子石，執死。蕭矮子，十四年以興國衣錦鄉數百人屯龍子逕，拒清撫死。江德百、蕭贊元於十六年起兵進賢死。張跑子起兵建昌縣死。魏仲卿、李毛二於二十年四月入瑞州，斬知縣韓玉衡，不犯庫獄走，二十一年執死。周海元、林青袍於二十六年自平遠入長寧、安遠、會昌散劄，二十八年十二月起兵平遠，後執武平盤龍隘死。

贊曰：澄世、賡鍾之弘濟簡至，習山、察、煇、信、文興、茂之縱横盪決，進禮、宸樞、六御、魁、其綸之杖節死綏，皆英傑不羣之士，用能揚威江海，隱若敵國，雖南風不競，終至傾覆。而天福、公顯、秀奇、霸、斌、輝、廷、全斌發蒙振落，禦侮之功，亦不可没也。傳曰：「不有君子，其何能國？」豈其然乎！

南明史卷七十七

列傳第五十三

無錫錢海岳撰

陳永華 子夢瑋等 兄子繩武 葉后詔 楊朝棟 李其蔚 許贊 鄭德瀟 鄭省英 楊忠 陳昌言等 洪旭 子磊等 戴捷 翁峻高 李舜英 黃安 陳澤 黃昭 蕭拱辰等 林鳳 林玘 劉國軒 弟應和等 房星燁 王元衡 邢虞建 李奇生 范進 張方聖 羅萬里 廖丑 陳昌 賴陞 楊捷 林賢 黃鎬 何應元 陳子威 黃柏 李近 陳士愷 鄭奇烈 紀朝佐 吳桂 萬正色 林日向 裴震忠 黃瑞 陳昴 阮欽爲 鄭世雄 游觀光 林鳳 施應元 李廷彪 黃登 湯明 詹盛 陳大舉等 包永才 馮錫範 鄧麟采 劉炎 王錫璠 父進功 何可化 王者都 林之木 喬甲觀 郭炳興 張學堯 華尚蘭等 劉進忠 曾成 蔡茂植 江德中 王仕雲 童士超 鄭元忠 陳奠 陳璉 劉成良 苗之秀 張國勳 吳淑 弟潛 劉應麟 薛進思等 趙得勝 許耀 馬成龍 蔡元義 羅其熊 張治等 蔡璋 王雲龍 江機 楊一豹 林陞 劉天福 吳啟爵 蔣懋勳等 江勝 金漢臣

陳永華，字復甫，同安人。鼎子。隆武二年舉天興鄉試。少好奇謀，以管樂自許。聞福京陷，嘆曰：「大明曆數三百年，今得二百八十年，後綿之者，非我其誰耶？」世人皆竊笑之，目爲狂生。鼎死同安，奉母出求屍敬一亭，負歸殯葬。

鄭成功初謀起兵，猶豫未知所適。王忠孝薦永華有經濟才，成功招見。永華說曰：「國姓欲伸大義於天下，兵須資糧，而囊無一文，不足集士衆。若以百人起，是身投虎口，危可立待。」成功曰：「吾雪恥耳，豈惜身命哉！」曰：「輕生赴之，無益也。事貴有濟，且需之以乘機。」因具策所以，成功然之。頃之，有三洋船泊海口，故鄭芝龍所使以販日本者，船有重載。永華說成功曰：「取洋貨易之，可致兵士，成桓文業在此一舉。」成功往取貨，主船者不與，乃與永華謀，召之飲，於坐上收之，出而盡籍其貨物與人，簡兵集衆，數日得萬餘人，遂復海澄附近諸島。成功大喜，曰：「永華今之卧龍也。」辟爲參軍。成功夜多不寐，時有所謀，就商永華，相語達旦以爲常。

永曆十三年，成功議北伐，諸將或言不可，永華曰：「取南直而兩島自安。偷閒歲月，自老其師，非策也。」及行，留輔其子經思明，詔經曰：「吾遺永華以佐汝，汝師事之。」達素攻思明，大破之，永華功居多。

成功自南京歸，何斌獻取臺灣策。成功意未決，永華與楊朝棟力贊其議，曰：「臺地肥饒，紅夷强而兵少，若我衆臨之，可得地屯田積粟，足食十萬兵。」成功從之，其後卒克臺。永華仍留思明輔經。

經私乳母事發，成功欲殺經，使黄昱至。會成功病，昱不敢殺經，經亦疑之。叵聞成功病篤，乃與永華謀羈昱。

十五年，經起兵攻其叔父襲，從至澎湖，請曰：「事必先禮，然後加兵，則師出有名。當先王薨，國無主，諸將請王弟護理軍民，亦不爲非。今宜先告避位迎接，視各官舉動，方可進兵。不則張皇，亦非藩主所宜。」乃命鄭斌宣諭世藩不日至。斌抵臺，諸將無言，黄昭、蕭拱辰不從，假先王遺命復之。周全斌曰：「形已成矣，師出有名。」乃以兵定臺。

後經敗思明，退銅山，回東寧，命總理政事。患難之際，與洪旭籌畫，精白一心，事無大小，皆咨而後行。十九年八月，兼勇衛，歷南北路各社，頒屯田制，勸各鎮開墾，徵租均役，於農隙講武，故人皆有智知方，先公後私。

東寧初建，制度簡陋，永華築圍栅，建衙署，教匠燒瓦伐木，造廬舍，以奠民居。分都中爲東安、西定、寧南、鎮北四坊，坊署簽首理庶事。制鄙爲三十四里。里有社，社置鄉長。

十户爲牌，牌有首。十牌爲保，保有首。十保爲甲，甲有長。理户籍，課農桑，禁淫博，詰盜賊，於是地無遊民。番土漸拓，田疇日啟。其高燥者，教民植蔗製糖之利，販運外國。以煎鹽苦澀，就瀨口修坵埕，潑海水爲滷，暴曬爲鹽，裕課資民食。當是時，閩粤逐利之氓輻湊而至，歲率數萬人。

十二月，請建先師廟，立學較，二十年正月廟成。社設學較，延中土之儒教子弟讀書，開試儒童。三月，兼督學御史。臺人自是始知學。八月，吕宋使至，求起院設教，請絶之，申互市約。

永華既教民造士，歲又大稔，猶恐不足國用，請以一旅屯思明，外交清將，商賈往來，以博貿易之利，因薦江勝任其事。布泉流通，東寧物價大平。

二十八年春，經奉正朔西行，陞總制，與五軍施福、鑾儀艾禎祥輔元子克𡒉留守，轉粟餽餉，軍無缺乏。又薦倪俊明、李其蔚爲參軍。漳、泉、惠、潮復，薦許贊、王仕雲分任督學副使，勸學取士，漳泉武生考授將才隨軍，仕雲有江南宿學、嶺表名臣之褒。

永華淵沖靜穆，語訥訥如不出口，而指畫大局，慷慨縱横，悉中肯要。爲政綜覈名實，執法嚴明。就任以後，險阻集，物土方，比户殷阜，門不夜扃，足食足兵，東寧以是大治。已見經諸弟横恣，遏止重情面，請以克𡒉監國。

及經歸後，馮錫範、劉國軒浸忌永華。三十四年三月，請解兵柄，不許；已而許之，以所部歸國軒。永華見經無西志，諸將皆宴安相處，抑鬱不自得，因築龍湖巖居，與鄭德瀟種碧蓮自娛。嘗撫蒼檜，臨龍潭，眺遠峯，而嘆曰：「吾開此絶境，可稱幽僻矣。嗟乎，吾乃以此終老耶！」六月卒，經臨其喪，謚文正，臺人無不哭弔。清翰林學士李光地特疏入賀，以臺未及猝圖者，繇永華經理有方，今天心厭亂，使之殞命，從此亡可立待，其見重於敵如此。

子夢瑋，工官，降清；夢球，字二受，清進士，授編修，清聖祖顧曰：「此明忠義陳永華子也。」

兄子繩武，以兵官從國軒敗耿精忠惠安塗嶺。經西征，調贊畫參軍，與錫範主文武事宜。東寧亡後，子孫入漳州深山，二百年不薙髮。咸豐九年，有金龍者，年八十矣，詣太平天國李世賢，奉書説英吉利領事圖厦門，被執送清死。

葉后詔，思明人。崇禎末以歲貢入南京。遇變歸，以詩酒自娛，與徐孚遠、鄭郊爲方外七友。後度東寧。永曆二十四年，授國子司業。卒。

朝棟，河間人。鄭彩將。與王勝來歸，領義武營，勝管水師。永曆六年十月，提調北鎮中協唐邦杰及姚國泰、鄭榮守海澄南門，遷右衝鎮。十年九月，與洪善復連江，善守之。十一年六月，施郎誘善降，不從。善未報，右營翁陞陳其事，杖善百二十，賜陞銀百兩，拔副總兵林燦爲左衝鎮。八月，朝棟乞休，以營將魏騰代。十三年北征，起協理五軍戎政，與李順、蔡翼、兵都吏楊珍，從張煌言沙船測狼山水道立標。後拒李率泰海門，督守東渡，從成功入臺。十五年四月朔晚，赤嵌猫雞實町礮拒，與楊英、張志守各街粟。明日，發諸軍半月糧。四日，猫雞實町議歸順，同通事吴邁、李仲招之，命猫雞實町招鄂易度。六日，夷長來成功宴見。何斌問之，曰：「願貢不願降也。」時官兵乏糧，與英斌出各鄉社米六千石、糖三千石以饗。臺灣平，授承天府尹。莊文烈、祝敬爲天興萬年知縣，洪開、祁闢十人以監紀，分管番社。後坐小斗散糧，與敬一門死。

其蔚，字豹君，同安人。順治九年進士，汾州推官。

贊，字明廷，不知何許人。中書舍人，擢提督泉、漳、思明學政。

德灊，字慕生，同安人。隆武二年舉天興鄉試。沉酣經史，尤精易理，與鄭郊友善。方正澹雅，不樂仕進。經屢聘之，以年老辭。永曆二十八年徵中書舍人，主文告，時推巨筆。東寧亡後，自稱海濱遺佚。卒年八十六。

鄭省英，南安人。芝莞子。永曆十一年，以户部主事督理沙關。十二年十二月，鄭成功至，與郭義、洪復從軍。楊朝棟死，代爲承天府尹。闢草萊，興屯聚，犯法者親故不假。

有諫用法宜寬者，曰：「子産治鄭，孔明治蜀，皆以嚴濟事。立國之始，若先尚寬，禍不可勝言矣。」

鄭經西征，調思明知州。時兵取餉東寧，比得漳、泉，轉運不繼，乃命以宣慰使督各府州縣錢糧，並以六官都事陳昌言等爲各縣知縣，督紳富輸餉納，屯田僉事吴慎清田賦，泉州知府陳廷章及馮錫圭、李景、鄭珍英分主泉、漳、潮、惠鹽政並雜糧，又設餉司課雜税。

二十八年，永春馬跳寨吕華抗租，以中提督中鎮盧仁、後鎮張漢相攻之，失亡多；薛進思圍之，三月不下；知縣鄭時英諭出降，仍斬之，家戍淡水。

二十九年，設三法徵餉。時臺灣故兵及新義附三十餘萬，餉不繼，因命各縣如東寧例以給軍。

經於三十一年之敗，欲回東寧，思明民留之，請人月輸斗米助餉。日久，民各招勢免徵，經命鑾儀陳慶追比，於是户月出米二斗。省英以民夫煩苦，營房重難，請酌緩急抽調。廷章陳時弊：一畫一政令，二停籍鄉兵，三禁飭招募，四請改餉納。經亦以各鎮營分汛横徵，通行禁止。後時英代慎爲屯田僉事，駐東石，督理糧餉。凡米粟船料，皆課之内地。

三十三年，清姚啟聖以沿邊接濟皆繇臺堡疏防，議設靈水寨。民恐界禁，悉藏貯鹽，一時直至一兩二三錢。時英因計以沿海鹽埕發掘，則鹽利盡歸於我，月餉可得數萬，啟設鹽司二員，開行東石，商民載鹽，官買官賣，私鹽論斬。既而界嚴，商販不通，其事乃寢。又以林陞右協理楊忠掘潯尾南北鹽埕。四月二十六日，清兵千人至，忠請援不得，與副總兵楊德殊死拒，與黄登、蔡寶、李科、蔡三、李學、陳明、史韜中礮死，軍覆。省英後歸東寧卒。

忠，惠安人。勇健謹慎，治軍有威惠。既死，經甚惜之。

昌言，隆武元年恩貢，監紀；黄見嘗，監紀；武大成，隆武元年歲貢，管晋南地方；游戴祚，思明判官；謝若魁，教諭；謝元賓，詔安訓導；許應夢，南日學官，皆漳浦人，諸生。

又，李祈，二十八年爲永春知縣。總兵康熊以林惟榮爲德化知縣。總兵黄雲攻武毅營塗坂寨、大泉寨，民不服，知縣侯七旒圖之亦不下。三十二年，惟榮調平和，後爲賓客司。史皆失紀。

洪旭，字念東，同安人。守備公掄子，鄭彩前鎮，以參將守政和。隆武元年八月，從張家玉援廣信，戰許灣，斬級爭先。尋與黄光輝領勇武營，封忠振伯。

永曆四年正月，以水師三鎮駐潮陽，督軍器糧務，徵輸轉運不竭，鄭成功深倚重之。平和不服，右先鋒鎮楊才攻下，屠之，不數日，暴疾死，以林勇代領其衆。六月，從討蘇利碣石，風逆失利死。八月，旭總理潮陽地方兵民糧餉。五年正月，從鄭鴻逵回中左所。四月，管中左地方兵糧。

七年五月，成功將攻潮州，守中左，總督策應戰守兵糧事宜。八年二月，與張名振入長江。十月，林察南下勤王，先至銅山撥舟配兵，給十月糧。十一月，劉國軒以漳州來附，入城安輯。

九年二月，兼户官。四月，晋侯，加太子太師。五月，代周瑞領水師右軍。七月，總督北征水師，征戰聽節度。率周全斌、蕭拱辰、戴捷、翁峻高、李舜英十二鎮，以左協理監營鄭德督監督監營，隨督軍中，别以餉司監紀隨征，與名振入長江。十月二十八日，舟山來歸，安撫軍民，秋毫無犯。十二月十四日，率馬信回思明，賜銀五百兩。

十年四月，王進功襲白沙，巡海遇之，乘波酣戰，進功退泉州。黄梧畔，與信、王秀奇、陳魁、張洪德、朴世用、國軒以繒船應甘煇。

十一年正月，大造戰船，右軍下陳明、陳陞、劉興七大舟新整，蘇青、林太六舟堅固，旭功爲多。又以周鳳銃舟，陳榮武、蕭梓二烏尾，與司總朱玉舟不能外海之用，命協理船務林參估修。七月，成功北征，督理居守兵官事，並調度捷、黄昌、胡安然守思明。九月，成功回思明。十月，命管理兵官，調度漳浦楊祖、唐邦杰，新城唐邦彦，海門林順，高崎捷，泉港昌居守。

十二年五月，成功北征，與黃廷、陳輝留守。副總兵郭雲學至三沙降清。八月，副總兵湯三聘自興化，十一月，遊擊趙岐鳳至同安降清。十二月，副總兵張玉，參將林貴、劉明、王魁，遊擊陳春、林錦、涂華；十三年正月，總兵陳侯，副總兵許以忠、潘大聖，參將劉賢陞、林佐，遊擊劉賢奇、陳華，守備許升、陳椿陳呈自海上降清。南京敗歸，命議諸將功罪，李昂下領兵戴燦，左武衛鎮左協德、蕭泗，左虎衛鎮右協鄭仁、陳蟒及郭義降級。十四年，攻福京安定里，斬守備林炫。攻連江，斬遊擊劉從勳。達素窺思明，在鎮海旗尾接應諸軍。

成功入臺，與泗、順、杜煇、鄭擎柱、鄧會、薛聯桂、陳永華、葉亨、柯平、馮錫範、陳繩武輔其子經居守思明，調度各島。義等降清，攻銅山，合陳霸大破之。臺灣定，留守如故。

經通乳母事發，成功令黃昱斬之，及其母董。旭大驚，議殺乳母所生子復命，不許。時成功已寢疾，旭曰：「此亂命也。」因告諸將曰：「世子，子也，不可拒父；諸將，臣也，不可拒主。鄭泰爲藩主兄行，拒之可也。」乃命順守大擔，誘執周全斌，交昌守之，斬昱。鄭襲自立，旭請經速過臺嗣位，遂出全斌，經卒得立。

楊來嘉自北京歸，命守崇武。

李率泰、耿繼茂合紅夷舟出泉州，馬得功出同安，黃梧、施郎出漳州攻思明。旭曰：「先王破達素，悉空思明背城而戰，卒以克捷。」乃以永華、錫範護眷口及宗室紳民分碇各島，旭從經、秀奇陳舟師大擔、裂嶼以待。清陷思明，遣使銅山密通諸將，許生執經者封侯、守泉州，如梧例。獨旭力拒，上言：「思明新陷，差官僕僕，非爲招撫，實窺伺以散人心，當速歸臺，遲則變生肘腋矣。」遂從經至澎湖，留重兵媽祖宮，設營左、右峙，中爲礮臺，以捷、薛進思、林陞守之，四閱月更代。

十八年二月，偵郎將攻東寧，請建安平礮臺，以楊祥大熕船十守鹿耳門，別遣一將鎮澎湖。顏望忠請自任，經撫其背曰：「公行，吾無憂矣。」旭抽各鎮屯田者十三，益以勇衛侍衛各半，共萬餘人，配大熕船二十，鳥船、繒船各十，以捷、進思、陞、林應率之。三月，望忠就媽祖宮立大營，左、右峙各爲礮臺，捷、陞守之。四月，郎大隊出銅山，至青水沿，大風，散回思明。六月，進思、陞守澎湖，望忠、捷回東寧。經大犒士，令勇衛侍衛之半仍歸伍，各鎮調撥十三者仍歸屯耕作，國軒、何祐亦歸。

二十年，旭以文事武備不可偏廢，慎勿以天塹足恃，偷安忘戰，郎抱權畧，心懷怨憤，全斌二次過臺，諳水道，必自請東畧，當勤訓士，大修舟，以備不虞。經乃令各鎮農隙習弓矢，春秋演陣法，屯兵入山，伐木造艦。旭又命商舟往各港，多購舟料歸，興造洋船，裝白鹿皮等；上通日本，製銅熕、倭刀甲、永曆錢，下販暹羅、安南、呂宋以富國。從此臺灣日盛，田疇市肆如內地。八月，卒，經大慟，曰：「不幸喪此元老。」親爲治喪。

子磊，授吏官。經西征，承旭遺命助餉十萬，宣慰潮州，募騎勇。尚之信兵至，磊懸賞賈勇，遂收鬣母山大捷。已與李景同督潮鹽達濠。三十四年四月，清兵至，戰死。弟暄字調五，水澎遊擊。成功入臺引港。終事不詳。

捷，晉江人。以角宿營代黄大振爲援剿前鎮，守白沙城，監紀武大成管晉南，黄昭、楊暄助守。永曆十年七月北征，導復閩安。十一年十月，守高崎。十二年五月，平白沙城，守之。六月，清兵自白沙將攻思明，敗之。十四年四月，達素攻思明，守高崎遏同安，督火攻營許祥、傅初及協理大礮蔣寵礮毁敵舟多，議叙。十一月，統英兵、後勁二鎮南下取糧。思明陷，守澎湖卒。

峻高，同安人。援剿後鎮，調總理監營卒。

舜英，上杭人。儒生。累功官總兵，兵敗歸隱。

黄安，福清人。施郎轄下哨官。永曆三年十月，從副總兵施顯自白塔登岸攻雲霄，清將張國柱迎戰，安、顯與郎親隨洪羽躍馬突陣斬將，功爲多，遷戎旗三正班。楊世德自舠救之同歸。九年四月，轉戎旗右協，調左協。

十年七月，從攻南臺，回屯閩安，敗清追兵。右虎衛鎮建，移左協，兵皆選鋒。

十二年八月，從征次羊山，林燦舟覆死，代爲左衝鎮。管中軍船歐秉敬以棄舟逃，練勇營廖達管靈熕，曾銑以熕壞，皆斬。

十三年，率宣毅左鎮再從北征。七月七日，至南京觀音門，鄭成功以水師重任，會推臨機應變智勇周全者，甘煇、林勝、余新舉安，安亦自任。成功喜曰：「北征迭捷，水師功多，我統陸師，水師有爾，任得人矣。」命以都督總督水師，泊三汊河防江，大小舟六十五，舟配大熕九。後大舟泊江南北岸，小舟泊岸。諸軍濟後，大舟移江東門外，隨中軍行，待至上新河上蘆洲北岸泊，銃舟泊三汊河，聽安調度。諸軍安營，命以舟師應儀鳳門。新失利，命專堵水路敵。諸軍敗績，安水師獨完。清水師大至，擊沈其舟，督陳諒、張禄、蘇進、劉明收軍，所有將士悉濟。成功慟曰：「是吾輕敵，非爾等罪也。」遂趨鎮江，命與吴豪爲殿。及至崇明，督援剿右鎮前鋒鎮右虎衛鎮左武衛鎮協將裴德、五軍左虎衛鎮戰船十六提調羅藴章防七丫港口，泊白米沙外；管右虎衛鎮與楊富屯舟山温台。

十四年正月，回思明。唐邦彦出征，代守新城，成功諭曰：「重地鎖鑰，非爾不可。」同時，以富代前提督右鎮葉伯守思明；東渡，拔左衝鎮右營陳廣爲正領兵，中軍武衛副領兵陳瑞管左營。時兵多逃亡，驕悍不法，力請定制束伍。

達素窺思明，協鄭泰守金門。五月十日，成功督戰海門，奪清先鋒昂邦章眼紅舟，殲其衆，禽哈喇土心及侍衛十餘人。清舟散，諸軍乘風而前。清兵別自赤山坪登，陳鵬通敵不出兵。事急，命廣、吴裕自新城港出，遂大捷，改屯新城。成功勞曰：「孤城前臨大敵，撥廣爲水師，自守城池，固若金湯；今大隊出征，並空思明，又獨任而不請代，眞良將也。」賜銀三百，仍散之將士。

十五年，成功入臺。五月二日，與劉俊、顔望忠、胡靖、陳璋、英兵鎮瑞二十舟繼進。陞右虎衛鎮，提督驍騎親隨營蔡文爲左衝鎮。八月六日，鄂易度盡出師，水陸分攻安平、鯤身，安拒之於陸，成功自率陳澤等舟合戰竟日。黄昭得夾板一、小舟三，大破紅毛夷。十一月，自鯤身夾擊，與宣毅前鎮下陳宣、右虎衛左協陳沖小舟數十，内實硝磺引火，乘風燔夾板。臺灣定，以勇衛守安平。

昭、蕭拱辰、鍾宇請立鄭襲，陽附之，密請鄭經速兵定變。昭死，於陣後大呼曰：「此吾主之子也。」諸軍遂解。經嗣位，總督承天南北路，望忠守安平。紅夷舟至雞籠，將窺承天，督兵逐之。

十八年十二月，北路土番阿德狗讓聲言出援紅夷，屠中土人，安、瑞設伏誘斬之，事平。

十九年，紅夷據雞籠，督林鳳攻之，紅夷敗去。七月，卒。經大慟，厚葬之。以其子爲女壻。

澤，澄海人。五營立，領信武營。十年四月，韓尚亮窺思明，拒圍頭外，突陣大破之，論功爲首。十月，遷護衞中鎮。十三年北征，以宣毅前鎮從攻鎮江。朱衣佐、左雲龍走揚州，尾追大表橋下禽之。十四年，達素窺思明，與黄應、黄昌泊峠后獺窟澳防泉港，已守倒流寨，有功議叙。後屯海壇，與詔安玄鍾楊正相犄角。十五年，成功自鹿耳門入臺，澤於四月朔督虎衞以銃舟屯門，牽制紅夷夾板。三日，屯北綫尾猫難實町據赤嵌死拒，圍之。鄂易度見大兵至，命拔鬼仔鳥銃兵數百出犯，澤迎戰，大破之，斬拔鬼仔。猫難實町城孤無援，以三百人降。令招王城鄂易度，不從。八月，告急英圭黎，以舟七、兵七百救至，澤以右武衞前協黄德、左協陳繼美、右協朱堯與蘊章守安平，自督舟大破之，得甲板二、舟三，副總兵林進紳戰死，甲板自是不敢至，陞右虎衞。

昭，晋江人。以恢剿都督協守白沙。十一年，授木武鎮，中提督營將張華爲左營，張遠爲中軍。昭代劉進忠爲後衝鎮。十三年北征，與劉猷守鎮江。成功出長江，合猷斷後，攻崇明西南。後與正、李昴屯三都。十四年十一月，總領水師南下取糧。臺灣定，與張志、望忠、瑞、璋屯北路新港仔竹塹。

拱辰，同安人。本鄭鴻逵將。五年，與沈奇來歸，授中衝鎮。與副總兵陳林從成功南下勤王。南京之圍，合營漢西門。梁化鳳攻之，泗水走，一軍歿。成功出瓜鎮，昭爲殿。及屯崇明，與援勦後鎮宣毅左鎮右衝鎮戰船十二防吴淞江口，泊新興沙外。十四年，達素窺思明，同郭義、劉巧、林明巡同安港迎敵。已從林察戰李率泰圍頭，拱辰守崇武，堵泉州港兵。五月十日，潯尾清兵至。十三日，爲拱辰、澤追殺，後舟方退。十一月，統領宣毅左鎮右衝鎮南下取糧。成功入臺，昭攻安平，以銃手五百、連環熕二百，分三隊陣鯤身尾，楊祥藤牌手五百從鬼仔埔後繞過鯤身左横截，拱辰以艍船二十待夷將過七鯤身欲戰，即吶旗作攻城狀。紅夷至七鯤尾，見赤嵌哨欲攻安平，氣沮，祥跳舞横衝，陣動，夷死殆半，退嬰城守。成功揮兵進，紅夷死拒，兵阻大礮，多死者。乃斬竹爲籧篨，堆土環栅，七鯤身設門户、壘礮臺以攻；又令人束草圍城，不降則火，紅夷乃歸命。拱辰與昴、文、俊、靖屯南路鳳山、觀音山。成功卒，昭、拱辰共立其弟襲爲主。經靖難，昭、宇中矢歿，拱辰執死。宇不知何許人，提督中鎮。成功退海澄，從煇防烏礁水師，改護衛中鎮，復閩安。

鳳，龍溪人。十二年，以左戎旗下壯勇協將遷左虎衛鎮左協。十五年，屯曾文溪北。從安討紅夷，爲先鋒，陣歿。

先有林玘者，同安人。成功參軍。經嗣位，屯斗六門，死於番亂，年月不可考。

劉國軒，字觀光，長汀人。長身頳面，雄偉魁梧，負奇力，多將畧。弘隆間寇作，糾鄉兵守寨自保。福京亡，清漳州副將朴世用委爲城門千總，鬱鬱不得志。乘間説世用歸鄭成功。永曆八年十月，世用遣之思明，見馮澄世，與説大悦，以爲義子，薦之成功，令歸爲內應。尋再命母舅江振曦、振暉來款。十一月二日，洪旭、甘煇、林勝、戴捷自海澄往，國軒、世用斬參將柳朝麟，與副將魏標、魏其志等以雲梯迎入城，總兵張世耀、副將張世輝、知府房星燁、推官王元衡、知縣邢虞建、縣丞李馥反正，同時漳浦副將劉良璧、長泰守將楊青及沈啟、王愛民亦反正。授國軒都督僉事護衛後鎮，振曦大監督，世耀以監督調軍前任用，捷守漳州，以南靖知縣李奇生爲同知，漳浦知縣范進爲通判，良璧、啟、愛民等爲漳浦、長泰、永春知縣。

十年秋，從煇復同安。十三年，以右武衛副領兵隨征營從圍南京。十五年，從定臺灣。成功卒，鄭襲拔管鎮事。十九年二月，施郎窺臺，以北路空虛，守雞籠山，剿撫諸番，拓地日廣。二十年，遷右武衛，駐半綫。二十三年，擢中提督掌軍事。二十四年八月，斗尾龍岸番反，從破其社。十月，平沙轆番亂，大肚番恐，遷其族於埔里社，追之至北港溪歸，自是北番皆服。二十五年，柯鴻及總兵楊喬棟以官兵五百四十九人、舟十一降清。二十六年六月，葉瑞散劄廣州死。

二十八年，吳三桂起兵，耿精忠使如東寧約會師。調左武衛，隨鄭經西征，復同安、泉、漳，戰總兵王大來、副都統禪布雒陽橋。六月，同何祐平泉州七縣。精忠將王進自泉州屯興化，益兵三萬，兵曹王于玉、都尉朱鴻弼兵萬人繇汀入漳。十月，進自興化會寧遠將軍劉炎攻泉州、惠安，國軒爲帥，率陳繩武、洪磊嚴陣，相守經旬。進見國軒軍嚴整，不敢逼，退楓亭，連營二十里。國軒曰：「進老無能爲，非是誘兵，實懼敵也。」以輕騎覘之，大隊後繼，遇於塗嶺，與許耀分軍殊死鬬，大敗進叮噹關，追至興化，引還楓亭。趙得勝解潮州圍歸，國軒副劉進忠鎮潮州。

二十九年五月，以副總督西征，屯新墟。尚可喜兵十萬悉鋭至，進忠食盡，議退保潮，國軒力持不可，曰：「凡事審時度勢，昔圍可救，今圍不可援。」進忠請其說，曰：「去年之援，我平耿回戰，軍心雄固，清圍久師老，故望風靡。今清大隊至，必有成算，且漳州將畔，廣師一至，漳州必應，福亦背畔南下，四方鼎沸，如再圍困，則不可援也。且暫退鳳塘寨、左鬟魚山待決戰。」進忠乃夜退。次早，王國棟追至新墟，期明日進。國軒謂進忠曰：「明當嚴陣待，出奇破之。」以祐、江勝爲先鋒，林應、林陞爲左右伏，國軒、進忠、曹應鵠、李雲、鄭國選、施明良、王世澤、王一新、劉成良、洪經邦、劉成業、洪羽、周鵬雲、林天柱、曾成、蔡大茂、朱纘迎戰。國棟見進忠退速，疑漳信急，恃兵將多，以騎兵爲先鋒，步與鄉兵左右翼。騎未至，而步自間山頂先出。氐宿鎮萬肅退，祐令火攻營萬坡援之。進忠號礮三聲，衆軍齊出，步鄉兵星奔，騎亦遁，追二十里歸，國棟走普寧，清兵死者三千餘人。羽與總兵陳奇謨、李萬長復龍川，以張方聖爲知縣。國軒與羅緯仍屯新墟。象山副將羅萬里反正死。十二月，纘攻揭陽死。

三十年，三桂命尚之信讓惠州。二月，乃鎮惠州，爲政安靜，粵人懷之。進忠命守惠、潮，飭東莞、石濃、新安防。時之信猶奉三桂朔，國軒亦權宜用周號令，冀之信之相安。十月二十二日，義師攻乍浦，不克。

三十一年，聞汀、邵陷，撫膺曰：「胡僨事至此。」猶約進忠犄角。之信亦歸清。六月，進忠畔。陳璉至惠，國軒聲聞隔，度不支。經遣至平海，命退師，乃啟之信出城，兵民送之，下馬共泣。從靖海舟經銅山至思明。總兵王化龍、參將周龍自同安降清。廖丑起兵南安、同安間名坑，執死。陳蛟、陳十、許官、趙魁自南安欲攻泉州，不克，蛟死。

時泉、漳亦陷，經不知所措，見國軒至，大喜。國軒因請曰：「事至此，將爲自守虞乎？恐自守而人不我容，奈何？夫圖大事者，必明功罪，今有功不賞，罪不誅，何以示勸懲。」於是下議烏龍江喪師及棄汀、邵罪，斬耀、薛進思。以國軒從子嘗霖知思明，盡以兵事付國軒，收拾快哨八槳，親巡南北汛，安設沿海鎮將備進。

國軒爲將，愛士卒，信賞必罰，故每戰得捷；敗亦能整，轉而致勝。退師之後，又遣師分據全海，自舟山至雷、瓊沿邊各有分守。

三十二年正月二十二日，提督段應舉出戰，水師四鎮陳昇兵潰海澄日湖，陸敗東石，參將陳真執死。國軒以海澄爲金、厦門户，請速復之。調陞、昇歸，國軒爲總督，吴淑副之。又以昔者命將出師君命不受，如仍前掣肘，不拜命。乃予尚方劍專征伐，副總兵下聽處決。祭江出師。

時總督郎廷相、海澄公黄芳世、水師提督黄芳泰、副都統胡兔屯漳州，總兵黄藍屯海澄玉洲、三汊河、福滸、陳洲、馬洲灣、腰樹、壁湖、石碼、石尾、江東橋。

二月九日，國軒登舟。十日，與淑督舟泊海澄海門，金鼓震天，礮聲不絶，藍嚴防。國軒五鼓乘潮攻玉洲，斬騎都尉海三岱、遊擊莫三元，遊擊劉宗邦反正。十二日，淑復三汊河、福滸諸堡。十八日，以潮漲，攻江東橋，登敗清兵。國軒先進，追至萬嵩關，敗姚儀，回守江東，聲將攻漳。廷相益守。二十三日，國軒夜至石碼，緣城上，禽遊擊劉筏、守備楊朝宗等，軍祖山頭。天明，樹栅開濠攻海澄，斬參領伊立布，火江東橋，漳、泉路斷。副都統孟安自潮州至，國軒退屯石碼，分兵屯漳州城外。是役，領兵蘇爵回顧，立斬之，諸將悚；進又能身先士卒，賈勇及受傷者，出私資賞之，故衆心悦服，所向克捷。

安潰入城，應舉立調陸路馬步自泉救漳；康王傑書得廷相告急書，命寧海將軍喇哈達以騎兵從福京來。國軒偵江東橋守，讓之入漳。平南將軍賴塔以騎兵繇潮州來；胡兔自惠安至。國軒見敵麕集，整八槳快哨操江，乘潮揚帆，直入江東攻營；忽隨潮退，進海澄，突入鎮内，鼓噪往漳，似欲攻城；忽又隨潮落，繇鎮門東登岸，欲奪關；忽水忽陸，飄驟馳突。清兵疲於奔命，委股咋舌，莫敢枝梧。三月二日，從赤嶺港登，陣赤嶺，戰哈喇達、精忠、賴塔、廷相、應舉，斬參領莫雒渾，部將朱成、高榮戰死。戰方合，蔡元義自南靖天寶山來助，國軒以少兵栅雙橋誘清，陽敗。清兵方蓐食，國軒揚帆登，衝之爲二。陞勇進，竟日不分勝負，國軒密約淑從左右入合攻，騎潰失多，國軒屯東岳。廷相以赤嶺之役，國軒屯雙橋，去城止數里，其勢强，心邑邑。芳世及副都統伯穆黑林兵至，屯水頭山彎腰樹，拒堵石碼營山頂。十一日天明，國軒盡火其營，撤兵下舟，芳世以爲遁。頃之，潮漲，國軒令揚帆，瞬候風向，於水頭山登岸。芳世錯愕，正督兵以待，陳昌、陳福舟抄其後，陣亂，棄輜重走。國軒追之，斬輕車都尉李顯孝、王承恩，佐領張廷輔，護軍較希富、右禄錫。芳世失足幾禽，遁入漳州。胡兔及副將朱志麟、趙得壽亦敗鎮北山。國軒屯水頭山。應舉自泉入援，恐經從中堵，海澄不通，與喇哈達、廷相議親統軍屯祖山頭岳廟。十八日，國軒攻祖山頭，應舉下山迎拒。國軒將盧仁不支，沈誠、陳啟明亦敗，祐繼退，應舉追。淑、勝繞祖山背奪應舉營，國軒即合攻。應舉上山，勝從山上下繞其後。應舉三面受敵，騎都尉滕天成、參領李成貴、佐領李敬實中礮，死傷多。陸路亦爲昌、福、應據，不得進，乃潰海澄。國軒追及普賢栅，回守祖山頭，啟削啟明等職。

十九日，應舉、藍安、穆黑林，副都統希佛、馬虎守海澄。國軒圍城，以昂宿營張雄、牛宿營曾偉及廖琠、黄靖、洪雙嘴攻平和，副總兵黄瑞鑣攻漳平分其勢。平和、漳平復，黄蓋復南安邦前寨。各邑告警，廷相應接不暇。海澄負海，城小而堅，清兵四萬餘人，礮臺濠栅密布。國軒以陞守三汊河，應勝守水頭山鎮門，餘營圍城。清以姚啟聖代廷相爲總督，吴興祚爲巡撫，趣諸軍救海澄。四月，國軒攻城，重塹複壘，斷其出入。兵爲東北八角樓大礮所阻。二十八日夜，健將林龍潛入城内，釘壞之。五月五日，火攻奪溶洲碼花園栅。六日，於儒山、合浦、通且新渡，塹山四旁，浚渠通海潮，環椿圍可三匝，飛鳥不度。應舉欲逼戰，突圍不得，喇哈達、啟聖屢救不得入。清兵集筆架山上，連幕洪礁、鼈浦北，相守而已。國軒城燈火寨。十二日，賴塔、韓大任、曾養性數萬人齊攻岳廟、祖山頭，張鳳中礮死，英義鎮林彪退，陞據營死拒。國軒援之，躬搏戰，勝從中衝賴塔、大任，截爲二，陞開栅合攻，敗賴塔。應舉數欲出，以溝多馬陷，皆填塹死。海澄外援絶，城中乏食，圍日密。二十一日，命張應時送米瓜酒説降，不應，遂下令禁米蔬，透入者斬。二十四日，遊擊汪明請反正，與弟辰、子集爲清所殺。城中宰馬而食，羅雀鼠皮紙，人相食。國軒在果堂，與淑謀取江東橋、溜石山寨，敗於潮溝。陳鎮、劉尾死泉州黄肚寨。六月十日，復海澄，計攻八十三日。應舉自經，穆黑林、希佛自火死，斬佐領薩爾泰，清兵死者三萬餘人，藍不知所終。安、虎，副都統魏赫、田香玉、朱應麟、賴陞、楊壯猷、馮有魁及滿漢官三十、漢兵二萬餘歸順，分别授監督監營；滿兵千遷東寧；並獲滿兵甲二千、馬八十。命楊英振飢民，殯祭穆黑林、希佛，以禮歸其喪，以張廷輝爲知縣。喇哈達退漳州，芳世惶恐死，東南大震。

十四日，復長泰，守備黄輝等反正。淑勸乘勝下漳，國軒曰：「漳、清兵數萬，不可圖。當先翦手足，則心腹自潰。」會副都統雅長里以浙兵至同安。十五日，命祐迎戰。十六日，經命鑾儀陳慶斬陞、壯猷、有魁。陞，故後衝鎮；有魁，木武鎮；壯猷，黄梧將，反正又降者也。

十八日，雅長里遁泉州。同安復。水陸合攻泉。水師五鎮林日慧舟入泉州港，清兵出南門塗嶺抗，日慧退鷓鴣頭。二十一日，國軒大隊至石頭街、留石。二十二日早，攻南門橋。二十三日，分屯桃花山，連營岳廟，亘清癏山。二十六日，取雒陽橋，斬輕車都尉多果、驍騎較倭赫，泉州震動。傑書提督石調聲、副都統吉爾他布至惠安不前。二十八日，王一繼舟師從塗嶺截興化援師，勝復南安、漳平，福、陳仁攻泉州，洪傑戰死。七月二日，祐督總兵黄球、林萬侯、高金、方祁、陳宴、江鎮、鄭士宏復永春、德化、安溪、惠安，以葉錫蕃爲永春知縣。圍寧洋，不克。王一鵬守惠安，總兵蕭明、蕭武軍永春、德化、湄洲。誅同安鄉兵總黄朝。調聲、吉爾他布退興化，國軒日夜礮攻，城壞百丈，阻矢石不前。時國軒兵三萬，地廣不克分布，啟調鄉兵充伍，並移家口東寧，使繫念内顧，緩急可爲用。

泉州圍久，兵增餉缺，重科民間，國軒、淑合陳時弊，乞守晝一之税。論功，晋左都督，挂征虜將軍印，承旨封武平伯。

國軒自至泉視地勢，百計圍攻，六礮擊南門，三日夜不止，城墮四十丈。兵上，阻於土牆釘板。翌日，取草束叠城外如墩，平廣數百丈，置礮攻城，爲清所火。兩月，城終不克。

清兵水陸援泉，興祚、黄大來、提督楊捷、副都統禪布至興化，喇哈達從漳平山道天保進。八月十三日，陷漳平，總兵張勝死，總兵瑞鑣失援降清，導清兵至安溪。學士李光地及叔日煌以鄉兵別自安溪間出同安。球以兵數千結沿山忠義萬人，屯白鴿嶺。興祚抵仙遊，攻之，自辰至酉，球死戰不退。光地兵間至，乃走。興祚與總兵李懋珠、余明傑從仙遊攻永春，大來攻南安，禪布、捷、調聲、吉爾他布繇楓亭陷惠安。一鵬與後營、胡程前營、劉齊、領旗陳德、中營林甲、左營黄甲、右營張甲戰死；總兵郭威璠降清；水師總兵黄鎬、何應元、陳子威、陳君翌舟師出海。蕭琛與賢交綏退，命陳諒援剿後鎮陳啟隆拒之於海山。十八日，清兵分道至，祐、王一鳴、黄良驥棄永春、安溪、南安、德化。守備陳祥、司總夏維青及水師二鎮總兵吴朝綱、五鎮右營副總兵柯金隆戰官塘執死。參將張德、劉標、王應時，文官張勝、蔡連、戴廷翰、林惠降清。國軒欲分兵救援，不克，於二十三日撤泉州圍，與淑合。二十五日，禪布、調聲大兵至雒陽橋。昇扼橋死拒，敗績，死者六百人。清會師泉州。國軒以清兵三路至，水陸分拒，兵饑力薄，乃墮同安城，守果堂、歐溪、江東橋、郭坑、長泰，扼漳、泉衝。

九月，啟聖攻長泰，國軒乃以二十八鎮還漳州，率陞、應、昌、良驥、吴潛十七鎮精兵三萬陣溪西觀音山，爲十九寨。戰龍虎、蜈蚣二山，清以精忠都督張韶爲左拒，賴塔爲右拒，胡兔在前，都二萬人。戰卻，啟聖援之，亦敗。國軒直薄漳州北門，斬參領瓦爾達。平明至未，啟聖、精忠、賴塔、江元勳以連珠礮、金槍手中突，騎左右出，國軒大敗蜈蚣山，二十六營陷，總兵鄭英、劉正璽，副總兵郭天、李應戰死觀音山、福滸，兵死傷五千人，退雲英渡，濟無舟楫，溺死者萬人，委甲輜重無算，敗至吾浦。長泰陷，何觀攻南靖死，清奪江東橋，以詹六奇及把總林朝、李近造橋通漳、泉，屯兵萬嵩關頂。國軒回石碼收軍，扼灣頭、三汊河、玉洲、鎮門、象鼻、獅山、石尾，與大任、賴塔、元勳、捷、養性對壘，連營七十餘里，大礮互攻。啟聖以海澄石碼鎮門國軒營首尾相環，難猝勝，乃設重兵江東橋。同時，宿鎮參將王亮、遊擊朱尚、都司朱相戰三沙風火門執死，驍翊營林興降清，尾宿鎮副總兵陳起萬走，水師三鎮林日惠標下副總兵林麟戰沙埕，執死。十月，親軍副總兵蔡斌自日湖降清。

三十三年正月，海澄知縣洪蔭與親軍戎旗四鎮董騰、坐營劉執中支米角口，蔭毆執中，騰防福滸，飛舸入邑毆蔭。啟聞，二人俱革職，國軒啟留騰戴罪復任。

國軒自退守觀音山，聞橋設兵。知啟聖欲從北路攻，果堂逼近，須防，遂於二月十一日寨果堂，與淑於十日夜伏衆濠底，虛掩寨中旌旗。清以其不備，將近寨，伏起，與淑、祐、陞、昌、勝大破之，六奇守備鄧茂公江東橋之衆不敢出。

諸軍餉乏，請停文武官俸，並自出俸給軍三月，淑、祐、勝、陞從之，援剿前鎮明良以千金助餉。各鎮營欲請餉不敢，捐資無力，類多懷疑觀望。水師五鎮蔡仲琱初與林翰、許毅守惠安，髦不能約束，兵多逃亡，經令虛宿營王傑代之。至是仲琱等以官八十五、兵萬二千人入泉降清。五鎮大將靖、琠以官三百、兵萬二千人；賴祖、金福、廖興、何遜以官五十三、兵千人；樓船前鎮都督同知總兵楊廷采、監軍副使吴大義、副總兵梁天貴、坐營中軍劉光祖、旗鼓中軍張芳、隨征營將方禄、驍翊營將蔡榮和、火攻將康春、隨征協將施忠、領旗協將王邦俊、中協副總兵楊勝、後協副總兵陳志、中協中軍張良、正領許旺、右協正領尤文正、後協正領柯勝、副領葉元科、總理候缺將蔡宗、後協將吴連、援剿中鎮都督僉事總兵黃柏、坐營副總兵李芳、左營副總兵吕輝、右營副總兵林舉高、中營副總兵戴勝、前鋒副總兵江龍、中提督左鎮左營副總兵蘇欏、中軍參將林材、左協參將吴英、右協參將黄盛、左提督右鎮前營副總兵周魁斗、宿中營左協將林光勝、水師一鎮戴賡、三鎮吴定方、副總兵陳化中以兵二萬餘人，相繼降清。折衝左鎮吕韜亦以衆畔。韜，故漳州守備，反正事洩，彪篡之歸海者也。木武營都督僉事陳士愷以家口入漳州降。牛宿營總兵鄭奇烈及紀朝佐，中軍鄒其昌，將蘇良、曾光賜入山招兵捐餉，爲清兵所圍不得出，亦以衆降清。

七月，以石碼守固，清兵不敢進。同安潯尾與思明高崎咫尺帶水，清嘗繇此過島，乃命李景徵民兵石碼付淑，自督昌、良驥築潯尾寨，一夕而成。同安清兵爭之敗，復爲石城、土城各一，又爲沔洲城，繇是同安清舟不能再出。八月，啟聖命楊榮説國軒回東寧，不應。

九月，以守兵單弱，練思明鄉兵二千。有吴桂者，故清守備反正，經西征，團練州民爲角宿營，守同安、思明。各郡陷，獨斂兵完島，陞建威中鎮。至是，以姻士愷畔，又值病足，引嫌辭兵，以其衆歸其子箕宿營天禄。未幾，調協理五軍都督，與總監營康熊分督州兵。十月二日，虎、李時春、郭承隆、黄九榮入漳州降清。承隆、應舉左營遊擊自海澄來歸，官監督，自赫謀歸清，被執溺死。經徙海澄降將安香玉、張承寵等東寧，撥兵守之，虎等乃相率降清。

國軒築坂尾寨，清督撫將軍提鎮數萬人來爭，國軒、淑、祐、陞、勝以二千人依寨且戰守，自午至未，斬佐領金世礪、西持庫、尼雅韓，章京巴石兔，俘馘甚多，會坐騎中礮，回觀音山。清益提督王之鼎、萬正色滿、漢兵十餘萬，國軒兵止萬許，營壘相望，指揮自如，時以卒渡河衝擊，身登土阜，據胡床，張蓋觀戰；又善用間，敵纖悉必知，清呼爲「小韓信」，畏之如虎。啟聖請息兵，以公侯印畀國軒、淑，國軒曰：「海潮未涸，艨艟終不斷絶，何以國軒一人爲輕重哉？」會諸軍乏糧，國軒一切不禁，頭領與兵下，長髮與短髮，往來循環回，而兵額亦不缺。啟聖攻屢卻，相持者二年，海澄屹然無恙。

時錫範、繩武爲政，經惑明良言，日用事。三十四年，國軒至思明，上言：「宿將云亡，禦敵乏人，當卧薪嘗膽，用全副精神，豈可荒嬉，委政他人。明良利口腹劍，不可親也。」正月十四日，經不告諸將，赴明良會。是夜，國軒請謁，左右告同巡，大驚，衷甲追及高崎，國軒得其降狀。傅爲霖故同謀，見國軒至，恐事洩，首其事，明良、世澤伏誅，宥其同謀，衆心乃安。

回觀音山。時泉州總兵吴勝、歐用杲、呂賽娘與林日向通；漳州烏丁壩鮑女稱王，衆六千人，精忠節度使葉日高附之，勢猶張。二月，正色、喇哈達、賴塔、啟聖、捷水陸攻思明、金門，國軒待陸戰報定行止。二十四日，陸退料羅信至，清攻玉洲澳，國軒以軍心動摇，見經思明，命諸師徐退。將軍昌、參議周天奇以謝村、鼓浪嶼密款。啟聖、喇哈達分道進，乃棄諸寨及海澄，乘夜回思明。二十五日，康騰龍獻汭洲。二十六、二十七日，陳洲、玉洲、彎腰樹、福河、下滸、三汊河、石碼、觀音山、展旗寨、曹門寨、澳頭、象鼻、虎頭山、馬洲、果堂、太平寨、觀音山、水頭、獅子山十九寨及海澄兵見經去，拔寨盡起。清兵七道趨海澄，總兵楊吉死，總兵蘇侃、羅士鉁，副總兵天禄、孫紹芳、方卻、陳世、林柱、康玉、郭華、莊澤、柯録，漳州知府程夢蘭、通判葉光寰，以海澄畔附。思明百姓鼎沸，國軒示禁不止。經見人心已變，令陳慶及典寶劉陶火演武亭，登舟。國軒請留，不許。昌命健將楊一彪欲劫經畔，良驥疑之，礮拒。昌知計不成，降清。國軒猶斬侍衛塞勒，欲固守洒洲、潯尾要路。清以紅夷礮拒，大戰圍頭，進料羅。國軒兵聞之，爭先奪舟走，手刃不止，仰天嘆曰：「數年之功墮於一旦，此天亡我，非戰罪也。」乃以兵奉經回東寧。思明民無舟，號泣海濱，慘掠赴水盡死。桂、裴震忠及總兵雄將軍張志、陳珍，信武鎮黃瑞、統領鄭元堂以思明畔附，總兵吴國俊以金門畔附，兵萬二千八百人、大小舟數百、米數萬石，礮甲不可計皆委敵。

及經卒，與錫範同受遺命，輔其子克𡒉。錫範言：「克𡒉非鄭氏子，安能承繼？」國軒曰：「此家事，非外人所能預。」而亦不能爲異。鄭克塽立，即命中軍金榮陳事，以推戴功，承旨晋侯，仍管中提督專征伐。

清以施郎爲水師提督，圖臺灣。國軒諜布北京，郎於中秋召見，諜星馳膠州，快哨飛告。九月朔，至東寧，大修熕船。十月，郎至閩，同守高浦陳昂以臺澎圖獻。無何，爲霖謀畔事發，命水師鎮林亮改洋船爲戰船，擢右虎衛，更名豪。國軒躬巡澎湖媽祖宮三十六嶼。命安撫司陳謨建風櫃尾、四角山、雞籠嶼、牛心灣、虎井、桶盤嶼礮臺一，東峙、西峙礮臺二，媽祖宮城一。至八罩、永安、澳礁、石沙綫，四面受風無水，俱不可守。尋以總督督水陸師便宜行事，征夷將軍曾瑞、定夷將軍王順副之，增銃船十九、戰船六十、兵六千共守。

十二月，偵郎回師，乃歸東寧，晉鎮國公。

三十六年正月，出駐澎湖。三月，臺灣北番亂，新港、竹塹應之，左協陳絳、葉明，左武衛鎮左協廖進討之，皆走，洪磊請安撫之，乃降。同安王世傑運餉有功，命屯竹塹。舟山兵攻上海，斬守備司起龍。六月，清總兵成、遊擊阮欽爲窺澎湖。柳長勝、林斗降清。十二月，清以副將黃朝用來招，並遣刺客者再。

三十七年正月，總兵李瑞，副總兵劉秉忠、洪貴，兵民許福、許六、吴三、鄭才先後降清。東寧石米五六兩。以天興知州林良瑞使福，加總兵銜，改名珩，與黃學齎書請如琉球例，並探虛實，不得要領歸。

二月，再駐澎湖，防務工竣。時啟聖主和，郎主戰，議不定。

五月，國軒議戰守策。軍乏糧，經下六官議。錫範、鄭聰主派民，國軒請出内帑，上淡水通事李滄、安撫司林雲上取金卑南覓社裕國策。命監紀陳福、宣毅前鎮明取之，爲土番所扼不至。聰與爪顔臨、李郡、李靜爲虐，禮都事林敷地上啟諫，少斂跡。

六月，郎大兵集銅山，都督郭新、遊擊藍理爲先鋒，都督李光垠、六奇、林孺、吴枏、林莊雄、魏平、張正方、劉進、王良，參將蔣熺，遊擊劉執忠都司許忠、方長生繼進。十四日，郎出師攻澎。國軒意八罩嶼六月風惡，郎熟海道，不至，自督精兵二萬，沿海巨舟星羅棋布，環設礮城，陸師以守。及十五日，郎乘風至，國軒大驚，命領兵吴畧諭各鎮出戰。十六日黎明，郎全師至，以七船突入，國軒乘快哨於宫前澳内督陞等迎戰，焚殺過當。郎夜泊西嶼頭，十七日泊八罩永安澳。吴英以國軒所恃者熕船，清舟分開不齊進，爲五梅花陣破之。五梅花者，五舟爲隊，攻一舟，不結隧者爲遊兵，或奇兵，或援兵，悉遠駕相機應。郎乃以三疊浪入，變五梅花。十八日，郎、英，遊擊許英，千總游觀光、林鳳從虎井銅盤嶼窺礮臺。十九日，同成參將士鈔、張勝，遊擊應元窺内塹。二十二日，以都督陳蟒、魏明，副將元堂，遊擊吴輝、趙邦式、欽爲，侍衛吴啟爵等趕繒雙帆艍船五十爲一隊，從東峙直入雞籠山、四角山爲奇兵夾攻；總兵董義、康玉等趕繒雙帆艍船五十爲一隊，從西峙内塹直入牛心澳作疑兵牽制；又以大鳥船五十六，分爲八隊，隊七船，各作三疊，郎居中爲一隊，英一隊居左，朱天貴一隊居右，總兵陳龍一隊居次左，遊擊曾成功、應元各一隊居次左之右，士鈐、總兵昌合一隊居次左之左，賢一隊居末右，總兵楊嘉瑞一隊居末左；其餘八十舟分二大隊爲後援，向媽祖宮。將戰，有風西北來，滂浥蓬勃，吹向清兵，士皆股弁。國軒聞外塹山頂瞭望礮作，各舟從宮前出戰。天貴死，賢援之，正直國軒坐風之上。國軒督勝、應、武、啟明、丘煇、蔡明、王隆、施廷、張顯、林德、莊起、廖義、陳政、良驥、陳士勳、洪邦柱、楊文炳環攻。郎欲退。須臾雷發，立轉南風，軍乃復振。國軒聞之，掀案而呼曰：「天也！」遂決戰。發火箭藥罐矢石礮火，燔燄怒張，水爲之赤。賢重傷礮盡，副將林鵬、楊熙重、林連得、林啟祥、鄭平忠、黃勝、楊春、林衛、陳孟虎、黃志祿、陳成福，參將方英陣亡，士卒多死，其遊擊許英、吳煇、江新、施應元、李廷彪援之。蕭明舟沈，隆舟火，國軒乃退。國軒見戰陣各舟爭先用命，遂令劉明督左先鋒鎮後協廖忠、親隨一營王一豹、副總兵蔡參等合舟齊攻。遇英及總領旗黃登、副領旗湯明力戰，斬都督同知蔡老，都督僉事林登閣、王顯，都司僉書王友。英、明傷。舟膠淺，國軒督煇、勝繼戰，煇、勝死。又率曾瑞、黃德、尤俊、林亮、吳福、吳遜、陳陞、陳國俊、粱麟、李富、張欽、林耀、陳勇、王受橫攻死鬭，副總兵黃志祥礮中理腹。有飛天鼠者，驍勇，自檣頂躍理舟死。郎復督總兵林貴、陳維屏、黃日彭、黃日光、林滙、曾春、黃瑞、丁任俊、楊士珣、林風、李琦、胡宗明、郭國祚，副總兵蔣懋勳、方冰、林葵、薛起受、何譽、士鈖、蘇虎臣、李智、施而寬，參將張勝、陳致遠、黃英，遊擊翰、毅、王朝俊、江昇，守備林正春齊拒。曾瑞、王順、沈誠等相繼死。國軒見兵亡十七八，欲乘勝出，而清舟滿港，乃合建威中鎮良驥及應、俊、亮於二十二日，自吼門走，澎湖三十六島陷，戰船火者三百餘，官死者三百餘，兵死者萬二千餘人。

二十四日至東寧，兵民大恐。先，韜之降，以虛實密告清。又有黃性震者，自言能得國軒要領，約爲霖等畔。至是清使密書招國軒，故露於衆，臺灣上下解體。

閏六月四日，錫範欲征呂宋，國軒力主降清。郎以原副三坐營曾蜚來招。命協理禮官鄭平英之澎納款。錫範撓之者再，國軒調鄭明守克塽，鄭德瀟草降表。八日，平英、林維榮以表行，國軒命朱紹熙同行，請削髮稱臣，守臺如故。郎不許。十六日，使歸，國軒誓師決戰。七月五日，克塽再命德瀟爲表，同國軒弟副使國昌、國恩、錫範弟兵官錫圭，副使錫韓及鄭夢瑋爲使。克塽降清，國軒封順清侯，終天津總兵。

弟應和，勇武，征紅夷歿於陣；應穆，清授副將，不應。部將陳辛走水沙，連結三十六社番謀再舉死。洪煥降清。

星燁，滿洲人。歲貢。

元衡，臨潼人。

虞建，安邑人。舉於鄉。

奇生，漢陽人。進士。

進，會稽人。順治六年進士，與海澄知縣甘體垣、典史固始陳啟奏反正。

方聖，晋江人。舉於鄉，爲政寬大，三十一年降清。

萬里，歸州人。

丑，南安人。

昌，海澄人。

陞，字晋侯，平和人。

捷，閩縣人。

賢，字尊一，晋江人。

鎬，晋江人。

何應元、子威，閩縣人。

柏，字高明，同安人。

近，漳浦人。

士愷，晋江人。梧家人，芳度中營，説淑反正，授後提督領兵中軍，降清後仍來歸。

奇烈，字不伐，同安人。武生。

朝佐，永春人。精忠將，從元義起兵。

桂，龍溪人。

正色，字中慶，晋江人。

日向，天興永福人。四省總督。

震忠，晋江人。後爲清招臺灣。

黄瑞，惠安人。

昴，字英士，同安人。

欽爲，字君博，晋江人。

鄭世雄，永春人。

觀光，字用賓，漳浦人。

鳳，字岐山，南靖人。

施應元，字乾長，同安人。

廷彪，晋江人。武舉。

登、湯明，漳浦人。皆降將。

又詹盛，漳浦人。左都督，二十七年降清，屯田長子。陳大舉，字玉廷，福清人。都督僉事，二十七年與壻諸生張藩，字价人；文官黃壬，字源白，平和人；黃朝，字覲侯，海澄人，降清，屯田滎陽。包永才，鄰水人。以將才累官鎮江遊擊、福建總兵，後亦降清。

馮錫範，晉江人。澄世子。鄭經嗣位，授左都督侍衞。顏望忠、楊祥請征吕宋，力阻之。

經西征，以參贊率諸鎮先行。復思明，督劉國軒、何祐、林陞及戎旗二鎮施陞攻同安，遊擊華尚蘭、張學堯、楊威，知縣鄧世茂反正。以同安知縣鄧麟采有廉名，仍用知縣。王世澤、施明良以舟師反正，趙得勝亦以海澄來歸。啟除鄭畛思明知州，轄同安、海澄。王錫璠以泉州反正，錫範與薛進思、國軒、祐、許耀、吴世德、施陞及戎旗三鎮林定，從經繇大擔入泉州，執家丁，剖心肝祭澄世。

永曆二十八年十一月，經以漳州反正，潮州圍久，而漳浦劉炎中梗，合兵曹王于玉，都尉徐鴻弼、劉成龍，命錫範爲帥討之。督祐、江勝、世澤、明良、林陞，宣毅右鎮許貴、前衝鎮洪羽、奎宿鎮鄭國選、戎旗二鎮林應繇海澄攻漳浦。得勝命趙山説炎反正，不應。炎與雲霄遊擊劉成良、馮有魁守羅山嶺。十八日，錫範駐卜孝嶺，祐勝陞敗，炎追過嶺，至打石山再敗，于玉軍抵北門，成良遁，錫範以紅夷礮攻之，炎等乃歸命，回泉州。

黃芳度以漳州畔，錫範與進思、耀、學堯、羽、定、蔡文、戎旗四鎮董佩、宣毅後鎮黃雲、井宿鎮江仰聖、金武鎮陳侃、中提督中鎮李印，從經過石尾萬嵩關入。經駐楊君嶺，錫範屯東嶽廟督攻東門，耀攻西門，濠塹垣柵，爲久困計。經以大礮、龍熕攻城崩，下令能復城者封德化公，無何城下。

自經西征，錫範、陳繩武同主文武事宜，務詐欺，作威福，結黨把持，國軒每爲所制。及回東寧，以女妻鄭克塽。陳永華主國政，方正敢爲，數爲所譏，姑與交好，陰謀之國軒，陽辭兵以詐之。一日，錫範會永華，言願杜門終餘年，永華遂上啟解兵。錫範曰：「永華久勞，乞休出腑肺，從之可，所部交國軒。」經是之。已錫範領侍衛如故。林賢將窺雞籠，建議平城，使無所藉。

經卒，與其弟聰、明、智、柔請太妃董廢鄭克壓，令隨協蔡添伏兵堂西箱弒之。克塽立，承旨封忠誠伯，聰爲輔政公，昏貪，大小事一決於錫範。明、智欲捐資募兵，力沮之。

三十五年，國軒、祐出鎮，臺防空虛，請抽鄉兵，令大監督操演，分防要口，裹糧露宿，百姓嗟怨。後聞施郎展師期，乃撤兵，以太妃從子戎旗四鎮董騰十五舟守澎湖。

三十六年，姚啟聖使至，議炤朝鮮事例，錫範、繩武不從。國軒敗澎湖歸，錫範以左提督守鹿耳門，主死守，黄良驥、蕭武及中提督中鎮洪邦柱、安撫司楊秉權請奉鄭明將大小舟從水邊直取呂宋，願爲先鋒。鄭德瀟陳形勢，力贊其事。三十七年閏六月四日，錫範命明、良驥、邦柱、姚朝玉征呂宋。將行，而訛言四出，不得已降清，封順清伯。

麟采，遼東人。官生。

炎，北直人，順治十五年武進士第一，累遷漳浦總兵。耿精忠兵起，爲寧遠將軍，令弟煜至思明，與親軍都尉徐鴻弼、雲霄鎮劉成龍迎經反正。授前鋒鎮，挂安東將軍印，督左鎮徐德澤、右鎮陳子龍、揚威後鎮陳福、信武鎮張國傑、英兵鎮成良、火武鎮施廷及有魁曾偉從木口、木綿入會漳州，攻南門。三十一年，命與沈瑞、王進功、學堯移眷入東寧。以母老不堪風濤，遲疑後發，至海外，勒兵劫船，乘風下碣石，依苗之秀。遣兵追不及。尋復至潮，依劉進忠，降清，磔於北京。三十三年，馬承廕以衆降清，封伯。

王錫璠，遼陽人。父進功，字敏齊，清泉州提督，降耿精忠，爲平夷將軍。精忠忌其威名，徵至福京不遣，都尉王進代鎮，檄其兵出仙霞關。進至泉，籍進功家，日縱威福，與總兵賴玉，守備戴國用、李尚文相結。精忠又命朱鴻弼至。進功妻召錫璠及中營葛天英，右營張漢相，前營魏其志，後營王耀、楊青計曰：「翁留福，兵日至，吾無噍類矣，盍先發。」乃誘玉至署，斬之，禽國用、尚文，分攻進。錫璠領旗王如虎中矢，進、鴻弼走。絞國用，尚文治兵有方，釋之。

永曆二十八年六月，命太學生吳公鴻之思明，迎鄭經入泉州，授錦衣指揮使管提督事。興泉道何可化、泉州知府王者都、晉江知縣林之木仍故官，漳浦知縣喬甲觀爲同知，其志大監督，如虎提督前鎮，盧仁中鎮，林定爲城守。

劉三起兵涵江。三十年十月，仙霞關失，精忠釋進功回泉，郭炳興從之，治兵應援。進功反正，授中提督，承旨封匡明伯。進功、錫璠後從經回陳寧。

可化，宛平人。順治三年進士。

者都，沛縣人。太學生。

之木，閩縣人。隆武二年舉天興鄉試。

甲觀，翼城人。順治十八年進士，後爲清兵執死。

炳興，同安人。清歸德參將。爲精忠建威將軍，反正仍故官，守長樂，後又畔。攻蔡元義，死亂兵中。副總兵林仁、德化知縣曹耀龍降清。

先錫璠以同安反正者，張學堯、華尚蘭、楊威。學堯，遼東人。清同安城守，治軍嚴，精忠命防泉州，與知縣鄧世茂反正，授左先鋒鎮，挂蕩虜將軍印。錫璠來款，命爲帥，督尚蘭、施明良、王世澤戎旗四鎮馬成龍、五鎮高明，從同安陸路會泉，承旨封蕩虜伯。後入東寧。尚蘭，大同人，以同安遊擊反正，歷角宿鎮仁武鎮。威、學堯，中軍守備，反正，授心宿鎮，挂驍騎將軍印。

劉進忠，北直人。弘光時總兵，從馬得功自蕪湖降清，與尚可喜陷廣東，鎮潮州，續順公沈瑞同城。瑞年少，軍事繇副都統鄧光明主決。光明驕亢，薄視進忠，事忤。吴三桂兵起，各自爲備，可喜解之。會進忠旗鼓楊希震從閩歸，耿精忠兵起，光明疑進忠有約，結參將張善繼、遊擊李成功、都司白虎、千總何亮、防禦于國璉謀殺進忠。進忠偵知，禽五人及知府魏楒祥斬之，率希震、李雲、林天貴、張煇、蔡大茂、趙承業、曾成、洪經邦、劉玉、鄭廷選攻光明，又乞救於分水關劉炎。炎兵至，光明、瑞詣進忠降，釋之。從炎之漳浦。

永曆二十八年四月，降精忠，授平夷將軍，可喜命提督嚴自明備之。鄭成功都督李春謀起兵揭陽，事洩死。鄭阿葵千人攻大埔被執。

同安、海澄、漳、泉反正，命葛天魁之泉納款。六月，授右提督，承旨封定虜伯。潮陽協馬應龍挂殄虜將軍印，黄岡協武弘謨挂破虜將軍印，馬興龍潮州城守，蔡茂植澄海鎮，江德中惠潮道，王仕雲潮州知府，張弘算同知，童士超海陽知縣。

鄭元忠進攻黃岡，斬守備周士英。遊擊邵良臣反正詔安，斬守備劉超鳳。七月，陳奠攻程鄉，張全康、劉永喬、黎孝反正，斬都司李其昌。劉斌與總兵陳璉復普寧，合黃五復澄海。守備張奉寰執守備楊滄降清。武生張萬選、古自優起兵博羅。璉攻上杭不利。李唐宗、劉盡心奉隆武故敕起兵，永安南嶺死。董元魁、王元偉、陳雲魁、洪都李四子、五子起兵長樂。甘秀、鍾世亮謀起兵歸善。勞陸初、李海政起兵潮海死。

將軍尚之孝、都督聶包會自明揭陽新墟。進忠命茂植柵葫蘆山，周開二壕，深丈，廣七八尺，中爲礮臺，以雲騎兵偵之孝，之孝不進。十日，之孝自楓洋小路攻城，僞曰班師。十一日早，雲報敵走。及午，竹篙山兵大至，進忠即守城。十四日，進忠命雲、承業、天貴、張煇、大茂、經邦以六千人分隊出，大雨，中矢死者千餘人。二十日，包攻葫蘆山死，都統王國棟代。八月，田養民以萬人攻大埔，走詔安。吕小娘攻饒平。二日，鄭經以金漢臣殿兵鎮楊奕、宣毅右鎮吴世德舟師至，屯城東燕子山。翌日，進忠、漢臣、世德約三更劫營，進忠、漢臣伏河濱待。至期，世德未至，進忠、漢臣引歸。世德以是夜先犒士，效甘寧法，簡百二十人執掌號，故失更約。渡河三更盡，四更至濠邊，不見一人，疑進忠先進，即斫柵入，大破國棟。天明，追至羊陂岡之孝大營。之孝見兵無幾，齊攻之，世德徐退接戰，不失一人。六日，亦入城。

清撫劉秉權至，見東南水中央鳳凰洲營，議奪之合圍。進忠命將守，世德以前嫌不行，漢臣與親隨一營廷選、二營鄭添守。十六日早，秉權全軍至，洲土不堅，栅崩，漢臣、添、陳天祐、副總兵蘇忠死，廷選走，進忠救之不及。

瑞聞之孝至，欲結詔安良臣應。瑞至黄岡，詔安營兵拒守，良臣喝之，大旗莊卯斬良臣。都統張夢吉、宋文科圍詔安、雲霄，參將劉成良令千總王一新往援。夢吉、文科據黄岡，進攻潮州。經命右虎衛陳寵從柘林登，遇文科停福鋪，大戰。寵少怯，退筆架山入城。秉權奪山。合瑞、夢吉、文科圍潮。設礮臺河上下，爲栅二重，水布鐵網，秉權憂憤死。國棟於西南堆土，大礮日夜攻，城崩百丈，進忠、寵、世德、奕極力守，隨崩隨修。清兵雲梯陞，爲葫蘆山並城上槍礮箭桶噴筒擊死者填壕，傷者無算。三月，城終不下，迨趙得勝兵至，圍乃解。

初，瑞與國棟合攻潮，寄眷饒平。及得勝驟至，以眷口累，不得已反正，仍間請兵。可喜命詹四募衆饒平。進忠以潮圍甫解，未暇旁攻。至是，以蔡茂植復澄海，英兵鎮李虎復揭陽，丘煇復潮陽。正犒師，忽報瑞饒平事，招之潮，不應，薙髮拒命。進忠命何祐督施明良、馬成龍、雲承業、廷選、經邦及奎宿鎮鄭國選先攻饒平。恐國棟新墟兵至，命中鎮璉，揭普鎮張朝瑞，水師鎮毛興，守揭陽之奕，會達濠煇、應龍，守潮陽之劉國軒列營桃山，以左鎮何鳴鳳、右鎮曹應鵠、驍騎營張煇、領旗營劉承恩、親隨營楊棵守潮州。自督林陞、江勝、林應、弘謨、一新、成良、王世澤、周鵬雲、朱繽、天貴繼進，斬守備劉象亨，於西北西南爲礮臺雲梯日夜攻，爲夢吉所阻。

二十九年正月，尚之信自大埔援平和。進忠仍督勝日夜攻，不下。之信敗走大埔，瑞食盡計窮，再與夢吉、文科反正。經以既降復畔，承旨降一等，封懷仁侯，徙家思明。

四月，進忠啟請恢復，授總督，國軒副之，祐、陞爲先鋒，攻新墟。黃芳度將畔，乞師可喜，可喜以之孝、國棟攻潮牽制。進忠以之信固守，相持久。今國棟生力軍萬人至，攻且急，謀退，國軒不可。無何，大捷於鱟魚山。大埔楊士蔚與子梧、椅謀內應，事洩死。李五子、四子自長樂降，旋死。

漳州復，陞、應、炎、洪羽、許貴、黃韜、蔡文、王德、國選、施明良、吳潛、吳有、張國傑、馮有魁、陳大烈、成良、偉、馬成龍、斗宿鎮一新歸節制。

之信總兵苗之秀從程鄉，之孝、國棟、自明從普寧，合攻潮。十二月，經促進兵。二十八日，攻普寧，纘戰死揭陽湖寮。時可喜老病，諜報三桂將攻廣西，孫延齡反，不日趣粵，國棟連夜退葵潭、海豐。國軒以兵貴神速，攻之必走。三十年正月三日，進忠、國軒、祐、勝繇普寧南路，文、貴繇大埔、程鄉北路進，國棟退。經別令丘煇、楊彥敬、洪邦柱、李虎舟五十餘從碣石合攻。之秀以程鄉反正，授宣毅前鎮，掛滅虜將軍印，鎮碣石。張培鱗引師至大埔，進忠分一旅，以吴六奇子振義鎮啟鎮、奮義鎮啟宮爲導，引羽繇蛇坑合之秀復興寧，攻長樂，會惠州，又以祐從惠來入。進忠、國軒大兵復海豐，國棟火營退羊蹄嶺，再立栅。經師繇靖海甲子登陸，欲從平山抄其後。國棟夜走惠州，自明守府城，國棟守歸善，列礮水衝。進忠兼程圍之，開濠，礮日夜攻，羽、之秀與總兵張甲、婁宿鎮黄泗復和平、連平、龍川、河源至惠。

進忠、羽同攻博羅，先復河州，以扼往來接應。礮攻博羅，親隨一營黄經邦、火攻營曾大用先登死。時可喜以兵交安達公之信矣。二月，丘煇、彥敬、邦柱舟逼靖海，進忠以博羅未下，命煇繇虎門入作聲援。東莞總兵張國勳、趙天元反正。勝督雲國選、成良屯石濃，長樂、新安、新會、龍門望風定，軍威大震，授國勳後勁鎮，掛征虜將軍印。經命進忠速復惠、廣。

三月，之信降三桂，封輔德公。三桂請連和，國棟、自明退廣州，惠州、歸善、博羅來歸，以東莞、新安石濃爲界。

進忠治軍嚴肅，愛民不擾。降將馬雄、郭義私啟圖報，以鄭珍英爲惠州鹽運使，羅士倫爲知府，江美鼇爲連平知州，士超爲東莞知縣，林良瑞爲海陽知縣，張芳勝爲龍川知縣，留有魁、明守歸善，進忠、祐、勝、陞、應、羽、一新、成良、偉、國選、明良、大烈回潮，候與三桂會師江西。

進忠素悍叵測，謁經後，意奢難饜。凡有啟事，輒違其請，積不平。經復汀州，進忠以爲失計。許耀敗，經徵兵入援，以糧械不備辭。至興寧，知將與精忠爲難，又與諸將不協，流言日起，不自安，稱病引兵回潮。聞興、泉、漳不守，即扼分水關自保。户官至潮督餉，不應；遣舟買運，遏糴；復更置府州縣官。修書國軒云：「願獨當閩師。」密命潮州城守陳文嶔款傑書。姚啟聖以文嶔招進忠。三十一年五月，長樂陷。六月六日，同鳴鳳、璉等以惠、潮二府一州二十一縣，巡撫一、道七、府三，同知下文官百五十人，將軍四十七人，總兵六十七人，副總兵百五十七人，參將下二千六百七十四人，兵六萬四千二百七十餘人，庫銀八十餘萬兩，畔附於清，授征逆將軍，封征逆伯。十二日，璉、應鵠至惠州，下令薙髮。國軒走。進忠既降，後亦被殺。

副總兵楊金木於三十三年十月起兵潮州山頭仔，與賴武、楊雄及副總兵郭鳳、林開死者千餘人，燔舟二百餘。

成，字平卿，晋江人。後降清，從陷東寧。

茂植，字錫明，澄海人。諸生，降清。

德中，字漢石，歙縣人。崇禎十五年舉於鄉，清桂林參議。

仕雲，字望如，歙縣人。崇禎十七年貢試第一，順治九年進士，衡州推官。

士超，錢塘人。吏員。潮州經歷。

元忠，海陽人。通文墨。少爲盜，與洪默甫、陳如夫、應黄海如結寨。進忠兵起，稱都督，以丘孔巽、洪玉爲軍師。寨毁，皆走死。

奠，程鄉人。鎮平遊擊。

漣，字豫吾，壽州人。馬士英都司。

成良，遼東人。

之秀，字吐華，武邑人。於永曆三十一年經退思明時再降清。

國勳，字葵軒，錦州人。李自成將。

吴淑，晉江人。永曆二十八年四月，清海澄公黄梧以漳州降耿精忠，封平和公，汀漳道陳啟泰一門死。梧遇淑厚，疽潰將死，呼淑以子芳度託之，曰：「兒年少，君可善輔之。」及死，芳度襲，淑爲中軍總兵，請出財募兵製甲儲糧。六月，芳度見同安、海澄反正，與淑謀交好鄭經，命黃恩使思明。念父罪重不免，經諭：「茲際光復，事屬而父，果抒誠悃，當蠲前愆。」

精忠以張全爲汀漳道，見馮錫範思明，又與都督劉豹善。芳度疑有密謀，召淑議，乃命賴陞、陳驥、吴智、吴祿、吴友、翁火孫、許連、楊仁、許開、李英斬豹、全及遊擊程士然，并其衆。

泉州反正，淑議附義，命朱武來使。經折矢爲信，承旨封芳度德化公，授前提督，仍守漳州，聽用錢糧，有請無不從。

二十九年五月，芳度畔。初，芳度反正，間使黃藍請兵北京，檄仙霞黃翌回師。聞經在海澄，心不安，力整城守軍備。遣中軍武迎經，並請謁，許之，而終不敢入。又應出兵從征，亦不行。以兄芳泰乞兵尚可喜，可喜命子之信救之。劉進忠啟進討。經亦以芳度必死寇，發自泉州，陽赴海澄，實向漳州，傳檄萬嵩關。六月，芳度以後鎮陞出守平和小溪，通外援。芳度薙髮，經乃爲屯圍之。芳度再命呂孝德乞粵兵，以淑及其弟潛、戴蟒、中營陳士愷守東門，吴文驥、智、許毅守西門，武、黃芳名、陳獻、蔡隆守南門，翌、友、史良臣、許元守北門。城崩，立修以拒。無何，智死於礮。八月，清以芳世爲總兵，同將軍尼雅漢至廣州。九月，芳度徵民助餉，淑謂潛曰：「梧雖我厚，顧負國罪重。今藩主恩待有加，反圖逆命，大不道，吾豈以私恩廢公義哉！」遂決反正。

十月，經授淑後提督，挂平虜將軍印，潛戎旗二鎮，士愷木武鎮。六日早，開門迎師，芳度投開元寺井死。經斬其從父僉事樞，從兄芳名，弟芳聲、芳祐，及總兵翌，副將隆，遊擊武、陳驥、陳猷、戴麟、鄭宗渙、張濟，守備楊定國。出梧屍於棺，與芳度磔諸市，報發冢也。有請發其祖墓者，曰：「罪止及身，死者何與！」勸芳度妻李自經，戍其親族淡水。以陳啟泰忠，祭之，備禮葬漳州。

芳世、尼雅漢、尚之信自大埔次永定，兵民不納，破之而前。聞漳不守，恨其阻師，屠之，回程鄉。

三十年三月，精忠懷遠將軍五軍都督劉應麟自汀州攻瑞金，令總管周應時來款，經遂命淑經畧江西，以倪銓爲歸化知縣。四月朔，率二萬人過永定，復上杭、寧化、建寧。十三日至汀，聲言假道，應麟二十八日復瑞金。五月十八日回汀，與知府潘翌青、部將范儀、義民湯成章反正。總兵蔡達不從，屯羅漢嶺。淑於二十日夜攻城。天明，前營周雲達開門延師。達遁福京，以孟熊臣、朱廷燦、趙時可、黃助仍兵道、知府等故官。

九月，聞仙霞嶺失，請益兵。薛進思督江仰聖、毛興、鄭國選、吴桂、王一新、曾偉、馮有魁、張國傑、馬騰龍、高明、果毅後鎮禄來汀共守。

十月，清兵入福京，精忠將楊德、邢羽，副將彭世勳、林義以邵武反正，至汀通款。有魁、騰龍復光澤，淑以汀委進思、應麟，督潛從寧化兼程之邵武，復泰寧，共德、羽守。授德後勁鎮，挂雄武將軍印，羽折衝中鎮，世勳挂武定將軍印。命進復延建，合取福京，撫綏地方。都統穆黑林、胡兔，總兵劉又昭步馬萬人攻邵武。十一月二十五日，淑諸軍屯長橋爲犄角。大雪寒凍，三軍饑疲。十二月三日夜，清大隊至，淑兵據橋以守。潛請逆戰新亭，不許，違令逕進。會陰風大霧，渡河肌膚凜冽，胡兔騎突陣，潛死戰。邵武嚮導閤進功先降，反攻潛，軍亂，總兵楊大任、陳德元，副總兵陳養、李愛，參將朱二、陳添、陳鳳、李雄，遊擊林邦佐、蕭福，都司韓騰戰死，總兵阮信、王大才、林添，副總兵林德、陳潛，參將林壽，守備林奇、陳秉、沈英、劉兆麟、姚貴、吳正、連登雲、劉清被執死，兵亡大半，急退長橋。天明，淑始知其情，大驚，麾軍以應，中途遇潛。清追迫，諸軍皆退，德出援，兵潰，不敢進邵武，走建寧。世勳及總兵李象乾、廖國勇、閻秀奇、李世用，副總兵梁幹、舒良翰、吳福、李世勇，都司吳著官四十九、兵千二百餘人；總兵盧進玉官兵二百餘人；副總兵于文定官四十七人；副總兵王起生官五人，以邵武降清。總兵王安邦、王正義，副總兵姜澤文武三十六、兵六百八十餘人；神夷將軍寧永定、總兵唐堯祖文武十二、兵五百餘人以泰寧降清；總兵賴鼎球官七十三、兵萬餘人入江西降清。遊擊張人傑死，光澤陷，知縣陳宗禹、遊擊蕭光顯降清。

總兵胡祥、監軍僉事翁應鳳、撫州知府白琬如、副總兵徐漢斌、參將俞襄以兵萬人，自鐵牛火燒關降清。瀘溪金谿總兵楊昇、徐用、饒天瑞、張其澄以兵六千人降清。總兵張威以官四十六人，自江閩界古長關降清。

進思守汀，科斂虐民，人心不附。七日夜，知淑失利，即以輜重回漳。應麟願出家財養兵固守，不許，頓足嘆曰：「豎子誤人，死無葬身地矣。」亦以舟依進忠潮州，飲恨數日死。

十二日，穆黑林至建寧。淑曰：「明日決戰，不勝退汀。」五更出師，雨雪凍，不能戰。天明及汀，進思已去，計絀，與德回漳。汀州僉事孟雄臣、知府朱廷贊以官十七、兵五百人，總兵曾獻洪以官四十七人，副總兵顧德以官五人，鄭國興及清流知縣李漢沛以官九、兵四百餘人，總兵朱漢、遊擊侯全以官十、兵千人，寧化知縣甘印喜以官四人，副總兵顧丹、都司張林以官三人，申義將軍寧鳳定、副總兵寧之選、遊擊藍桂洪以官四十七人，上杭總兵尹雲龍以官七、兵千人，武平知縣范永祥以官五人，永定知縣孫永昌以官三人，連城知縣全爾岱以官四人，歸化知縣倪全、都司沈雲鵬以官八、兵百人，瑞金知縣何玉穆、守備張豐德以官六人，會昌知縣毛紫威，相次降清。

三十一年，論失利罪，令淑戴罪自效。已遷左都督。六月，下天成寨，將攻德化，清兵圍之，以蔡元義援得出。九月，攻長泰，副總兵杜麟、詹天樞自海上降清。

三十二年正月，以副總督攻漳。五月，圍海澄。敵數萬屯筆架山，劉國軒以山南燈火寨下大溪順流通海澄，恐敵繇此濟。顧地接敵營，咫尺相聞，召問誰守此者，諸將默然，淑奮然願往。國軒曰：「當此要衝，公親往，何慮。」淑於八日夜，令兵士各携鐵鋤，銜枚進寨。天明柵壘濠成。賴塔、韓大任、曾養性、江元勳見而大駭。十日酉刻，連環礮攻，淑穴地藏兵，無一傷者。敵以爲衆盡，十一日未明騎兵下山，囊土填濠奪寨。至第三重，淑自穴出柵，大礮擊佐領海度、和忒等多死。大任始訝淑存，即走。淑亦不追，仍入寨守。命李弘基飛告國軒：「清兵日夜礮攻不絶，今明即督兵奪寨，此殆虚勢，恐意不在寨，宜别防之。」信至，國軒援祖山頭，大捷，海澄遂克。六月十四日，攻長泰，斬遊擊傅宏基。黄輝及士人戴蘇内應，復之。繼復平和，圍泉州。七月，承旨封平虜伯。九月，諜報姚啟聖將攻長泰，淑督何祐、江勝十二鎮二萬人屯浦南，攻漳北門。

三十三年九月，河西吕名貴、蘇亮攻崇安，副總兵謝瓚郎等死。

十月，國軒以東石陷，果堂地要，於後坂尾再築寨。淑又請行，與勝於八日夜興工，翌早工將半。精忠、喇哈達、賴塔、啟聖、元勳、養性以萬人拒淑，勝分部首尾互攻。自午至申，國軒、祐、林陞、林應見敵鋒少挫，方從旁出戰。國軒戒勿進，依寨而守。精忠金槍手猛出，國軒以火器鹿銃戰，祐横衝合陞，斬章京石兔。清兵敗，方收軍。十日，國軒分軍以待，督造寨成。衆怯不敢守，淑獨任之。啟聖以許赦罪、授總兵來招，不應。清不時攻，礮密如雨，接鬬無失。數偪寨，親拒，身中二矢，復染疾，晏然不爲意。會天連雨，寨垣不堅，令兵出外，獨坐胡床不移。十一月八日，卒以垣傾死。國軒馳至，抱屍哭曰：「失一臂矣。」三軍下淚。命勝代守。石井、白沙諸寨悉陷，林英生等戰死。經聞淑死，如失左右手，至減飲食，親迎其喪，曰：「天何奪吾輔之速也？」厚予祭葬。

以其子天駟爲建威右鎮統其衆，潛官總兵。三十年十二月，攻延平。施郎攻澎湖，以戎旗一鎮守西嶼頭，見國軒敗，欲以神威營林光、大礮衝鋒營李德下救，無舟而止。及國軒走，曰：「如從勝、丘煇言，不至今日。」德勸降。曰：「恨事之不濟，大丈夫不死沙場，不能爲國捐軀，死有餘辜，豈可偷生苟活哉！」自刎死。德以衆降清。

應麟，汀州歸化人。精忠命守汀州，召出仙霞關，不應，以城反正。三十年二月，會通天寨寧早兵，與余奇生及副總兵楊玉山復瑞金、會昌，以上杭進士莫之偉爲知縣。攻石城，衆二萬，使黃建明招降，執死。四月，會昌陷，攻雩都，副總兵張進戰死，承旨授前提督，封應麟奉明伯，授前提督，鎮汀州。

進思，本姓名裴德。九年，周鶴芝中軍林天義不協民望，以賞勳司管海壇。會鶴芝平林簡修，林勝請乞德入戎旗，陞親丁營。十年六月，遷右戎旗中協。七月，從勝北征。九月，守閩清蕭家渡斷清援。右武衛鎮立，拔前協。十三年，從征南京，敗績，命收左武衛鎮官兵，繇德與副領兵林瑞、國軒管束。十五年，從定臺灣。紅夷甲板至，守安平。十八年二月，經退澎湖，與陞、戴捷設守。五月，與王盛、林茂戰王之鼎海上，敗績。以左武衛從西征，入思明，復漳浦，以紅夷礮攻雲霄，後守汀州。聞清兵入建寧，倉皇失措走思明，下獄。諸將力請圖功贖罪，經數其不戰而退之罪，斬之。從子長霖，以兵部郎中守澎湖。

趙得勝，遼東人。從吳三桂降清，累官海澄總兵。耿精忠起兵，授威遠將軍，徵兵不應。永曆二十八年五月，命陳自良款鄭經思明。經西征，與知縣祖之麟，典史江景雲，遊擊高明、張成功，斬侍衛費揚武反正。授左提督，領左虎衛鎮，承旨封興明伯；之麟授兵部右侍郎。進復同安。

十一月，副馮錫範爲帥，攻劉炎漳浦，敗劉成龍兵，復其城，遷總督。尚可喜圍劉進忠潮州，得勝自海澄進黄岡。時王國棟以步騎萬人同嚴自明屯黄岡。迎戰石壁庵下，得勝督何祐、江勝、林陞進，祐奮先斬數人。國棟棄黄岡，屯浮山，二十九日走回潮州，得勝追至黄山坑。三十日夜，尚之孝等自火營走普寧。十二月朔，解潮圍歸。黄芳度以漳州畔，督中鎮馬騰龍、左鎮陳昌、右鎮陳大烈、奇兵鎮黄韜、援勦後鎮萬宏、土武鎮黄良驥、正兵鎮陳梓從石碼、古縣入攻北門，斬參領阿納。宏、黄鼎新、盧英、鄭國選傅城死。漳州復，回海澄。

三十年十一月，許耀敗績烏龍江，得勝以元帥領祐、昌、大烈、智武鎮陳侃，星馳興化，會耀、馬應龍師。命應龍守城，自與祐悉師出塹太平山爲營作聲援。喇哈達乘勝與賴塔、段應舉、馬三奇、曾養性、江元勳、馬九玉、徐光武追向興化。得勝謂祐曰：「清兵齊至，城危旦夕。」急調耀回合戰。時各寨戒嚴，守軍乏食。應舉、元勳列陣逼戰，祐欲出，行勝戒曰：「清兵初至，勢鋭，難與爭鋒，不如少避，候耀歸。」祐不聽，鼓衆出戰，大敗，得勝援不及。九玉、元勳至，得勝退守營；祐奔城中。三十一年正月，得勝營被圍三匝，或勸其走，不從。祐登城坐視不救。得勝善箭，抽箭注射，應弦皆倒。已見祐軍不動，嘆曰：「歸誠大明，望分茅土。中途與牧豎同征伐，勸而不聽，奔而不援，天耶，命耶！大丈夫寧死沙場，豈可摇尾乞憐爲天下英雄羞！」乃大開營門，率部陷陣，清兵環攻，左右馳不得出，馬中槍踣，步鬬，人莫敢近。士卒死盡，身受十餘矢，猶挽强弩殺數十人。力竭死，一軍全殁。經回思明，親臨哭奠，復購其元殮焉。

許耀，惠安人。健漢雄聲，有勇寡謀。永曆二十八年十月，以戎旗一鎮與劉國軒攻王進惠安塗嶺，奮戰先登，國軒督隊中攻，破進。再戰叮噹關，大捷。進退興化，追至郭外，引還楓亭。以首功，遷右虎衞鎮。

十一月，攻漳州，黄芳度將陳驥、吴智出拒。耀北，賴洪羽、蔡文援之乃免。

三十年，會羽舟師合劉進忠攻廣東州郡。八月，耿精忠都督後將軍馬成龍、總兵朱雲從聞清兵入仙霞關，以興化反正。十月，鄭經以精忠降清，議守禦。洪磊謂烏龍江重地，非耀不可。經欲成龍守，磊曰：「耀惠安之捷，追奔數十里，斬馘數千，使進夙將破膽，耿藩强悍屈和，今清兵聞名震恐。成龍新附，未可信也。」陳繩武復薦之，遂命以總督督三萬人屯烏龍江，恢復福京。十一月，檄各兵斧鋤伐木立營。比至，而傑書、精忠、喇哈達、賴塔、馬三奇、曾養性、江元勳、馬九玉、段應舉兵十餘萬在江東，列營數十里，别隊繇南臺、舟師繇閩安登陸合進。耀督江勝、林陞、王如虎、林應、張漢相、魏其志、李尚久、盧仁、黄良驥、許貴、施定華、尚蘭十二鎮屯江西，壁壘相望。喇哈達乘沿江礮臺未備，拘沿江舟藏港内，伐木爲筏待濟。耀見東岸兵多，心疑畏，以仁、漢相屯要口防閩安兵，如虎千人爲先鋒，勝三千爲副，良驥、貴、陞應八千爲左右援，餘防沿江壘。隨啟敵兵十餘萬，非十二鎮可拒，當速益兵，又力辭總督，恐誤封疆，當此大任，非馮錫範、趙得勝不可。日三四啟告急，不應。

十七日夜三更，精忠副將陳英以三百人來歸。十八日，會議防江，英曰：「最要者蕭嶺腳礮臺，敵舟欲候潮退風順而齊過此，礮臺上下可防五里，請嚴守。」不許。二十四日四更，潮退風順，九玉等舟如葉蔽江下。耀自塗嶺之捷，以爲天下莫敵，在軍好色不事事，將士不服。至是始以諸軍拒江岸，調堵閩安二鎮回師相助。或議半渡擊敵，或勸直薄江邊，守將軍山扼江，皆不聽。九玉登岸，如虎、勝死戰。元勳金槍手從蕭嶺後礮臺登岸橫攻，矢石如雨，如虎、勝軍亂，耀援之，敗守蕭嶺。日午，敵騎自閩安至，命陞、仁分拒。甫離營而九玉、元勳、侍衛拜思、虎朗軍齊至，矢銃交加，耀大敗。元勳追至宏路而歸。總兵林祖蘭等死者六千人，甲仗悉委之去。三更達漁溪，天明及涵江，少駐。事聞，以得勝守興化。耀請間趨方口，抄清兵後，使首尾受敵，即以衆行。山路不平，兼以霖雨，日行十餘里，已以清兵大至，召回合師。

經至思明，論功罪，命斬耀、薛進思。進思無語。耀曰：「藩主負我，非我負主。自受任總督，恐誤戎機，不得不星馳。迨臨江觀敵勢，前後七十二啟請兵，乞辭兵符不應，以至於敗。今斬無所辭，請出啟示衆，死瞑目矣。」經無以難。磊曰：「千軍易得，一將難求。耀誠勇將，願出資製甲造箭，養兵二萬，與耀復漳泉，立功贖罪。」乃斬進思。命禮都事林桂復太妃董，耀得不死，綑責。先已病痢，不數日，心急氣憤死。

成龍，以援剿左鎮授左提督，掛殄虜將軍印，承旨封殄虜伯；雲從，授樓船中鎮。

蔡元義，字明文，本名寅，漳浦人。少業巫，以左道惑人，頗有占驗，人咸信之。永曆二十八年，冒國姓起兵安溪。九月，蔡龍復寧洋；將軍陳申、李復貴，軍師林日向，敗績同安小盈嶺死。

三十一年二月，攻安溪，提督林惠、徐化死。寧洋陷，龍戰死，元義以師入海，屯石井寨。三月十九日，詭稱威宗三太子，以殘兵二百夜襲泉州，許挺內應，攀堞入，鳴鼓揚旌。清兵出不意，以爲海師至，多驚竄。比曉，援兵四集，覘其無繼，遂發礮。挺死，元義衆寡不敵，按兵徐退，無一傷者，自是人益以爲神，附者日衆。攻襲迭勝，雄漳、泉屬縣。裹白巾爲號，遠近稱謂白頭。耿精忠將盧世英、紀朝佐、鄭奇烈、葉明、黃魁蓋、吴金龍、歐九、王鼎及同安武生鄭奇勳應之。攻安溪，不克，朱仁、林忠戰小門山死。五月，蔡炳興降清，攻同安諸葛嶺。六月，吴淑攻德化受圍，援之得出。尋敗三保溪，副總兵黃乃漢降清。八月，南安陳式、陳角攻泉州死，副總兵李賀戰洞天橋死。十月，與淑合師，有衆數萬，縱横南靖、長泰、同安十八保山中，屢破清兵，斬遊擊蔣鈖小盈嶺、副將高士英灌口。清大軍集灌口，未暇攻經者，元義力也。但烏合之衆，術有時窮，遂歸經，改今名，挂蕩虜將軍印。

左營參將謝良、楊德意千人攻灌口、楊坑、小黃山執死，副總兵黃忠屯泉州西晋山，副總兵洪忠執死，元義走天成寨合淑。

三十二年三月朔，世英等敗績，元義衆死千人。三月，劉國軒攻海澄，元義以數萬人屯南靖天寶山應之，牽制漳州黄芳世兵。會提督楊寧及陳順戰天寶山死，乃入長泰。四月，奇烈、朝佐及提督藍輝戰南安英葛嶺魁、蓋，屯六都，都督僉事李自熊、蔣莞死。總兵仇洪儒攻潮州鳳凰港。明唐用屯德化天平山。五月，元義率總督史起龍、總兵高貴以二萬人攻安溪李光地。會雲起不辨，登盤嶺，視敵衆去將軍李榮戰死，軍師張俊執死，林啟降清。平和陷，陳志戰死。轉攻潮州，不克。後入東寧，年餘卒，其黨猶以爲屍解云。

當經復漳、泉、汀、邵，故部羅其熊於二十七年起兵沙縣，攻饒、徽。清兵至，子基、弟敬之降清，歸屯將樂會石，與楊成洪、弟璿合，終事不詳。其熊，沙縣人，永曆元年與父子兄弟引新建王由椯復城，二年屯將軍寨。父君若降清，從精忠軍。

張治、石昭、朱明於二十八年五月起兵興國陳屋園、江背峒。黄捷先起兵寶石寨，連乾田等十三寨應之，斬典史錢志泗。六月，降將蔡璋執昭。八月，治攻興國，楊元真死，敗屯崖石寨。十一月，王九萬、林青袍攻會昌敗。二十九年，降將許貞來招，不應。三月，攻雩都，勢及寧、興、雩、萬、永、忠。七月，黄斯勝攻定南敗。三十年，吳三桂將韓大任兵至萬安、吉安，治稱平胡將軍，斬清撫佟國楨標官。一時龍泉降將陳昇、柯隆、李良禽清知縣反正。陳達先攻安遠，提督馬甲自平遠攻長寧，總兵王雲龍、李善長攻信豐，總兵徐命久、李長青、王百萬、毛龍光、盧日葵、徐飛鈎數萬人復定南。龍光戰死，命久等走，善長執死。四月，明復横岡寨小石。五月，屯伯洪堡。六月，敗於大石堡，百萬兄弟死。九月，復高沙堡。十月，命久合總兵楊正邦數萬人自信豐至龍南，大敗走，治尋歿。三十一年，黎繁祉散劄長寧死。清攻崖石，治妻楊以部守鯉公寨，明與參軍黄燁仍守崖石。丘興佑自浪川洞降清。三十三年，楊明煜兵敗，皆降清。

璋，字秉鉞，晋江人。雲龍，一號割耳，信豐人，三十五年四月自保昌黄石寨降清。

又江機，建寧人。楊一豹，一名彪，同安人。聚衆廣信攻永豐，斬守備馬成麟，精忠授左都督。精忠敗，據浙閩深山，帕首跣足，登高走壁如飛。清屢招之不應，攻之不下。三十一年二月，與熊文生、蘇百文、張文魁、吕貴、陳輝、羅有喜、李日昇結營弋陽、貴溪、鉛山之交。葉正卿在建安寺後村，王甲在竹溪應之。十一月，吴萬勝起兵崇安死，阮文起兵古田死。十二月，陳璧破德興，百文降清。久之，機、一豹密使中軍楊麟歸經，挂征夷將軍印。機跛，號江拐子，欲趨建寧入海，清督李之芳重募散其衆。三十二年九月，楊一鳳起兵光澤，攻邵武失利，與内應胡祥、李標皆死。三十三年十一月，都督吕貴、蘇亮、謝瓚朗起兵崇安死。機走江滸山大竹籃。一豹斬建寧副將劉起龍，弟一虎戰死。姚啟聖重兵守山，不得出。三十四年八月，山陷，死者萬人，機、一豹及總兵高茂芳以官百三十八、兵四萬三千六百二十九人降於清，將陳虎、李茂春、陳子仁、洪英、李士隆後被執鉛山死。

林陞，閩清人。永曆二十八年，鄭經西征，命以戎旗一鎮從馮錫範復同安，以前虎衞鎮從劉國軒、吴淑、江勝圍漳州，赤嶺祖山岳廟之戰，斬護軍較彦拜，獨當兵衝。八月，從劉進忠攻饒平。

二十九年五月，從進忠戰新墟爲右伏，大捷於鱟魚山。

三十年十一月，從許耀守烏龍江。耿精忠左都督曾養性自温台降清，朱天貴不從，以舟師至定海反正，與樓船中鎮蕭琛、奇兵鎮黄應攻養性，得舟數十，授樓船左鎮，回守定海，分巡南日、烏洋各島，期復福京。

三十一年，改陞左虎衞鎮。海澄陷，陞、天貴、琛、應與水師一鎮蕭武回思明。

四月，分汛措餉召募：陞駐東石，晋南地方隸之；水師四營陳昇、五營蔡沖璃、七營石玉、八營薛勝分布蚶江、祥芝、崇武、獺窟，晋江、南安、惠安三縣沿海隸之；武守興化沿海，琛守定海一帶，水師五鎮章元勳守海壇，三鎮林瑞驥守海澄、芝陰，凡福清、長樂濱海地歸其管轄；總制親隨協王一鳴守横嶼，危宿營陳起萬守福寧一帶，總制後協林日慧、前協吴兆綱分轄福安、寧德，天貴與樓船右鎮劉天福分防寧、温、台、舟山，陳啟明守同安沔洲，淑守思明大石湖，凡同安地方悉歸管轄；揚威前鎮陳昌、左鎮陳福分防漳港、海澄，戎旗一鎮林應守連江井尾，凡漳浦沿海皆隸之；應及左衝鎮馬興隆、昭義鎮楊德、英兵鎮李隆、殿兵鎮楊奕、房宿營楊興分屯銅山五都、南澳、潮州、淺山，凡詔安、潮陽、揭陽皆聽管轄；丘煇守達濠，遏潮陽、揭陽、惠來。部署既定，軍民始有固志。

十二月，定虜將軍天福、黃炎，左都督劉祖漢以官八十、兵二千人至温州降清。

三十二年二月，陞攻福寧桐山，斬把總王彪。三月，從國軒捷赤嶺。五月，攻海澄，敗賴塔兵。七月，以左都督右武衛調守海澄。九月，戰漳州觀音山。三十三年二月，大破清兵果堂寨。先，右協理楊忠守東石告急，回救未至而死。又調石碼，命左協理施廷、前協陳申、參將林英疲卒三百守東石。申醉撻士卒，士卒奔泉州，於九月二十六日平明導清兵數千填濠環攻。廷力戰竟日受創，申中矢死，一軍盡歿，民水死大半，清置三寨以守。陞欲救之，而申等已死。同時柯瑞死泉州；副總兵李棟、林雄，參將周武死潮州井洲海上。十月，陞從守坂尾寨，大捷。清造大舟四百福京，調廣東、湖南、直、浙舟二百謀大舉。十二月，陞以左武衛鎮總督，勝、天貴以左右副總督，統文武官，出歷年隱免私船及洋舶、礮船配兵守思明。

三十四年正月，以應三十舟守海壇，自以十舟泊泉州臭塗灣。二月，與張志屯大定、小定，陳飛龍出戰死。萬正色、林賢、黄鎬、陳龍、楊嘉瑞、陳子威，都督李日煋、陳平、駱儼水師出福港，陞督勝、天貴、武琛、陳諒、朱友北迎戰圍頭。正色誘天貴降，不應。天貴、啟明七舟衝陣，大礮左右攻，所向無敵，沈大舟二，應亦獲舟數十。海風作，清兵退入港。陞欲全隊泊圍頭，以沿海岸清兵雲屯，無處下碇，議退料羅。天貴力請泊海壇，分守觀音澳、石排洋，倘清師出，可互牽制，且便攻守，然後密令小哨窺其疏防處，樵汲接濟；若退料羅，則思明動摇，陸師危矣。不許，遽棄海壇走料羅。天貴憤曰：「以此輩爲帥，大事去矣。」二十三日，陞至料羅，報大捷。經疑爲敗，思明震動，國軒遂棄海澄。陞自退料羅，諸將不服，經命東歸再舉。二十八日，以所部陽言巡泉州港，遁澎湖。三月二日，天貴見陞不歸，走南日、湄洲，陞亦合勝、應、黄德三百舟守崇武。清兵追至崇武臭塗，天貴復戰失利。海壇陷，總兵吴丙、驍翌營副總兵林勳、副領薛春、協將林熊、俞碩籌、方國發死，南日、湄洲、平海、崇武亦陷。天貴知國軒離思明，遂整隊觀望，尋以大隊向銅山。興隆、德及中衝鎮鄭添戒嚴，備迎經，忽天貴至，詭云國軒。往接，則天貴也，失色，勝亦至，疑之即去。天貴勸興隆、德降。興隆曰：「匹夫負義畔賊，吾爲厲鬼亦不而恕。」天貴執其子至，興隆駡不絶口，沈之海中，德亦就執，乃與將軍楊一彪及朱光祖、林應寵以二十八鎮舟三百、兵二萬人以銅山畔附於清。五月，將軍李榮敗南澳，陞、志亦潰崇武大定海上，回東寧。十月，偵賢欲以大舟襲雞籠爲老營，攻承天，遂平其城。

三十五年八月，代董騰守澎湖。施郎窺臺灣，擢水師總督。

三十七年五月，國軒議戰守，與勝、煇、吴潛願死守。十五日，督諸軍駕大熕船、烏船、趕繒船環泊媽祖宫前，口内外塹東、西峙各要口。郎統賢、昌、天貴、吴啟爵、吴英、楊嘉瑞各舟申刻至澎，分泊猫嶼、花嶼。六月十六日，陞督勝、煇、曾瑞、王順、啟明、楊文炳熕戰趕繒船排攻清舟，互攘不前。潮落風逆，煇、勝首追擊，清王隆、范誠、曾成、張勝、啟爵，遊擊趙邦試、許英、阮欽七舟繼，火焚之。風發潮湧，舟多飄散。郎以大艅赴援，國軒精兵二萬自牛心灣出，陞精兵一萬自雞籠嶼出。郎舟被流挽下兼頂風，陞率斗宿鎮廷、前衝鎮姚朝玉、義武鎮陳侃、中提督前鎮陳旭、戎旗五鎮陳時雨與洪邦柱、林順大隊合攻，矢集郎面，火灼舟困，力戰始解。侃舟爲藍理所沈，旭、時雨舟火死，師少卻。郎進風作，侍衛右協蔡智舟折桅，朝玉舟壞。陞不退，麾舟死戰，礮傷理，幾禽郎。陞中三矢，終不退。尋左股受創，舟方散。郎還外洋，煇、勝尾追。國軒命收軍，舟載陞回東寧。二十二日，郎統啟爵、成、嘉瑞、英、欽、昌、羅士鉁、何應元，及副將蔣懋勳、林葵、詹六奇、黄昌、湯貴、林元，參將應、林寶、許光遠、陳致遠、鄭雲、洪雲、陳英，遊擊王朝俊、王祚昌、李全信、卓策，合龍、曾春龍、許應麟、林芳、陳義、施世騄、方鳳、廖程、曾榮、陳蘭、朱明，都司何義、黄勇，守備韓進忠、黄富、李琦、戴名芳、方卻、李光垠、陳玉路、施世驄、施世驃、施世忠、施世驤、施世輔、李雲，千總林顯達、胡泮、葛永芳、鄧高、林正春、林鵬、蔡琦鳳再進。勝等力戰死，澎湖遂陷。陞後隨鄭克塽降清。

天福，莆田人。啟爵，海陽人。六奇子。官總兵。懋勳，浙江人。葵，漳浦人。寶，詔安人。終總兵。芳，南直人。終副將。世騄，南安人。終總兵。程，詔安人。明，莆田人。終總兵。勇，詔安人。終總兵。玉路，龍溪人。終副將。世驄、世驃，南安人。終提督。泮，惠安人。終總兵。皆降將。

江勝，字欽，漳浦人。紫面長髯，勇智過人。聚衆鎮海太武山，命江棟來款，洪旭薦鎮思明。永曆二十年，領水師一鎮。時思明有陳白骨、水牛忠等招亡命千人，侵掠沿邊內地，勝招不從，督兵戰失利，走銅山，依丘煇達濠，請助結姻。十月，合師思明。勝從崎尾登，煇大隊自水仙宮登，白骨等遁，收其衆。勝在思明，斬茅爲市，禁鈔畧，平價交易，雖清汛嚴謹，沿海內地窮民仍乘夜竊負貨物入界，兒童無欺，自是內外物阜流通，東寧物價平抑，洋販愈興。十二月，薛進思自澎湖撤兵回墾東寧。

二十二年六月，金漢臣自海澄反正。二十四年，鄭經以思明、銅山、達濠守固；舟山、南日一帶守者，爲初附之都督阮欽，疑之，三月以奇兵鎮黄應統協將吕勝、柳索、藍盛、楊正協守。欽遂殺吕勝，入泉州降清。

二十八年五月，勝遷宣毅前鎮，入海門，會趙得勝師。八月，從劉進忠攻饒平。十一月，從馮錫範復漳浦。二十九年正月，復饒平。林明等攻甲子所死。五月，以先鋒從進忠戰鬣魚山，大捷。三十年正月，攻惠州。二月，屯石濃，定惠屬各邑。十一月，以副先鋒從許耀守烏龍江。三十二年三月，從劉國軒攻祖山頭，敗段應舉兵，克海澄。六月，斬知縣宋爗，復南安、漳平。七月，攻漳州。三十三年二月，守果堂寨。十月，守坂尾寨，大破清兵。吴淑歿，命代守。十二月，以左副總督與朱天貴協林陞守思明。歷左先鋒鎮、右左虎衛鎮，晋左都督。

三十四年二月，迎戰圍頭。陞議退料羅，勝、天貴、陳諒力請守海壇，不許。命守崇武。三月，海壇、崇武陷。天貴有異志，勝恐見併，託出哨，以師出料羅外洋。天貴畔，依煇達濠，合攻石井、潮陽、揭陽、澄海、鎮平、惠來，部將曾咸降清。

三十七年五月，以副總督協陞守澎湖。十五日，施郎窺澎湖，與煇、陳啟明及征夷將軍曾瑞、定夷將軍王順、水師一鎮蕭武、二鎮陳政、三鎮薛衡、四鎮黄國柱、斗宿鎮施廷、後勁鎮劉明、中提督中鎮洪邦柱、右鎮尤俊、後鎮楊文炳、護衛左鎮黄聯、前鎮陳旭、左鎮李廷桂、折衝左鎮林順等守媽宮前口内外塹東、西峙各要口。六月十六日，與煇攻清舟，首追擊。郎舟再進，與煇合戰，郎走，尾追之，國軒命收軍。十九日，郎窺内塹，勝、煇擊之遁。二十二日，再戰，斬天貴，敵將林賢、吴英負傷。國軒舟齊攻，英舟膠，勝、煇合諸舟至，勢甚鋭。郎麾全軍合進，勝礮殺趙邦試，勝亦受圍，兵死者半。知不免，舟礮齊發，自沈死。瑞、武、衡廷、明、邦柱、俊、文、炳、聯、林順及援勦右鎮鄭仁、親軍水師四鎮陳立、親隨一鎮陳士勳、左龍驤鎮中協黄國助、右龍驤鎮左協莊用、侍衛鎮中協黄德、右協蔡智、侍衛驍翊協蔡添、領旗協林亮、左總轄毛興、勇衛鎮中協張顯、左協林德、右協陳士勛、前協曾遂、中提督領兵協吴畧、領旗協吴福、前鋒協陳陞、總理協陳國俊、右武衛鎮右協吴遜、隨征二營梁麟、水師二鎮前鋒營副總兵李富、左營副總兵張欽、三鎮左營副總兵許瑞、四鎮右營副總兵林耀、援勦右鎮右營廖義、前鎮前鋒營莊超、折衝左鎮左營陳勇、左提督後鎮左營王受等四十七人，爲清五舟圍一舟，或火或沈，官三百人、兵萬二千餘人皆同死。

漢臣，本名鍾瑞，同蔡禄以銅山畔，官遊擊。後以郎留京移駐，乃與守備陳昇謀起兵海澄。勝爲轉請，經命顏望忠大熕船十至思明應之。謀不密，棄妻子至東寧，改今名。授援勦後鎮。後守潮州鳳凰洲，兵敗，與陳連標、袁俊哲、吴亞二、亞三同死，副總兵蘇忠被執。

欽，字若昊，南靖人。終總兵。

明，漳浦人。

丘煇，潮陽人。年少猛勇，糾沙浦六等起兵達濠，造八槳舟舢艚，與蜑户漁船交好，引港掠潮陽、揭陽、惠、潮、海豐、鎮平，乘潮出没無嘗，清不能制。

永曆二十一年，惠來鄭君赤屯魯陽寨執死。十月，魏韶起兵潮陽，參謀吴俊等死。

二十二年十二月，清令遷界，與陳玉友、李虎子、王大賓、鄭仁、鄭酉攻揭陽，入城秋毫不犯。玉友等戰死，煇走，圍海陽龍湖，與虎子入潮陽，之和平。

二十三年，歸鄭經，授義武鎮。

二十四年，開府達濠，集廣、惠亡命，相助交通，接濟貨物興販，東寧日盛。是冬，浦六攻黄岡死。

二十七年，沙浦七敗港口執死。

二十八年八月，復潮陽，揭陽吕龍、趙榮以千人應之。

三十年正月，自碣石會攻惠州。二月，逼靖海，繇虎門入，東莞反正。

三十一年四月，回守達濠。

三十四年，至思明，尋回達濠，朱天貴畔，將合周昌不納。已戰潮州磊石，敗績。以南澳難守，移達濠、南澳民東寧。歷宣毅右鎮、左鎮。

三十五年，龍執死，榮降清。

三十七年，施郎攻澎湖，與陳啟明爲先鋒拒之。五月十五日，與黄良驥請乘敵舟初到，安澳未定，兵心尚摇，願領熕船十，同江勝突陣。劉國軒曰：「礮臺處處謹守，無地灣泊，當此六月，一旦風起，則彼何所容身，此乃以逸待勞，不戰而可收功也。」不許。郎舟分泊猫嶼、花嶼。李富與防猫嶼中提督中鎮左營王顯、守永安澳左虎衛領旗協楊武見敵大隊至，報國軒。煇再請候今晚潮落衝䑸攻之自潰，不可使彼窺而料戰。國軒曰：「郎徒虚名耳，當此颶風日，敢以舟越海？」遂令各口守險，如夜半風起，則彼無噍類矣。亦不許。六月十六日，與勝追擊清舟敗之。欲尾追，國軒命收軍。煇又再請乘敵北，夜以十熕船直攻猫嶼、花嶼、八罩，彼必遠遁。國軒曰：「今日已挫其鋒，應謹守門户。敵舟多，所泊安嶼，咸石淺礁綫，無遮攔之澳，早晚風作，定不戰自潰。」煇曰：「兵法半渡可擊，立營未定可擊，乘虚可擊。今敵犯三忌，不乘勝追殺，如早晚無風，合萬人一心死戰，奈何？」國軒曰：「俗云六月晦有三十六暴。今日十六，明日後觀音暴、洗蒸籠暴，安有無風理？暫蓄鋭拒險，以觀其敗耳。」十九日，郎窺内塹，與勝擊之遁。二十二日再戰，天貴陣呼煇曰：「可速歸正。」煇曰：「天豈容汝背義之人。」礮攻之。天貴洞脅死。勝等戰死，煇舟往來接應江新等舟合攻，督左右火筩火箭矢石齊發，忽二足被創，勢迫自火死。王三執死。

何祐，漳浦人。永曆十三年，從鄭成功攻南京敗績，命收余新潰兵，管左營。十九年，施郎窺東寧，守大綫頭以固北路。二十八年，鄭經西征，從馮錫範復同安、泉州，授右虎衞鎮。十一月，敗耿精忠將劉成龍、徐鴻弼、劉炎羅山，復漳浦。清兵圍潮州，同劉進忠出戰，奮勇爭先，敗王國棟兵，國棟棄黄岡走。十二月，沈瑞以饒平畔，進忠命督施明良、鄭國選、馬成龍、李雲、趙承業、鄭廷選、洪經邦攻之，不克，駐揭陽。

二十九年正月，尚之信自大埔過平和，祐統明良、國選、曹應鵠、林陞、王一新、林天貴、蔡大茂進屯百子橋，截東援。之信兵近饒平，一新戰橋東，未分勝負。祐曰：「兵貴神速，乘其初至，地理未熟，敗之必遁。如縱其結營，深溝高壘，則難摇矣。」遂命明良、大茂伏橋左，一新、天貴伏右，國選前引陽敗，俟敵騎齊至合擊，祐、陞、應鵠列陣待。翌早，之信以步兵火攻爲先鋒，騎左右翼，攻百子橋。國選退，之信火攻交作。國選麾騎左右出，祐突陣，陞舞牌佐之，連斫騎，騎怯，一新、明良左右出，之信亡騎二千餘，潰走大埔，追三十里而歸。瑞聞之信敗，反正，乃復饒平。四月，以先鋒從進忠新墟。尚可喜負隅不下，進忠命退潮州。國棟兵至黨母山，殆十萬人，麾彀騎晨掩祐軍。祐以身先旗，矯尾屬角，直貫其騎，出其左右，國軒繼之，大破國棟兵，至普寧，追奔四十里，斬級二萬餘，俘七千，轔藉死者徧山谷。當時劉、何之名震南嶺。

黄芳度反，賴陞據平和。祐、明良、國選、林陞、林應繇饒平兼程至百嵩關不進，令國選、明良間出其後合攻，賴陞棄城，屯割竹寨。令國選守城，分軍與林陞、明良守小溪，通漳州，自以大兵圍寨五十餘日。賴陞食盡反正，授後衝鎮。

三十年正月，自惠來會國軒入惠州，遷左都督，挂平虜將軍印，調左武衛鎮，回潮州。興化反正，率國選、一新、江勝、林陞、洪羽、應、許貴、馬騰龍、劉成良、王如虎、張國傑、陳昌、陳侃、曾偉回漳州。

三十一年正月，從趙得勝守興化。失律，閉門不納得勝兵。得勝死，棄城蓬髮夜遁泉州，興化遂陷。二十九日，經聞清兵將至惠安，大驚，二月朔放漳州婦女出城，民鼎沸，哭走山谷。祐、國選、應昌、林陞、蔡文、沈誠兵敗，渡思明，或入長泰。九月，清大兵至雒陽橋，參宿營謝貴、標將林孟戰新鋪死，泉州陷，城守林定走。翌日，清兵平行抵江東橋，父老迎入漳州。三月二日，海澄、漳浦、詔安、雲霄陷。張七攻泉州死，人民薙髮。經之思明，文武星散，潮惠道江德中、漳浦城守國傑降清。角宿營吴桂全軍至思明，軍容壯肅，定逃民間爲僧。以前鎮泉有遺愛，民護之得脱。天貴諸鎮以次歸，人心少定。陳繩武以桂故漳州守備，忌其兵盛，陞五軍都督，解其兵。論祐棄城罪，令戴罪自效。六月，國軒棄惠州，祐自思明會銅山入雲霄港，與將軍李茂林復平和，收故部。九月，攻南靖。

三十二年七月，復永春、德化、安溪、惠安。督勝、楊德二萬人攻泉，合吴淑攻漳州，大捷。

三十三年二月，從國軒大破清兵果堂寨。十月，再破清兵坂尾寨。

三十五年，以錫範爲政，齮齕國軒，心不平，欲殺之不果。施郎窺澎湖，擢北路總督，守雞籠，智武鎮李茂副之，挂揚威將軍印。援剿左鎮誠、護衛右鎮鄭仁及文、黄良驥皆夙將，不服。錫範大恚，拔茂右先鋒鎮制之。二月，城雞籠，築礮臺，旁山結大營，開濠爲犄角。

三十六年五月，土番不堪勞役，與竹塹新港番畔。錫範命左協理陳鋒、宣毅前鎮葉明、右武衛鎮左協廖進征之。洪磊請招撫乃定。瘴作，副總兵黄明死，兵亡者半。澎湖陷，命子士隆納款不遂，遽撤兵歸安平，董騰亦内應。祐降清，終副將。

陳諒，詔安人。永曆三十五年，以援剿左鎮同後鎮陳啟明拒林賢海澄海門，斬參領納穆護、佐領阿布善。

三十二年，都督章元勳失律，蕭琛退海壇。鄭經命諒、啟明、朱天貴、蕭武、吴兆綱、郭有光守海壇，調宣毅後鎮。

三十三年二月，賢舟師出海，擢水師提督禦之。二十九日，啟明以大趕繒船十五上南日作回援之師，天貴以鳥船十五駛圍頭湄洲作後援，諒以大隊熕船向連江定海所，入五虎門拒賢及其子子威舟百許。俄南風作，乘風潮衝入艅内，左右橫擊，賢舟回，自相撞，天貴乘風發礮，啟明亦從北至合攻，沈賢舟十餘。諒報捷，經命鄭斌犒師，改北路統領。

三十四年二月，從林陞戰圍頭。

三十七年六月，施郎攻澎湖。以右先鋒鎮提調陸路諸將守。偏傳守獅嶼頭吴潛，守風櫃尾平夷將軍果毅中鎮楊德，守雞籠山遊兵鎮陳明、中提督前鎮黄球，守四角山果毅後鎮吴禄、侍衛後鎮顏國祥，分守内塹壁宿鎮楊章、右先鋒鎮領兵副總兵李錫，分守外塹右虎衛鎮領兵副總兵江高、侍衛殫忠營王鯉，守東峙後提督中鎮張顯，忠灣前鋒鎮黄顯、驍翌營副總兵洪良佐、左虎衛鎮隨征營副總兵黄豹、江篇，各以大礮大熕列岸，勿使清兵近泊。劉國軒自吼門走，與德、明、球、禄、國祥、章、錫及總兵曾成，遊兵鎮中營周烈，前營副總兵劉隆，中軍施展，前鋒黄茂，果毅右鎮左營林新，後鎮右營副總兵林好，旗鼓中軍嚴澤，親隨營正總班阮恢，中提督下副總兵李芳，管理大礮衝鋒營副總兵林武，前鎮下隨征副總兵湯興，右鎮左營副總兵蔡穆，戎旗二鎮右營管大礮衝鋒營副總兵吴陞，果毅中鎮正領兵副總兵曾勝，中營副總兵楊傑，左營副總兵吴振，右營副總兵陳李，隨征營副總兵黄桂，前鋒營副總兵張佐春，參將楊彬，提督後鎮領兵中軍徐其昌，果毅右鎮林韜，後鎮左營林和，左協將廖冬，神威營林啟，後鎮右營楊壯，壁宿鎮隨征參將洪存光，親隨營參將王建，遊兵鎮親隨參將鄭泗、何正，前鎮正領班參將林興，衝鋒正總班參將黄峨，左虎衛鎮正領遊擊林尾、副領都司丘陞，壁宿鎮旗鼓正中軍遊擊林朝暉，宣毅左鎮左營丘睿，果毅中鎮下遊擊王壽、吴旋、賴淑、鄭應，一正領遊擊黄壽，二正領遊擊林明，三正領遊擊林暢、陳賢、王招，四正領遊擊陳勝，遊兵鎮中營遊擊陳恕，前營遊擊薛勇，隨標營遊擊施辰，果毅後鎮領兵洪陞，遊兵左營劉斌，協將楊勝，親隨營協將徐秋，隨征營協將曾春，遊擊鄭先庚，前鎮隨征遊擊顔潛，左協遊擊錢孟喬，左副領遊擊方勝，右副領遊擊林盛，掌標遊擊陳奕，小監營遊擊戴耀，左副總班都司黄陞，右副總班都司黄義，侍衛監營林仕，領旗營陳寅，旗鼓中軍林贊，果毅中鎮下都司鄭辛、王友順、何榮、黄桂、李陞、吴麟，管礮都司陳鳳，壁宿鎮下正總理都司林英、楊勝，宣令守備林玉，監營守備陳和，副總班守備林麟、楊瑞、周明、黄登，中提督下二鎮林輝明，三領梁三老，果毅中鎮下守備沈雲隆、許福、柯偉、陳仕、陳定、鄭興、陳鑾、林長、陳德完、蔡興、洪禄、林鳳、林甫、陳萬、蔣鳳、謝吉、康順、張福、王麟、曾良、陳月、陳尾，遊兵鎮中營守備李忠，前營守備朱義，隨標營守備黃二、林彩、許伍、林泰，管礮守備林煥、李受，前鎮下守備吴傳、胡哲、龔耀、陳新，提督後鎮衝鋒總班陳斌，新隨營王飛龍，正總班曾道興，副總班歐興，都司高陞、陳進，果毅後鎮下司總陳貴、楊美、陳柱，總班周虎，中提督下司總林愛，都司林三，侍衛下副領陳祺，遊兵鎮下親標營千總胡進、黃璉，隨征千總李四、朱都、王雄，果毅後鎮下都司楊龍、蔡柏，監營林龍，壁宿鎮下都司劉明、許佐，總班程雄、趙和，紅旗官沈冬、陳勝，果毅後鎮下司總謝里、蔡明，正總班洪忠、柳賜，正總理黃三，副總理許攀，隨征正總班張猛，紅旗官許卯、何煌、陳勝、董興，總司黃推等，官百六十五人、兵五千十八人，以媽祖宫礮臺、外塹、内塹、四角山、桶盤嶼、風櫃、尾内峙、鐵線尾、將軍澳等三十六嶼降於清。

啟明，惠州海豐人。璋子。澎湖陷，戰死。

琛，水師一鎮。三十年十月，耿精忠撤浙兵回閩，曾養性自台州航海，衆無鬭志，天貴反正，餘舟逸福京，琛、武、黃應督巨艦邀擊，護巨舶數十，調樓船中鎮，權提督。三十二年，守定海所，船隻器械不先備。八月，諜賢將出閩安，大會諸將議戰，以舟小且寡，難克敵，欲據上流牽制之。元勳主先發，迎戰港口，密與將王亮以大舟五鼓向閩安。將至港，阻風逆流，爲賢所敗，一軍殁，元勳重創，死福京，兆綱亦被執死。琛援不及，退海壇。以元勳不遵約束出兵上聞。馮錫範坐琛不救喪師召回，殺之思明。

同時，元琳字氏庵，永嘉人。兵敗爲僧，紫髯緑服，軀貌偉岸。至平湖，自言故總兵，間居數年，復自海外來。未幾卒。

贊曰：永華、省英宣勞帷幄，旭、安任寄干城，錫璠、耀、元義奔走疏附，淑、得勝、勝、煇效命疆埸，故能進戰退守，與清抗衡。國軒氣蓋閩、粤，錫範、進忠、陞、祐、諒皆有方面勳。當鄭經、克塽之世，國威猶振，使能上下一心，東寧天府，未嘗不可爲遺種之地。而卒所以亡臺者，非滿洲之鐵騎，乃閩海之習流，是固鄭氏之故部與鄉人也。認賊作父，賣國求榮，施郎、李光地之罪，雖萬刃安足贖哉！

南明史卷七十八

列傳第五十四

無錫錢海岳撰

張國維 子世龍 世鳳 世鵬 從子世濟等 雷起劍 鍾鼎新 呂忠宗 王國斌 趙天祥 俞國榮
王合 葉珍 陳道立 張劭 方逢年 陳盟 子緦宗 莊恒 陳函輝 子臣謙等 閔繼縉 楊體
元 王立準 包與 柯夏卿 陶履卓 王自超等 聶慎行 沈光融 馬晉胤 翁明英 金維寧 周懋
宜 周玶瑩 何堅 華光宇 翁朝元 曹維才 陳時暘 朱大典 子萬化等 徐調元 朱贊元等 吳
邦璿 何武 陳漢章等 嚴萬齡 錢茂權 杜學伸 俞繼音 傅元釪 葉德機等 鄭郊等 陳許廷 孔
時發 周鑑 朱繼祚 王士玉 黃中瑞 顧世臣 周霑 戴嘉祉 彭士烘 劉中藻 子思沛等 崔
樅 陳永錫 連邦琪等 繆士垧 方德新 郭邦雍等 呂天睨 董世上 盧守譜 王公哲等 張先 劉
桓 吳應芳 鄭方三等

張國維，字玉笥，東陽人。天啟二年進士，授番禺知縣，清理沙漲田數萬畝授貧民。遷刑科給事中，劾罷魏忠賢黨楊所修、田景新，陳時政五事。轉禮科都給事中、太常少卿。京師地震，規弊政甚切。崇禎七年，以僉都御史巡撫應安。是冬，張獻忠攻桐城，官兵覆，國維年方壯，一夕鬚髮頓白。八年，解桐城圍，捷宿嵩，獻忠走英、霍。九年，卻獻忠江浦，全安慶，援望江。十年三月，副總兵程龍敗績酆家店，獻忠東破和州、含山、定遠、六合，攻天長，勢日熾。國維請於朝，析安慶池州太平別設巡撫，以史可法任之，安慶之不隸南直自此始。

國維爲人寬厚，得士大夫心，屬郡灾傷，輒爲請命，多獲寬減。奸民張漢儒訐錢謙益、瞿式耜，陸文聲訐張溥、張采，國維斥漢儒等誣罔，忤温體仁，奪俸。先後築太湖、繁昌二城，建蘇州九里石塘，平望内外塘，長洲至和等塘，修嵩江捍海隄，濬鎮江、江陰漕渠，並有成績。居六年，擢工部右侍郎總理河道。歲大旱，漕流涸，國維濬諸水以通運。東山饑，以應天所屬河工銀盡糴粟輸濟寧振之，全活百萬計。

十四年夏，山東盜起，改兵部，兼督淮徐臨通兵，護漕運。李青山衆數萬據梁山濼，出略韓莊、八閘，運道爲梗，後截漕舟，迫臨清，國維擊降之。沂州王明、齊見龍、張文宇剽掠，謀斷餉道，悉禽伏誅，東方遂寧。

十五年，入爲兵部尚書，定戰守賞罰格，列上覈世職、酌推陞、慎咨題等七事。會開封失守，河北震動，條防河數策。時外吏考選者皆欲得給事中，而上以巡方重任，將概注御史。周延儒命國維薦時敏等十二人，獨蔣拱辰不與，及出監趙光抃軍，謂國維害己，抵昌平，即疏劾國維。國維言拱辰挾怨誣詆。拱辰再劾國維溺職。十六年四月，清兵陷畿内，檄光抃拒守螺山。師潰，言者益詆國維，逮下獄。會吴民詣闕乞貸，即宥出，召對中左門，命以原官馳赴直、浙募兵督餉。出京十日而京師陷。國維星夜抵浙，圖勤王，得精兵三千。至鎮江，安宗即位，召以原官協理戎政。國維請建三輔以藩南京，京口爲東輔，蕪湖爲西輔，南京爲中輔，各設重兵鎮守，不果行。徐石麒去，廷議以國維代。阮大鋮私取中旨用張捷。大鋮撰蝗蝻録，以國維爲東林黨，列名其中，國維遂乞歸。

杭州降，率東陽、義烏兵八千人朝魯王以海台州，奉爲監國。拜上柱國、太傅、兵部尚書、東閣大學士，録晉武英殿，賜尚方劍便宜行事，督師江上，仍管兵部事；以雷起劍爲監軍，屯富陽、桐廬間長河。

隆武元年七月，復富陽。八月，復於潛。深塹堅壘，樹木城緣江要害，合方國安、王之仁、鄭遵謙、熊汝霖、孫嘉績、錢肅樂等三十六營、十六萬人爲持久計。每日蓐食鳴鼓，登陸搏戰，日中復轉舵還戍，以爲常。時兵馬雲集，人治一軍，不相統一，部曲騷然。義兵無餉，諸軍皆勒捐禍民。國維獨用東陽世産鄰富家者，與原券計直，出兵甲月餉，富人得産而軍興得兵食，人情大歡。

十月，清貝勒博雒、勒克德渾，貝子屯齊，都統圖賴、拜音圖、和託、朱馬喇、濟度哈及張杰、田雄兵五萬人至江上。國維上疏謂：「剋期會戰，則彼此出入，我有番休之逸，而攻堅擣虚，人無應接之暇，此爲勝算。必連諸帥之心爲一心，然後使人人之功罪視爲一人之功罪。」八日，約諸軍連戰十日。國安嚴陣以待，國維等部翼後。以所鑄神礮轟杭城，再發而裂。第七戰，前鋒副總兵鍾鼎新用火攻，首斬緋衣大將一，礮及張存仁不咫尺；總兵吕忠宗、王國斌、趙天祥、湯斌、李應世各斬數十級，與遊擊俞國榮等直抵張家灣草橋門，奪軍器無算。

會紹宗命劉中藻頒詔浙東，以國維爲兵部尚書、文淵閣大學士，敕輔欽命監國親藩魯王，將士恇惑，王將避位。國維自江上馳還，令勿宣讀，議曰：「唐、魯同宗，無親疏之别；義兵同舉，無先後之分，惟成功者帝耳。若一稱臣，則江上諸將須聽命於福京，如王之號令何？」遂上疏福京曰：「國當大變，凡爲高皇帝子孫，咸當協力，誓圖中興。成功之後，入關者王，監國退守藩服，禮制昭然。若以倫叙，叔姪定分，在今日原未假易。且監國際人心潰散之日，鳩集爲難，一旦退就藩服，人無所依，福京鞭長莫及，猝然有故，則脣亡齒寒，悔將何及。臣老矣，惟社稷是圖，豈若朝秦暮楚者舉足左右爲功名計哉？」上覽疏，無如何也。

十一月，馬士英請朝王，國維劾其十大罪，乃不敢入。

十二月朔，清兵伏内墩，國維命子世鳳及天祥、汝霖兵渡江，王至蕭山，議分門攻杭，定二十四日丑刻，官義水陸並舉，以王俊爲督陣使，徧歷五營。上流五雲山、鳳山、錢塘門則國維、國安主之；下流姜家嘴、太平、艮山門則之仁、汝霖、陳潛夫主之；再下則嘉績、肅樂、章正宸、沈宸荃、方端士助之；又再下則遵謙、吴凱助之，諸軍增至三十萬人。及戰，大捷。是役清兵議背城借一，惜諸軍不能呼應，惟知督促而前，清兵大至，遂入陷中。天大風雨，火礮弓矢不能發，急收軍，選鋒五千歿焉。

二年二月，博濰開堰入江。三月二日，國維督之仁、遵謙以水師拒之，每戰必先，嘗中礮石，幾洞腦不死。乘勝渡江，碎清舟，殪甲八百人。四月，再率諸軍攻杭，不克。王病，罷朝參久，而張國俊、中官用事。國維曰：「大敵在前，宫闈之地不宜羣小萌櫱。」抗疏千言，王覽嘉嘆。因上中興從諫録，請譯經筵官。時士英、大鋮構國安，殺犒師陸清源奪其餉，國維聞之嘆曰：「自我戕毒，禍不遠矣。」王亦以清源之死，慮上問罪，令國維分軍西禦，未行而國安拔營走。

五月，清兵十萬渡江，諸軍潰，國維偕王合、葉珍、陳道立振旅追扈，而國安謀執王入閩。王乃航海，傳旨國維遏防東、義、永、武，圖再舉。國維遂歸東陽，守陷坑嶺。先，紹興陷，清招國維，答以「身爲大臣，誼在必死」。六月二十五日，聞義烏陷，召知縣吴琪滋至，曰：「國維今日死矣！恐天暑不可辨面目，將謂他走，貽禍鄉里，故特邀君視死。」國維殊容暇，取素繒書負國、念母、誡子三詩及絶命詞三章，又留詩贈故人，冠帶南拜，曰：「臣力竭矣！」躍入池中死，年五十二。張劭從死。清騎圍國維宅，見屍坐廳事如生，皆叩頭痛哭。永曆時謚文忠。

子：世龍，廪生，任武選主事。世鳳，字羽君，廪生。任錦衣指揮僉事，累遷太子太保、左都督、提督援勦總兵，挂平虜將軍印，封永康伯。率四千人戰江上有功。後以吴易事連，執不屈死。世鵬，字培君，廪生。任都察院都事，歷職方主事郎中、尚寶少卿，被執獲免。妻丁，刎死。從子：世濟，恩貢，監紀推官。世鈁，諸生，中書舍人。

起劍，字雨津，井研人。崇禎七年進士，歷鎮江推官、職方主事郎中、監軍，在道死。

鼎新，鄞縣人。可法標參將。

忠宗，鄞縣人。弘光時遊擊。

國斌，字振陽，義烏人。世襲衛指揮。以將才授八達嶺守備，轉中都留守。隸多勳戚，以禮法繩之，莫敢撓。遷開州副總兵，禽渠李侯等，擢總兵，駐蘇團練。江上潰，從朱大典守金華。隱居卒。

天祥，東陽人。歸守金華，降清。

國榮，鄞縣人。昌國守備。

合，字爾俞，宜興人。職方郎中，隱。

珍，字重君，嘉善人。諸生。國維書記。後入閩、粵，黄冠著書。

道立，字企洋，長洲人。國維客。好言兵，有調度功。清薦人才，不應。

劭，字孟拙，吴江人。諸生。國維薦贊畫餉務同知。

方逢年，字書田，遂安人。天啟二年進士，改庶吉士，授編修。四年，典湖廣鄉試，發策有「巨璫大蠹」語，魏忠賢大怒，貶三秩調外。御史徐復陽希指劾之，削籍。崇禎初，起原官，累遷右庶子、經筵講官。七年，轉南京國子祭酒，召少詹事、禮部右侍郎，充重修光、熹二宗實録副總裁。十一年，詔廷臣舉邊才，逢年以汪喬年應。未幾，拜尚書、東閣大學士。其冬，刑科奏摘參未完疏，逢年以犯贓私者人亡産絶，親戚坐累，幾同瓜蔓，遂輕擬以上。而上意欲罪刑部尚書劉之鳳，責逢年疏忽。逢年引罪，即罷歸。

安宗立，復原官。方一元疏薦，不召。魯王監國，命司禮監陳進忠、行人顧朱三召之，始至，晋文淵閣。王始稱隆武元年，逢年入直，用其議，仍稱今年爲弘光元年。朝廷草創，兼攝五部。薦余煌、陳函輝、陳濳夫，左班乃備。方國安、朱大典構兵，命子成邦解之。

紹宗在福京，改置浙東官吏，逢年遺書黄道周曰：「監國建義旅於越一隅，奮自敵手，均屬高皇帝子孫，功成者王，宜先大義而後私圖。若江東不守，仙霞豈一丸可封哉？」上乃召還官吏，遣陸清源來犒師，敕稱「皇太姪監國魯王」，拜逢年禮部尚書、文淵閣大學士輔之。明年，王命逢年勞軍江上，祭陣亡將士，哀動三軍。馬士英在國安軍，謀入，朝臣共詆之，乃嗾國安劾逢年、道周皆東林遺黨，朋比將構二國。逢年五疏乞休，慰留之。

紹興陷，王航海，扈從不及，走台州，與士英、國安以殘兵數千請入閩，不許。道遇清兵，急入善法寺。將自經，被執。不得已，與國安同降。已至仙霞嶺，蠟書上言與國安等十三人謀迎駕，清且入閩，宜早爲備。及延平陷，清搜龍槓，得其蠟書通閩狀，與國安同死，妻子給各營爲奴。

陳盟，字無盟，富順人。天啟二年進士，改庶吉士，授編修。崇禎中，出爲浙江督學僉事，累遷國子司業、右庶子、翰林學士。安宗即位，轉少詹事、禮部右侍郎兼經筵講官，調吏部左侍郎。

南京亡，至杭州。朝潞王常淓，請監國。常淓已命陳洪範北款。盟出，語馬士英曰：「事不可爲矣。」常淓以東閣大學士召，未應。杭州降，入嵊縣山中。

已迎魯王以海天台，擢禮部尚書，辭疾不允。以新政殷煩，諸司多缺，請博搜山林隱逸之士，宋之普不能用。江上諸鎮文移有用隆武紀年者，請旨改正。九月乞休。王之仁疏薦，十月拜東閣大學士，再辭不允。疏言諸鎮虐民之害，兼列朝廷門户之非，王嘉納之。明年四月，熊汝霖請援陳萬良，爲人所阻，盟力贊西征，水陸大舉，議以黄斌卿、張名振入黄浦，復蘇、嵩，與汝霖、吴易師合，馬萬方爲監軍；張國維、姚志卓、張名宿從安吉、孝豐出湖州、廣德，與瑞昌王議瀝合；方端士爲撫治。

無何，江上潰，督學御史莊恒猶復試生童，聞警投筆走；盟草親征六令，勸王臨戎，而王已自海門浮海。盟道遠不能歸，潛居台、處間。後爲僧嘉興，名德藏。卒年七十八。

子翀宗，永曆時御史。

恒，本名應期，字五侯，武進人。太僕卿起元子，崇禎十六年進士，授金華推官，雪冤拯溺，囹圄一空。遷知府，公餘講學。寇起，請兵之仁平之。北京亡，歸，與莊應會守嘗州。應會降清；恒謁紹興，除浙江道御史。紹興亡，歸，與遺老結詩社，古衣冠不改。後以楊崑事連，入獄，免。卒年七十三。子爾定，事别見。

陳函輝，字木叔，臨海人。崇禎七年進士。授靖江知縣，開月河八十八里直達揚州，水利以興。好交遊，事詩酒，左光先劾之。其友曰：「子盍止酒簡事乎？」函輝曰：「昔龐士元非百里才，彼雖廢事，猶獲大用。今吾縣事不廢也，友朋詩酒，何害於事？左君摭拾小過以立威，子謂我遂無所樹立乎？」後以計典，復坐贓削籍。十三年，起故官，視師海上，渠魁就禽，遷兵科給事中，又爲忌者所抑罷。

北京亡，慟哭刑牲，馳檄勤王。時四方起義者：臨川僉事曾益；台州知府閔繼縉，通判楊體元，推官張明弼，知縣宋騰熊；蘇州諸生王聖風、徐珩等，皆有檄，函輝檄尤爲世所傳。會安宗立，不許草澤勤王，乃已。

尋起職方主事監江北軍。事敗，還謁魯王於台州，曰：「國統再絶矣，王亦高皇帝子孫也，雪恥建邦，於是乎在，盍急圖之。」王謝曰：「國家禍亂相仍，區區江南尚不能保，更何冀乎！」函輝曰：「不然。浙東沃野千里，南倚甌閩，北據三江，環以大海，士民忠義知勇，勾踐之所以霸也。」會清使徵王，王卧病不能起，使逼先繳印册。函輝爲王謀，言屢遭兵火，印册俱失，所存者圖書耳，即繳上。復勸王羈留清使，遂至旬餘。餘姚、會稽兵起，張國維來迎。函輝乃與柯夏卿、王立準、包與、吴凱斬使誓衆祭旗，招諸紳上箋於王請監國。先於台州頒旨諸鎮，從王入紹興，擢詹事、侍讀學士。而忌之者謂函輝挂察典，不宜侍左右，遂棄官歸。尋起禮部右侍郎，聯絡温、處，晋禮、兵二部尚書，東閣大學士。紹宗詔至，衆議開讀禮，函輝、立準力持不可。金堡自福京出監鄭遵謙軍，函輝密啟請殺堡。

時諸軍不習行陣，封伯者三十餘人，予將軍印者一百五十餘人，士夫緣舉義推戴呈身者多列部曹臺省；又官義爭餉相仇，文武異志，總兵劉志勳與樞標爭寓長河，王捷毆御史劉明孝官衙，定南伯俞玉旗鼓辱李挺營上以爲嘗。函輝嘆曰：「大事去矣！無種、蠡之才，而有伯嚭之佞，安能久乎？」

明年，江上潰，從王航海。中途相失，馳回台州，哭入雲峯山寺，徧别親友，不及家人一語。六月二十七日，從容爲文及絶命詩十章，自書神位，冠服拜君親，握印投池不死，索涵又不死，命諸僧環繞誦佛號，笑語自經死，年五十七。

子臣謙，字六吉。選貢。與弟臣詩，能識父志，坐卧小樓，不交當世。

繼縉，仁壽人。萬曆四十年舉於鄉，修城立學，振灾活人無算。

體元，大興人。副貢。慈祥愛民，陞同知。

立準，字伯繩，臨海人。選貢，授平和知縣。以禽李芒白、虎狩狼功，擢連州知州歸。王起禮部主事、員外郎。

與，字與人，臨海人。函輝弟子。同事義師，敗後歸隱。

柯夏卿，字玉峴，黄巖人。崇禎十年進士，授刑部主事，治獄多平反。累遷職方郎中，楊嗣昌重之，出爲天津參政。河東饑，教台村盗起，計禽其渠，生者萬户。北京亡，歸。杭州降，與陶履卓、王自超、聶愼行、沈光融、馬晋胤、翁明英、金維寧、周懋宜、周甲瑩、何堅、華光宇、翁朝元具表迎魯王監國台州，擢僉都御史、兵部右侍郎。隆武元年十一月，與曹維才、陳時暘謁福京，紹宗加尚書，管侍郎事。二年，回紹興，拜禮部尚書、東閣大學士。江上潰，入山終。

履卓，字岸生，會稽人。崇禎十六年進士，授行人，安撫廣東，雪冤獄數百人，捐夙逋數萬計。歷考功員外郎、簡討，遷編修，知制誥，終養歸。後以楊崑事連，被逮免。母歿泣血，葬畢卒。

自超，字茂遠，紹興山陰人。祖尚書舜鼎，父亹，字予安，崇禎六年舉於鄉。首迎王，授中書舍人。爲僧名大佷。

自超，崇禎十六年進士，改庶吉士。北京亡，南歸，授編修。紹興亡，爲僧名夕可，坐卧小齋，不見一人。卒年三十。

慎行，字駿如，嵩江華亭人。天啟二年進士。自吏部郎中遷大理卿。後從扈舟山。

光融，字沖旨，鄞縣人。知府延賞子。任尚寶丞。傾財佐軍，王以卿召。紹興亡，憤卒。

晉胤，字晝初，餘姚人。崇禎九年舉於鄉，職方郎中。入清，成進士，官祭酒。

明英，字德友，臨海人。崇禎九年舉於鄉，王賜進士，授吏部主事，改廣東道御史。台州陷，被執不屈，自經死。

維寧，字熙泰，臨海人。崇禎九年舉於鄉。王賜進士，改庶吉士，授四川道御史，以懿親掌內府誥命。

懋宜，字馨叔，會稽人。太學生，中書舍人。弟懋穀，事別見。

珅瑩，字彥珧，會稽人。增生，中書舍人。

堅，字子固，永嘉人。玉華子，魯府審理。

光宇，字鼎卿，台州寧海人。提督理刑。

朝元，永嘉人。魯王太醫。皆隱居卒。

維才，字無奇，會稽人。崇禎四年進士，授泉州推官，攝漳州知府。劉香至，從黃道周講學不輟。林瓚元寇泉，計禽其渠。歷兵科禮科給事中。紹宗加都給事、尚寶卿、光禄少卿，還擢太嘗卿。治軍江上卒，年七十。

時暘，字東曦，諸暨人。自武英殿中書舍人遷行人，晋職方郎中。未復命而紹興亡，不仕。

朱大典，字延之，金華人。家世業農，大典始讀書。爲人魁傑豪邁，習騎射，好談兵。萬曆四十四年成進士，授章丘知縣。天啟二年，遷兵科給事中。客氏、魏忠賢假保護功予蔭襲，大典抗疏諫。轉工科兵科左。五年，忠賢用事，出大典爲福建副使，進參議，以病歸。崇禎三年，起山東參政，調天津副使。

五年，毛文龍死，其部將李九成、孔有德、孔有時、耿仲明、毛承禄據登州反，圍萊州，東撫徐從治中礮死。四月，以大典爲僉都御史巡撫山東，駐青州，督主客兵數萬，分總兵金國奇、陳洪範、吴襄及其子三桂，副總兵靳國臣、牟文綬、劉澤清、劉邦域、何維忠、鄧玘，參將祖大弼、張韜，遊擊柏永福、方登化、王文緯、徐元亨等爲三路，携三日糧，抵新河南岸，亂流以濟，大敗有德兵，圍始解。追至登州，築長圍守之。城三面距山，一面距海牆三十里而遥，東西俱抵海，賊不能出。十一月，九成出戰，降者洩其謀，大典馘之於陣。賊糧絶，恃水城可走，不降。大典命參將王之富、祖寬以輕騎奪其水門外護牆，賊大懼。大典意賊必入海，請伏兵海道徼之，朝議未許。有德、仲明果於六年二月先後載子女財帛繇海道降清。遊擊劉良佐復穴城，以火藥崩其水門，降僞將七十五人，自縊投海死者無算。亂平，加兵部右侍郎、副都御史，巡撫如故。

八年二月，張獻忠破鳳陽，毀皇陵，楊一鵬被逮，詔總督漕運兼巡撫廬鳳淮揚，移鎮鳳陽，修復園陵。七月，十三營至江北，命良佐總兵楊御蕃及朱子鳳、楊振宗援太和、蒙城、懷遠。九年七月，滁州受圍，命總兵寬大破之。會總理盧象昇復破之，寇引而北，再窺鳳陽，大典還軍。參將鮑釗破寇，良佐戰蒙城，寇始退。十一月，寇大舉入江北。十年正月，大典命良佐戰大安集、廬州、六安，監紀楊正苾戰陶城、沙河。四月，寇窺桐城，良佐、文綬赴援，寇敗走。十一年，寇復入江北，大典提兵遏之，寇乃西遁。

當是時，用兵分三道，總理當一面，秦督當一面，總漕兼淮撫以護陵通漕當一面。其始也，總理爲象昇、秦督爲洪承疇，皆稱善戰，大典竭力支持，終其任，寇不再入鳳陽。其後象昇以勤王入，承疇與秦撫孫傳庭皆忤楊嗣昌遭排笮，大典則否，論者頗疑之。會淮北五縣失事，廷臣爭請易置，嗣昌曰：「誰可代者？」卒難其人，大典遂貶秩視事。

是年四月，以平寇踰期，再貶三秩。寇趨潁州，復爲大典所卻，復秩。十三年，河南寇大入湖廣，大典以淮兵大破獻忠、賀一龍、賀錦、馬守應蘄州，斬七百級，晉左侍郎。

十四年，一龍、錦勢張。六月，改總督江北河南湖廣，專勦英、霍。土寇袁時中衆二十萬，横潁亳間，大典率總兵良佐等大破之於義門，衆盡散走河南。進駐壽州，以長槍、鳥銃各三千人合兵萬人入山。

大典任事有保障功，然不能持小節，於公私囊橐無所戒，爲方士亮等所劾，陳啟新再劾其無效，詔削籍。

東陽許都亂作，大典請出家財募兵勦寇自效，居鎮江，大集材官劍客，儲西洋火藥三百餘篰。都圍金華，大典子萬化募健兒禦之。都平，而所募者不散，大典自鎮江馳歸。徐調元、姜應甲與大典有隙，閱都籍，有萬化名，乃言大典縱子通賊。詔逮治，籍家充餉。會京師陷，乃止。

劉宗周勸其勤王，乃督兵三千至南京，熊汝霖奏充爲事官。徐石麒言大典雖貪，其人才足倚也，今河南殘破，可令巡撫，練士卒，具糧糗，立功自效。馬士英覬其賄，擬旨切責。已而劉孔昭、徐人龍等白其縱子交賊之誣，而大典亦自結於士英、阮大鋮，始收其兵入衛，召爲兵部左侍郎。鄭瑜劾其前爲總督時侵贓，得旨：「大鋮創立軍府，士馬豈容枵腹，歲餉幾何，不必妄訐。」尋擢尚書。時大鋮掌戎政，大典不能有所展布。會左夢庚兵東下，命兼副都御史總督上江，偕大鋮，提督良佐、黄得功軍巡江口扼勦，拜太子太保、東閣大學士督師。南京亡，與得功議奉駕幸浙。上幸太平，謁見舟中，誓力戰。得功死，率親軍走杭州。潞王常淓降清，乃還金華，表迎魯王監國，就晉文淵閣。

金華與閩相近。紹宗在高牆，大典爲淮撫，嘗白其冤。屢書召之入閣，辭曰：「錢塘一江扼要，臣去則誰司餉？脣亡齒寒，閩又何恃焉。」亦晉少師、文淵閣，賜尚方，封婺安伯，督師金華。江上文武始咸奉表於閩。大典傾家招募萬人，以沈蘭爲大將，欲以東師繇江上復杭州，西師繇嘗山通廣信。上諭曰：「民不得已從虜，情實可憫，而恢復疆土，全藉武臣力，卿與諸督鎮當相機堵勦，期於兵能易暴以仁，民能去逆效順，足稱王師矣。」

清兵攻嘗山，敕與顧勳馬步入援。或勸其子婦先行爲善後計，曰：「吾子婦去，則一境無固志，是教畔也。爲天下者安得顧家！」

先，方國安兵屯嚴州，縱暴無狀，士英、大鋮入其軍，人心岌岌。以故大典之兵卒不能過嚴州一步。國安以諸軍中大典最强，又聞大典家多財，謀襲取之，以兵至近郊大掠，遂攻金華，聲言索餉四萬，以報士英之起大典爲尚書。圍攻之一月，大典力禦之，國安兵死數千人。王傳旨國安至再，始解。

比大鋮降清，請陷金華自效。招撫使徐準至，大典烹之。命朱贊元防蘭谿，自與部將吴邦璿、何武、陳漢章、嚴萬齡、錢茂權、王國斌、趙天祥、杜學伸、俞繼音、傅元舒、葉德機，及鄭郊、陳許廷、孔時發等，自六月二十六日固守三月。傅巖爲義烏强宗，請以子弟兵爲援，泣許之，夜縋而出。清以大礮攻城，城中亦以礮應。清兵死者數萬人，日夜濟師，而城中食盡，守者漸疲。城西門有新築土未堅，大鋮識其處，礮叢攻之。隆武二年七月十六日，城遂陷。大典麾其愛妾何、盛、方及子萬化妻章、萬祚妻陳、萬仍妻姜、萬仂妻來、萬仞妻汪投井。大典女適崇德倪汝學者經死。邦瑨曰：「城中火藥尚多，不可資敵，不若焚之爲吾輩死所。」大典袖火繩示曰：「此吾意也。」乃盡出火藥堆一所。尚有總兵九人，參將、遊擊九人，賓從侍者二十餘人，皆願同死不去。於是環坐，投火繩，火發作霹靂聲，頃刻人屋皆燼，清兵駭而卻走。左先鋒周鑑負殊力，城陷，負大典幼子躍城下，刀矛所向，清兵披靡，得出。撫育婚娶，歸其家。事聞，贈大典文華殿、沛國公。

萬化，任都督同知，官尚寶卿。先巷戰力盡，被執至杭州，不屈，與五十三人同死。萬仍、萬仔、萬侍從大典死。孫：玨，年少有經濟才，任錦衣堂上僉書，管衛事，歷指揮同知。大典城守，命奉表福京，在浦城死。鐊，從大典死。

調元，字爾贊，無錫人。崇禎十年進士，授黄岡知縣。守城拒寇一月遁去。調金華，都亂，率兵斬其謀主房大成。弘光時被劾，下刑部獄，脱歸。

贊元，字懋聲，紹興山陰人。以都司隸高起潛軍。大典總漕，遷遊擊。士英重之，陞兵部都督中軍僉事，與軍國議。從黄蜚拒夢庚江上。蜚死，與田仰謁紹興，擢都督同知，挂將軍印。蘭谿陷，與弟寅元戰死。妻井死。子兆麟、兆鳳，不知所終。

邦璿，字睿玉，紹興山陰人。尚書兑孫。習兵法騎射，累功官副總兵。王擢都督同知總兵。武，東莞人。萬曆三十四年武舉，都督總兵，大典中軍。蘭，知兵善戰，隆武二年四月以微罪死，邦璿貸之。王航海，大典約偕之閩。對曰：「奉命守此而他之，吾不知也。」從守金華，與武出戰最力。至二十日勢不支，同至火藥局誓偕盡。少頃城陷，大典呼曰：「二將軍盍急走。」邦璿曰：「世受國恩，惟一死得隨明公，幸矣！」問武，武曰：「武意已定，願從公死。」遂同死。邦璿妻傅，亦吉服投繯殉。子懿禎，字德華，收母屍歸隱。

漢章，金華人。都督同知總兵，巷戰死。

萬齡，字耿元，金華人。入大典幕，從平登州，爲裨將。轉戰鳳陽、壽、滁，破守應江北，累功官都督同知總兵。歸守金華，都督諸軍，七戰卻清兵。城陷，巷戰死。妻鄭，妾張、王，子思周、思相，與二女皆死。

茂權，嵊縣人。平黄巖寇，官台州總兵，與張國維、總兵金良拱、守備黄師魯力戰死。

學伸，字適我，東陽人。崇禎時，以英武營遊擊援遼，遷都督僉事神威營參將，護孝陵。内監張其蘊盜伐陵木，首發其奸。上震怒，盡撤天下鎮守内臣，公卿皆壯之。致仕歸，力戰入天寧寺，衣冠拜闕，自經死。妻朱同死。

繼音，東陽人。衢州參將，同死。

元舒，金華人。參將。孔昭命招兵守江。未行，以五百人佐守死。

德機，字仲舒，金華人。哨官，戰死。

總兵劉復、陶唐二將，監火藥局，失其名，同死。

郊，字孟遷，武進人。廩生，館大典家。與大典客邑人丘方升、談英甫被執，誘降不從，縛旗杆射死。

許廷，字靈茂，海鹽人。諸生。博物洽聞，授兵部司務。時發，字式中，杞縣人。歲貢。授衢州訓導，從大典軍。鑑，字希唐，浦江人。後皆歸隱。

清兵憤金華力拒，遂屠城，民死者十九，街巷池井之屍舉之十日不盡。

朱繼祚，字立望，莆田人。萬曆四十七年進士，改庶吉士，授編修。天啟中，與修三朝要典，尋罷歸。崇禎初，復官，累遷中允、諭德、庶子少詹事、禮部右侍郎，充實録總裁。給事中葛樞言其纂修要典得罪清議，不可總裁國史，因謝病去。十二年秋，起南京禮部尚書。明年，又以人言而罷。安宗立，再起故官，協理詹事府，未赴。紹宗即位，召拜文淵閣大學士，從幸汀州。事敗，與黃鳴俊逮北京，潛還黃石。

永曆元年九月，興化嘗太里潘仲璦起兵嵩嶺頂，蘇玉齊起兵馬峯，楊耿屯潭橋頭，曾六、曾七屯蘆浦，林行、林二五屯北洋，王士玉屯南洋，仲璦屯嘗太里，與涵江鄭成功都督姚伯睿相應。

二年正月，監國魯王在閩安鎮，鄰近州縣多復，繼祚亦與士玉、余颺、黃中瑞、顧世臣、周霑、戴嘉祉、彭士熼，遊擊李朝偉，舉人劉元會、林尚奎等起兵應之，屢攻城不克。

三月八日，合耿仲璦、王繼忠復興化，斬知府黎樹聲，參將路運皞，遊擊尚香，都司雷世清、張天才，守備游宗選、許國、楫二五，挂威義將軍印，仲璦、王眉、陳覈皆都督，陸甲守道，都廷諫，莆田知縣。號令嚴明，市不易肆。事聞，命繼祚以太子太保原官督師。

未幾，清兵至，七月十二日城復陷，陸、都執死。十月，繼祚執於赤歧獅子巖山，兵張龍等亦敗歿，郭爾隆走小嶼。三年正月，繼祚至天興，慷慨賦絶命詞而死。子汝極從死。

士玉，仙遊人。窑户。與弟士華皆勇武，起兵萬人，挂弘義將軍印，屯黃石。

中瑞，莆田人。魯王授兵部右侍郎、僉都御史，總督閩海恢剿。城陷，皆死。

霑，字慕存，大學士如磐子。任中書舍人，累遷營繕郎中、廣西參議，歸。勇敢，精刀矟。城陷，首裹五色繒，戈盾突圍。清兵千人追之，霑戰且走，手格百餘人。忽帕散垂繞其面，無所見，遂被殺。

嘉祉，字叔薦，崇禎九年舉於鄉。清名捕急，僕鄭十二挺身代之。嘉祉亡命死。

士熿，字粲斯，尚書汝楠子。繼祚攻興化，年未弱冠，結壯士爲内應，斬關納之。尋爲士玉所害。皆莆田人。

劉中藻，字薦叔，福安人。崇禎十三年進士。授行人，犒師遼東，册封代王。北京陷，爲僧。被李自成搒掠，得間南歸。以何楷、黄道周薦，謁紹宗福京，侃侃談恢復策，竟至日晡，后親爲調羹賜之。遷兵科給事中，發帑銀五百，趣治裝，統義勇出關。而鄭芝龍有異志，阻之。中藻上疏論芝龍「跋扈有跡，陛下若遷延不出，終必爲制」。忤芝龍，遂與楷俱罷。會魯王監國紹興，不受號令，議往班詔。衆舉中藻，中藻乃行。時朱大典握重兵金華，中藻謁之曰：「公知南京之所以敗乎？四鎮異心，吴楚殊趣，使國事潰裂至此。今上以人心擁戴，正號閩中，以分則尊，以名則正，所當同心戮力，想望中興。若分疆畫界，等視秦越，仁人義士誰不痛心？」大典掀髯曰：「君言是。」中藻即奉詔書宣讀，三軍咸呼萬歲。及至紹興，未即謁王，而先徧歷諸營，騰上諭曉以大義，諸臣皆喜，未三四日，而江上數十萬師咸南面受命，因中藻馳表入賀。乃請謁王。王嚴護衛，斥隨從，命中藻獨入。中藻正言：

「魯使抵京，天子設九賓之禮廷見，今中藻奉天子詔詔王，王乃輕慢至此！中藻一介使臣，王不奉詔，銜命返耳，獨惜同室水火，坐墜可成之業，後固將悔之。」王爲心動。是時主奉詔者大典、錢肅樂，主不奉詔者張國維、熊汝霖，各有所見。然王竟不奉詔，乃召中藻還。自是朝廷與魯如水火。

中藻既還，除太僕少卿，奉敕處州聯絡贊畫劉孔昭、黄鳴俊軍務。尋命速之温州，爲金華聲援。温州旱飢，發恤民庫五千兩賑濟。擢副都御史巡撫金衢，團練苧獠、菁獠、茶獠，時稱能軍。福京亡，入括蒼山中，聚衆數萬。

永曆元年正月，魯王次長垣。侍郎兼通政使馬思周，職方郎中崔縱、陳奎聚、俞國欽，兵科給事中鄭應勳、沈賡，御史劉健秋、林泌，總兵葉大亮、陳其忠、楊赤水、楊茂盛、岑旭生、林潤、湯英、張興祚、任聖生，所在起兵，中藻亦通表迎奉，拜兵部尚書、東閣大學士督師閩浙，聯絡勳輔督鎮，贊理各處軍務。中藻善撫循，激勸富人出財佐餉，士卒樂爲用，兵號最盛。鄭彩專政，心勿善也。八月，合王祁兵復慶元、政和、壽寧、嵩溪，南攻古田。十月，慶元陷，中藻率師復福安，斬知縣郭芝秀，進復羅源寧德。先，紹宗崩，涂覺、章雲龍尚守福寧，拒王命。中藻、馮生舜、陳化龍、林奇、敖卓、陳文達、朱鋒移師攻之，卓戰死，覺未即下。肅樂以書告之，覺遂歸彩。中藻愠不可，遂有隙，殺張時任、方國慶。王使沈宸荃解之，命陳永錫兼監二軍，彩不聽。羅源尋陷，中藻移駐福安，彩轉掠其地。清兵乘之攻城，中藻善守，所殺傷四五千人。二年七月，再復壽寧、慶元、泰順。八月，晋武英殿。十月，清陷福寧，書招中藻，怒斥硃批原書，示必死。清兵距城十里下掘壕，環樹以栅，城中求戰不得。十二月，壽寧陷，以奇計復之。明年三月，寧德陷。四月，福安食盡，至食女人老幼，而人心不改。中藻知必陷，恐己死而爲民累也，乃籍家資致書清將，爲百姓請命；奉高皇帝像，冠帶拜辭曰：「臣力已竭，臣責難塞。」坐堂上，爲文自祭，吞金屑死。

子：思沛，諸生。起兵事敗，羈浦城獄，聞中藻死，曰：「父死節，子可不繼先志乎！」亦死。思誠投井死。或曰思沛即畫網巾先生。

連邦琪、繆士坰、方德新、郭邦雍、陳瀚迅、吕天貺、董世上、盧守譜、王公哲、徐大海、劉捷秋、劉亮睿、張先四百人，與中藻同死。城中先後死者九千七百餘人。劉桓、吴英芳、鄭方三被執得脱。部將張大元、李朝雲、韓文、鄭家棟、劉麟圖、許得功降於清。

㙂，字殿生，寧德人。諸生。隆武時庶萃士，兵敗隱武夷。

永錫，字祉侯，紹興山陰人。歲貢。職方主事。從扈海上，遷郎中兼御史，會鄖西王常湖復建寧。福安陷後，隱居卒。

邦琪，字其玉，天啟四年舉於鄉。從中藻起兵，相犄角。以陷陣功，授職方主事，遷浙江道御史，賜敕印，期出兩浙聯絡。福安急，率兵自福寧入援死。弟邦珩，字楚玉。諸生，隱終。

士坰，字叔向，崇禎十二年舉於鄉。兵科給事中。

德新，字國鼎，崇禎十五年舉於鄉。職方主事。

邦雍、瀚迅，隆武元年恩貢。兵部司務。皆福安人。

天晛，字元寵，甌寧人。工楷法，中藻幕客。

世上，不知何許人。勇畧出羣，官右都督總兵，挂忠義大將軍印。福寧之圍，奉令守汛。聞福安食盡，以勇士突圍入城，巷戰死。

盧守譜，福安人。從中藻宣諭紹興。魯王禁隨從不許入朝，守譜拔劍直入侍側，目眥盡裂。王問何人，中藻曰：「部將盧守譜。」王目懾之，曰：「壯士也。」累功官都督同知、總兵。

公哲，字邦直，福寧人。崇禎十六年武進士。隆武時官御營統衛副總兵，遷肇慶總兵，事敗歸。中藻兵起，與標官陳功、賴天成，武生陳天書父子，及朱世昌以衆，合成功將時任、林奇觀、劉虎、葉瑛應之。戰赤岸橋，天書等皆死，公哲走建寧。聞中藻死，自刎。子九齡、九益飲鴆死。妻馬，弟公質、公備，從子則高、則文，一門死者十餘人。

先，泰順人。負膂力，精騎射。初守泰順，以二百人當陣，射殺數人，從卒盡，矢竭，被執不屈死。

桓，字愈學，天興長樂人。恩貢，連江教諭。從中藻城守，被執，受酷刑，終不屈。

英芳，字潤卿，温州平陽人。篤學。從宣諭紹興，授中書舍人。國亡，完髮雁蕩山終。

方三，寧德人。破家應中藻，授刑部司務。子大雅，於永曆十二年以義師事連，死於獄。

贊曰：南京之亡，浙東無主。國維、函輝、夏卿援吾國有君之義，招集義旅，迨閩中詔頒，事勢已不可中止，匪動功名之念也。帑乏瓊林，兵呼祈父，當崩天之敵，稽天之波，元老壯猷，終以身殉，魯亦自茲季矣。逢年、盟靖共持重，顧與宵人不能爲異同。逢年詐降身死，君子惜之。大典氣魄才力尤足濟，而簠簋不飭，爲權奸挾持，降志辱身，向非蒙難守正，其志烏能自蓋哉！繼祚、中藻長於撫綏，殘疆盡瘁，簣土塞河。興言及此，輟管浩嘆而涕零。

南明史卷七十九

無錫錢海岳撰

列傳第五十五

孫嘉績 子延齡　邵秉節　陳相才　陳孔言等　章憲　陳昌胤　陳君平　熊汝霖 弟汝震　從子茂芳等　趙元謙　邵應斗　盧瑋　吴麟武　潘映婁　宋若蘇　錢階等　陳達　陳希友等　熊日繪　湯供　崔相　陳豸　馬思理　錢肅樂 子兆恭　弟肅圖　肅範　肅祺　肅遴　肅典　肅采　肅繡　族弟肅文等　董光遠等　戴爾惠　羅心朴　袁州佐　趙光祖等　李芳泰　吴元德　江漢　王來咸　葉謙　龐俊　葉進晟等　姚翼明　隆琦

孫嘉績，字碩膚，餘姚人。大學士如游孫。崇禎十年進士，授南京工部主事，召改兵部，歷職方員外郎、郎中。以弗許太監高起潛世廕，被劾下獄。獄中從黄道周學易。會太學生涂仲吉疏救道周，上益怒，立移錦衣獄。向與往來者，皆詭詞以脱，嘉績獨直陳不諱，坐長繫。總督張福臻薦嘉績才，請用爲參謀，不聽。刑部尚書徐石麒具爰書上，乃戍南京。安宗立，起九江僉事，未赴而南京亡。

時浙東郡邑皆降清，教諭黄元如降爲新令，役民修道。嘉績葛衣徒巡里中，諸役皆泣下。曰：「盍逃乎？」曰：「逃者死。」曰：「役死，逃亦死，獨不念死地求生乎？」役者曰：「將安計？」嘉績曰：「江東事未可知，而等皆壯士，斂手就死，死無名。今鄰邑舉義，誠能合衆畫江守，則大有功，脱不勝，猶緩旦夕死，況未必然耶！」衆曰：「唯命。」於是與鄉官邵秉節、陳相才，諸生吕章成、沈之泰、邵應斗，於弘光元年閏六月九日率里從數千人突入縣治，鳴鐘鼓，斬元如以徇。與熊汝霖共治軍，毁家供餉，分爲兩營，嘉績主左，汝霖主右。

時清兵所至望風下，嘉績以宰相家兒猝然發難，紹興、寧波、慈谿及紹屬天台以東百姓從者如雲，乃迎魯王於天台。諸軍會於江上，張國維指嘉績言曰：「此真五世相韓之子弟也。」

王監國，命以僉都御史督師瓜里；紹宗命以僉都御史巡撫浙江。時諸軍分汛瓜里者：嘉績、汝霖、章正宸、錢肅樂、沈宸荃、于穎，江上人呼爲「六家軍」。而嘉績率陳孔言營於瓜里之龍王堂前，薦林時對爲監軍，王正中以御史知餘姚縣事，請其募鄉兵以助防守。又乞敕召姜垛、垓兄弟，薦黄宗羲爲御史，屠獻宸參軍事，章憲爲總兵，使治火器，江上人呼爲「火攻營」。尋加兵部右侍郎、副都御史巡撫浙東，督師如故。

力陳西渡之策，而方國安、王之仁不與同心，師老餉竭。宗羲曰：「願得此軍再出，必得當以報。」嘉績喜，命憲汰其不中步伐者，汝霖亦簡軍中精鋭，合之得三千人，以正中副之，定議繇海道西復海寧、海鹽，而揚聲繇盛嶺出軍，請給監軍等官敕印。隆武二年五月，晋兵部尚書、東閣大學士，尋再晋文淵閣。遂以老營駐龍王堂，而宗羲等潛師出潭山，會陳潛夫軍，陳萬良、朱文定、查繼佐等皆來聽命，浙西震動。而國安七條沙軍潰，列戍四竄。

嘉績走紹興，則王已航海去，乃入舟山觀變。時已疽發於背，疾革，賦絶命詞，謂子延齡曰：「倘聞王所在，宜即從之。」語畢而卒，年四十三。永曆元年，王復出師長垣，延齡入扈，以遺言奏，贈太保，謚忠襄。

延齡，字夢九。任中書舍人，歷職方主事、兵科給事中、僉都御史，奪情巡撫福建邵汀温台。王次健跳，遷兵部右侍郎，陳昌胤爲左侍郎。延齡中途遇清兵，家屬被執。王次舟山，代陳君平爲户部尚書。舟山亡後，與太僕卿李師密，將軍章雲飛、尹文舉、蔡應選降於清。

秉節，字安之，餘姚人。之詹弟。崇禎十三年進士，授行人，使益王。歷吏、禮、兵科給事中，太嘗少卿。國亡杜門。

相才，字期生，餘姚人。崇禎十三年進士，授同安知縣，招兵彈壓洋舶，不許登陸。十七年盜起，設計平之。累擢户科都給事中。

孔言，餘姚人。與族人毓則招兵百人，分守龍王塘白洋，力拒江上死。毓則，字光揚，隱。

憲，字欽臣，會稽人。安慶遊擊方美子。領火攻營，治火器，製作甚精。毀家佐軍，積功官都督僉事。江上潰，散軍亡命。永曆二年，起兵偁山應山寨，兵敗見執死。

昌胤，字鐸夏，寧德人。崇禎元年進士，歷上海知縣、彰德推官、刑部主事、禮部員外郎。忤魏忠賢歸。

君平，舟山人。恩貢。黄斌卿妻父。舟山陷，一門火死。

熊汝霖，字雨殷，餘姚人。崇禎四年進士。授同安知縣，敗紅夷中左所。遷户科給事中，疏言歷來用將之非及天下督撫得失，誤國之楊嗣昌未罪，殉節之盧象昇未褒，殊挫忠義之氣，請正嗣昌黨沈迅、余爵、宋一鶴罪。已而京師戒嚴，分守東直門。嘗因召對，極陳：「將不任戰，南北往返，如廝隸之於貴官，負弩前驅，望塵靡及而已，何名爲將，何名爲督師？」上深然之。疏凡二十上，上惡其中有「二祖列宗之靈能無飲泣地下」語，謫爲福建按察炤磨。

安宗立，起原官，轉吏科。汝霖言：「諸臣爭誇定策，罔計復仇，處堂未已，且爲鬭穴。始之武與文爭，繼而文與文角，殿廷之上無人臣禮，此豈立國之規哉！」馬士英銳意起阮大鋮，汝霖言：「陰陽消長，間不容髮。國家必欲求奇才，草澤中尚不乏人，何至擇及丹書。閣臣此舉，無乃負先帝，負皇上乎！臣自丹陽來，知浙兵爲邊兵所擊，火民居十餘里，邊帥有言：『四鎮以殺掠封爵，我亦何憚而不爲！』臣意四鎮必毅然北征，一洗此耻，今戀戀淮揚，何也？況一鎮之餉多至六十萬，勢必不能供。即倣古藩鎮法，亦當在大河以北，開屯設府，曾奥窔之内而藩籬視之？」頃之，又言：「臣竊觀目前大勢，無論恢復未能，即偏安尚未可必。宜日討究兵餉戰守，乃專在恩怨異同，勳臣方鎮舌鋒筆鍔是逞，近且以匿名揭帖逐舊臣，以疏遠宗親、劾宰輔。中外紛紛，謂將復廠衛。夫廠衛樹威牟利，小民雞犬無寧日。先帝一十七年，憂勤惕勵，曾無失德，止有廠衛一節，府怨臣民。前事不遠，後事之師。且先帝篤念宗藩，而聞寇先逃，誰死社稷？先帝隆重武臣，而畔降跋扈，肩背相踵。先帝委任勳臣，而京營健卒徒爲寇藉。先帝倚重内臣，而開門延敵反在禁旅。先帝破格擢用文臣，而邊陲督撫首鼠兩端，超遷宰執羅拜賊廷。思前日之何以失，即知今日之何以得矣。及今不爲，將待何時？」疏奏，停俸。及大鋮起佐兵部，復言：「大鋮以知兵用，當置有用地，不宜處中朝。」不聽。踰月，以奉使淮南，陛辭，言：「朝端議論日新，官府揣摩日熟，少宰樞貳悉廢廷推，四品監司竟進詹尹，追贓定罪無煩司寇，蹊徑叠出，謠詠繁興。一人未用，便目滿朝爲黨人；一官外遷，輒訾當事爲可殺。市井狡獪，耽耽得官，置國卹於罔聞，逞私圖而得志。黄白充庭，青紫塞路，六朝佳麗，復見今時，獨不思他時税駕何地耶？」不聽。

未幾南京亡，汝霖從劉宗周縞素渡江，議發羅木營兵拒戰，且守獨嵩關。而潞王常淓定策迎降，不納，於是東歸。宗周絶粒，以起兵事屬汝霖。既卒之後日，汝霖兵起，乃哭於旐前以行。

弘光元年閏六月二十五日，會軍西興，駐龍王堂、湖山，列營數十。汝霖軍多農井新募，最弱，而戰最勇，每出必當首衝，或敗輒再整，不少挫，雖方國安、王之仁驕將悍卒皆畏待如神明。監國魯王擢僉都御史，加督師銜。汝霖議以江面仰攻不易，主間入内地爲攻心策。

隆武元年七月十八日，使部將徐明發應陳萬良。萬良方受清兵圍，援之免。海寧諸生顧名佐、平湖馬萬方來乞師，汝霖自率趙元謙軍千人從小亹至喬司、入海寧，集父老豪傑，諭以國亡君殉，三百年澤不可負。激揚忠義，灑涙誓衆，聞者感動。合兵且萬人，列行伍，分汛地，以姜國仁主兵，俞元良司餉。汝霖前進北陸應萬良。元良尋死，國仁復以衆城守；汪碩德亦集兵萬人雙林，繇是浙西、吴中響應，一時號爲「熊兵」。汝霖還，值明發、萬良退天開河，爲清邀擊。明發不得渡，而汝霖以中軍至，遂濟江。八月五日，命副總兵趙清會鄭維翰赴黄天蕩繞敵背，前鋒黄岳，副總兵諸盧崇、邵應斗四百人伏海塘，孫嘉績、張名振亦置伏兵，斬六十級，忽清中矢還。復以盧崇、壽胤昌出牛頭寨，焚敵營。清百騎突前，總兵張行龍力拒，騎東卻，應斗接戰。清兵大集，綴諸將以數百騎趣汝霖營。標兵胡陞發大礮斃七騎，餘騎轉攻嘉績營，營中礮炸，遂敗績。諸生趙之堅奮長刀斬六人，參將盧瑋奮擊，敵辟易，簇騎攢之，與陞、孫光祖、周宗鎬俱被數十刃死，戚友死者亦數十人。

九月，紹宗召太嘗少卿，未赴。會諸帥小亹，議重陽大舉，集龍王堂。風雨阻潮失期，汝霖獨以後部助之仁戰，向六和塔，殺敵無計。十二日，再戰牛頭灣。十二月，張國維連江爲陣，兵西渡，汝霖軍應之。二十四日，水陸並舉。國安兵敗，汝霖、之仁、陳潛夫合營進，總兵盧可充、史標渡江伏戈弩。清騎至，遊擊魏良、黄麒、吴彪奮鬭，斬佐領瑚密色。清兵怒，益數百騎至伏所，戈發，先斬旗將一，隨斃兵數十。暮，清又益百餘騎至，汝霖從子茂芳張弓射馬，殲清三騎，丁黄奇殲一騎，標發大礮，應聲連殲數十騎，礮手龔遂亦發礮衝清兵一路。四戰皆有功，勝負相當。汝霖督親軍，乘舟射敵，殺數百騎。良麒、彪渡江，殲敵騎深入。及諸生錢振宗陣歿，加兵部右侍郎、左副都御史，督師如故。

劉中藻頒詔至，議開讀禮，汝霖持不可，言：「主上原無利天下之心，唐王亦無坐登大寶之理，有功者帝耳。若我兵能復杭城，主上即膺大號，已是有名。若其不能，使閩兵克復武林，直取南京，功之所在，誰敢與爭？此時而議迎詔，未晚也。」國維亦持此議，於是人心始定。

汝霖從國維江上，分流劄營，清兵不出。二年正月二十七日，標、潛夫、裘尚奭、方任龍移礮登岸攻清兵，舟師大礮繼之，殲清兵數十人。再議分道出戰，而國安敗走，汝霖、潛夫、之仁血戰下流，相持久之，諸軍氣沮。汝霖憤甚，因上言胤昌文武兼才，請統朱大典兵江上，而自乞援於張鵬翼、尚奭，仍與潛夫合軍以出。國安亦來會，稍有斬獲。

王初監國，銓政尚清，即與鄭營同起，亦不輕補數字銜。至是賄賂公行，往往營爵不已，而獨難浙西之乞師者。汝霖始終欲用萬良及太湖軍以撓之，則杭可下，乃請封萬良，以吴易總督，朱大定、錢重、吴麟武爲監軍。大定來剋師期，且言嘉善、長興、吴江、宜興有密約，瑞昌王議瀝在廣德亦引領望。於是嘉績、錢肅樂亦助汝霖。汝霖因以行龍、朱世昌聯絡各營，將繇海寧、海鹽直趨蕪湖，以梗運道。又慮嘉湖可取不可守，則引太湖諸軍以爲犄角，扼浙西肩背。顧汝霖至是軍不滿千，餉又減給，他營足兵食者咸坐視，大聲痛哭莫之應，惟嘉績遣王正中獨進乍浦，不克還。萬良幾復德清，内應兵潰。及易領軍來會，則汝霖兵以無繼渡江返，萬良亦敗死，汝霖軍遂不振。尋傳清舟千餘將自海襲浙，王命議東守，移嘉績臨山，于潁三江，肅樂瀝海，沈宸荃觀海，西興小亹益汝霖，乞鵬翼、熊和舟師之在餘姚者聽調。五月，拜太子太傅、兵部尚書、東閣大學士。

江上潰，以兵付宗羲，與弟南士從王航海入閩。時爲清守閩海者，故四鎮降兵。鄭彩攻之，皆乘陴語外人曰：「吾輩本王師，豈無漢思，但彩剽殺，若得熊公來，即釋甲耳。」汝霖即肩輿往，兵喜羅拜，開門迎，於是復福清，斬知縣潘際昌；復連江，斬知縣宋人望。福寧道潘映婁、羅源知縣朱丕承、福寧知州宋若蘇、寧德知縣錢階皆反正。映婁晋太僕少卿，若蘇兵部員外郎。不數月間，興化、邵武、建寧、福寧、長樂、羅源、漳浦、海澄三府一州二十七縣皆復，得新附二十萬人。彩大恚，而國事皆專於彩。

彩暴横，汝霖每折之。書掾陳甲欲爲本兵，汝霖力爭乃已。彩又與周瑞交惡，汝霖票擬恒右瑞，彩積恨已深。會鄭遵謙與彩爭洋船，汝霖在琅琦，彩守將李茂又與汝霖奴有隙，掾賄茂殺汝霖。

永曆二年元夕，熊、鄭兩家相問遺，茂即以合謀告彩，遣兵潛害汝霖，併其幼子琦官，一門十八人投屍海中。獨甥御史盧拱乾免，後亦死於獄。

汝霖死，衆莫敢言。陳達、陳希友、熊日繪、湯供、崔相、陳豸皆劾彩逆惡，大慟棄官去。

汝霖弟汝震，字東孺，歲貢。從汝霖籌餉募兵，授職方主事，後爲彩所殺。

從子茂芳，太僕卿，兵敗歸隱。族人士義，守備，同汝震死。允璋字髯公，工詩，從汝霖軍，陣死。邦華，精騎射，戰喬司死。

元謙，臨山衛人。都督應科子。中營把總。領汝霖中營至喬司，方炊而清騎猝至，士飢，全軍歿，身被四十餘矢。敢戰士潘自得、陳文等數十人皆死。

應斗，餘姚人。諸生。以膽力稱。與劉翼明、朱伯玉從劉穆軍，官參將，捷喬司。

瑋，字性之，臨海人。崇禎十六年武進士。歷山西操捕都司、浙江參將。隆武元年八月十六日，戰錢江，師不繼，死西興淖中，年二十六。

麟武，字玉書，海鹽人。尚書麟徵弟，歲貢。歷江西布政理問、萬年知縣、饒州通判，魯王遷職方主事。傾家起兵，旨賜「一門忠義」旗以號其軍。後會宗羲軍，屯譚山。宗羲還，兵散，隱澉浦北山卒。

映婁，字次魯，桐城人。巡撫汝楨子，副貢。台州推官，降清，歷杭州監軍僉事調。

若蘇，壽州人。選貢。

階，嵩江華亭人。選貢。與丕承皆晉職方主事。

達，字克亨，天興長樂人。隆武時恩貢。歷鴻臚鳴贊、御營錦衣經歷。王入閩，遷職方郎中、鴻臚卿。侃侃持正議。居海島卒。

希友，字孝兼，天興長樂人。隆武二年舉天興鄉試。官兵科給事中。數建言，不畏強圉。隱後刺血書孝經百卷。已以楚世子盛治事連，逮入粵。人勸易僧服，晦官跡，尚可保全。曰：「世沐國恩，致身瑣闥，豈容顛沛毀素履，且令張、陸笑人？」不屈死。兄希文，同官兵科，先知不爲彩容，祝髮舟山。聞汝霖死，絶粒哭數日。

日繪，字遜木，安順永寧人。總理文燦子。兵科給事中。

供，字明禎，閩縣人。吏科給事中。

相，字介臣，侯官人。隆武時賜號「義士」，以恩貢選庶萃士。王入閩，自編修陞侍讀，獨立自守。後隱海壇，逃於麴糵。酒酣耳熱，往往作詩見志。

豸，字豹叔，龍溪人。恩貢。選庶萃士。授監紀推官。

馬思理，字達生，天興長樂人。天啟二年進士。授烏程知縣。縣賦故重，胥吏積蠹其中，思理創立清單，俾里中自注納數，不施鞭笞而課不負。民俗以人命相訐，一經官勘，其家立碎，思理約法先訊後勘，訊得誣者，立罪之，訐風始衰。邑中士大夫以文藝求質，禮之客館，賞奇析疑，終日不厭；有所干請，則正色拒之。其所拔識，如淩義渠、温璜，皆忠節士也。遇水旱，爲民雩禱，必芒鞵去蓋，或盛夏暴烈日中，請折請振，尤懇惻動人。上官鑒其誠，曰：「馬君所請，何可同他令耶！」在縣兩值儉歲，輸額至七分以上，即止不徵。居五年，遷兵科給事中，鄉民扶老携稚，自郡至吴江界八十里間，牽袂環跽獻巵酒。思理勉爲舉觴。衆泣，思理亦泣。

崇禎元年，命巡視太倉，清錢糧數十萬計。又巡皇城，請誅山西總兵王國梁、參將李春芳。

時流寇漸熾，思理疏言：「川、陜間無處不報流賊。夫民窮爲盗，兵逃亦爲盗，初未及百耳。不及時剿除，遂蟻聚以千萬計。臣愚以爲剿盗在剿於初起，誠急敕兵部嚴盗起地方，酌量立限，或三月，或五月。能如限剿除者，即授不次之擢；其有再違經年者，實置之法。彼如死於法，毋寧死於賊，有不爲陛下捕賊安民，臣不信也。」上方英明，特簡思理嚴邊鎮兵馬。時度支不足，而節鎮司閫外者，多冒費乾没，糧匱馬空，動形支絀，驕卒猾弁，朋比作奸。思理熟九邊形勢，以簡練爲主。所條三十八議，汰金錢三十餘萬。

調工科，巡草廠。適巨璫張彝憲總理户、工二部錢糧，自尚書以下盡接以屬禮，思理獨不爲屈。觸璫怒，以草場失火，下刑部獄，削籍。未幾，起尚寶卿，晋太僕卿，轉右通政。以太學生涂仲吉疏救黄道周，并下思理獄，謫戍。久之釋歸。

邑大饑，力請當事發賑，全活無算。又條陳官鹽及差役之害，便民省役，邑人建祠祀之。

弘光時，起左通政。迎立紹宗，擢禮部左侍郎，改刑部。魯王監國紹興，以嫌忌互殺使臣，思理私謂所知曰：「光武果至宜陽，盆子不當食均輸耶？魯王審能屏蔽東南，何故不許爲竇融、錢鏐耶？吾當見而解之。」請於上，奉命至浙。抵紹興而清兵至，王入海，歸扈汀州。上崩，行遯爲僧。王在海上，敦促再三，緇素入見。永曆元年十月，拜禮部尚書、東閣大學士。嘗薦錢肅範入史館，以紀起居。思理冷面古顏，不苟訾笑，視之有不可犯之色，而宅心甚慈，被服造次，一如癯僧。明年，熊汝霖卒，思理爲首輔。十月，卒沙埕舟中，贈少傅，謚忠宣。

錢肅樂，字希聲，鄞縣人。崇禎十年進士。授太倉知州。州瀕海而富，貴族豪奴與黠吏相緣爲奸。有殺人而焚其屍者，肅樂，痛懲之，皆斂跡。又以朱、白榜列善、惡人名，械白榜者至階下，予大杖。久之，杖者少。有母訴其子者，請置之死，乃重責之，而謂其母曰：「汝止此子，殺之，則將以他人子爲子耶？或未必勝所生，汝且悔。」有兄弟訟者，曰：「爾以小忿傷天性，吾一人撻，則爾終身怨矣。爾三日思，再就案。」乃皆悔。周之夔與張溥、張采相惡，以太倉折色，思牽連起黨禍，憚肅樂，終不敢發難。嘗欲行義倉法。十三年，歲稔，言於長官，令民畝輸米升，得數萬石，明年旱蝗，賴以濟。素病咯血，禱雨走烈日中，幾殆。嘗攝崑山，方大旱，民揭竿圍知府朱大受宅，而州中亦告變，遂急集兵禽其渠誅之，而嚴飭上户之閉糴者，不三日，兩地皆安堵。其攝崇明，以濱海多盜，練鄉兵，擊斬其魁，海上以靖。先後在太倉五年，俗大化。遷刑部員外郎，以憂歸。

弘光元年六月，杭州不守，寧波知府朱之葵、推官李發元降清。肅樂慟哭絶粒，以死誓。會董志寧、陸宇爗、張夢錫、華夏、王家勤、毛聚奎號「六狂生」者首倡義，徧謁諸鄉者，莫之應。聞肅樂至，挽之入城，以閏六月十二日大集鄉官城隍廟，開陳大義。之葵偕通判孔聞語亦馳至，鄉官議未定，多降階迎，肅樂拂衣起，遽碎其刺，觀者數千人，歡聲動地。戴爾惠呼曰：「何不竟奉錢公起義！」護之入巡按署。俄而海防道二營兵、城守兵皆不戒而至，羅心朴、袁州佐亦以兵餉會。有賣菜傭首出一金助餉，輸將者雲集。肅樂遂封府庫，收符鑰，以墨絰視師。

遣倪懋熹以書勸王之仁來歸。宣大總兵趙光祖，副總兵傅人龍，海道標守備陳應試、柴雲龍，昌國守備路可通及鍾鼎新、吕宗忠、俞國榮皆聽號令。

十八日，命張煌言赴台州，表迎魯王監國。會餘姚、紹興亦起兵，命將姚飛聯絡。王乃至紹興，畫江防守。途中，陞太僕卿，上下協防，李芳泰爲監軍。

二十八日，再奉表勸進。晉僉都御史，四啟固辭，請以原銜視事。其諸弟姪授爵者，并辭之。且言爵賞宜慎，不可蹈赧皇帝覆轍。

當是時，浙西諸郡縣並起義兵，蘇、嵩、嘉、湖列營數百，與浙東首尾相應，惟杭州孤懸。肅樂請繇海道作恢復南直計，不聽。未幾，分地分餉之議起，肅樂所領兵遂無所取給。屢啟入告，不能答，但叙十捷功，再加副都御史。復啟言：「臣郡臣邑，因臣起義兵，桑梓膏血一空，曾莫之救。而今日遷官，明日加級，是臣無惻隱之心也。沈宸荃、陳潛夫之才畧機謀，方端士之勇，官階並出臣下，而臣翻受賞，是臣無羞惡之心也。臣部將鍾鼎新等，斬級禽酋，臣以未取杭，不欲爲請殊擢，而臣自受之，是臣無辭讓之心也。臣少見史册所載冒榮苟禄，惡之若仇，而臣自蹈之，是臣無是非之心也。」又言：「臣近者十道並舉，冀杭城可復，聞主上起行中廷，盼望捷音，不能安坐。臣今不能入杭，誓不再受一官。」王不許。

紹宗詔至，張國維、熊汝霖主不開讀；朱大典與肅樂以大敵在前，未可先仇同姓，宜權稱皇太姪報命，若我師渡江向南京，則大號非福京所能奪，於是議大不合。方國安、之仁輩忌之，遂言肅樂初不受副都御史命，爲懷貳於閩。不得已，鬱鬱受官，而餉仍不至。旋以奄人客鳳儀、李國輔兼制軍需，因力言中官不可任外事。繇是諸藩内臣交惡之，隨事中梗，至斷餉四十日，行乞於塗。徒以肅樂忠義感激，相依不散，卒無畔者。肅樂啟凡數十上，畧曰：

國有十亡而無一存，民有十死而無一生，翹車四出，無一應命，賢人肥遯，不肖攘臂，一也。憲臣劉宗周之死，關係甚鉅，贈謚蔭卹，未協輿情，敕部改正，遲久未上，二也。張國俊以戚畹倚强，權侔人主，三也。諸臣以國俊故，相繼進言，主上以爲不必，幾於防口，四也。新進鼓舌摇脣，罔識體統，朝章甲令，委諸草莽，五也。反覆小人，借推戴以呈身，闒茸下流，冒薦舉而入幕，六也。楚藩江干開詔，息同姓之爭，李長祥面加斥辱，凌蔑至此，七也。咫尺江波，烽烟不息，而越城褒衣博帶，滿目太平，燕笑漏舟之中，迴翔焚棟之下，八也。所與託國者，强半南中故臣，鴞鳥怪聲，轉徙可惡，飛蛾滅燭，至死不改，九也。

此猶枝葉也，請言根本。今七月雨水不時，漂廬舍千百，以水死；滷潮衝入，西成無望，以饑死；壯者殞鋒鏑，弱者疲轉輸，以戰死；文武衙門票取牌索，一日數至，以供應死；澤國倚舟爲命，今調發既煩，小民皆沈舟束手，以無藝死；入鄉鈔掠，雞犬不遺，此營未去而彼營又來，以掠死；富室輸金，當以義勸，而動加鞿囚，有甘心殘經者，以財死；大軍所過，沿門供億，淫污横行，以辱死；劣衿惡棍，羅織鄉里，以爲生涯，百毒齊起，以憂死。今也竭小民之膏血，不足供藩鎮之一吸，繼也合藩鎮之兵馬，不足衛小民之一髮，懍懍乎將以不薙髮死。谿前九亡，并此而十。

若不早圖變計，臣不知所稅駕矣。

時國俊外仗國安、之仁，内與鳳儀、國輔比，見啟恨甚。既謝三賓以重金啖國俊，引之入閣，遂併力擠肅樂。

尋擢兵部右侍郎，辭不受。諜言清兵將自海道來，乃移守瀝海。户部主事吴元德、海防同知宗室壽鑼先後司餉，而餉終無所得。啟言：「臣師二千，既無分地，勢須遣散。但臣以舉義而來，大仇未復，終不敢歸安廬墓，願率家丁數人從軍自效。濟則君之靈也，不濟則以死繼之。」王温旨慰留，而諸將益蜚語，謂將棄軍逃閩。

先是，紹宗頒詔入浙，並賜倡義諸臣敕命，加肅樂僉都御史巡撫浙江。肅樂奉表謝，遂爲羣小口實，甚有遣客刺之者。於是拜表棄軍以行，言：「臣披髮入山，永與世辭。主上請加蹤跡，斷不入閩，以取殄滅。」乃之温州。王得啟大駭，知不可留，降旨令往海上，與黄斌卿、張名振共取道崇明，以復南直，再加吏部尚書兼理户部事。辭之。是爲隆武二年五月。不二旬而江上潰。

初，肅樂解兵，紹宗召之，以嫌未赴。及江上敗，與參將段甲谿海道謁福京，請急提兵出關，不可退廣東，疏陳越中十弊爲戒。上優詔答之，以副都御史召。未幾，福京亦陷，與諸弟避地福清，展轉文石、海壇之間。米不可得，食麥；麥不可得，食薯；薯亦不可得，則采其枯者屑之，拾青茆作薪。嘗夜涉絶谷，足盡裂。無已，則祝髮爲僧，漸有從之問學者，賴其修脯以給。

永曆元年，鄭彩扈王中左所，來往諸島，禡牙舉事。六月，駐琅江。肅樂入覲，王大喜。時從扈諸臣汝霖、馬思理、孫延齡。思理位汝霖上，同直閣，延齡年尚少，彩自署兵部。及肅樂至，推以自代。肅樂泣陳無功，請以侍郎行部事，不許。因啟言：「兵部之設，所以統理羣帥，歸其權於朝廷。今雖未能盡復舊制，然當申明約束，使臣得行其法，不相凌辱，可乎？國家多難，大帥往往揜敗爲功，之仁江干報捷諸書，其餘習也，臣願海上諸臣持『勿欺』二字以事主上，可乎？臣在化南，有感臣忠義願携資來投者，有願奪降臣家財以充餉者，聚之可數百人，臣亦不敢私以自衛。藩臣入關，當驅臣兵爲先鋒，但願諸將稍存部臣體統，一切爭兵并船，不相加遺，以爲朝廷羞，可乎？叙功之舉，往往及官而不及兵，誰肯致死，臣請凡兵有能獲級奪馬者，竟授守把等官，可乎？」又言：「近奉明旨，江上之師病在不歸於一，今宜以鄭彩爲元戎，登壇錫命。周鶴芝、周瑞、阮進諸鎮，此彩之左右手，令其選擇偏裨，或爲先鋒，或爲殿後，合而爲一，弗令異同。其次，則編定什伍，弗令雜然而進，雜然而退，孟浪以戰。」並得旨允行。

又啟言：「主上允臣前啟任彩，則兵出於一矣。復命彩合挑各營之兵，選其健者。請自今以往，停止一切封拜，懸一印令於衆曰：『有能爲彩所挑之兵爲先鋒立功者，不論守把等官，竟與挂印。』如此則奇傑之人至矣。或謂各藩私兵安肯令挑？即令各藩自挑敢死善戰之士各爲一營，各懸一印，令曰：『有能將本營所挑之兵立功者，竟與挂印。』可耶否耶？」王以爲然。於是兵威頓振，八郡義師陳德容、汪碩德、楊華、董錫純、高林、梅逢乾、葉有成、王音、魏文耀等並起，連復三府一州二十七縣，温台亦響應。

請以尤師魯爲監軍御史，命長驅浙江；吴明中爲御史，敕招于永綬。薦沈延禎侍經筵，丁正春爲僉事，鄭以佳爲長樂知縣，涂順爲龍驤將軍，林奇爲中權將軍，陳韜、劉廣運爲都督，并劾罷鄭轟，皆報可。

七月五日，進圍福京，城中約舉火迎入。至期，燒鼇峯狀元亭。天明，敗績金雞山，宗室統鐕、慈鯛及葉輔、高儀、王建昌、歐英、林大壯戰死，舉人林桓聲與傳牌保長三人亦死，金聲桓將郭天才以所部至閩反正。清總督張存仁聞警，移衢州；都統辰泰、楝柯賴、李率泰調粵浙兵三路進。

劉沂春、吴鍾巒時皆隱遯，疏乞召用，二人猶不起，肅樂貽書，始就道，繇是閩中遺臣無不出矣。

王初至閩，鄭成功以浙中頒詔之怨，待以寓公禮而不稱臣，仍稱隆武三年。肅樂奏頒明年戊子監國三年曆，海上遂有二朔。肅樂嘗與成功書，獎其忠義，勉以恢復，故成功不爲忤。王始愧嘆，知前江上之謗非有貳也。

二年，王次閩安，肅樂請立史官紀事。命錢階調章雲飛兵合剿，冠軍將軍謝朋招撫雷州，戡虜將軍劉肇震聯絡曹大鎬。蔡乃漢在山東，將軍李甲在陝西，皆受封爵。

尋拜吏部尚書、東閣大學士，四啟力辭，不許，乃與思理同入直。

時彩連害汝霖、鄭遵謙，逆節大著。肅樂每日繫艍於駕舟之次票擬章奏，即其中接見賓客。封進後，則牽船別去。彩初與肅樂頗相睦，自汝霖死，并疑之。先是，紹宗崩，故將涂覺猶守福寧，欲歸未決。肅樂諭之，遂詣彩降。彩使私人守之，劉中藻愠不可，彩轉掠其地。肅樂與中藻書，不直彩。彩使人刺得之，恨甚，以爲樹外援圖己。朝見之次，輒故誦書中語。肅樂向有血疾，至是憂憤交至。每朝謁，即流涕不止，曰：「朝衣拭淚，昔人所譏，臣今亦不能禁。」王爲之潸然。而彩自知爲同列所惡，不復協力，逍遥海上。連江失守。肅樂聞之，以頭觸枕祈死，血疾大動，因絶粒。王賜藥，亦不肯進。六月五日，卒於琅江，年四十二。事聞，震悼，輟朝三日，親製文祭之，贈太保，謚忠介。

肅樂少時嘗夢日墮，其手扶之，稍稍上，終不支，漸小漸晦，心異之，竟以盡瘁死。歿後六年，葉進晟、姚翼明爲乞地黄蘗山僧隆琦而葬焉。

子兆恭，任尚寶丞。弟肅圖、肅範，絜之依中藻，福安陷，走舟山死。

肅圖，字肇一，肅樂四弟，諸生。從軍授監紀推官，扈王閩海，遷御史。佐中藻守福安，出城募兵，聯絡山寨。舟山再陷，被執不屈，同輩已死，以次及，監刑者忽釋之還里。三十年，舉一子，曰濬恭，爲肅樂後。久之卒。

肅範，字錫九，肅樂五弟。工書。從軍，授監紀推官。江上潰，偕浮海而南。時王從臣缺畧，誥敕文字多出肅範手。已置史官紀起居，自中書舍人遷簡討。

肅樂歿後，諸子弟或之瑞安，或之舟山，未去者亦避地泰川長水之間，遵遺命也。而肅範、肅圖獨徘徊未去，或問之，曰：「行者全宗，止者報國，不相背也。」中藻遣人來迎，親友以清兵已陷閩地，福安必不保，勸毋往。不聽，竟偕肅圖赴約。中藻奏兼兵科給事中。未幾，長圍四合，助守凡六閱月，戰屢勝，清兵乃不復傅城，築柵以守之。肅圖先出城募兵，縋使入問，肅範復書曰：「吾兵猶利，足以一戰，但枵腹枕戈，勢焉能久？域中望援，以刻爲歲。南向望，草飛塵起，謂此援兵來也；聞風聲鶴唳，謂此援兵來也，而卒寂然。吾惟以一死待之而已。」城陷，望百辟山嘆曰：「此宋少帝入海處也。」賦絕命詞，投繯未絕，被執不屈死，年二十九。僕張貴從殉。

肅祺，字迓五，肅樂六弟。從軍，授監紀推官。肅遴，字兼三，肅樂七弟。肅典，字叶虞，九弟。

肅遴，以諸生歷監紀推官、職方郎中。肅典授監紀推官。永曆八年，煌言以名振軍入長江，二人間赴。煌言倒屣迎，曰：「段文鴦耶，江子四耶？尊兄爲不死矣。」師退，肅遴歸。九年，復至海上，時復潛行中土結内應。十年，清兵再攻舟山，二人先驅入海以告，中途爲清兵所執，肅典死，年二十六。肅遴脱，歸之崑山。十三年，再從煌言入長江，兵敗相失，降，年三十。妻鮑爲尼。

肅采，字子亮，肅樂十弟。從軍，歷贊畫，中書舍人，從扈舟山。歸授徒。

肅繡，字文卿，肅樂八弟。孔武能騎射。肅樂起兵，杖策請自效。以其年少恃勇，恐至蹉跎，遏之不許列名。乃變姓名，注籍諸將幕下，肅樂誓師始見之，駭曰：「汝必欲隨征耶？」江上出戰，爲先鋒，浮白大呼，挺矛直前，嘗中利刃，腸出不及納，一手攬之，一手格鬭不止，卒連斫二人仆地，始還營。一軍皆大驚，而意氣自若，如無傷。其時，肅樂軍中多魁士，如江漢、王來咸、葉謙、龐俊皆百夫之特，而肅繡以兄弟，尤勤護衛。顧肅樂憤諸營濫邀爵賞，故肅繡在行間，積功多，而官止參將。事敗後，窮老桑麻間，日飲，抑鬱卒。

肅文、肅度，肅樂族弟。皆從軍，授監紀推官。肅臨，字二咸，中書舍人，擅詩畫。克恭字子釗，肅樂從兄子，監紀推官。

董光遠，字登明，鄞縣人。肅樂外舅。與子應默、應勛從肅樂軍，歷監紀通判職方主事。肅樂家被籍，自破其家爲輸餉。已聞入海，自經死。應默，諸生，户部主事。應勛，諸生，兵部主事。

爾惠，字少峯，鄞縣人。肅樂兵起，大書「恢復」二字於額，鳴金衢巷，日中合三四千人，於是中書舍人何經、何如晋，諸生管聖修、李震元、王應斗、李凱、余志亨、金昌辰、李文爟、周元越、姚孫楷、毛大遇，義士傅弘緒、邵希文、俞九鼎、熊忻、徐翼、王志忠、董京、俞穎忠、俞可明皆至。爾惠每戰，善以孤騎突入清營，軍士辟易，莫敢當者。自錦衣經歷累遷義武將軍。肅樂歿，山寨大起，復出而預之。後從阮進戰螺頭門，一門皆死。

心朴，字夢章，營山人。崇禎十年進士，歷秀水、桐鄉知縣，烏青通判，有捍衛功，調寧波推官。佐肅樂起兵，累遷知府、寧紹參議。兵敗，隱奉化小萬竹終。

州佐，字秋水，濟寧人。崇禎十二年舉於鄉，以鄞縣知縣加職方主事。之仁欲塞錢湖爲屯，力爭之乃已。

光祖、應斌、雲龍、可通，皆鄞縣人。光祖，字榮祖。

芳泰，字天保，鄞縣人。諸生。遊京師，視陳良謨自經，曰：「進賢冠非罪臣宜用，安得巾？」芳泰以頭上巾與之，爲含殮歸。

元德，字仲孚，興化人。選貢。寧波通判署府，禽奉化山寇胡乘龍，建靈橋門外長橋。

漢，字子雲，休寧人。膂力雄健，授都督僉事總兵。肅樂戰江上，浮海至長垣，再出師，八閩震動，樓船幾下福京，漢功居多。馮京第徵兵日本，同行。肅樂卒，居鄞種菜死。

來咸，字征南，鄞縣人。臨山衛把總。精技擊，七矢破的。肅樂起兵，以中軍統營事，授都督僉事副總兵。事敗，鋤地擔糞死。

謙，字天益，鄞縣人。襲寧波千户。從肅樂軍，歷守備、都司。紹興亡，年甫二十，自以世臣不仕二姓。

俊，字人表，嘉定人。張肯堂薦遊擊，守嘉善，從肅樂入閩，道卒。

進晟，字子器，福清人。大學士向高孫，諸生，任待詔。曹學佺薦簡討，編纂國史，轉尚寶卿。弟進昱，字子暄，任尚寶丞。國亡，兄弟唱和終。

翼明，本名黄，字興公，海寧人。諸生。初起義里中，尋從黄宗羲軍，歷職方主事、監軍、兵科給事中。與林崟、扈王思明，居東岳廟，炊火屢絶，充然自得。後爲僧，名性日，字獨耀。

隆琦，字隱元，本姓林，閩清人。後至日本宇治，以書畫稱。

贊曰：嘉績、汝霖皆經濟才，於恇擾觀望之際，空然無恃之中，不計利害，倉卒起義，仗子房報韓之劍，爲句踐沼吴之心。江東立國，諸人與有力焉。思理蹇諤有執，不愧垂紳正笏之大臣。肅樂俶儻深沈，尤多大畧，自浙入閩，連復郡邑，庶幾一成一旅之聚，相從焦原，風烈亦何卲也，而悍帥秉成，不容跬步，海角天涯，祝宗祈死。考古者寧無扼腕！

南明史卷八十

列傳第五十六

無錫錢海岳撰

沈宸荃 族弟崇埨 劉沂春 李之椿 子旦等 陳立言 施鵬舉 沈棨等 從子婺 沈重熙 項禹揆 周世臣 韓四維等 李樊同 萬粲 李長祚 張之斗 張肯堂 林深等 蘇兆人 張文炯等 董德偁 弟德階等 兄子隆吉 宋龍 范兆芝 劉鳳翥 葉伯闇 張在宥 章正宸 子譽 弟正宷 李長祥 丁慧生 章有功 弟有思 楊爾銘等 張煌言 父圭章 楊升 陳文達 阮春雷 鄔俊 王寅生 劉世賢 陳修 張承恩 羅子木 王居敬等 楊冠玉 僧超直 張用 李屺源 朱天璧 張文嘉 閻國選 全美樟 葉振名 朱兆殷 周公虞 胡宗武 王應玘 張遐勳 徐允巖

沈宸荃，字友孫，慈谿人。崇禎十三年進士。授行人，奉使旋里。弘光時，遷山西道御史，巡視中城。疏言五事：「曰破方隅以立臣表，端品望以立臣模，礪廉潔以清臣操，殫心力以供臣職，息淩躁以安臣分。」皆切時病。

又言：「歸、汝、青、海死守紳士、土民團結寨堡，宜差授官，以收拾河北當今大勢，宜居重江陵，如陸遜之拒漢，以遏川蜀，以爲第一重藩籬。其次，自襄、樊、蘄、黄，東徹宿、楚，如南宋之守淮東西，以爲第二重門户。而江楚運軍、江北北上諸軍，胥宜練以實伍。又疆埸之情形日變，臣下之泄沓日深，儀文興作，粉飾太平，黨邪醜正，喜譽惡直，幾不知宗社孔棘，國事阽危也。餉入六百餘萬，淮、徐四鎮及督師歲計，已需二百四十餘萬，楚一藩四鎮二督二撫、江一督二撫三鎮團營、操江、守陵、浦口、京口，所需復不減淮、徐，即小民賣男鬻女，有司敲骨剥髓，亦不能足，非陛下卧薪嘗膽時耶？且北望山陵，麥飯無展，中原河北淪爲異域。今西北風塵，尚有東南託足。倘東南復起烽火，則將税駕何方？觸目心悲，又何暇計及服御儀文之間乎？」

又言：「叙功濫而將領胥横金曳玉，監紀多而破甑胥崇階顯秩，請乞贈廕盛而羽林冑監無駐足地。願割恩裁斬。」

又言：「今經畧山東、河南者，王永吉、張縉彦也。永吉失機之將，先帝拔爲總督，貸其罪，隆其任，恩亦渥矣，乃擁兵近甸，不救國危，奉身先竄。縉彦以部曹驟典中樞，乃不念先帝特達之知，而率先從賊，視息偷生。此二人者，即加以赤誅，亦不爲過。陛下以封疆故，屈法用之，自宜奮力圖功，洗滌前恥，而逡巡觀望，逗留淮海間，至今未聞荷戈先驅也。死何以見先帝，生何以對陛下？昌撫何謙失陷諸陵，罪不容赦。至都城既陷，先帝賓天，守土臣皆宜礪兵秣馬，俟新君復仇。賊塵未揚，顧先去以爲民望，如河督黄希憲、東撫丘祖德、曾化龍等，尚可容偃臥家園乎？」疏入，俱命逮治。

又薦黄道周、劉同升、葛世振、徐汧、吴偉業等，陳禦敵實策。下所司議行。

冬至日效天，中旨改期。宸荃引洪範天人感應之理及體元行政之事，以明祀天之必不可緩。不聽。

又以歲久旱，陳五行變沴之應，直劾馬士英招權納賄、蠹國殃民十二大罪。士英大怒，必欲殺之。臺省合疏論救，得免。

是時朝政大亂，宸荃獨持正，羣小恨之，掌道張孫振尤甚。明年，以年例出爲蘇嵩僉事。

宸荃初入考選，有鄉人語之云：「公以千金贄，省中可得也。」宸荃曰：「吾豈賄進哉！」已復曰：「不須金矣，貴陽方收人望，稱門下士可也。」曰：「掃門求仕，吾亦恥之。」至是，吏復以千金要之，言部疏上，從否惟内閣得以轉移，或又轉以告。宸荃曰：「誠如吏言，我將爲吏用矣。」

南京亡，與馮元飈舉義里中。紹宗起湖廣道御史；監國魯王累擢太嘗、太僕少卿，僉都御史，督師上下協防，守瀝海所，壘三江黃家堰間。馭軍整飭，市廛無銖毫擾。

隆武元年九月江上之戰，標將都督僉事姜克復出張灣。宸荃兵甲向用紅，是日恐北備，改白。先令數十騎誘清騎斬之，後騎六七百至，圍之多死。宸荃收兵，見復有三騎馬上射，先鋒沈國忠、沈明俊赤身躍岸，用銃擊死，諸軍壯之。

尋進兵部左侍郎、副都御史。從扈入閩，晉工部尚書。率師深入，所在響應，天興屬縣皆定，惟福京未下。欲再出師，爲鄭彩所阻。

永曆二年冬，拜太保、東閣大學士，與劉沂春並命，從之舟山。日練水師，修城垣敵樓，聯絡玉環、金塘、沈家門，儲粟以固犄角。張肯堂輔政，讓爲首相。

五年，清兵將攻舟山。張名振議奉王親搗吴淞，以爲牽制，宸荃不可，强同行。舟山陷，宸荃頗咎名振恃險輕出致敗。

六年，從扈思明、金門，請往日本徵兵。正月二日，艤南日山，遭風舟覆死，或曰名振沈之，年三十七。

族弟崇掄，字宇昆，崇禎十六年進士。授金壇知縣。其父手書「忠君愛國，勿玷清白家聲」十字付之。王遷兵部主事。江上潰，棄官躬耕。有同年生王爾禄爲清巡道，屏車騎至海濱訪之，稱病不起。爾祿徘徊門外久之，乃長嘆去。

劉沂春，字泗哲，天興長樂人。崇禎七年進士，授烏程知縣。前知縣馬思理政教優粹，沂春與同里，益實心爲治。士民謂：「設邑來，惟二公不愧民父母也。」遷刑部主事。會熊開元忤周延儒下獄勘問，沂春持平不少徇。延儒脅以利害不動，有旨以徇縱復讞，沂春仍持前議不改。疏言：「公道在人心，臣讀何書，守何法，而敢欺君父耶！」罷歸。久之，起涇縣知縣。

弘光時，累轉虞衡郎中。南京亡，起兵湖州不克。閔度、馮欽明招降不應，返里。紹宗立，陞參議，旋以僉都御史召，歷太嘗卿，太僕卿。福京亡，遁跡不出。監國魯王入閩，錢肅樂薦擢左副都御史，未赴。肅樂貽書曰：「時平則高洗耳，世亂則美褰裳。司徒女子，猶知君父；東海婦人，尚切報仇。嗟乎，公忍負此言！」沂春始至。除吏部左侍郎，晉尚書。永曆二年十月，拜兵部尚書、東閣大學士，加太保。明年十月，以病乞休，屏居出雲巖。卒於侯官鳳岡，年八十三。

李之椿，字大生，如皋人。天啟二年進士，授行人，歷吏部主事、御史。以伉直忤，告歸。

安宗立，累遷光禄丞、尚寶卿，督催浙、直錢糧。魯王監國，轉僉都御史，擢左都御史。明年，疏請西征。紹興亡，與閣臣傅維源，兵科給事中閻果古、陳立言，職方郎中耿文光，職方郎中兼兵科給事中尹志美，從扈舟山。已，拜禮部右侍郎、吏部尚書、東閣大學士，督師江北，出入山海，齎劄付募餉，義從甚衆。以藏敕印事露，爲清所執，論戍。永曆三年得釋，走武夷山，後居嘉興吴鉏家，旋移湖州施鵬舉、沈縈家。

八年，大學士朱在錤，靖虜將軍任啟祥、方鼎，總兵陳德、鄒魁吾，副總兵吴允吉、許蘭、王四，監軍道唐虞、子甲、從子二三、王生，及興化鄒四、周大貴、陳芒子、孫梅、李牛子、吴同、吴之芳、鄒三、陳保，揚州王火齊、戴淑瑞、俞禹門、陳新宇、蔣起雲、徐見吾、史漢清、路嘗子、陳四、李啟位、稽和尚、李國輔等，皆受付起兵泰州，十二月皆被執死。十一年，鹽運使謝國寶降清。

十二年秋，家童謝廷蘭訐之椿事於北京。與子旦及項禹揆執至南京，見郎廷佐曰：「身爲大臣，國亡應死久矣。兒受國厚恩，死亦恨晚。」訊之，默不一語。下獄十四日，不食死。

旦，字元旦，歷御史、少詹事，與母許、妻姚，依羊尖席宗玉，逮至嘉興玄妙觀，及子女一門死。牽連死者：周世臣、韓四維、王其長及軍師舒英，左輔盧法之，右弼張定志，侍郎李樊同，兵部主事趙龍書，知州李贊美，守備陳國輔、魏翰如，連絡山東河南亳州江浙徽池總兵方君茂，監軍副使徐介石，都督孫奎，副總兵施子辛，連絡湖廣徽州河南山東僉事汪愼生，都督沈崑峒，總兵王來國，御史王瑞徵，副總兵馮雲龍，禮部尚書吴哲生，編修張中節，知府李永思，同知戴初堯、萬粲，台州知府劉道生，監紀同知譚武周，錦衣指揮黄祖聖，祭酒顧子超，副總兵余公二，總兵胡吉人，推官張順恒，副總兵懷素，守備徐希朝，簡討江念雲，守備洪三、王仁次等四十八人。

義士柏仲祥負之椿幼子走，後招兵被執，死南京。

立言，永嘉人。崇禎十五年舉於鄉，柳州推官。

鵬舉，字舍公，烏程人。工部主事，幸脱，從扈中左所。

榮，字仁叔，歸安人。才具揮霍，汲古好學，以義俠名聞復社。南京亡，結客出入吴易、黄蜚軍，助復湖州。魯王監國，傾家餉士。江上潰，與從子婺奉樂安王議溯太湖，授簡討。婺子重熙助餉三千，授御史。榮坐之椿事執至南京，曰：「五世相韓之痛，夙所盟心，事皆有之，何必問！」永曆十三年三月，賦絶命詞死，神色不改。

婺，字文五，尚書演子。先卒。

重熙，字岸止，順治八年舉於鄉。死於獄。

禹揆，字子昆，秀水人。諸生，職方主事。

世臣，字允侯，宜興人。崇禎十三年進士，歷太康、漢川知縣，以言事降永平簡較，遷興化推官，從黄道周學，土國寶三聘之，以七不可力拒，坐匿之椿死。

四維，字芹城，昌平人。崇禎四年進士，授簡討。歷司業、左諭德、庶子，直經筵。降李自成，間歸仍故官。南京亡，爲室蘇州支硎山，僧服，易名延祺。與子星火死。

樊同，亳州人。諸生。

粲，字中闇，不知何許人。

又李長祚，字延明，興化人。大學士春芳曾孫，崇禎十二年舉於鄉，王授簡討。從之椿軍。事敗家破，樓居完髮卒，年七十四。

張之斗，字漢槎，渭南人。萬曆四十七年武進士，世襲南京龍虎左衛指揮。歷思恩遊擊、柳慶參將、狼山副總兵。從王海上，擢都督僉事總兵。從之椿軍，事敗，歸隱通州軍山。有子宦川，召歸同隱。一日，召所善酣飲畢，出金付曰：「市棺，以十月朔會此。」諸生知其引決也，不市，屆期亦不往，之斗曰：「是欲生我耳！」乃以永曆元年元日絶粒，飲酒茹果，又數日，果餌絕，日飲酒數爵，月餘病，久之亦愈，六七年貌不衰。有搆之通守者，覘之，時居寺中，聞而衣冠坐山石上，告僧曰：「至則投海中耳！」衆强爲削髮，歸老嘉善寺卒。

張肯堂，字載寧，嵩江華亭人。天啟五年進士，授濬縣知縣，弭盜安民，大著聲績。遷河南道御史。張獻忠破鳳陽，皇陵震驚，疏劾閣臣王應熊，條上用兵方畧。出按福建，與巡撫沈猶龍同心勦撫，寇氛少戢。還掌河南道，條奏時事，並劾楊嗣昌，請蠲逋稅，召還遺謫諸臣李清等。上多嘉納。轉大理丞。頃之，以僉都御史巡撫福建。鄭芝龍以受撫官總兵，私招盜五十餘人，報肯堂請留標下。肯堂曰：「勦寇，元戎職也，未有朝命而擅受降，不可！」具疏入告，得嚴旨，悉論斬。芝龍以此嗛之。

安宗立，命周之藩選兵三千入衛，璽書褒美。時汀漳間閻王、猪婆衆數萬人，出沒剽掠，肯堂勦撫並用，把總林深、鄭雄戰死，未幾悉平。

南京亡，鄭鴻逵奉紹宗至水口驛，肯堂具啟迎上。上復以書，言：「兩京淪沒，陵寢暴露，懷枕戈復仇之志而無其地，流離蹈海，幾作波臣。惟天南一片土，先生保障，以待中興，高皇帝在天之靈，實式憑之。」會黄道周自浙馳扈，議先奉上監國。芝龍意猶豫，而以鴻逵所迎，勉就約。肯堂建議如唐肅宗故事，以監國稱天下兵馬大元帥，俟復南京，然後即位，不從。

上踐阼，擢太子少保、副都御史、兵部右侍郎、尚書，巡撫如故，賜號「奉天翊運中興宣猷守正大臣」。面陳恢復大計，言江干之禍，皆繇罪輔馬士英，又加以棄主而逃，法所不赦。以故上登極詔中，即發其罪。士英叩關自理，七疏皆不納。而芝龍力爲之請，詔令復杭始申雪。芝龍益恨。旋以皇后參與政事，具疏諫。后恚，肯堂以是見疏。時芝龍無意恢復，亦惡肯堂日以親征進勸，用郭必昌代爲巡撫，奪其兵。猶以推戴功，命總留鑰，造器轉餉。已除吏部尚書兼左都御史。尋專掌院事，以曾櫻爲吏部。

隆武二年三月，累疏請兵，詔兼户、兵二部總制北征，賜尚方劍，給敕印，專理兵馬糧餉，撫鎮以下許便宜從事。會孫茂滋、汝應元、徐孚遠從夏允彝、陳子龍起兵嵩江，事敗先後至。爲言吴淞事雖無濟，而猶保聚相觀望，倘有招者，可一呼集。遂上水師合戰議，請上繇浙東親征，而自以水師繇海道抵吴淞以迎陛下，同會南京。并請以孚遠、朱永祐、周之夔、趙玉成爲監軍，以周鶴芝將前軍，定洋將軍辛一根將中軍，林習山將後軍。詔拜肯堂東閣大學士。行有日矣，而芝龍密疏止之，令待命島上。逾半載，朝事不復相聞，郵筒亦隔絶。六月，監臨天興鄉試。復詔督師直浙，然軍資器械並餉三萬盡爲芝龍所取，於是出私資自募得六千人，屯中左所。

七月，聞駕出延平，且幸忠誠。方引領望消息，而芝龍已畔，上崩汀州，乃痛哭誓不欲生。會鶴芝軍至，勸之，以爲封疆之臣，封疆失則死之，今公奉使北伐，非封疆也，不如振旅爲後圖，肯堂因入其軍，谿閩赴浙。

有周洪益者，阮進部將，劫肯堂於路，踉當抵舟山，黃斌卿留之。斌卿無遠畧，雖外致隆禮，而所進言皆弗納。不得志，栽花種竹，作寓生居記以見意，曰：

張子以視師之役，航海就黃侯虎癡於滃洲，侯館余參戎之署。中有舊池臺焉，張子葺治之，逾兩春秋，稍成緒。忽自咎曰：「余何人也，茲何時也，不養運甓之神，而反躬灌園之事，余其有狂疾哉？」

偶讀本草，寓生之木，一名續斷，則又憮然嘆曰：「有是哉，是木之類余也。夫是木之植本也，不土而滋，有似於丈夫之志四方；其坿物也，匪膠而固，有似於君子之交。有是哉，是木之類余也。雖然，是木之自託其生也甚微，而利天下之生也甚溥，余安能比於斯木哉！余也生世寡諧，而姓名時爲人指，以故不能爲有用之用，如楩枬栝柏之大顯於時；而又不能爲無用之用，如臃腫拳曲之詭覆其短。以至戴鼇三傾，檠曦再昃。彊孤撐而羣撼之，蝥先登而下射之，浸假而朝宁之上，荆棘生焉，余因爲溝斷；浸假而棄置之餘，風波作焉。余因爲梗飄，浸假而師旅之命，湯火蹈焉。余因爲槎泛。

斯時身萍世絮，命葉愁山，直委此七尺以幾幸於死之得所，而吾事畢矣。寧計海上有島，島中有廬，廬傍有圃，又有地主如黄侯，舍蓋公堂下孺子榻乎！夫既適然遇之，則亦適然寓之而已。聞之三宿桑下，竺乾氏所訶，而郭林宗逆旅一宿，無間焚掃。余嘗較其意趣，以爲竺先生似伯夷，蓋視天下無寓非累，而是處欲祛之者也。郭先生似柳下惠，蓋視天下無寓非適，而是處欲安之者也。今余將空無生之累，以就有道之安，則文山之牽舟住岸，其視易京郿塢，將孰險孰夷耶？彼共榮悴於同臭之根，而保貞萎於特生之幹，亦若是則已矣。若夫死不徒死，必有補於綱嘗；生不徒生，必有裨於名教，如茲木之佐俞扁而起膏肓，則余方以此自期。世亦以此相責，非茲言所能概也，然而感慨繫之矣。」

又貽書黄宗羲曰：「銅槃之役，僕惡敢後，顧飄梗隨流，安假黄鵠之一羽哉。」皆爲斌卿擅命不與諸軍協力而發。

無何，張名振奉監國魯王至，力勸斌卿奉迎，不聽。諸軍攻斌卿，斌卿戰敗，求肯堂爲上章待罪。

斌卿死，王入舟山，仍故官入閣，遂虛所居邸以爲王宫。沈宸荃以肯堂耆德宿望，讓爲首揆，自以疾乞休。肯堂獨相，晋太傅、吏部尚書、文淵閣大學士。名振殺王朝先，力解之而不能得。國事盡歸名振，肯堂不能有所豫。飛檄發書，每多所沮，終日咄咄，至憤恨不食。然老成持重，中外倚之。舟山人有將納女入宮者，聞其嘗字人，上啟諫，王遽卻之。邸中築雪交亭，夾植梅梨，花開兩頭相接，歎謂應元、蘇兆人曰：「此吾止水也。」居二年，爲永曆五年八月，清兵至，名振奉王搗吳淞，命肯堂留守，協力堅禦。城陷，先一夕，吳鍾巒來，與作永訣詞。比晨，集家人雪交亭，蟒玉南向坐，視其死。呼茂滋曰：「汝不可死。然得全以否，非吾所能必已。」甫引繯，僕報蘇儀部縊廡下，亟呼酒往酹之，曰：「君少待我。」遂從容賦詩，復入繯以卒，九月二日也。

中軍將林志燦、林桂、張文炯、顧璽掖茂滋行。甫出門，而清兵集，茂滋脫去，志燦等格鬭死。守備吳士俊、僕閩人張俊、彭歡皆絕脰死。茂滋尋被執，賴應元、陸宇爆、董德偁、宋龍、范兆芝、劉鳳翥、蕭伯闇救之以免。

肯堂生平以用世爲學，顧未得展其所用，論者惜之。

深、雄官福建撫標把總。崇禎十七年十月，漳寇蕭陞、陳丹犯汀州，粤寇閻、羅宋應之，汀郡告急。肯堂檄二人偕傅玉麟將五百人往援。未至，而寇已陷古城鎮。二人固健鬭，誓破寇後會食。不傳餐而進觀音鋪，墮伏中。左山右澗，急據山，則峭不可登，裹創死戰，寇乃舉火，風烈蓬枯，殲者三百十二人，深、雄皆死。初寇輕官軍，既知其敢戰，退入贛境，汀城獲全。郡人感之，殮骸瘞羅漢嶺。

兆人，字寅侯，吴江人。諸生。肯堂弟子。南直陷，走海上，王授中書舍人，遷儀制主事。嘗謂肯堂曰：「先生他日必死國事，兆人請先驅。」比黄毓祺殉節，兆人和其獄中詩。舟山陷，書絶命詞襟上，乃拜辭肯堂，曰：「兆人行矣。」即縊於雪交亭右廡。

文炯、璽，嵩江華亭人。

德偁，字天鑑，鄞縣人。應圭子。崇禎九年舉於鄉。有聲復社。官户部廣東司主事，傾家助餉。

弟德偕，字筆公，國子學正，後與萬日吉義師。德仕，字晋公，諸生，國亡，投水獲救，縱酒卒。

德偁兄子隆吉，字長卿，去諸生。有才名，逃於酒。

龍，字子猶，崇明人。諸生。錢肅樂弟子。北京變後，得心疾，走依肯堂而愈。舟山陷，祝髮爲僧。

兆芝，字香谷，定海人。同華夏起兵。永曆二年，從徐孚遠柴樓，繫獄瀕死，已得脱，家破，入粤卒。

鳳翥，閩縣人。崇禎十二年舉於鄉，後降於清。

伯闇，大名人。舉於鄉。

又張在宥，字虎侯，上海人。諸生。從肯堂入閩，授判官。王遷中書舍人，從安昌王恭櫆之日本，晋太嘗少卿，加二品服。舟山陷，以先出獲免。歸里病篤，猶日訊海上事。未幾卒。

章正宸，字羽侯，會稽人。受業劉宗周，早以學行著。崇禎四年成進士，改庶吉士。温體仁招之不往，遷禮科給事中。王應熊與戚畹通，内傳入閣。廷臣莫敢諫，正宸抗疏曰：「豈有枚卜不傳奉者。在皇上出此，必謂特用易感恩，卻衆議則絶窺伺。顧天下未有不順人情而後可以有濟者也。夫應熊亦謂非人情，故不可用。夫徇情與順情，名同而實異；振作與操作，事近而用殊。今廷臣縱乏人，奈何使傲很之夫贊平成之治哉？」上大怒，下詔獄。鎮撫曰：「新進妄言耳，無他肺腸。」正宸仰面曰：「新進直言則有之，未妄也。」科臣同力救之，止削職。及皇陵告警，上怒應熊曲庇鳳撫，廷臣遽以正宸薦，體仁抑之。

應熊敗，議起廢，吏部條上百餘人。上曰：「中何以無正宸耶？」親筆取十二人，而乙名其間。正宸甫復官，即疏謝，歷言左右茸闒，宰執上下，惜身家，保禄位，關通内侍，名爲綫索，其言不可信。上親標其疏，令通行嚴飭，於是閣臣、内官咸切齒。

西廠中官專横，羅織人罪，公卿以下仰鼻息，倖苟免。京師無賴子弟竄身入籍，白韓帶刀，攫市井金錢，每一符下郡縣，無不滅門者。正宸疏陳，上心動，硃筆勒西廠事付閣票旨。閣臣懼璫責，擬以不合。三上三改，尋罷廠。

其鄉舉時主試姚明恭，嘗以鄉人謀官吏部爲屬，力卻之。

故輔周延儒，會試座師也，朝議起用。正宸曰：「不聞處爲遠志乎！」延儒聞而大憾。旋調户科，掌吏科，而延儒適入。十五年元旦，朝賀畢，宣延儒上殿。上東向揖，稱先生，曰：「先生其輔朕，朕將端冕以求。」正宸遂歡呼入頌聖德，且責閣臣以報稱，累數千言。上嘉嘆稱漢子。而延儒見疏大驚，曰：「是劾我也。」嘗過其居，執手曰：「朝廷事大家可爲，何必執意見，以與物忤。」正宸曰：「正宸亦惟視大家事，故不敢徇私。」延儒色變。舊輔馮銓，延儒姻家，將復以冠帶，正宸復爭之。延儒大怒曰：「我固無師生，已而欲我無姻親耶？」既而推舉閣臣，欲驟用魏藻德，召中左門，語不合。延儒譖之曰：「正宸與尚書李日宣等把持枚卜，罪不赦。」次日，召平臺賜食，羣臣叩頭訖，上呼日宣、正宸及左都御史房可壯、侍郎宋玫等大詬之，叱衛士捽頭褫衣冠，縛出午門候處分。漏下，傳付法司拷訊。内奄捕諸家奴之送橐饘者，爲詗察獄情。牘具，擬杖贖。中旨加日宣等遣戍，正宸遂編管均州。

十七年三月，太嘗吴麟徵陞掌科，薦以自代。命甫下，而京師陷，偕宗周號哭荷戈，趣黄鳴俊發喪出師，乃召募義旅。將發而安宗立，召復故官。疏言：

今日江左形勢，視晉宋爲更難。當事者泄泄偷息，處堂自娱。兩月以來，聞文吏錫鞶矣，不聞獻馘；武臣私鬭矣，不聞公戰；老成引遁矣，不聞敵愾；諸生捲堂矣，不聞請纓。如此而曰興朝氣象，臣雖愚知其未也。今惟有進取爲第一義。進取不鋭，則守禦必不堅。

比者河北、山左忠義響應，各結營寨，多殺僞官，爲朝廷效死力。不及今電掣星馳，倡義申討，是靡天下之氣，而坐失事機也。宜急檄四鎮渡河，聯絡河北、山東諸路，齊心協力，互爲聲援，使兩京路通，而後塞井陘，絶孟津，據武關，以攻隴右，恐寇不難旦夕殄也。

陛下宜縞素誓師，駐蹕淮上。聲靈所及，人切同仇，虎豹貔貅，勇憤百倍。今部院寺司各署，不稱行在，而工作煩興，議者已占陛下志圖偏安。天下事變，皆生意外，將何以待之？

宜嚴敕諸大臣，速簡爾車徒，某舊額，某新增，水幾何，陸幾何；速備爾芻糧，幾何本，幾何折，主幾費，客幾費；選爾將帥，某堪監纛，某堪分閫；審爾形勢，某地建鎮，某地設堡，某處埋伏，某處出奇；修爾干戈，繕爾城塹，進寸則寸，進尺則尺，阨險處要，大勢已得。

天下大矣，不患無人，臣未見張、岳、韓、劉之傑，不應運而出也。

上不能用。

馬士英欲以中旨起阮大鋮，先内傳張有譽爲户部尚書。正宸封還詔書，以有譽雖賢，而傳陞之弊必不可啟，抗疏力爭。旋柳祚昌受士英指，薦用大鋮。正宸又力爭，且曰：「朝廷如此舉動，邸報流傳，見臣姓名尚挂仕版，必相顧駭愕，謂負掖垣職掌，萬死何辭。乞放臣歸里。」正宸清嚴方正，爲清流所倚賴。士英輩忌之甚，轉爲大理丞，實奪其言路。已見國事日非，乞假歸。

杭州降，清使聘之，不應。與鄭遵謙起兵，募兵別爲一軍。

魯王監國，陞僉都御史，督師龍王堂盛嶺上下協防。紹宗召兵部右侍郎、東閣大學士，未赴。已而無餉，乃散軍。擢吏部左侍郎、尚書。

隆武二年二月，拜東閣大學士。時田仰作奸，謝三賓賂張國俊驟入閣，正宸爭之，仰若弗聞焉者。正宸憤甚，遂不視事。乞歸，不許。

紹興亡，起兵事敗，溺水不死，自經又不死，與同邑諸生董孝瞻以僧服遯，改名文白，又名珠懷，字淨紘。後卒於南京。

子譽，字無咎，亦宗周弟子。國亡，隱程山。

弟正宷，天啟四年武舉，官都司。

李長祥，字研齋，達州人。崇禎十六年進士，改庶吉士。初，張獻忠入蜀，長祥以諸生練鄉勇助城守。及預館選，吏部薦堪將帥。或曰：「天子果用公，計安出？」嘆曰：「不見孫傳庭往事乎！今惟有請便宜行事，雖有金牌，亦不受進止，待平寇後因首闕下，受斧鉞耳！」聞者咋舌。時首輔陳演，以同里故，欲引爲私人，不可，因不得召見。

李自成日逼，上疏：「請急調寧遠吴三桂軍入衛，新進士袁噩具將才，可佐之。令密雲唐通與臣繇太行入太原，歷寧武、雁門攻其後，首尾夾擊，寇可禽也。」議未定而通至，詭請守居庸關，而導自成直趣昌平。長祥復疏請急令大臣輔太子出鎮天津，以提調勤王兵。不果行，而京師失守，被掠，乘間南走。

弘光時，遷御史巡浙鹽。魯王監國，以僉都御史督師西行，而七條沙之師又潰，王航海去。長祥以李玉、王昇、丁慧生之衆結寨上虞東山。時浙江諸寨林立，四出募餉，居民苦之。獨長祥、張煌言、王翊三營且屯且耕，井邑不擾。監軍華夏爲之聯絡布置，請引舟山之兵，連大蘭諸寨，以定鄞、慈五縣，因復姚江，會師曹娥；合偁山諸寨，以下西興。僉議奉長祥爲盟主。刻期將集，而爲謝三賓所發。清兵急攻東山，章有功被執死。中軍汪彙與千夫長十二人，期以次日縛長祥畔。晨起，十二人忽自相語：「奈何殺忠臣？」折矢扣刃，偕誓而遯。長祥匿丐人舟中，入紹興城。居數日，事益迫，復走奉化依王朝先，得其資糧扉屨之助，復合衆於華蓋山。一日，泊舟山下，天大雷雨，濤湧蕩舟，士卒無人色，長祥神氣自如。俄而晴霽，蹻健跳朝舟山，晋兵部左侍郎，兼官如故。永曆四年正月，拜尚書、東閣大學士。請與朝先聯絡沿海，以爲舟山衛。張名振忌之，襲殺朝先，長祥僅免。舟山陷，亡命江淮間。清將陳錦縶置南京。妻黄殁，大府疑之，曰：「是子然者，誰相保耶？」長祥微聞之。南京有閨秀姚淑，善墨竹，容色絶世，稱「鍾山秀才」，乃娶之。朝夕甚暱。大府曰：「李公有所戀矣。」未幾，乘守者怠，竟逸去。北渡淮河，歷宣大，復南下百粤。天下大定，始卜居嘗州，築讀易堂。吴三桂兵起，入四川，請急奉大明，收人心，立帝裔，鼓舞忠義。不聽。後至韶州仁化卒。

慧生，上虞人。有勇畧，後爲煌言所殺。

有功，會稽人。任錦衣指揮使。以雲南都司從朱燮元征安邦彦，守紅邊十餘年，苗民服之。後入長祥軍，擢參將，驍悍敢戰，所將五百人皆選鋒。永曆二年，翻城事敗，清兵攻東山，以全力禦之，不支被執。拉脅抉齒，猶大駡而死。子從殉。

弟有思，寧波參將。國亡，父子死。當長祥在京，以才畧相齊名者。

楊爾銘，字景先，筠連人。崇禎七年進士，授桐城知縣，年甫十四。折獄明決，善治軍，賞罰無私，兵民愛戴。八年正月，率王雯耀力拒獻忠，完城。在邑七年，立桐標營，築攔馬牆堡寨，寇不敢入，民尸祝之。遷廣東道御史巡按宣大。北京陷，被掠。乘間南走湖州，披髮陽狂，不見一人。雯耀字永宣，桐城人，諸生。

張煌言，字元箸，鄞縣人。父圭章，字兩如，天啟四年舉於鄉，官刑部員外郎。煌言神骨清遒，豪邁不羈，能文章，善騎射。威宗以天下多故，令諸生於試經義後試射，煌言矢三發三中。

崇禎十五年舉於鄉，感憤國事，願請纓。及錢肅樂集師，檄會諸鄉老，煌言獨先至。即遣之天台迎魯王，授行人。紹興監國，賜進士，遷編修，兼兵科給事中，入典制誥，出籌軍旅。紹宗頒詔，自請爲使釋嫌。既歸，累有建白。江上潰，泛海將之舟山，道逢張名振，偕扈王入閩。鄭城功不奉命，乃勸名振還石浦，與黃斌卿爲犄角，擢僉都御史。

斌卿恒以降乩炫才能。一日，賓僚咸集，乩降思溷，煌言微笑之。斌卿問故，煌言曰：「僕亦有仙，可不速而至。」斌卿固請。煌言乞出十題，限十韻，援筆立就，一座嘆服，斌卿呼爲張大仙云。

永曆元年，吴勝兆以嵩江反正，與沈廷揚、馮京第共説名振應之，遂監其軍以行。至崇明，颶風覆舟，廷揚死，名振墮水，諸軍皆潰。有百夫長導煌言間走，復還入海。時肅樂已奉王出師於閩，浙東山寨羣起遥應。煌言再合義旅，劄上虞平岡，與王翊、李長祥并勢，履畝勸税，與民無擾。

三年，從居健跳。四年，王入舟山，召所部入衛。以平岡兵付劉翼明、陳天樞。晉兵部右侍郎。

五年，田雄爲清浙江提督，與張杰、王爾禄以書來招，峻拒之。是秋，舟山陷，扈王再次中左所。時成功縱横海上，軍獨强，遥奉永曆正朔，於王則修寓公之敬，惟煌言、名振以軍爲衛，成功因之有加禮，煌言亦極推其忠，嘗曰：「招討始終爲隆武，真純臣也。」成功亦曰：「侍郎始終爲魯，與吾豈異趣哉！」既聞圭章訃，日夜痛哭。

七年冬，復間行入吴淞，尋募軍天台。八年正月，總兵楊升戰寧波鹿頸洋執死。煌言次吴淞，以上遊有夙約，會名振師入長江，趨丹陽、鎮江，烽火連江，南直震動。而上遊失期不至，左次崇明。四月，再入江，復瓜洲、儀真，薄燕子磯。而所期終不至，遂乘流東返舟山。

是役也，劉孔昭亦以軍會。或謂煌言宜絶之，煌言曰：「孔昭罪誠與馬阮等，然馬阮再賣浙東，而孔昭以操江親兵棲遲海上者累年，則其心尚可原。疾之已甚，使爲馬阮浙東之續，將何補乎？」聞者服之。

是冬，名振卒，遺言以部下歸之，於是軍容始盛。

九年，書勸成功大舉。四月，與陳六御、張洪德、任麟及大理少卿林潭、中軍總兵虞德淵入台州迎馬信。九月，駐林門，以陳文達屯玉環，阮春雷屯楚山。十年，移天台。冬，又駐秦川。十一年，清墟舟山，煌言還軍其地。二月，攻寧海，管隊周元正内應死。時王舊臣皆盡，煌言孤軍流寄窮島，成功部曲少少陵暴之。煌言惟御之以忠義。文達、阮美爭餉地，爲婉解，曰：「大敵當前，何暇私鬬！」美軍有犯，輒曰：「我大臣，寧與麾下爭曲直？」禽清諜，亦好語酒食遣之。繇是主客浹和，邊溢感悦，遺黎亡卒多爲耳目者。

既，王去監國號，乃通表滇京。十二年，晋左侍郎兼翰林學士。

清江督郎廷佐以書招之，煌言復以書曰：

夫揣摩利鈍，指畫興衰，庸夫聽之，或爲變色，而貞士則不然。其所持者天經地義，所圖者國卹君仇，所期待者豪傑事功，聖賢學問，故每氈雪自甘，膽薪彌厲，而卒以成功，古今以來，何可勝計。

若僕者，將畧原非所長，祇以讀書知大義，痛憤猾夏，左袒一呼，甲盾山立。峗峗此志，濟則顯君之靈，不濟則全臣之節。遂不惜憑履風濤，縱横鋒鏑之下，迄今餘一紀矣。同仇漸廣，晚節彌堅。練兵海宇，祇爲乘時。

今何時乎？兩粤先聲，三楚羅布，以及八閩羽書，奚啻雷霆飛翰，而島夷外訌，插虜内攻，近來左支右吾，其消滅可計日而待。僕當起而匡扶帝室，克復神州，此正忠臣義士得志之秋也。萬一不遂初心，亦惟矢死靡他，豈浮詞曲説得以動其心哉！乃執事儼然以相書通，視僕爲何如人，而可以利鈍興衰奪其心哉？

譬如虎倀戒途，雁奴守夜，既受其役，竟忘其哀。在執事固無足怪，抑知僕聞之，髮且沖冠矣。雖然，執事亦本朝勳舊之裔，遼陽死事之孤也。念祖宗之恩澤，當如何悲傷？痛父母之深仇，當如何報雪？稍一轉移，不失爲中興人物。顧乃陵肆自居，主客莫辨，甚爲執事不取也。

即以執事恩仇之説言之，自遼事起而徵調始煩，徵調煩而催科愈急，催科急而民卒皆相率爲盜。是成盜禍者，誰人也？迨中原失守，屬國興師，倘能挈舊物而還天朝，將吐蕃、回紇不得專美於前。孰意拒虎招狼，既收漁人之利於河北，而長蛇封豕，復肆蜂蠆之毒於江南，則誰是恩乎誰是仇乎？執事亦可憬然悟矣。諒執事非憒憒者，故復數行，以冀深思而熟計之。

七月，成功北伐，以煌言熟上江形勢，請監全軍爲先驅，泊舟羊山。山故多羊，殺之則風濤立至。軍士不能戒，烹之，羊熟而禍作，碎船百餘，遂反旆舟山治舟。攻象山，將李葵、潘忠、潘大喜、屠大成、陳耀、陸元戰死。屯田官鄔俊自定海通煌言，事洩死。

十三年五月，會於台州，悉師以行，次崇明，謂成功曰：「崇明爲江海門户，有懸洲可守。不若先復之以爲老營，脱有疏虞，進退可據。」不聽。因請以所部爲前軍。

時清橫鐵鎖金焦間，列西洋大礮譚家洲岸，就江流要隘，結巨杉覆土，上可馳馬，旁木柵穴礮四十，火藥火罐不可計，藏兵五百，自上流浮下，舟觸之立碎，曰木城。信、余新、蕭拱辰、黄安、王雄兵登陸奪礮斬敵，煌言督文達、張光啟、羅蘊章軍出入其間。周全斌既斷鎖，將奪上流木城，而舟多爲礮没，不得前。乃登舵樓，焚香祝天，飛火夾船下，遂以十七舟翦江渡，直據上流火之，木城俱潰。

成功欲趨南京，煌言欲先鎮江。成功曰：「我頓兵鎮江，南京援兵朝發夕至，奈何？」煌言曰：「我以偏師水道薄觀音門，南京自救不遑，豈能他顧？」遂與李必襲儀真，未至五十里，而士民以版圖迎附。

六月二十七日，成功來告鎮江之捷，命與楊朝棟安撫浦口，職方主事袁起震、總兵徐長春安撫滁、六。煌言督中軍楊嘉瑞兼程還抵觀音門，致書成功，請以步卒陸行赴南京。乃成功從水道來。清兵之自黔歸者，聞信馳京同城守，於是嚴備已具。

七月朔，煌言督美招撫江南，命起震、長春招撫江北。總監營鄭德繼進，阮春雷、王寅生復江浦、六合、滁州、天長、盱眙泗州。起震命諸生孫穫、孫慥、孫衛蕃、徐開祥安集和州、含山、來安，各給冠帶。和州小將謝明與張英有故，來請吏，總兵張甲安撫鈔關，户部主事陳猷言上印及賦銀三千歸附。禮都事黄昱厚款，給新印，以銀犒之。挂印王戎安集池州、安慶。徽州兵入南京，城中無主，父老乞師，命劉世賢安撫，蕪湖反正。成功慮江、楚援師，屬煌言駐蕪湖以控上流。煌言乃相度形勝，一軍出溧陽圖廣德，一軍鎮池州截上遊，一軍拔和州以固采石，一軍入寧國以逼徽州。傳檄郡邑，大江南北相率送款。府則太平、寧國、池州、徽州，州則和州、廣德、無爲，縣則當塗、蕪湖、繁昌、宣城、寧國、南陵、太平、旌德、涇縣、貴池、銅陵、東流、建德、青陽、石埭、含山、巢縣、舒城、虹縣、廬江、建平、高淳、溧水、溧陽，凡得四府三州二十四縣。

煌言兵不滿萬，舟不過百，徒以先聲大義相號召。所過秋毫無犯，兵掠一黍者死，市旅如故，民壺漿香花恐後，割辮擲帽如堞齊。

煌言入謁明倫堂，長吏故官，或青衣待罪，或角巾抗禮。考察黜陟，如州牧行部事。遣老望其衣冠，莫不流涕。

時巢縣葉鑰，合肥嚴程遠、吴錫之，各以壯士渡江來助。九江光禄丞金軒、諸生吴襄、方正馮懋鼎請札印，承旨加軒監紀同知，襄通判。江、楚、直、浙人士亦多詣軍門受約束，歸即禡旗相應。

八月，方詣徽州，而南京之敗聞，乃亟返蕪湖。别將劉玉等攻安慶失利死。太平守將志變，復以師討斬之。

初，煌言貽書成功曰：「師不可老，老則生變，宜速遣諸將分徇近邑。如南京出援，我則首尾相擊。如其自守，我則堅壁以待。倘四面克復，則收兵鱗集，南京在我掌中矣。」成功不聽。至是，復命安陸僧人嵩隱以帛書訪成功行營，書未達而成功已敗入海。廷佐、哈哈木復以書來招，嚴拒之，乃發舟師扼其歸路。煌言與諸將議入鄱陽，招集故楊萬子弟，圖復江楚。

七日，舟次銅陵，與清尚書明安達兵之自楚來者遇。都督楊文英奮擊之三山峽，斬輕車都尉猛格圖，沈其四舟。已而夜戰不利。魏耕及英、霍義士王君重、朱正公等請赴英、霍山寨，乃焚舟無爲登陸，士卒尚數百人，遇清兵桐城黄金硼，殲其衆。

初之霍山，假陽山寨主舒城人褚良輔屯兵，不納，轉入英山。甫度東溪嶺，而追者至，衆皆竄，止一童一卒從，乘月變服夜行，投歙人朱海宇高滸埠，不遇。徽商金、徐識爲煌言，憐其忠悃，匿之家。數日，教之繇樅陽渡黃湓，溯江抵東流張家灘，登岸走祁門。比又病瘧，力疾趨休寧。舟入嚴陵，已復山行。自東陽、義烏出天台，達海壖。樹纛鳴角，招集散亡。錦衣張士魁、楊澄皆至。成功聞之，亦遣兵來。海上有長亭鄉，多田而苦潮，乃募義民築塘捍之。遣指揮陳貴啟王，御史陳修、行人黎甲告敗行在且引咎。昭宗專敕慰問，拜尚書、東閣大學士，督師浙海，贊理恢剿。

十四年，駐師林門，尋移桃渚，清台州守將張承恩反正。

十五年，入閩，次沙埕。時王在成功所，煌言恐見疑，不敢入覲，仍歲供膳銀。成功欲取臺灣休士，已抵澎湖。使羅子木以書責之，謂：「軍有寸進，無尺退。今一入臺，則兩島並不可守，是孤天下之望也。」不聽。會有遷界之役，煌言頓足嘆曰：「棄此十萬生靈而爭紅夷乎？」復以書招成功，謂可乘機復閩南，卒不聽。乃遺書王忠孝、沈佺期、徐孚遠、曹從龍，勸其力挽成功，而終不能用。於是以孤軍徘徊兩島間。已聞滇中事急，復使子木入臺苦口責之。成功以方定臺，不能行。無已，乃別遣吳鉏挾帛書入鄖陽山中，說十三家軍，使之撓楚救滇，而十三家軍已衰敝，不敢出。

十六年，上崩滇京，成功亦卒於臺，乃哭曰：「已矣，吾無望矣。」復還軍林門。會閩南諸遺臣謀復奉魯王監國，貽書來商，喜甚。即以書約盧若騰而下，勸以大義，又上啟於王。王命修持敕至煌言軍，並約成功子經，勉以亞子錦囊三矢之業，厲兵束裝以待。

是年，清浙督趙廷臣以書相招，煌言謝之，畧曰：「不佞所以百折不回者，上則欲匡扶宗社，下則欲保捍桑梓。乃因國事之靡寧，而致民生之愈蹙。十餘年來，海上芻茭糗糧之供，樓櫓舟航之費，敲骨吸髓，可爲惕然。況復重以遷徙，訖以流離，哀我人斯，亦已勞止。今執事既以保民息兵爲言，則莫若盡復濱海之民，即以濱海之賦畀我。在貴國既捐棄地以收人心，在不佞亦暫息爭端，以俟天命。當與執事從容羊陸之交，別求生聚教誨於十洲三島間，而沿海藉我外兵，以禦他盜。是珠崖雖棄，休息宜然。朝鮮自存，艱貞如故。特恐執事之疑且畏耳，則請與幕府約，但使殘黎朝還故土，不佞即當夕挂高帆，不重困此一方也。」又曰：「執事新朝佐命，僕大明孤臣，區區之誠，言盡於此。」

時閩南消息既杳，經則偷安海外，因悒悒日甚。未幾，王薨於金門，煌言表曰：「穆王駕駿以來歸，已孤此願；望帝化鵑而猶在，莫慰餘思。」聞者哀之。

十一月，部將朱國祥戰定海關死。十七年，吳國華出哨陶家尖死。十八年，清舟師出洋攻煌言，總兵張賢被執死，部將孔元章、符瑞源等降清。煌言乃散軍，居南田懸嶴。嶴在海中，荒瘠無人烟，惟山南有汊港可通舟楫，其北則峭壁巉巖，人不能及，遂誅茅以居。從者止子木及副總兵葉雲、王發，門生王居敬，侍者楊冠玉，舟子一人。清以煌言不死，義師且復起，購之急。有司繫其妻董、子萬祺及叔封章等以待。僧濬齋日募飯活之。副總兵陳棟降清。時杰爲清提督，知煌言所在，並募得其故較孫執法，使投普陀爲僧以伺。會煌言告糴舟至，糴人昵其故侶，且爲僧，不之忌。執法遽出刀脅之，駢殺數人。最後者乃告之曰：「雖然，公則不可得也。公蓄雙猿覘動靜，船在十里外，猿輒鳴樹杪，公得爲備矣。」執法乃於夜半潛上山背，攀蘿踰嶺而入，暗中執煌言、子木、雲、發，守備林甲，冠玉，舟子，七月十七日也。麾下七人聞信，自刎象山淡港死。

越二日，煌言至寧波，方巾葛衣。杰以客禮舉酒屬曰：「遲公久矣。」曰：「父死不能葬，國亡不能救，死有餘罪。今日至此，速死而已。」因謁先墓慟哭。杰遣官護之入省。出城，再拜曰：「某不肖，有孤故鄉父老二十年之望。」登舟危坐，夜半有在篷下唱蘇武牧羊曲者，煌言披衣起，扣舷和之，酌酒勞曰：「爾亦有心人也。吾志已定，爾無慮。」叩其姓名，則防卒史丙也。渡錢塘，有無名僧擲瓦舟中疾走。拾一箋，句云：「此行莫作黃冠想，靜聽先生正氣歌。」煌言笑曰：「此王炎午之後身耳。」

比至杭州，廷臣曰：「數書相請，何不來？」曰：「忠臣不事二君，何所見肯來？」曰：「聞已散兵，應繳僞敕印。」曰：「僞也誤矣。本朝洪武以來三百年正統，如何言僞？」曰：

「清恩典最隆，如洪承疇輩陣俘皆重用。」煌言笑曰：「重用者，以有我等在外，加意鼓舞，誘來者耳。煌言天朝科目，以名教自持，豈可以此輩同年而語耶！前欲披薙以求生，今願留髮以速死。」廷臣重其人，供帳如上賓，舊時部曲許存問，司道府縣願見者亦不禁。士民多賄守者，以一拜爲幸。煌言翰墨酬接無虛日。有問者，但拱手南面坐。廷臣餽酪茶，曰：「從不知此味。」終日不言不食，惟啜水而已。

九月七日赴市。靧櫛畢，仍葛衣紗巾，笑而登輿。遥望鳳凰山，曰：「好山色。」因索筆賦絶命詞，端坐受刃，刃折爲二。卒年四十五。是日驟雨晝晦，杭人知與不知皆爲流涕。子木、雲、發、冠玉、舟子並從死。僧超直與張用、李屺源、萬斯大、張文嘉葬煌言南屏山麓，子木等祔焉。

萬祺在鎮江，朱天璧以百口保之不得，先三日死。封章，字季超，死於獄。升，寧波奉化人。

文達，字匡侯，永嘉人。官總兵，挂寧遠將軍印。從扈海上，加太子少師。永曆三年十一月，與高汝卿以三千人屯温州楓林、塔石。十年八月，至福鼎塘底，與長汀王樂天、壽寧馬興攻桐山。十一年四月，入漵城。十二年，攻黄巖，參將莆田黄道啟執死。十六年六月，總兵王士龍、副總兵李禮舟師泊沙埕，清福寧總兵吴萬福招之降，不應。文達與提督阮述攻萬福敗走。尋從王思明。十一月，與倪祥、陳汝器、鄭標自閩海降清。士龍亦自廣海降。

春雷，江都人。明決有文武才，官職方郎中。

俊，定海人。舟山亡，歸胡夢彩，陳中興要策，命周生通煌言，將入海，事露，皆執死。

寅生，六合人。武生。春雷奉命復江北，江浦書吏田沛然率父老來迎師，徐明以哨卒七人定之，斬知縣許立達。清將彭甲以兵五百返六合，寅生與諸生夏志宏、徐三峯斬知縣張大垣，閉城不納，以書迎春雷。湖中忠義劉青海以衆來歸，授副總兵，進攻滁州。清兵殺其執旗者，春雷持大刀直前，斬五十餘人。清兵退入城。春雷以二大釘釘壁登，復之。寅生持春雷檄至天長，百姓劉澤、戴駝子及吏貢甲等二人斬知縣王辛，開門反正。南京敗聞，春雷以鹽舟揚帆出海，歸成功。貢甲等被執死，妻謝經死。永曆十一年十月，春雷攻霞浦。十七年十二月，以舟二十屯東蚶、長腰外島，合煌言軍將攻福寧。會總兵林國梁謀畔，圍之，煌言從弟將軍嘉言戰死，春雷敗走。明年四月，國梁降清。春雷百舟合煌言屯三都青山，與清兵戰敗師覆。二十四年十月，攻壽寧。二十五年，攻福安不克，入城兵殲，後不知所終。寅生南京敗後，歸家酣飲怒歌，殺妻子，短甲草履，持槍馳騎，走成功軍。

世賢，遵化人。修字文生，閩縣人。

承恩，字洪宇，昌平人。萬曆四十六年武舉，精騎射，官副總兵。弘光元年五月降清，授邵武副將。反正後，再降清。

子木，名綸，以字行，溧陽人。諸生。謁煌言儀真，爲草檄諭江南北。已從族父蘊章軍。成功棄瓜鎮，抱足泣請留。不聽。乃奉父復就煌言。中道與清兵遇，格鬬墮水。比救起，則父已被縛去，思出奇計救之不得，嘔血瀕死。煌言勉以立功報仇，留充參軍。煌言屯南田，賓客多散，惟子木謹護，旦夕不去，至杭不跪。廷臣慰問煌言，曰：「死耳，何足與辨！」立而受刃，振臂索斷，屍不仆。雲、發面煌言跪死。

居敬，本名瑞彬，字勛臣，黄巖人。諸生，逸爲僧，與葛承杰、任𤍽詩酒。承杰，字鼎生，去諸生講學。𤍽，字睡侯。

冠玉，鄞縣人。臨命大聲曰：「我亦不跪者。」廷臣以其年少，將脱之。固請從死。

超直，字問石，鄞縣人。陸氏子。匿煌言屍，後自經死。

用，寧波奉化人。與中軍史甲、李甲從煌言林門，官都督。

屺源，字懷岵，鄞縣人。

天璧，字子元，仁和人。崇禎十五年舉於鄉，以孝稱。國亡，賣藥海上，全活者萬人。

文嘉，字仲嘉，仁和人。事親盡禮。執法以誘致煌言功授千户，爲清巡海，猝遇煌言舊將，憤其害主也，突刺殺之。

當煌言開府海上，幕客部將之可紀者：閻國選、全美樟、葉振名、朱兆殷、周公虞、胡宗武、王應玘、張遐勛、徐允巖。

國選，字晋卿，寧波奉化人。習舉業。從王朝先招兵，與嚴武張濟明扈舟山，官監軍副使。後從煌言軍。舟山陷，被執脱歸，出必張蓋著屐以自異。

美樟，字木千，鄞縣人。諸生。煌言爲秀才時，呼盧儻蕩，父兄師友拒之。美樟獨一見，曰「異人」，賣田得三百金，償其負，并勸折節。煌言兵起，薦授禮部主事參軍。尋目盲，居黄巖卒。

振名，字介韜，紹興山陰人。以文章氣節稱。謁煌言鹿頭頸。永曆十三年夏，候煌言金塘，陳三策：在海上諸島立館招賢，請奪成功兵，王師北伐。軍中未得煌言消息，符文焕遣官請視師。十五年，又謁林門。煌言疏薦忠孝廉能，歷修撰、兵科給事中。煌言殁，爲文哭之。姚啟聖攻臺灣，復以書請緩師。招之不赴。

兆殷，字夏夫，紹興山陰人。尚書燮元從子，諸生。募舟師從于穎起兵。高起潛兵五百餘自海道至白洋，得其副總兵余應元、都司王有功、守備孫勇等。已命應元會鄭遵謙江上，斬清兵六十餘級而還。永曆二年，越中兵起，使魯恂至舟山候名振進止。煌言軍平岡，以書招之。會恂被胡錦所首，死獄中，不果行。煌言屯鹿頭頸，以書招，繇臨山航海至，咨以軍旅，從次沙埕。煌言死，卒於家。

公虞，鄞縣人。户部主事督餉。事敗，入獄三年免。

宗武，字憲伯，鄞縣人。與雄大戰太白山下。累官都督、總兵。清屢招之，不赴卒。

應玘，字剡公，鄞縣人。諸生。居鎮江。煌言兵至，從之，授巢縣知縣。七日事敗，從出海。煌言死，痛哭入天童山爲僧，名等月，字印千。彈琴度曲，詩書畫皆工，士大夫金求之，不應。卒年八十。

遐勛，字振寰，鄞縣人。貨殖以財雄，傾家助餉。事敗，幾受難。

允巖，鄞縣人。從煌言最久，同入江，走英、霍爲僧，相依海上不去。

贊曰：宸荃開遠理幹，沂春純固堅貞，之椿神識洞朗，肯堂老成持重，正宸鯁直剛方，長祥英氣濟傑，皆不愧天下士。煌言忠誠雄毅，措置閒廣。轉移鄭成功，化隙爲同。江上出師，威震南朔。才巨而濟以含弘，誠大受君子也。事敗之後，百折不回，期收桑榆之效，卒以一死，結三百年殘山賸水之局。杭州就命，與文、謝燕市同揆。而前史不爲立傳，寧毋貽劉道原失之瞠眼之譏乎？諸人以蠣灘鼈背爲金湯，鮫人蜑户爲丁口，風帆浪楫，寒餓零丁，司隸威儀，有如贅旒。讀寓生居記，惶恐之情，不禁慘乎有餘慟焉爾。

南明史卷八十一

列傳第五十七

無錫錢海岳撰

余煌　朱兆柏　李白春　張文烶　楊玄錫　黄岳　徐徵麟　岳映斗　李崇稷　夏有奇　水棨旭　王觀瀛　楊鵬翼　陳式裕　陳邦政　蔡一鼎　施顯謨　葛士禎　王夢錫　林日光　徐家麟　周繼芳　俞邁生等　張德行　來在聖　陳錫　徐國珩　徐振奇　張名翰等　王思任　余增遠等　李桐等　沈延禧　徐遠　沈泰璿　周仲璉　王作霖　李國標　張域　張文鬱　子元聲等　金和　鄒璘　田嘉年　沈述裘　于公允　鄭莞卿　詹承祉　馬權奇　張以邁　陳調元　方陞　余敦倫　項承德　周宗璧　王大成　傅奇遇等　吴鍾巒　子佑之　福之　徐景芳　林正亨　陳鳴石　陳兆藩　薛敬孟　林鉉　李向中　朱永祐　余颺　兄光　林衍培　周嬰

余煌，字公遜，會稽人。天啟五年進士第一，授修撰，與修三朝要典，以内艱歸。崇禎初，起左中允，歷左諭德、右庶子、侍讀，充經筵講官。十二年，疏陳時弊，上嘉納之。給事中韓源劾其與修要典，煌疏辨，上温旨慰諭。户部尚書程國祥請借京城房租，煌力爭不可，乞假歸。

煌事親孝，登第後，猶俯仰受杖。家居，不妄謁當事。安宗立，累徵不起。杭州陷，博雒檄召越紳渡江，煌獨不往。紹宗召右庶子；魯王監國，起禮部右侍郎兼翰林學士。時王之仁守西興，多蜚語，獨深相結。王以是益眷顧之，命御馬監屈復敕召。首力勸親戎，啟言：「刻今關係全在江干，正宜痛哭誓師，感激忠義，而棲遲越土，旦夕偷安，錢塘一葦，晷刻不戒，而騎踏山陰矣。每念及斯，一慟欲絶。乃者簿書期會，全無涉於軍興；交際往還，徒虚糜乎時日。宫室妻妾之奉，不去於懷；事權利禄之謀，各爭其便。昔兩都氣象，積歲月始成。今不旬日，抑又甚之矣。伏乞嚴飭臣工，非軍事不言，非軍功不賞。除凶雪恥，飲至策勳，而後潤色太平未晚也。」

時馬士英浸且復入，遂直陳南京誤國之罪，謂「擁兵自衛，莫敢誰何，敵未至而先逃，國既亡而復用，可爲殷鑒」。

擢户部尚書，不受；轉禮部，再五辭。復有三危、三蹙、三非諸啟。時國勢促甚，兵食兩窮，無智愚皆知敗在旦夕。煌又言：「人壽幾何，乃在廷猶以先帝時故案相水火，爭之甚力。且又二郡互爲黨，以浙西爲外國。請託賄賂，甚於曩昔，爭求考選，有似太平。」煌澹然不競進。王欲召煌入閣，科臣王玉藻、曹廣等引故預修要典指煌。煌引退，不許。嗣以武將橫恣，改兵部，始受命。時田仰與鄭遵謙爭兵餉，兩軍格鬭，喋血禁門。煌至，申嚴軍令，將士斂戢。

煌上言：「今國勢愈危，尺土未復，戰守無資。諸臣請祭，則當思先帝烝嘗未備；請葬，則當思先帝山陵未營；請封，則當思先帝宗廟未享；請蔭，則當思先帝子孫未保；請謚，則當思先帝光烈未昭。」時以爲名言。轉吏部，加太子太保。

王以陸清源死，恐上興問罪之師，令張國維抽師西禦，煌代國維督師江上。是年六月，諸軍皆潰，王航海，蕭山屠。知縣查嗣馨議城守，煌嘆曰：「數萬軍猶不能戰，乃以老弱守孤城，是聚肉待虎也。」亟開九門縱民出，書絶命詞衣帶間，曰：「膝不可屈，髮不可披。」投城東渡東橋下。家人拯起之，喟然曰：「忠臣不易爲也。」居二日，袖巨石投深處，乃死。

朱兆柏，字茂如，紹興山陰人。大學士璘孫。天啟五年進士，改庶吉士。時魏忠賢擅權亂政，同榜訂兆柏往謁，拒不赴，遂假疾歸。逮忠賢敗，乃起授簡討，誥敕撰文，教習內書堂。諸宦多驕縱，舊例不受教者笞長班，兆柏乃逕笞其身。冊封德王，轉左贊善、經筵講官，編纂六曹章奏。

崇禎七年會試分房。每房例中進士十六人。同考項煜恃才名，中凡十七人，諸房皆爭執不與，而兆柏獨不之較，遂止中十五人。

時黨議日起，東林雖爲君子淵藪，而竊附者亦多，羣欲致之自重。兆柏曰：「漢覆唐傾，皆繇黨錮，豈可復蹈之哉！吾鄉劉念臺先生，天下正人，未嘗立黨，吾所景仰。彼紛紛者奚爲耶？」卒屹然自立，一無依附。歷諭德、庶子、侍讀、武會試總裁、少詹事、詹事、侍讀學士，小心兢惕。閣有大事，輒資參酌。以憂歸。

安宗立，馬士英當國。曰：「豎子豈能任大事！」遂不出。紹宗召詹事，未赴。

魯王監國，方以疾杜門，内臣敦諭再四，曰：「明知不可爲，然今亦不得不出也。」以禮部尚書兼攝吏部事，尋改吏部尚書。時方、王擁兵國門作威福，兆柏裁以大義無所假，朝野依賴；而時勢益促，朝夕焦心，日就羸尪。人有勸少息者，曰：「此何時，而臣子尚敢愛身耶！有死而已。」未幾告老，以章正宸代。

紹興亡後，憤恨歐血死。妾李，避兵入山，嘆曰：「朱氏婦當爲朱氏鬼。」父母旦夕守之，卒絶食死。

李白春，字幼白，崑山人。萬曆四十四年進士，授錢塘知縣，歷文選主事、員外郎。初鄉人顧秉謙引入銓，以無貨報，削籍。久之，起嘉湖副使。安宗立，遷光禄丞。南京亡，崑山城守，起兵真義，扼蘇州清兵。戰敗至紹興，超擢户部尚書。薦董守諭司餉，時稱得人。明年，調吏部。紹興亡，歸里杜門，卒年九十二。

同時，吏部司官張文煃，字湛生，鄞縣人。崇禎七年進士。授益都知縣，抑强扶弱，禁衡府諸奄稱貸尅民利者。歷驗封主事、文選員外郎、郎中。紹宗召稽勳，未赴。銓法爲時所稱。後二入選司，清謹自守。紹興亡，隱。

楊玄錫，字康侯，晋江人。年十六成崇禎七年進士。歷中書舍人、文選主事、考功員外郎、文選郎中。五載銓衡，一塵不染。北京陷，受刑辱歸，起故官。清屢召，不應。

黄岳，一名賓，字嵩公，不知何許人。諸生。文選郎中，從扈海上。

徐徵麟，字定侯，宜興人。崇禎十六年進士。自山陰知縣歷驗封主事、員外郎、郎中。

岳映斗，字明海，秀水人。崇禎十六年進士，自稽勳主事歷員外郎、郎中。紹興亡，不仕。

李崇稷，岐山人。崇禎十六年進士，授行人。弘光時，頒詔湖廣。謁紹興，擢考功郎中。後降於清。

夏有奇，蕭山人。崇禎十六年進士。授知縣，歷文選主事、員外郎。

水榮旭，字蟄庵，鄞縣人。崇禎十三年進士。歷驗封主事、員外郎。不應清召。

王覲瀛，字子仙，紹興山陰人。崇禎十六年進士。授寶應知縣，調溧水。南京亡歸。歷文選主事、稽勳員外郎。

楊鵬翼，字子羽，陽城人。崇禎十三年進士。自會稽知縣歷考功主事、員外郎。間歸杜門。

陳式裕，字贊皇，定海人。選貢。自中書舍人遷文選主事。工詩。

陳邦政，蕭山人。恩貢。自中書舍人遷驗封主事。

蔡一鼎，字天生，台州寧海人。上書紹興，授中書舍人，遷稽勳主事。

施顯謨，字伯文，孝豐人。自內閣中書遷考功主事。

葛士禎，字維周，鄞縣人。諸生。授司務。隱響巖。

王夢錫，字訥吾，金壇人。天啟五年進士。授工部主事，歷員外郎、郎中，出爲南瑞僉事，轉廣東按察使、四川右布政使。安宗立，召添註太僕少卿，擢太嘗卿、副都御史。以貪墨被糾，又坐張捷姻戚降級。南京亡，謁紹興，代李白春爲户部尚書，力濟沈宸荃兵餉，兼兵部。紹興亡，爲僧南京半壁庵。鄭成功攻南京，謀内應死。僕朱遵義護其家並子，被執嚴刑不屈。

同時户部司官：

林日光，字君向，福清人。崇禎十三年進士，自工部主事歷蘇州、南康知府，亢直不阿。安宗立，入爲户部郎中督南新關。忤中官，羅織罷。紹興起故官。

徐家麟，字石容，鄞縣人。崇禎十六年進士。陷北間歸，授户部主事，歷員外郎、郎中。紹興亡，詩酒窮愁死。

周繼芳，紹興山陰人。崇禎十六年進士，官户部郎中。

俞邁生，字日斯，會稽人。崇禎九年舉於鄉，官户部郎中。紹興亡，入山，卒年七十一。子公穀，字康先，不應試。李霨薦鴻博，不赴，卒年七十。

張德行，字用之，浦江人。選貢。官户部江西司員外郎。隱。

來在聖，蕭山人。官户部陝西司員外郎。

陳錫，義烏人。恩貢。官户部廣東司員外郎。

徐國珩，字鳴玉，衢州西安人。選貢。授户部主事。隱。

徐振奇，字可貞，鄞縣人。諸生。從錢肅樂起兵，説王之仁反正，迎王天台，參瓜里軍，授户部主事。紹興亡，入青雷山中。

張名翰，紹興山陰人。大理卿焜芳子。任督餉主事。子際辰，字德操，諸生。任千户。翼辰以孝友稱。皆傳劉宗周學。

王思任，字季重，紹興山陰人。萬曆二十三年進士，歷興平、當塗、青浦知縣，袁州推官。所至皆被鐫級，稍遷刑、工二部主事，屯田員外郎，出爲九江僉事，罷歸。南京亡，安宗蒙塵，浙中以道阻未知。馬士英以黔兵擁太后至，人不能辨。思任上疏曰：

戰鬬之氣發於忠憤，忠憤之心發於廉恥。事至今日，人人無恥，在在不憤矣。陛下寬仁有餘而剛斷不足。

士英公竊太阿，肆無忌憚，窺上之微而有以中之。上嗜欲則進醺醁，上悦色則獻淫妖，上喜音則供優鮑，上好玩則奉古董。巧卸疆埸於史可法，而又心忌其成功。招集無賴，賣官鬻爵，門下狐狗，服錦横行。朝廷篤信之，以至於斯也。今事急矣，政本閣臣可以走乎？兵部尚書可以逃乎？不戰不守，而身擁重兵，口稱護太后之駕，則聖駕不當扈耶？

及今猶可號召之際，太后宜速趣上炤臨出政，斷絶酒色，卧薪嘗膽。斬士英之頭，傳示各省，以爲誤國欺君之戒。下哀痛之詔，以昭悔悟。則人心士氣，猶可復振也。

復致書士英曰：

閣下文采風流，才情義俠，某所欽慕。即當國破衆疑之際，援立今上，以定時局，以爲古之郭汾陽、今之于少保也。然而氣驕腹滿，政本自繇，不講戰守之事，止知貪黷之謀，酒色逢君，門墻固黨，以致人心解體，士氣不揚，畔兵至則束手無策，强敵來而先期已走，致令乘輿播遷，社稷丘墟。閣下謀國至此，即喙長三尺，亦何以自解？莫若明水一盂，自刎以謝天下，則忠憤氣節之士，尚爾相諒無他。若但求全首領，亦當立解樞機，授之才能清正大臣，以召英雄豪傑，呼號惕厲，猶可冀望中興。如或逍遥湖上，潦倒烟霞，仍賈似道之故轍，千古笑齒，已經冷絶。再不然，如伯嚭渡江。吾越乃報仇雪恥之國，非藏垢納汙之區也。某當先赴胥濤，乞素車白馬以拒閣下。上干弘怒，死不贖辜。

閣下以國法處之，則束身以候緹騎；私法處之，則引領以待鉏麑。

士英愧憤不能答也。

魯王監國，擢詹事兼太嘗少卿提督四夷館，轉禮部右侍郎，晋尚書。請卹殉國諸臣，又陳亟正事、持正氣、用正人、聽正言四事，繼陳官亂、民亂、兵亂、餉亂、士亂之失。乞休不聽，嘆曰：「江上之事不臘矣。」

紹興陷，病不及追扈，居秦望山孤竹庵。或勸薙髮，曰：「頭盧止血一升耳，何惜爲。」清巡按王應昌招之，遂絶粒，水漿不入口者七日。援筆書致命篇，命家人加朝服，大呼高皇帝三聲而卒，年七十二，謚文節。

時禮部司官：

余增遠，字謙貞，會稽人。煌弟。崇禎十六年進士，授寶應知縣。劉澤清鎮淮安，欲以公禮格郡縣，棄去。魯王監國，自儀制主事歷員外郎、郎中。紹興亡，入山灌園，冬夏皁帽不科頭。兄增雍，字爾庠，天啓四年舉於鄉，太平知縣，隱。弟增志，字清文，天啓四年舉於鄉，爲僧大哭，雨夜爲虎噬死。

李㮙，字宗海，鄞縣人。崇禎十年進士。授潮陽知縣，調永清。召對，議用給事中。北京亡，南歸。王起儀制主事，累遷郎中。與山寨義師，爲謝三賓上變，與高斗樞逮杭，誓死嘿不出一語。歸，閉氣絶粒死。子文純，字姬伯，預義師免，去諸生。女文玉，爲尼。文胤，自有傳。

沈延禧，字孔皆，鄞縣人。尚寶泰鴻子。任中書舍人，歷祠祭主事、員外郎、郎中。隱。

徐遠，字道昭，嘉善人。崇禎十六年進士，授行人。安宗立，頒追尊謚號詔福建。歸，王遷儀制主事、員外郎，擢主客郎中。紹興亡，葛巾野服。卒年七十八。

沈泰璿，字弘崖，鄞縣人。布政使一中子，選貢。歷中書舍人、儀制主事員外郎、精膳郎中。

周仲璉，字彝仲，長興人。崇禎七年進士，官禮部郎中，爲周延儒客。北京亡，削髮不屈歸。起精膳，從扈中左所。

王作霖，字用之，會稽人。弘光時官中書舍人。南京亡，負玉牒謁王，遷儀制主事。紹興亡，入雲門爲僧，名弘瑜，字月章。工書法山水花鳥。

李國標，字君龍，寧波奉化人。隆武二年舉天興鄉試。授嘉禾知縣。謁王海上，遷儀制主事。兵敗歸隱。

張域，分水人。副貢。司務。卒年九十八。

張文鬱，字從周，天台人。天啟二年進士。自工部主事累遷太僕少卿、太嘗卿。三殿工成，進工部右侍郎、右都御史，加太子少保。崇禎初，監修慶、德二陵。以名麗逆案罷。念邑苦夫馬，力言當事立三差法。安宗立，張國維疏薦未召。魯王監國台州，起故官，再薦工部尚書。紹興亡，潰兵劫畧，傾資犒免。與中書舍人趙魯存扈舟山歸。居鄉以厚德稱。子元聲，字汝韶，選貢。任刑部主事。元心，孝友任氣，任都府都事。弟文郊，字子麟。

諸生。以兵應國維，贊畫江上歸。元聲子亨梧，字翩之，工文。國亡杜門。

同時刑、工二部司官：

金和，字爕之，平湖人。崇禎十三年進士，授溧陽知縣，倡合兑法，民甚便之。調山陽，民哭送者數千人。遷刑部雲南司主事，歷四川司員外郎、郎中。歸隱。

鄒璘，字太璞，華陽人。崇禎十三年進士。歷古田、餘杭知縣，刑部主事、員外郎。迎王紹興，傾財輸餉，遷郎中。紹興亡，寓江山南峯寺。城陷，不食死。

田嘉年，紹興山陰人。崇禎十年進士，歷巴陵知縣，刑部主事、員外郎、郎中。紹興亡，不入城市。

沈述裘，字公冶，德清人。天啟七年舉於鄉。官刑部郎中。入清不出，卒年九十八。

于公允，瀏陽人。副貢。歷長治、山陰知縣，刑部主事。

鄭箎卿，縉雲人。天啟七年舉於鄉，刑部主事。

詹承祉，字聚侯，當山人。崇禎元年進士，歷長葛、蘭陽、遂寧知縣，民僮悦服。止折驛馬價，革鹽引。入爲兵部主事、員外郎，轉營繕郎中。

馬權奇，字巽倩，會稽人。崇禎四年進士，自行人遷工部主事，司琉璃廠。奄誣其有私，事白歸。鄭遵謙兵起，傾家輸餉，擢虞衡郎中。後死於兵。

張以邁，字月征，浦江人。崇禎十六年進士，授中書舍人，册封江西。歷都水主事、員外郎、郎中。隱。

陳調元，字梅臣，嘗熟人。天啟四年舉於鄉，歷永康教諭，武義、平山知縣，屯田主事，榷杭州南關。弘光時遷員外郎，捐奉建兩朝忠烈祠。紹興擢郎中。

方陞，字南仲，鄞縣人。歲貢。遊遼、瀋、登、萊幕，參江上軍，官虞衡員外郎。行遯。

余敦倫，字敬敷，龍遊人。崇禎三年舉於鄉。歷國子學正、刑部司務、四川司主事，改營繕。歸，林居十餘年卒。

項盛德，字聖愚，定海人。太學生，都水主事。

周宗璧，永嘉人。崇禎六年舉於鄉，屯田主事。

王大成，衢州西安人。附貢。工部主事。

傅奇遇，字爾光，鄞縣人。監國時歲貢。監軍，授司務。紹興亡後，以張煌言事連入獄。晚隱舟山。子人龍，從軍瓜里，官副總兵；攀龍，字蓉鏡，諸生，煌言甥，相從危難。兵敗，授徒海鹽。

吴鍾巒，字峻伯，武進人。崇禎七年進士。爲諸生時，海内稱爲名宿。比通籍，年五十八矣，授長興知縣。奄人崔璘以巡視鹽糧至，守令見之皆扶服，鍾巒獨長揖。璘怒，中以蜚語，削籍歸。周延儒再相，重鍾巒名，遣所知道意，將登啟事。鍾巒笑答之曰：「公爲山巨源，請容我爲嵇叔夜；公爲富彥國，請容我爲邵堯夫。」久之，起紹興炤磨，遷桂林推官。弘光時，入爲吏部主事，抵南雄而南京亡，改赴福京，轉員外郎，痛陳國事，鄭芝龍不悦。鍾巒曰：「天下分崩，資羣策猶恐不支，尚欲杜人言耶？」紹宗以芝龍專恣，欲往贛州。鍾巒曰：「閩海雖非立國之區，然今日所急者，首克南昌，選鋒鋭以復南京，聯絡吴楚以得長江，猶可自固。舍此他圖，關門一有騷動，則全閩震驚矣。往贛非時，且人力舟車俱有未便。」上不悦，出爲廣東副使。未行而福京又亡。遯跡海濱城頭鄉。

憤士大夫多失節，因作十願齋説寄意：一曰，吾願子孫世爲儒，不願其登科第。再曰，吾願其讀聖賢書，不願其乞靈於西竺之三車。終曰，吾願其見危授命，不願其偷生事仇。又集累朝革命諸忠，上自夷、齊，下洎遜國，名曰歲寒嵩柏集，序之曰：

客有問云：「諸君子死節誠忠矣，然無救於國之亡也，子何述焉？」應之曰：「子不云乎，歲寒知嵩柏，嘆知之晚也。夫諸君子皆公忠直亮之臣，較然不欺其志者也，臨難而能勵其操，必受命而能盡其職。使人主早知而用之，用爲宰輔，則如中國相司馬而遼邊息警；用爲諫議，則如漢廷有汲黯而淮南寢謀；用爲鎮帥，則如軍中有范、韓而西賊破膽，又安得有亡國事乎？惟不知而不用，且用之而不柄用，且憚其方正而疏之，惑於讒佞而斥之，甚且錮其黨而並其同道之朋一空之，於是高爵厚禄徒以豢養庸禄貪鄙之輩，相與招權納賄，阻塞賢路，天下之事日就敗壞而不爲補救。及其亡也，奉身鼠竄，反顏事仇。嗟嗟，烈女不更二夫，況薦枕席於手刃其夫之人乎？若輩之肉尚足食耶？」

又問曰：「諸君子抗節者誠清矣，曷不死之？」應之曰：「記云：『謀人之國，國亡則死之；謀人之軍，軍敗則死之。』諸君子皆不柄用，未嘗與謀軍國事。易曰：『介於石，不終日。』儉德避難，夫安得死之，守吾義焉耳！」

曰：「然則恢復可乎？」曰：「事去矣，是非其力所能及也，存吾志耳。志在恢復，環堵之中，不污異命，居一室，是一室之恢復也。此身不死，此志不移，生一日，是一日之恢復也。尺地莫非其有，吾方寸之地，終非其有也；一民莫非其臣，吾天朝之臣，終非其臣也，是故商之亡，不亡於牧野之倒戈，而亡於微子之抱器；宋之亡，不亡於皋亭之出璽，而亡於柴市之臨刑。國以一人存，此之謂也。子謂空言無補，將謂春秋之作曾不足以存周乎！」客乃慨然而退。

時流離海上，有勸之歸者，復作止歸説以謝之。永曆元年，鄭彩奉監國魯王至中左所，用錢肅樂薦，召爲通政使，不起。肅樂貽書諷之，鍾巒亦翻然曰：「出固無益，然不出則人心遂涣。濟不濟，以死繼之。」乃就職。擢兵部右侍郎。

啟言：「今遠近章奏，武臣則自稱將軍、都督，文臣則自稱都御史、侍郎，三品以下不屑署也。至所在遊食江湖者，則又假造符璽，販鬻官爵，偃卧丘園而曰聯師齊、豫，保守僕御而曰聚兵十萬，以此聲聞，徒致亂階。請自今嚴加核實。集兵則稽其軍籍，職官則考其敕符」。王是之。晉禮部尚書兼右都御史督學政。

從王幸浙。所至輒試其士之秀者入學，率之見王。襴衫巾縧，拜起秩秩。人笑其迂，鍾巒曰：「濟濟多士，維周之楨。可以亂世而失教士耶？」加太子太保。請上安宗廟謚。監國旨有不繇内閣票者，鍾巒正詞力諫。從之。一時祝版文告、詔誥敕書，皆出其手。文采古麗，辭命有光。王親征，張名振出師，鍾巒撰檄文布告天下。忠憤雷轟，英豪電發，士民見檄皆涕泣悲不能仰視。

鍾巒初見朝政盡歸武臣，嘆曰：「當此之時，惟見危授命，是天下第一等事。避世深山，亦天下第一等事。」

黄宗羲當招居四明山，答以書曰：「故人有母，固應言歸，老生從王所在，待盡而已。」

遂退居普陀。

五年，舟山被圍，慷慨謂人曰：「昔吾師高忠憲公，吾弟子李仲達死璫禍，吾友馬君嘗死國難，吾皆爲詩哭之。吾門生錢希聲從亡死，吾子福之倡義死，吾亦爲詩哭之。今老矣，不及此時尋一塊乾淨土，即旦夕疾病死，吾何以見先帝、謝諸君於地下哉！」乃渡海入城，與張肯堂訣曰：「吾於前途待公。」至文廟右廡，賦絶命詞，奉先師神位，舉火自焚死，年七十五。妻自刎死。義士徐景芳歸其喪。

子佑之，從鍾巒廣東，官平遠知縣。

福之，字公介，弘光元年恩貢。嘗言於鍾巒曰：「天下事無非兵理。處亂世，非將略兵法無以處事馭人。杜牧注孫子曰：『得其一二者爲小吏，盡得其道則可爲大吏也。』今當事統數百兵即譁矣，大吏見數十亂民即倉皇矣。有地方之責者，凡其地弁將、營卒、縉紳、耆父、吏胥、役隸以及盜賊、土豪，無不留心著眼，以法詰糾部勒之，爲心腹爪牙之用，卒有事變，可以制置。」鍾巒異其言。嘗州陷，吴易起兵太湖，福之與任源邃、李總兵合軍應之，奉宗室盛澂爲主。兵潰，自書衣襟曰：「我生不辰，遭此兵燹。從軍勤王，冒死不避。血戰三月，誓死不貳。再舉再克，全軍失利。公既成仁，我亦取義。不揣小子，敢附斯誼。」遂自沈於湖。

景芳，長興人。嘗犯法，誤坐不赦律，鍾巒特出之，相從終身不去。鍾巒將自經，命景芳爲之，不敢任，卒爲盡，間負骨歸。

林正亨，字益謙，連江人。萬曆四十七年進士，授長沙推官。藩戚擅威虐民，正亨置之法，能聲大著。邊餉告急，民苦輸運，正亨請折役，全活無算。遷兵科給事中。魏忠賢欲邀致之，拂衣歸。

崇禎初，起故官。鳳撫楊一鵬失事，皇陵震驚，廷臣往勘，咸瞻徇不實。正亨被命往，歷鳳、潁、壽、亳太和，據情上聞，并繪圖以進。上覽疏嗚咽涕零，推案不食。一鵬遂伏法。其請振難民，蠲賦額，設重臣，修築備禦，尤切中時事，皆施行。轉户科，會計天下歲額，刊定成書，以杜積弊。六年，清兵入塞，疏請城張家灣。七年，劾傅宗龍不赴宣府，恇怯觀望。尋乞休。

紹宗立，擢刑部右侍郎。永曆元年十月，監國魯王晋户部尚書。從扈長垣。事敗，與陳鳴石、陳兆藩、薛敬孟歸隱。二年秋，抑抑卒。

鳴石，字體魁，天興長樂人。崇禎六年舉於鄉。王次長垣，授禮科給事中。時方播越，獨正色如立治朝。歸即杜門埽軌，不通人事。卒年八十四。

兆藩，字衛公，侯官人。崇禎十二年舉於鄉。隆武中歷刑部主事、員外郎。王改福建道御史，上亟旌獎死節諸臣及恢復機宜。事敗蹈跡。病不醫藥，曰：「今而後，吾得爲完人矣。」含笑卒，年七十六。

敬孟，字子熙，福清人。隆武時恩貢，選庶萃士。博學工詩。起兵應王，授工部主事。敗後，浪遊張秋、真定，卒於恒山。

林鉉，莆田人。天啟二年進士，授富順知縣，改順天教授，累遷國子助教、户部主事，監兑江西，轉員外郎、郎中。出爲彰德知府，降大理副寺正，陞工部郎中。再降寧波通判。魯王監國，復郎中。從扈海上，擢兵部右侍郎。永曆元年，起兵應王，晋尚書兼翰林學士。兵敗，往來淳安、遂安諸山寺，改姓名唐復思，又曰作霖，字佛奴。

有宋和者，遊遂安，見僧舍郵亭多復思題壁，書法老縱，詩怨悱孤放而不自容，知其爲高隱者。一日，於燕席上見一老人，豪飲而巨顙豐頤，長目顧盼。主人出圖畫十餘幅，請老人南向坐而題詠。老人則執筆崛然起，視之則真七尺古丈夫。署紙尾則曰「復思題」。始驚即復思也。

爲人巖立不倚，惟放廢於酒。遂安人言其初入縣南門也，已沈湎矣，僧伽帽，插花袒臂，欹倚道中，而人既閩産，鳥言嘵嘵。時山谷猶多義兵，門者以故縛之。縣令則陰察其非嘗僧，而陽以爲醉僧也，笑釋之。於是嘗遊食於淳、遂諸山寺。

至吴三桂兵起年餘而不見復思。及歸，乃云自秦中來。縉紳之徒因疑其志異，稍稍謝絶之。和既於席上識復思，明日過訪之。往還既數，復思有携杖童子，漸與習熟，因微叩以事跡。童子曰：「我不知吾先生，但時見其中夜起視星氣而哭。其枕匣有大銅印一，間嘗啟匣，手弄祕之，不知何爲者。」和意童子未覩官司符篆耳，然則復思固前朝官者耶？又一日，過復思。復思病暴作，心痛，見和至，瞠目而視曰：「復思死矣。恐死而世不我知。復思非我名，唐則我外家姓也。余爲悊皇帝御覽進士。」言至此則淚，又曰：「後仕監國朝。」語未絶而適痛少差，遂不復言。因問其姓名，亦終不答。病愈，乃去遂安之淳，後又在臨安。臨安教諭某謂即鉉。後不知所終。

李向中，字豹韋，鍾祥人。崇禎十三年進士，授長興知縣。調秀水，大革漕弊。左光先以巡按至，州縣餽遺稍後多被劾，向中以二巨甕盛泉進之。光先知其廉，不與較。遷車駕主事，至淮上而北京亡。安宗立，轉職方員外郎、郎中，出爲嘉湖副使，調蘇嵩。甫涖任，而南京又亡。

嵩江沈猶龍兵起，向中預之。兵敗，入福京，擢尚寶少卿。福京亡，奉父母居海濱。劉中藻招之，朝監國魯王。命以兵部右侍郎巡撫福寧，監中藻軍，扼沙埕。

時兵戰屢勝而多不戢，海上居民謡曰：「長髯總兵，黥面御史，鋭頭中軍，有如封豕。我父我兒，交臂且死。」向中曰：「是非所以成大事也。」中藻曰：「是爲監軍之任，公何嫌焉？」向中乃持節召其中軍將，欲斬之。中軍將訴於中藻。中藻曰：「汝今乃遇段太尉也。」自是軍士始戢。向中在行間，衣短後衣，縛袴褶，徧勞諸舶，加慰勞，勉以忠孝大義，使量力輸助而無所掠。福寧人倚之如父。

向中與章義守沙埕。清兵攻福安，兵少不能救。福安陷，乃扈王入浙，次三盤，從張名振復健跳所，晉尚書兼掌都察院事。時風帆浪楫，從亡諸臣多憔悴無顏色，向中丰采如故。已加太子太保。

見悍帥迭起，事不可爲，嘆曰：「此所謂是何天子，是何節度使也。」問左右絶粒幾日可死，曰：「七日。」曰：「何緩也。」舟山陷，曰：「先帝以治行拔向中，曩不死，希得當以報耳。今不如一決之愈也。我死，幸投我海中，以志恨。」

清將逮之，衰絰入見。問曰：「召君不來，逮始來，何也？」曰：「召則恐誘降，逮則謹就義耳。」因賦絶命詞，大駡而死。妻妾、子善毓及婢僕十餘人一門火死。

朱永祐，字爰啟，上海人。崇禎七年進士。授刑部主事，調文選，罷歸。南京亡，預嵩江夏允彝、陳子龍之師。事敗，航海福京，遷郎中，改户、兵二科都給事中，轉太嘗卿。張肯堂薦加兵部右侍郎銜，爲北伐監軍，偕周鶴芝屯中左所。鄭芝龍畔，棄福京入東石。東石與中左所近，永祐力諫，不聽。芝龍既降清，永祐以鶴芝軍移海壇。永曆元年，復海口鎮東二城，四月又陷。監國魯王再出師，擢刑部右侍郎，署尚書。尋與肯堂、徐孚遠依黄斌卿舟山，改吏部左侍郎。斌卿歿，晉工部尚書，仍兼吏部事。

永祐初不以學問名，在舟山，輒與吴鍾巒講顧、高東林之學。或笑其迂，答曰：「然則崖山陸丞相亦非耶？」時諸鎮各以私意相仇殺，文臣左右之，多致禍。永祐回翔其間，能得所歡以自保。

五年九月，舟山陷，自占絶命詞。被執，脅薙髮，曰：「我髮可薙，何待今日！」斫其胸死。僕負屍出城，血涔涔流。僕哭曰：「主生前好潔，今無知耶？」血應聲止。妾石、僕顧瑞卿從死。

余颺，字賡之，莆田人。崇禎十年進士。制義與夏允彝、陳子龍齊名。授宣城知縣，善折獄，數年不決者，爲之一清。容接名士沈壽民、梅朗中、麻三衡等。以古學造士，分較鄉闈，取士如王亦臨、方以智，俱知名士。調寶應、上虞。土寇入城，率士巷戰，破之，禽者即死杖下，得籍，勿視燔之，良莠感泣。遷文選主事。安宗立，累轉稽勳員外郎、考功郎中，出爲廣東水利副使。紹宗即位，擢僉都御史。上言：「福州爲龍飛首都，請改爲天興，比應天、順天、承天例。」從之。福京亡，杜門不出。永曆元年，監國魯王召爲左都御史。後與朱繼祚起兵興化。城陷，見執繫獄，與林嵋唱和不輟，一年得脱。壻宋禄祖被執自經死。

兄光，字希之，去諸生。

邑人林衍培，字仲卿，恩貢。授興國知縣，閻、羅、宋之亂，練義勇自將之，屢挫賊鋒，邑恃以無恐。清兵至，被執得脱。謁福京，歷職方主事、監軍僉事。以母老歸養。

周嬰，字方叔，崇禎十三年特用。授上猶知縣，寬征除横，獄無留案。均屢徵不起。

贊曰：北柏、夢錫、思任、文郁、鉉、颺蘊藉才猷，正亨、向中匡直劌劌，鍾巒、永祐經説鏗鏗，皆一時廊廟羽儀。身丁末造，以浙東蕞爾，爲斟鄩斟灌，剖肝絶脰，甘死如飴，若求於此而得一死所者。嗚呼盛哉！煌與修要典，其立身固不無可議，然安貞履節，不愧科名。明世鼎元死事者，自黄觀、曹鼐、劉理順後，得此而四。以視魏藻德、楊廷鑑輩爲何如耶！語曰：「典以一人重。」信矣夫！

南明史卷八十二

無錫錢海岳撰

列傳第五十八

姜埰 子安節等 弟垓 兄圻 馮敬舒 馮起綸 馮崑 唐階泰 父自華 沈廷嘉 黃鼎鼐 黃運泰 牟賢 董應濟等 史奕楠 楊宗簡 陸鳴時 董學成 盧之頤 周昌時等 兄昌會 沈士穎 申人毅 陳昱 陳藎卿 王欽瑞等 駱國挺 李文靖 周家偉等 許士儉 胡鳴鏓 單一鳴 陳大奎 李廷傑 汪沐日 嚴通 林大乾 黃宗羲 從弟世春 汪涵 茅翰 林時對 徐明節 阮震亨 徐殿臣 劉勷 顧朱 向北 俞咨龍等 李可立 劉明孝 宋運昌 李大年 紀五昌 王萬祚 鍾鳴雷 彭彥昭 陸鋊 駱大良 王正中 陳梧 張利民 徐之垣 姚應嘉 子士鍔 弟會嘉 譚貞默 雍熙日 林國棟 章鳴鳳 戴杏芳 全大和等 李文燿等 章函貞 陳潛夫 弟麗明等 葛世振 沈泓等 魯桌 李仕魁 何喬遇 朱灝 費緯祥 陳箴言 何法仁 鄭之訓 駱光賓 姜昌周 董守諭 子道權 莊元辰 林祚隆等 王藥師 金蘭 徐景麟 沈泰藩等 陶景麟等 王玉

書　李山 子天民　王玉藻 子武徵等　姚紀等　來集之 從兄方煒　子爾昌等　徐爾一 子
定達等　蔡勷　吳之龍　史學易　張錧　秦祖襄　駱方璽 史繼鰌　陳朝輔　楊德周 李安世等
來咨諏　陸寶　顧超　李元曜　沈茝等　丘子章　施鉉　孫肩　李文緝等　范汝植　朱邦翰　吳之經
王至京　張暘杲　林增式　吳振芳等　董應遵等　陸符等　韓巖　沈光瑀　李維墉　蔡繼曾　邵之
詹　孫桀　包爾庚 孫鼎　沈綵 王紹美等　張壎　周齊曾 叔元良　吳之器等　陳士元

姜埰，字如農，萊陽人。父瀉里，諸生，崇禎十六年清兵陷萊陽，與幼子坡及三子婦、一女守城死，弘光時贈光祿卿，謚忠肅；坡贈待詔。

埰，崇禎四年進士，授密雲知縣，改儀真，爲政廉仁，十年無所取於民。嘗捐俸，請託免泗州修河夫五百名。又請革過閘糧船牽夫，著爲令。舊例，掣鹽封引，儀真令皆有賂。埰獨絶之，商人感激。入爲儀制主事，以朱大典疏薦，擢禮科給事中。在官五月，上三十餘疏。清兵攻京師，分守德勝門。

時周延儒大貪婪，劉宗周有「長安黃金貴」之疏。延儒懼，卸其罪言官，又欲引用逆輔馮銓，相表裏，爲奸惡。埰上疏極論罪在大臣，不在言官，并及涿州知州劉三聘疏薦事，觸延儒怒。又有上諭代人規卸，爲人出缺，陛下果何見而云然？及二十四氣蜚語，騰聞清禁，此必大奸巨憝惡言官不利於己者。上大怒，與熊開元同下鎮撫司獄，幾死，後並得赦。

初下獄三日，勺水不得入口，冰雪交積，僵仆土室，無襆被，身嬰之木，血流貫械。九卿臺省疏救，不報。故例，凡一拶敲五十，一夾敲五十、杖三十，名曰一套。埰既備刑，讞獄者必欲得二十四人姓名報上。埰忍死弗列，氣垂絶，惟以指染口血書「死」字，卧階下，半日稍甦，而終不肯承。上益怒，責衛司再訊，一拶一夾各敲八十、杖三十。俄出密諭曰：「即考畢命，止云病故。」會宗周上殿力爭，金光辰願以身代，皆奪職謫籍。而馮元飈、吴麟徵復婉詞規勸，上心爲少移，旋出密旨，諭衛司繳昨旨毋行。於是埰、開元始得移刑部獄矣。徐石麒擬附近充軍。上怒埰、開元，各杖一百。是日，遣太監曹化淳監視於午門。及刑，杖數折，埰昏絶，久之乃甦。杖畢，上問化淳：「顧何言？」曰：「二臣謂皇帝堯舜，臣得爲關龍逄、比干足矣。」上曰：「舌强猶爾！」明年，萊陽陷，父死難，臺省交章請釋，不許。刑部清獄，以埰、開元名上。上曰：「此大惡，奈何釋之？」十七年正月，李建泰出師，請之，始謫戍宣州衛。在道聞北京之變，慟哭南之戍所。未至，安宗即位，赦埰留蘇州。

阮大鋮嘗爲其弟垓所劾，欲殺之。與垓變姓名走徽州，轉天台。紹宗起故官，兼職方員外郎。監國魯王命行人林弘珪、弘琛召爲兵部右侍郎。事敗，爲僧黄山，仍還蘇州，奉母歸萊陽。

清撫將薦諸朝，乃陽墜馬折股，乘間復馳至蘇州，自號宣州老兵，欲結廬敬亭山不果。病革，語二子安節、實節曰：「敬亭，吾戍所也。未聞後命，吾猶罪人也，敢以異代背吾死君哉！」卒葬宣城。

安節，字勉中。講學宗孟子，工古文。徙家依墓傍，不仕終。實節，字學在，入清爲諸生。

垓，字如須。崇禎十三年進士，官行人。埰廷杖斃，垓口溺灌之復甦。已聞萊陽之報，疏請代兄繫獄，釋埰歸葬其父，不許。乃馳歸，奉母南走。初，行人廨舍碑有大鋮名，疏請碎之，大鋮切齒。王召考功主事，轉郎中，兼經筵講官。軍旅誓告文多出其手。大鋮譖之方國安，將殺之，以奉使册封獲免。久之卒。子寓節，字奉世，清諸生。篤師友誼。徐枋飢寒，月贍養之，并割室處曾燦遺孤，歿以布衣冠殮。

兄圻，字紫翰，副貢。萊陽陷，重傷不死，從積骸中負父屍走。王授象山知縣。滋陽、陽信二王寓城中。江上亂兵蠭起，民不聊生，二王亦惴惴不自保。圻上奉藩府，下撫疲兵，宛轉周旋悍將間，有調護功。浙東亡，北歸萊陽，以憔悴死。

馮敬舒，字元衷，慈谿人。天啟五年進士，授工部主事。監三殿工，魏忠賢使私人以銓曹啖之，不應。榷荆州，督通惠河。大璫張彝憲巡視過州，不爲禮。誣劾之，逮其書役掠治，欲連及敬舒。以臺省訟救免。轉江西參議，憂歸。起川北參議。寇破漢中，逼保寧。敬舒置匕首衣帶間，曰：「脱不幸，惟以此報國耳。」督將士前後百戰，所屬三十餘城，無失者。以功陞陝西按察使，合力防禦。擢山西右布政使，憂歸。

魯王監國，以馮氏巨族，甲第多，起敬舒兵部右侍郎；宗人起綸工部右侍郎；家禎太僕卿；元飈副都御史；崑行人。馮氏一門冠蓋盈路。

紹興亡，敬舒歸里杜門，不與世接。有同年生爲海道，造廬請謁，終不見。善大小篆。撫秦漢圖章，世共寶之。卒以憤悶酒死。

起綸，字弖閣，萬曆四十七年進士。授豐城知縣。邑積逋二十餘萬，催科有方，所負漸清。鋭意作人，時督諸生較藝。歷考功主事，武選員外郎、郎中。上疏陳軍國至計八事。出爲南昌僉事，改四川督學，歷福寧參議、南昌副使、江西右布政使。弘光時調福建歸擢。卒贈尚書，謚端簡。

崑，字栩瞻，崇禎十六年進士。

唐階泰，字亨予，達州人。父自華，字棣之，歲貢。拒寇全城，國變不食死。階泰，崇禎十六年進士，授吳江知縣。剛强多才畧，朋黨勢傾，不少附麗。遷寧國推官，坐事貶江西按察經歷。調順天。安宗立，歷祠祭員外郎、精膳郎中。出爲海北僉事。自疏加級，罰俸二月。南京亡，隱吳江。魯王監國，與沈延嘉同以禮部右侍郎召，卒。子階豫事别見。

延嘉，字顯升，鄞縣人。崇禎四年進士。改庶吉士，授簡討，直起居注，充日講官。時廷臣議獄以刻爲能，延嘉講無虐煢獨章，反復切至。次日，遂下弛刑之旨。憂歸。安宗立，召左諭德、侍讀、洗馬，管司經局。紹宗立，召禮部右侍郎、詹事兼侍讀，魯王改兵部左侍郎。紹興亡，屢薦不起，卒。

時兵部司官：

黄鼎鼐，字大鼎，鄞縣人。萬曆四十六年舉於鄉。歷彭澤教諭、國子助教、工部司務、刑部湖廣司主事。北京亡，被掠不屈，南歸。王超擢武選郎中。紹興亡，隱。卒年七十九。

黄運泰，字開平，蕭山人。北京亡，破産招五百人，從黄鳴俊勤王。授車駕郎中，餉方國安軍，入南山。王仍故官。入清，以文會士，名士訪之日百十人。與毛甡輯越郡詩選，譏王自超。諷之不改，自是家落。一夕，大醉死。

牟賢，字越秀，黄巖人。崇禎七年進士。授廣州推官，旬日獄空。以定龍門民變，遷職方主事歸。起郎中。紹興亡後，三十年不入城市。

董應濟，字兩咸，鄞縣人。都御史光宏子，任中書舍人，累遷職方郎中。子霍，諸生，與五君子事，入潘器邑邑死。

史奕楠，字新儒，會稽人。選貢。參史可法軍。四鎮乏餉將變，與馬士英談論彌日，卒得請歸，可法以爲奇才。王擢職方郎中。

楊宗簡，字文中，溧陽人。崇禎十三年進士。自建德知縣歷職方主事，武庫員外郎、郎中。

陸鳴時，字嵕中，錢塘人。官武選員外郎。後以從子圻史事連，下獄。

董學成，字瑞峯，鄞縣人。錢肅樂薦車駕員外郎，隱。

盧之頤，字子繇，錢塘人。幼爲禪學，後以醫名。授職方員外郎。紹興亡後，大言無忌。一夕，兩目俱矐，憤恨死。

周昌時，字乘六，鄞縣人。諸生。監肅樂軍，授武選主事，葬徐鳴珂，入清不𩚻。子章泰，字憲臣，不試。刊張煌言冰槎集。歲九月，拜其墓。深衣幅巾終。

兄昌會，字仲素，昌晋弟，天啟元年舉於鄉，授通城知縣。國亡爲僧。兄弟相對流涕。

卒年八十八。

沈士穎，字心石，鄞縣人。諸生。授武選主事。詩酒自放。後以通表舟山，下理。

申人穀，浙江人。恩貢。授武選主事。舟山陷，魯王二世子被執，欲篡之不果。隱於詩。

陳昱，字伯高，紹興山陰人。諸生。少從外王父劉宗周遊。授車駕主事。隱。

陳藎卿，紹興山陰人。車駕主事調職方，從扈閩海。爲僧。

王欽瑞、王朝珪，皆永嘉人。同官車駕主事。

駱國挺，字天植，鄞縣人。監國時恩貢。從肅樂起兵，破家助餉，授職方主事。臨江督戰，礮火從首過，弗懾。翻城之役，謝三賓欲並殺之，而帛書中無名，乃散流言，謂國挺議事成後盡籍薦紳家以給軍，蓋激衆怒以殺之也。遂被逮，久之得脱。家落，居桃渚，柴門土室，不接一客。每值華夏、王家勤忌日，必致祭，配以當年死事諸賢，哭聲徹外，邏舟過之，不爲怵。嘗夜夢與煌言相語荒亭木末間，慟哭驚其鄰人，因作寒崖紀夢詩。憔悴三十年而卒。

李文靖，字在茲，鄞縣人。歲貢。負高才，授職方主事。江上潰，課徒。

周家偉，字碩卿，泰順人。崇禎十二年舉於鄉，自浦城知縣遷職方主事。降清。兄家俊，字秀夫，天啟七年舉於鄉，授袁州同知。爲政廉正，憂歸。
許士儉，字季約，嘗熟人。詹事士柔弟，諸生，授職方主事。
胡鳴鏓，餘姚人。歲貢。自兵部司務遷職方主事。
單一鳴，寧波奉化人。監國時歲貢，職方主事。
陳大奎，永嘉人。官武庫主事。
李廷傑，峽江人。官武庫主事，死難浙東。

汪沐日，字扶光，歙縣人。崇禎六年舉於鄉，以策干史可法，不用。南京亡，與金聲起兵徽州，出防太平。紹宗授職方主事，命之衢州聯絡守禦，遷金衢副使，力拒清兵。監國魯王擢兵部右侍郎，從扈舟山。舟山亡，爲僧建寧，名弘濟，又名益然。沐日文章淹雅，矯矯樹名節。

吴山途畏峯澀，人跡罕至，主山三十五年。在寺汲水負薪，自甘卑辱，溷儕輩中，不以爲苦。夜闌燈炧，輒痛哭失聲。山故多虎，沐日叱之慴伏。邑令訪之，途見猛虎，麾使去。令爲建天香閣，延禮之。陳名夏疏薦，訪求不得。有年家子爲御史按閩，微行得之，曰：「以公之才，升廊廟，何所不可，顧困泥塗終老哉？」沐日謝之，夜遁萬山中。翌日跡之不見。徽人以年老勸歸，途次揚州，語故人於端午送我。及期，黃周星等至。曰：「今日作別，各賦詩限死韻。」末云：「千古何人，知我有屈。」惓惓君父不置。是夜卒。

嚴通，字志吉，閩縣人。崇禎十六年進士。紹宗即位，授行人，遷兵科給事中，命監鄭彩軍江西。涖營，與謀進取。時鄭芝龍無出師意，疏其不諳戎務，遂召回。歷掌吏、禮、兵三科。上疏請肅體統以事朝廷，寬徭役以蘇民力，攬兵權而振頹綱，正士習而鼓忠義。又條陳招逋亡、勤訓練、汰冗員、罷工作諸疏。前後十六上。

時魯王監國紹興，不奉詔；朱大典駐金華，方國安屯江上，日仇殺；而各鎮受魯封者，視朝廷如冰炭，朝官之浙者留不敢進。通上言：「今各處報警，惟浙尚能支撐，須急宣諭聯絡，而前後使者並無報命，恐誤國事。」因自請行。上大喜，即加太嘗卿，又以中書舍人、總兵各一偕之。時廷議將絕魯使，通爭之曰：「脣亡則齒寒，若無浙，福京愈孤。今開誠勸諭，使協力捍禦，尚憂不濟，矧可自斷手足乎？」當事語塞。猶恐阻撓成命，與林大乾逕間達浙。聞浙兵不利，退蕭山軍中，兼程之江上，慰撫開諭，國安等乃奉詔，以次受封。已見大典，開以大義，兵爭得息，而通爲主盟。以疏聞，身猶留視二營軍事。明春，芝龍劾通報命稽緩，降秩召回。

比通入關，駕已幸延平。以通忠誠勞苦，仍除兵科。痛哭陳江上要害，與閩相關切，今將士饑疲，乞亟議策應。疏再上，不報。復請幸贛州，聯楚、粵，圖進取。芝龍力沮勿出，不得已停延平。尋命册封遼王。已而仙霞嶺陷，汀州變問，間歸爲僧島上。次年八月，魯王至閩，以兵部右侍郎兼僉都御史召。後以楚世子盛治爲清所執，詞連下獄，慷慨仰藥卒。

大乾，字用始，懷安人。諸生。能文善射，美鬚髯，狀貌魁梧，性骯髒。與李世熊、林逢經、張綸結文社。崇禎十五年武舉，同儕咸賀。嘆曰：「吾文士也，造物慳我一第。世受國恩，圖報念切，安能待黄河之清，借此途階，非得已也，何賀爲？」隆武初，授都察院經歷。會通奉命視師浙江，戒行有期，而缺其副。衆謂非大乾不可，遂薦中書舍人，與林大蕃、薩國相從行。諸參贊事，悉合機宜。魯王入閩，署羅源知縣。潔己字民，雖軍書旁午，正供外一無所擾。遷職方主事、員外郎。事敗，痛哭卒於家。

黄宗羲，字太冲，餘姚人。太僕卿尊素子。少以諸生隨尊素京邸，盡知朝局清濁之分。尊素死詔獄，宗羲養王父，以孝聞。

威宗即位，年十九，袖長錐草疏入京訟冤。至則逆奄已磔，有詔死奄難者贈官三品，予諡，予祭葬；王父如所贈官，蔭子。宗羲既謝恩，即疏請誅曹欽程、李實。蓋尊素之削籍，初繇欽程奉奄指論劾，實則成天啟六年之禍者也。對簿時，出所袖錐，錐許顯純流血蔽體。又毆崔應元胸，拔其鬚，歸而設祭。與先時同難諸子弟，共錐獄卒二人，應時斃。時欽程歸入逆案。實辨原疏不自己出，魏忠賢取印信空本，令李永貞填之，故墨在硃上，陰致金三千，求宗羲弗質。宗羲立奏之，謂「實今日猶能賄賂公行，其所辨豈足信？」於對簿時，復以錐錐之。獄竟，偕諸家子弟設祭詔獄門，哭聲如雷，達禁中。上聞而嘆曰：「忠臣孤子，甚惻朕懷。」洎歸，治葬事畢，肆力於學，自經史及九流百家無不窺。

時劉宗周倡道蕺山，而越中承海門周氏之緒，援儒入釋，石梁陶奭齡爲之魁。宗周憂之，未有以爲計，宗羲約直、浙高才六十餘人，共侍講席，力排其說，故蕺山弟子如祁彪佳、章正宸等皆以名德重，而禦侮之助，莫如宗羲。蕺山之學專言心性，黄道周則兼及象數，當擬之程、邵兩家。因出己所治律曆諸說相疏證，多不謀合。弟宗炎、宗會，並負異才，皆自教之。不數年，皆大有聲儒林中，有東浙三黄之目。

崇禎十五年入京，周延儒欲薦爲中書舍人，力辭不就。一日，聞市中鐸聲，曰：「此非吉聲也。」遽南下。已而清兵果入塞。

初，南京作防亂揭攻阮大鋮。東林子弟推顧杲爲首，天啟被難諸家推宗羲爲首，大鋮恨之刺骨。安宗立，大鋮驟起，按揭中百四十人姓名欲盡殺之。時方上書闕下而禍作，與杲並逮。

南京亡，還浙東。會孫嘉績、熊汝霖起兵，因糾合黄竹浦宗族子弟數百人隨軍，江上共呼之爲「世忠營」。魯王監國，授職方主事。尋以嘉績、柯夏卿等交薦，遷御史兼郎中。陳梧敗於嘉興，浮海大掠餘姚，王正中集兵擊殺之，亂兵大譟。有欲罷正中以安諸營者，宗羲曰：「梧借喪亂以濟其私，致干衆怒，是賊也。正中爲國保民，何罪之有？」王是之。

已進所作監國魯元年大統曆，命頒之浙東。馬士英在方國安軍，欲入朝，朝臣言當殺。汝霖恐其挾國安爲患，好言曰：「此非殺士英時，宜使立功自贖。」宗羲曰：「諸臣力不能殺耳，春秋之孔子，豈能加於陳恒，但不得謂其不當殺。」又遺書王之仁曰：「諸公何不沈舟決戰，繇赭山直趨浙西？若日於江上鳴鼓放船，攻其有備，蓋意在自守也。蕞爾三府，以供十萬之衆，敵即不發一矢，一年之後，亦不能支。」又言：「崇明爲江海門户，曷以兵定之，分江上之勢。」時不能用。

尋張國柱浮海至，諸營大震，廷議欲爵以伯。曰：「如此則益横已，且何以待後，請署將軍足矣。」從之。

已力陳西渡策，與正中合軍得三千人。正中能以忠義自奮，深結之，使之仁不以私意相撓。如汝霖、錢肅樂諸督師皆不得餉，而正中與世忠二營獨不乏食。查繼佐軍亂，披髮走入營，跪床下。乃呼其兵責之，亂以定，偕渡海屯潭山。朱大定、吴麟武等來會，議蹂海寧取海鹽，入太湖，直抵乍浦，約孫爽等爲内應。會清兵纂嚴，不得前。方議再舉，而江上已潰。因結寨四明山，餘兵願從者尚五百餘人。微服潛出，訪王消息。部下不能遵節制，山民焚寨，部將汪涵、茅翰死之，乃走剡中。

永曆三年，聞王在海上，與方端士赴之，晋左僉都御史，轉左副都御史。時方發使拜山寨諸營官爵，宗羲言：「乃心王室者，莫如王翊；不自張大，亦莫如翊。宜優其爵，使總臨諸營，以捍海上。」朝論以爲然。張名振勿善也。宗羲既失志，日與吴鍾巒坐船中正襟講學，暇則注授時、泰西、回回三曆。

當其從扈，母尚居故里，而清以遺臣不屈者録其家口。宗羲聞之嘆曰：「方寸既亂，吾不能爲姜伯約矣。」亟陳情於王，得請。鍾巒掉三板船送之數十里，變姓名，間行歸家。是年，王至舟山，命與馮京第、阮美徵兵日本，不得要領而返。適宗炎以交通京第被縛將殺，潛至鄞，計脱之。宗羲雖杜門匿影，而與海上通消息，江胡忠義多來投止。十年，慈水寨主沈爾緒難作，牽連宗羲，名捕，乃携家竄伏，幸不死。

其後上崩滇京，無復有望，乃奉母返里。自是始畢力著述，四方請業者亦漸至。嘗自謂：「受業蕺山時，頗喜爲志節斬斬一流，所得尚淺，患難之餘，胸中窒礙爲之盡釋，而追恨爲過時之學，蓋不以少年之功自足也。」二十一年，復舉證人書院之會越中，以申蕺山餘緒，大江南北從者駢集。守令亦或與會，已而大府請之開講，不得已應之。

三十二年，清徵博學鴻儒，再辭以免。未幾，聘修明史，亦以老病辭。乃敕浙撫録其所著書關史事者送京。當事又延宗羲子百家及門人萬斯同參局事。自後屢加存問，嘆爲得人之難。

所著書千數百卷。其大者：易學象數論，力辨河雒方位圖説之非。授書隨筆，則閻若璩問尚書而告之者。春秋日食曆，辨衛樸所言之謬。少時嘗取餘杭竹管肉好停匀者，斷之爲十二律，與四清聲試之，廣其説爲律呂新義。又以蕺山有論語學庸解，獨少孟子，爲孟子師説。又爲明儒學案、明史案、行朝録。於曆學少有神悟，嘗言勾股之術乃周公、商高之遺，而後人失之，使西人得以竊其傳，爲授時曆故、大統曆推法、授時曆假如、西曆回曆假如，外有氣運算法、勾股圖説、開方命算、測圓要義。晚年自定文集爲南雷文約。又明夷待訪録、留書。他著不具列。

康熙二十七年冬，自營生壙，中置石床，不具棺槨。作葬制或問，援趙岐、陳摶例，戒子弟無違。三十四年秋卒，遺命以所服角巾深衣殮，年八十六。

從弟世春，字木正，杜門研易，完髮，衣冠不改。

涵，字叔度，寧波奉化人。諸生。授湖州經歷。學於宗羲，喜兵，參軍事。子婦張死難湖州。

翰，字飛卿，歸安人。以浙西使江上，留之共事。江上潰，餘衆以布代冑裹首，屯四明杖錫寺，號「白頭兵」。以取糧，山民焚寨，二人從餤中出鬬，殺數人，已乃嘆曰：「所圖不遂，命也。不死且自取辱。」復還鬬死。

林時對，字殿颺，鄞縣人。崇禎十三年進士，時年十八，授行人。少受業倪元璐。錢謙益聞其名，招致之，不往。於同官最與劉中藻、陸培、沈宸荃相暱。或曰：「冷官索莫，何以自遣？」曰：「苟不愛錢，原無熱地。」丁憂歸。

弘光時，遷吏科給事中，疏言：「史可法之軍江北，所以藩衛江南者也，不當使之掣肘。進戰退守，當假便宜。」「劉宗周四朝老臣，天下山斗，當置左右。」「方以智忠孝世家，間關南來，不當誣以傅會之說。」並留中不下。是時臺省混沓，邪黨過半，獨掌科熊汝霖、掌道章正宸清望諤諤，顧皆引之爲助。阮大鋮深惡之，乃嗾方國安以東林遺孽糾之，遂與沈履祥偕去。

魯王監國，汝霖、錢肅樂交薦，乃起兵科，佐孫嘉績軍，徐明節爲監軍。時對力主渡江議。汝霖之復海寧，實力贊之。宸荃防瓜里，與中樞不合，多沮格。啟言：「慈水義旗，宸荃首倡，實十五朝食報之忠貞，而三百年間生之節義也。而全軀保妻子之臣，從而沮抑其功，媒孽其短，何以服勞臣之心，鼓任事之氣耶？」宸荃乃陞太僕卿、僉都御史。又因慈水同事者奪其餉，舉軍嗷嗷，時對又與王夢錫多方措給之。姜埰兄弟至天台，以人望請召爲御史。時對旋擢工科都給事中，歷太常少卿兼吏科，轉太常卿、僉都御史。監軍西征，晋副都御史。王之仁請塞錢湖，力持不可。并請誅馬士英、大鋮。江上潰，王航海，慟哭棄冠服，轉徙山海間久之，而年未四十也。博訪國難事，爲繭庵逸史詩史。當事薦之，以病辭。葛世振來訪以出處，答曰：「此事寧容商諸人耶！吾志已定，爲君謀寧有殊。」世振愧其言而止。未幾，遺老凋落殆盡，時對獨踰大耋，幅巾深衣，躑躅行吟以卒，年九十二。

明節，字嵩盟，鄞縣人。太常卿應奎孫。

同時，阮震亨，字岵劬，慈谿人。天啟五年進士，累官吏科都給事中歸，魯王起副都御史。紹興亡後，入山卒。

徐殿臣，字玉清，鄞縣人。崇禎七年進士，授行人，遷江西道御史，監北闈。周延儒客盛順列名，力持不可。故出黄道周門，道周得罪，集同人祖錢賦詩，當路側目。改山東道，劾吴昌時案制弄權；又劾魏炤乘，姚明恭疏辨，復臚其任妾兄女壻爲奸、駡父友、暱妾棄妻諸醜狀，炤乘遂予告。時兵祲亟，疏言：「南北計臣當擇人如劉晏爲度支，兵興不乏而未至病民。不然，因寇設兵，因兵增餉，寇未及剿而民且揭竿應之矣。」又請復驛遞。驛遞者，寇所以致亂之繇也。論者韙之。出視甘肅茶馬，提督南京學政，出爲山東僉事。親老告歸。紹宗立，起四川道。魯王監國，傾家助餉，召僉都御史。紹興亡，奉父入山。永曆二年，以遺臣羈杭，久之出，悒悒死。

同時臺臣：

劉勷，字弘先，慈谿人。崇禎四年進士，授江夏知縣，愛民課士，有治行。以杖楚府内官罷。以賀逢聖薦，起旌德，遷江西道御史。首糾光時亨不以一死謝阻遷。王擢僉都御史，從扈舟山。

顧朱，字自公，嘉興人。崇禎十六年進士，授行人，清餉浙江，召張國維。遷浙江道御史，督餉江上，追扈海門歸。鄉試出李向中門。向中死，母妻流離，贖歸，經紀其喪，撫孤成立，資之回楚。同年陳名夏、杜立德致書幣勸出，力拒。有司存問，不答。

向北，字鄰卿，慈谿人。崇禎七年進士。歷南京太嘗博士、行人。遷江西道御史。疏救劉宗周，發昌時奸，昌時死，直聲震班行。巡鹽長蘆歸，王起故官。紹興亡，灌園卒。

俞咨龍，字納言，慈谿人。天啟七年舉於鄉。歷天台教諭、招遠知縣，鬻產振饑，雪劉志雄兄弟冤，以疾歸。安宗立，擢淮揚僉事。王召河南道御史。族人從龍，字渭雲，負智畧，參江上軍，抑抑卒。圖龍，天啟四年舉於鄉，入清，改名都，出仕。

李可立，字卓如，贛縣人。舉於鄉。自諸暨知縣遷山東道御史，舟山陷，被執不屈死。

劉明孝，字永侯，紹興山陰人。崇禎十三年進士，自尤溪知縣調浦城，平山寇闕貴。遷福建道御史。

宋運昌，字天岳，紹興山陰人。崇禎元年進士。龍泉知縣遷河南道御史。紹興亡，入山。

李大年，江夏人。崇禎十年進士。自温州推官遷廣東道御史。

紀五昌，字衷文，鄞縣人。弘光元年恩貢，錢肅樂弟子，從起義。以行人監軍，遷廣西道御史。厚恤華夏諸家。肅樂歿，航海哭弔之。張煌言殉，出資命其甥朱相玉貿其元。卜居太白山中，足不入城市。

王萬祚，字修仲，紹興山陰人。歲貢。授弋陽知縣。茅源盜起，練兵輸餉平之。遷四川道御史。

鍾鳴雷，字奮若，鄞縣人。參江上軍，授貴州道御史。後爲清人所辱，憤死。

彭彦昭，字葦齋，青浦人。萬曆四十六年舉於鄉。授嘗山知縣，練丁壯，止兵掠，放子女。以拒守功，遷陝西道御史兼山西道。紹興亡，歸卒。

陸銓，字容可，秀水人。崇禎十六年進士，自工部主事改湖廣道御史。

駱大良，義烏人。選貢。官雲南道御史。

王正中，字仲撝，保定人。之仁從子。崇禎十年進士。短小敏練，喜任事。授長興知縣。南京亡，流寓紹興。監國魯王命以職方主事攝餘姚縣事。時義軍猝起，市魁里正得一劄付，則入民舍括金幣，甚至縶累，奸宄乘時報復，呼號交錯道路，郡縣不敢問。正中率所練鄉兵之伍，既視事，令各營取餉必經縣票，品覈資産以應，不者以盜論，民間少靖。陳梧敗於嘉興，渡海掠餘姚，正中遣民兵擊殺之，諸營大譁。忌者劾正中擅殺大將，黄宗羲言於王，議乃息。張國柱、田仰、荆本澈各率所部過姚江，舳艫蔽空，以正中嚴備，不敢犯。國柱後從定海入，縱兵淫掠，正中單騎入其軍止之，國柱迄不得逞。嘗率輕騎渡海鹽，奪澉浦，欲募勇復海寧援陳萬良，通浙西道。縣人倚之若嚴城焉。擢御史。

喜星象、律呂、度數之學，故與宗羲善，命造監國魯元年丙戌大統曆以進。浙東亡，與陳天恕、邵曾可深衣幅巾隱山中。貧甚，賃田以食，佐以醫卜，久之卒。子三捷，承父志，以布衣終。

梧，字膚公，上虞人。官左都督總兵，挂定遠將軍印。南京亡後，拒清兵江上，礮殺敵數十人，被執。清命守嘉興。薙髮令下，號於衆曰：「薙髮事小，但薙後汝等妻子不保耳。」屠象美起兵，迎爲大將軍，黃金榜副之，許珍掌火藥局。王有虔以二千人歸之。都督僉事汪甲與陳伯美亦至，同守城，當西門敵衝。顧所將多市人，與清兵遇三塔灣，大敗，象美等死。梧率衆走平湖，欲歸紹興，與王鳴謙、高鶴鳴謀趨金塘岱山爲犄角，不果。部衆掠餘姚，害錦衣張岱子鉽，盡取其金帛，不能制，爲正中所殺。

張利民，字能因，侯官人。崇禎十三年進士，授桐城知縣。江北所在受兵，桐城當其衝。利民下車，市蕩丘墟，數百里無人跡；城門晝閉者數月，聞新令至，始啟關；胥役寥寥，士民避居，逋賦無所責；寇近者七八十里，遠者二三百里。參將陳甲、監紀邵甲統兵無紀律，悍卒播虐，甚於寇，利民激以忠義，始漸戢。

會張獻忠再至，利民集將士，執所佩刀殺雞盟曰：「諸公有貳心者視此。」又折矢誓曰：「利民今日藉諸公力堅守，有功而不上聞者視此。」衆感泣，遂懸賞編伍，定戰守程度，民始有固志。副總兵廖應登爲獻忠所禽，挾攻城，木牛雲梯畢具。時應登親黨標兵多在城。利民極力防禦，造内城數十丈，濬深溝，晝夜環守。經年糧告乏，會黄得功、劉良佐合兵至，戰捷鮑家嶺，獻忠走湖廣，城以全。而援兵赴湖廣者，又旁午於邑，城内安插孫、羅營兵三千，禍不減寇。利民委曲交歡，兵民乃安。

方城之圍，利民鎖宅門，令守者列炬待，曰：「城破即舉火。」圍解，令追正供。利民上牘懇豁，詞氣愴切，督撫惻然。士民爲建報功祠。在官三年，治行推天下第一。

弘光初，遷户科給事中，首疏糾時敏起用。

紹宗立，改兵科，兼刑工科。召對，極言險不足恃，徒守非計。復疏言宜以大將屯大營於金、衢、廣信等府；近關崇安、浦城、光澤各縣，遴才識優者爲令，募土著使自爲守，炤邊方例示激勸。重外禦則名關徑道，不待隄防；練民兵則地方人情毋慮騷擾。明年，擢禮科都給事中兼吏科，尋加太常少卿。福京亡，披緇入山。

又明年，監國魯王入閩，以左僉都御史召。事敗後，絶跡城市，杜口不言時事卒。

徐之垣，字維翰，鄞縣人。天啟五年進士。授永豐知縣，循行阡陌，老稚多招入室，爲講孝弟力田，有數日不歸者。調吉水，永豐人走巡方留之，復閉城阻行。已得出，民猶攀轅依戀。邑爲鄒元標故里，至任，元標方歿，身後事悉力營之，並爲立祠。丁内艱歸。起嵩溪，遷御史。張彝憲督部餉，守令覲京者皆膝行謁之，之垣與沈鼎科、詹兆恒獨不往。陳子壯疏宗室換授下獄，論救之，乃得已。

巡按湖廣，洪水隄壞，募工修築，不以煩民。興國吕瘦子爲梗，設方畧禽之。以在臺時與温體仁忤，誣其病不任封疆，罷。

體仁敗，起巡按江北。時連歲祲，出銀萬兩施賑，並設大廠，收養遺孤，乳嫗哺之，全活萬計。池州賊數出掠，因至石埭，疾趨其壘，賊死者甚衆，幾輔以安。復出督學上江，試士廬州。張獻忠兵突至，城破走。召掌雲南道，疾歸。

安宗立，起太僕少卿。紹宗立，起雲南道。魯王監國，擢通政使。紹興亡，爲僧終。

姚應嘉，字鏡初，餘姚人。萬曆四十一年進士，授行人，遷貴州道御史。廣寧陷，陳防禦要務：一榆關屏蔽宜厚，一邊口綢繆宜早，一士兵揀選當速，一都城義兵當儲。出巡漕運，免雇船之煩。巡按福建，疏舉循吏。已刷卷京畿，清理積案，多所申宥。崔、魏勢張，連上二疏：一曰聖政綜核方嚴，羣工仰承未恪；一曰招權納賄者爲敗倫之繇，掃門入户者與冰山俱盡。疏入削籍。崇禎初復官，累擢太嘗卿歸。魯王監國，起大理。紹興亡，入山。博極羣書，事親孝，屏居卅年如寒素。卒年九十三。

子士鍔，字芝嶼。父忤璫代繫，後歸侍養終。

弟會嘉，萬曆二十九年進士，湖廣道御史。

同應嘉官大理者，譚貞默、雍熙日、林國棟、章鳴鳳、戴杏芳、全大和、李文爟、章函貞。

貞默字孟恂，嘉興人，太僕卿昌言子，崇禎元年進士。授營繕主事，調虞衡。葬鄭太皇貴妃，所省不資。時戎事孔亟，刻製軍器，前司局者九人俱得重譴，貞默獨慷慨擔荷，兜鍪組練並壯軍容，火器犀渠足資戰守，迭當上意。二載以勞疾歸。已以邊才薦，行至德州，協守危城得全。坐慶陵雨壞，謫。安宗立，起大理左寺副。魯王監國，召禮科給事中。啟劾錢枡身不至越，奏報不實，冒圖晋秩，不敬。晋太僕少卿。貞默博學工文，紹興亡，杜門著書。洪承疇疏薦國子司業，以疾辭。家居二十餘年，卒年七十六。

熙日，字辰生，歙縣人。與姜垛兄弟爲死友，同避禍浙東。勤王西興，授少卿。圻北歸，託妻子，後行遯卒。

國棟，樂清人。諸生。寺丞。

鳴鳳，瑞安人。諸生。寺正。

杳芳，字君一，臨海人。歲貢。評事。文章横絶一世，隱杜岐山中。

大和，字介石，鄞縣人。太學生。評事。弟大程，字式躬，諸生。與城守，授尚寶丞。從瓜里軍，遷太嘗丞。兄弟從扈不及，入東錢湖山中。後與董志寧事，幾得禍。大和子吾騏，字聿青，從軍江上。隱。

文爟，字夏司，鄞縣人。評事。亦從軍江上，遷國子學録。弟允智參軍，皆寒餓死。

函貞，孝豐人。崇禎十二年舉於鄉。評事。

陳潛夫，本名朱明，字玄倩，仁和人。崇禎九年舉於鄉。好大言以駭俗，廣交遊，臧否人物。陸培與相惡，爲文逐之，潛夫不與較，避居嵩江。曰：「士貴自立垂不朽，豈以翰墨爭是非哉！」

十六年冬，授開封推官。時大河以南五郡殘破，開封被河灌，城虚無人，諸持節者皆寄居封丘。有勸潛夫勿往者，不聽。馳之封丘，會畔將陳永福出山西，其子德爲巡撫秦所式部將，縛巡按蘇京去。潛夫募民兵千人，請於所式及卜從善、許定國會共剿之，而所式解任去，從善、定國潰而南。潛夫力不支，抗疏言時事，請召對。不報。十七年正月，得兵三千，奉周王恭枵渡河至杞縣，百姓從者如市，潛夫皆具舟楫一一濟之，并檄召旁近長吏，設高皇帝位，歃血誓守。李自成防禦使梁啟隆居開封，德降爲將，桑開第降爲督賦，他官散佈郡邑間甚衆，而開封東西諸土寨剽刼相攻殺無已。潛夫轉側杞、陳間，朝夕不自保。聞西平劉洪起勇而好義，躬往說之。已還項城，儲芻茭，集流移。部署少定，而洪起兵亦大集。五月五日，方誓師而京師凶問至，乃慟哭縞素，率洪起兵先驅至杞，招婁道一，俘太康令安中外等，大破德於柳園。兵道劉涓移項城，啟隆聞風走河北。副總兵劉鉉、郭從寬亦斬長葛令等六百級，并禽鄢陵令王度、許州巡簡王法唐，獲牛馬輜重無算。時自成已敗走山西。南陽兵攻西平，洪起引還。潛夫亦隨而南，傳露布南京。

安宗大喜，即遷御史巡按河南，潛夫乃入朝，言：「中興在進取，王業不偏安，山東、河南地尺寸不可棄。其間豪傑結寨自固，大者數萬，小亦千人，莫不引領以待王師。誠能分命藩鎮，一軍出潁、壽，一軍出淮、徐，使天下知朝廷有不忘中原之心，則衆心畫奮，爭爲我用。更頒爵賞鼓舞，計遠近，畫城堡，俾以自守，而我督撫將帥屯鋭師於要害以策應之。寬則耕屯爲食，急則荷戈乘墉。一方有警，前後救援，長河不足守也。汴梁義勇，臣聯絡已定，旬日可集十餘萬衆，稍給糧糗，容臣自將。臣當荷戈先驅，諸藩鎮爲後勁，則河南五郡可盡復。五郡既復，畫河爲固，南聯荆楚，西控秦關，北臨趙衛，上之則恢復可望，下之則江淮永安，此今日至計也。兩淮之上，何事多兵，督撫紛紜，並爲虛設。若不思外拒，專事退守，舉土地甲兵之利委之他人，臣恐河淮亦未可保也。」

是時開封、汝寧間列寨百數，洪起最大；南陽列寨數十，蕭應訓最大；雒陽亦列寨數十，李際遇最大。諸帥中獨洪起志在效忠，潛夫請予挂將軍印。馬士英不聽，而用越其杰巡撫河南。

潛夫自九月入覲，便道省親，五日即馳還河上。所建白皆不用，諸鎮兵亦無至者。其杰不能馭諸將；張縉彥總督河南山東，止提空名。他寨聞潛夫來，頗有歸意。十月，應訓復南陽、泌陽、舞陽、桐柏，遣其子三傑來獻捷。潛夫飲之酒，爲授告身，鼓吹旌旗前導出，應訓喜過望。潛夫按行諸寨，皆列旗帳鐃吹迎送。其杰忌之，日夜譖於士英。士英怒。十二月，際遇引清兵孟津渡河，又疏和戎之利，謂：「逆闖在秦，藉清兵攻破之，闖破而清兵已罷，我乃乘其弊而并取焉，計無便此。」潛夫劾其欺君誤國十可斬。而際遇賄士英，召潛夫還，以凌駉代。潛夫亦遭外艱歸。

弘光元年三月，林有本疏劾彭遇颽，并及潛夫。遇颽爲士英私人，置不問，令議潛夫罪。上遣迎太后河南。潛夫奏童妃故在，上不問，劉良佐具禮送之。會潛夫至壽州，見車馬騶從傳呼后來，亦稱臣朝謁。上謂其妄謁妖婦，逮治。南京亡，脱歸。

魯王監國，潛夫請假兵五千直渡海寧，斷杭州左臂。命復故官，加太僕少卿，監軍浙西。乃以家財自募三百人，與孫嘉績、熊汝霖諸家軍列營巖門，以陸圻爲參軍。尋改大理，御史如故。張國維分道出師，方國安兵敗，合汝霖救之。明年，與王正中攻浙西。劉中藻至，與江上文武請開詔，并疏旌浙東、西劉宗周等十三人。

江上潰，至紹興，作絶命詞，與妻二孟整衣冠謁祖別母，投化龍橋下死，年三十七，謚忠襄。

弟麗明，字貞倩。從潛夫河南，多奇策，良佐薦副總兵。後守桐廬，清兵渡江，不知所終。祚明，字允倩。晉明，字康侯。皆孝謹工文，國亡，窮隱杭州終。

葛世振，字仞上，鄞縣人。崇禎十三年進士第二。傳臚時，上見其儀表不羣，舉止凝重，動容者久之，授編修。嘗以日講奏對，云：「增兵不如練兵，加餉不如清餉。」大稱旨，列其名御屏。時上頗好察，每入講，陳經旨，必歸寬厚，且有請停刑獄之疏。十四年，充東宫端敬殿較書，介潔自待。新安吴丞以解糧缺額下獄，將以女爲世振妾，卻之，捐奉助其逋。杭州金甲寓京師，富厚，願以女入侍，質庫一所爲陪奩，力拒不受。其澹貨色如此。旋出封益王，假歸。安宗立，遷諭德。紹宗即位，召左中允、侍讀。魯王監國，累擢國子祭酒、侍讀學士。紹興亡，年甫四十，入光溪深山，自稱寒鐵道人。范承謨兩以山林隱逸薦，郡邑敦迫，以老疾辭卒。

同時，沈泓，字臨秋，嘉善人。崇禎十六年進士。自推官遷刑部主事。南京亡，與諸生沈雲生等約吴志葵起兵。兵敗，自經獲救。王召編修。紹興亡爲僧，名弘忍，字智可，坐卧一庵終。子龍，字友夔，崇禎十六年進士，授工部主事，紹興亡，不仕；麟，字友聖，工詩。

魯㮚，字季㮚，會稽人。崇禎十六年進士，改庶吉士。北京亡歸，王授編修。入清不出。

李仕魁，興化人。崇禎十五年舉於鄉。王授簡討。紹興亡爲僧，獨行江楚閩粵間，不誦經持戒。有贈錢布者，盡沽酒飲，必極醉，醉必大罵，罵已，必撫胸慟哭。好爲詩題壁，稱雪裘子；又稱嘗默，字槎庵。善用强韻僻字，讀之如猿號猩啼，不忍卒讀。一日，訪郭都賢益陽，抱頭共哭。自是遊衡嶽，下武當，不知所終。都賢子弟問何人，不應。再問，强答曰：「陳子龍故人也。」又吴人戴翁，客永新，自言識雪裘，即仕魁云。

何喬遇，字人徒，龍遊人。恩貢。鄞縣、宣平教諭。王思任薦待詔。

朱灝，字宗遠，嵩江華亭人。太學生。延平通判改待詔。卒於舟山。

費緯祥，字縈孕，鄞縣人。歲貢。錢肅樂薦國子祭酒。紹興亡爲僧，獨棲居十餘年，卒年七十三。

陳箴言，字賡卿，會稽人。崇禎十五年舉於鄉。國子助教。博學敦行。卒年一百。

何法仁，字彦法，紹興山陰人。弘仁弟。天台教諭遷國子學正助教。爲僧。卒年八十四。

鄭之訓，字覺斯，縉雲人。歲貢。國子助教。

駱光賓，義烏人。歲貢。諸暨教諭遷知縣，改國子學正。

姜昌周，字受書，象山人。諸生。國子學録。奉母入山，感憤一發於詩。

董守諭，字次公，鄞縣人。天啟四年舉於鄉。與翁鴻業、姜思睿，稱浙東三俊。魯王監國，李白春薦授户部貴州司主事。

當是時，熊汝霖、孫嘉績首事起兵。然皆書生不知調度，乃迎方國安、王之仁，授之軍政，凡原設營兵衛軍俱隸之。汝霖、嘉績所統，惟召募得數百人。國安、之仁兵既盛，反惡當國者有所參決，因而分餉分地之議起。王令廷臣集議，國安、之仁司餉者皆至殿陛譁爭。守諭曰：「諸軍起義旅，咫尺天威，不守朝廷法乎？」乃稍退。户部議：「紹興八邑各有義師，專供本郡。以海寧給之仁，金華歸張國維，五府歸國安。」守諭進曰：「是議皆非也。夫義餉者，有名無實，以之饋義兵，必不繼；即使能繼，誰爲管庫？今請以一切税供悉歸户部，計兵而後授餉。覈地之遠近，酌給之後先，則兵不絀於食而餉可以時給也。」國安、之仁雖不從，然所議正，無以難也。之仁請收漁船税，守謙曰：「今日所恃者人心耳。漁户已辦漁丁税矣，若再苛求，民不堪命，雜販小夫且不自安。人心一摇，國何以立？」久之，又請行税人法，請塞郡之金錢湖爲田，請官賣大户祀田以贍軍。三疏皆下部議，兵士露刃其門，以待復。守謙力持不可。之仁大怒，謂：「行朝大臣尚不敢裁量幕府，户曹小臣敢爾阻大事耶？」上言：「得孟軻百，不如得商鞅一；得談仁講義之徒百，不如得雞鳴狗盜之雄一。」檄召守謙，將殺之，王不能禁，令且避。守謙慷慨對曰：「司餉守正，臣分也。生殺出主上，寧國雖悍，將何爲者！臣任死殿前，聽寧國以臣血濺丹墀可耳。」於是舉朝憤怒，曰：「之仁反耶？何敢無王命而害餉臣？」之仁乃止。明年，威宗大祥，守謙請詣朝堂哭，三軍縞素一日。遷經筵講官兼理餉事。江上潰，王航海，守謙不及從，遂浮沈閭里間。

少受業黄道周，講學大滌山。浙東亡，遯跡荒郊十九年卒。

子道權，字巽子，諸生。爲李鄴嗣所重。

莊元辰，字起貞，鄞縣人。崇禎十年進士。授南京太嘗博士，嚴凝不隨人唯阿，下筆千言，亦倔强睥睨一切，八載不遷。

北京之變，一日七至史可法門，促以勤王。

安宗即位，朝議選科臣，劉宗周、章正宸皆舉元辰爲首。而馬士英密遣私人致意曰：「博士曷不持門下刺上謁相公，掌科必無他屬。」峻拒之。或謂士英：「是故劉、章之私也。」中旨僅遷刑部主事，公論爲之不平。已而阮大鋮欲興同文之獄，元辰曰：「禍將烈矣。」遽出京，賦招歸詩十章志感。

未幾而南京亡，錢肅樂起兵，元辰破家輸餉。時謝三賓爲王之仁所讋，以餉自贖。及肅樂、之仁赴江上，三賓潛招兵翠山，衆疑之。王家勤謂肅樂曰：「公等竟欲西行乎，何其疏也！」肅樂驚問計將安出，家勤曰：「浙東沿海皆可以舟師達海鹽，倘彼乘風而渡，北來搗巢，列城且立潰矣，非分兵留守不可。」肅樂曰：「是無以易吾莊公者！」於是共推元辰任城守事，分林祚隆等五千人屬之，以四明驛爲幕府，家勤、林時躍、王藥師等參其事。元辰日耀兵巡諸堞，里人呼爲城門兵，三賓遂不敢動。自七月至十月，鄞始解嚴。

紹宗起吏科給事中。監國晋都給事中，擢太常卿，兼吏科如故。尋上啟言：「殿下大仇未雪，舉兵以來，將士宣勞於外，炎威寒凍，沐雨櫛風；編氓殫藏於内，敲骨吸髓，重以昔年秋潦。今茲亢旱，卧薪嘗膽之不遑，而數月以來頗安逸樂，釜魚幕燕，撫事增憂，則晏安何可懷也。敵在門庭，朝不及夕，有深宮養優之心，安得有前席借箸之事，則蒙蔽何可滋也？天下安危，託命將相，今左右之人頗能內承色笑，則事權何可移也？五等崇封，有如探囊，有爲昔時佐命元臣所不能得者，則恩膏何可濫也？殿下試念兩都之毁，黍離麥秀之悲，則居處必不安。試念孝陵長陵銅駝荆棘之慘，則對越必不安。試念青宫、二王之辱，則撫王子何以爲情？試念江干將士、列郡生民之困，則衣食可以俱廢。」啟入報聞。

已又言中旨用人之非，累朝封駮，監國魯王不能用。

時三賓夤緣居要，而士英又至。元辰言：「士英不斬，國事必不可爲。」貽書黄宗羲、林時對曰：「蕞爾氣象，似惟恐其不速盡者。區區憂憤，無事不痛心疾首，以致咳嗽纏綿，形容骨立，願得以微罪成其山野。」遂乞休。

未幾，清兵至，乃狂走深山中，朝夕野哭。元辰故美鬚眉，顧盻落落，至是失其面目，巾服似頭陀。一日數徙，莫知所之。永曆元年，疽發背，勿藥卒。

祚隆，字永如，鄞縣人。侍郎棟隆弟，歲貢。時對薦國子博士，隱九峯山。兄岳隆，字視公，諸生，工詩書法。張煌言疏薦，國亡不應貢，稱西隆山人。弟奕隆，字萬葉，時對薦貢太學，召對上啟萬言；際隆，字符一，亦遺民。棟隆子宏琛，字獻君，太學生，任行人刑部主事；宏琦，字雲書，選貢，有詩名；宏琅，字焕若，去諸生。岳隆子宏玠，字介玉，去諸生；祚隆子宏珪，字用圭，副貢，行人，大理評事；宏瓚，字瑟然，去諸生，皆事義師參軍。

藥師，字更生，烏程人。負智畧，爲元辰記室。國亡，不知所終。

金蘭，字谷生，餘姚人。天啟五年進士，授婺源知縣。部議毁書院，邑朱子故里，悉力保全。遷山東道御史，寇迫，上便宜四事。巡按陝西、巡鹽長蘆、督學應天，伸單寒，絀請謁。歷應天府丞、太嘗卿歸。魯王監國，起故官，紹興亡後，久之卒。

與蘭同官太嘗者，有徐景麟、沈泰藩、陶景麟、王玉書。

景麟，字豹璧，上虞人。萬曆四十七年進士。授嵩溪知縣。地僻俗淳，毁刑具不用，以譬解決民事。遷大理評事，恤刑畿輔，多所平反。轉建寧知府，惠愛一如在嵩溪時。陞鄖襄參議，登陴防寇。適陳瑺兵至，疑爲寇，礮殺其前隊，逮下獄。踰年，鄖人頌其冤，歸。起太嘗左少卿。紹興亡後卒，年七十七。

泰藩，字長世，鄞縣人。大學士一貫子。任尚寶丞。與魏撫民同官，欲引見其父忠賢，力拒。又不建忠賢生祠。擢太嘗卿。國亡，悲憤卒。子延統，字御三，不仕。兄泰鴻，字雲將，任尚寶丞。泰泳，字鱗遊，任中書舍人，遷屯田郎中。崔文昇總户、工二部，長揖見之，文昇爲動容。出爲馬湖知府，歸隱。

景麟，字趾振，會稽人。諸生。任太嘗典簿。國亡，改姓名，隱嘗州。弟景龍，隱玉山。

玉書，字水功，鄞縣人。諸生。太嘗博士。國亡，入榆林。

李山，字少華，長洲人。以廩貢教授井里，有文名，兼能繪事，及門最盛。性峭絜竺誠。官南京太嘗博士。弘光時以故官應召。馬士英重其名，意叵下之。索所製，不報。士英亦少解畫，嘗面乞爲代。不獲已，作郭忠恕天外數峯與之，然心以爲恥。挂冠歸。卜居蠡墅，足不踐城市，與徐汧、楊廷樞、顧所受輩訂莫逆交。

族人有名采者，爲清大帥幕客，偶密示一册，乃嵩江兵事株連獄也。大府屬采訪實，凡郡中聲望均在列，得三百餘姓。讀之怛然。會日暮，風雨至，亟呼酒。采故善飲，醉酣，命僕扶置他所卧。就地自火其廬。及撲滅，采亦醒。索册，册已灰，相對懊歎。因誠之曰：「安知非天意假火以銷其獄乎？或因此册而遂有此火乎？」采悟，棄官颺去。

初，張國維撫吳，知山，薦之。監國魯王以太嘗卿召。至浙，未幾病歸。及聞國維歿，王航海，乃處分家事，曰：「吾將報主於地下矣。」時汧、廷樞、所受俱殉難，山斷粒九日卒。子天民，精曆數之學，痛父介節，以浪走四方卒。

王玉藻，字質夫，江都人。崇禎十六年進士。授慈谿知縣，民不擾而事集。不數月，北京亡。前知縣汪偉以簡討殉國，玉藻率官吏士民爲大行哭臨畢，别爲位哭之三日。尋項煜以從順亡命至，玉藻與馮元飈皆出其門，馮氏匿之夾田橋别業，慈人禽而撲之橋下，置不問。或以爲過，應之曰：「吾不能爲向雄之待鍾會哉！顧懼負前日大臨一哭耳。夫君臣之與師友，果孰重哉！」聞者聳然。

杭州陷，浙中守令或去或降，而玉藻與沈宸荃起兵，奉魯王監國，晋御史。紹宗起兵科給事中。募義勇，請赴江上自效。乃解縣事，與任孔當巡視京營，以兵科都給事中往軍前。任事邁往，方國安惡之，不予以餉。嘆曰：「是將剚刃於我也。」力請還朝。在垣中，維持正議，又不爲諸臣所喜，乃力求罷斥。莊元辰留之，遷太嘗少卿。

江上潰，以黄冠遯剡溪，久而不歸，資糧盡，慈民及浙東義士時爲周之。每臨流，讀所作詩，激厲慷慨，仰天起舞。與客談島上事，輒嘆曰：「今猶靖康建炎際耳，若以祥興擬之，則下矣。」其倔强如此。永曆五年後歸里，不薙髪，不改故衣冠，卒以餓死。

子武徵，字方歧；大名，字方魏，學隱不仕。

姚紀，字亦方，慈谿人。玉藻爲邑，紀以童子應試，首拔之。好談兵，爲南北籌兵論。國亡，與劉純熙、馮象柱棄衣巾依之。無人時，玉藻、紀等師弟相對悲啼。久之，狂疾死。

來集之，字元成，蕭山人。崇禎十三年進士。授安慶推官。張獻忠破蘄、黄，烽火通安慶，集之營儲峙，巡雉堞。防江兵芻茭不給，糗精闕，民汹汹亂，集之竭誠調劑羈縻。寇欲三薄城而得以不壞。左良玉兵東下，駕舟見之，握手深結納，繇是下江無恙。馬士英黔兵事起，士英大怒，檄集之往治，欲以亂民律掩殺之。集之力言：「民殺劫人賊，非殺兵，無罪，勿問。」安宗立，士英枋國，召兵科給事中，欲收爲私人，而恥不附，改職方主事。已以他人疏薦，仍兵科。

杭州陷，與從兄方煒募兵，會于潁守七條沙。紹宗起故官。監國累擢吏科都給事中、太嘗少卿。

江上潰，杜門注易。清徵鴻博，不赴卒。妻楊，諸生雪門姊，水死。

方煒，字含赤，天啟五年進士。授侯官知縣，調嘉定，漕賦重，寬期，租不入，缺額數萬，挂吏議。百姓聞而爭輸，不旬日而畢。遷驗封主事，調文選。坐鄭芝龍謀爲曾櫻營陞事連論戍。安宗立，累陞員外郎、郎中。王擢太僕少卿。

子爾昌，崇禎十七年恩貢，自知縣遷江西道御史；珪聖，同年選貢，紹興亡，皆隱居卒。

徐爾一，本名憲龍，字善伯，上虞人。萬曆十六年舉於鄉。自分水教諭遷長壽知縣，調江津。時奢崇明、安邦彦反，全蜀震動，爾一上書當道，巡撫朱燮元國士遇之，與謀機密。好推轂天下英俊，文臣熊廷弼、武弁毛文龍輩皆極許重。廣寧兵潰，廷弼保衆入關，廷議棄市，傳首九邊；文龍孤懸海外，督師袁崇焕嫉之，借題禁海，圖絶餉道。爾一擬草疏訟二臣冤。會遷工部主事，即拜疏訟廷弼冤，曰：

廷弼以失陷封疆，至傳首陳屍，籍産追贓。而臣考當年，第覺其罪無足據，而勞有足矜也。

廣寧兵十三萬，糧數百萬，盡屬王化貞。廷弼止援遼兵五千人，駐右屯，距廣寧四十里耳。化貞忽同三四百萬遼民一時盡潰，廷弼五千人不同潰足矣，尚望其屼然堅壁哉！廷弼罪安在？化貞仗西部，廷弼云不足仗；化貞信李永芳内附，廷弼云不足信。無一事不力爭，無一言不奇中。廷弼罪安在？且屢疏爭各鎮節制不行，屢疏爭原派兵多不與，徒擁虛器，抱空名，廷弼罪安在？唐郭子儀、李光弼與九節度使同潰，自應收潰兵扼河陽橋，無再往河陽，生待史思明縛去之理。今計廣寧西止關上一門限，不趣扼關門何待？史稱慕容垂一軍三萬獨全，亦無再駐淝水與晋人决戰之理。廷弼能令五千人不散，至大凌河付與化貞，事政相類。寧得與化貞同日道乎？

所謂勞有足矜者，當五路同時陷没，開、鐵、北關相繼奔潰，廷弼經理不及一年，俄進築奉集瀋陽，俄進屯虎皮驛，俄迎扼敵兵於横河上，於遼陽城下鑿河列栅埋礮，屹然樹金湯。令得竟所施，何止舉榆口關外拱手授人！而今俱抹摋不論。乃其所繇必死，則有故矣。其才既籠蓋一時，其氣可陵厲一世，揭辨紛紛，至攖罪怒，共成殺機，是則所繇必殺其軀之道耳。

當廷弼被勘被逮之時，天日輒爲無光，足明其冤。乞賜昭雪，爲勞臣勸。不從。

已而搆文龍者益衆，且疑有不臣心。爾一復以四不可解、二不必守、三不可守，詆關寧用兵失計。甚以三子一孫保文龍不爲逆。崇禎二年，卒殺文龍。又設十問難崇煥。

在工部三年，疏凡七上。五年，出榷荆關，尋轉員外郎，告歸。

魯王監國，擢光禄少卿。江上軍潰，扼吭而絶。

子定達，字君上，天啟元年舉於鄉。王授行人。築舍方山，題曰「隱圃」。定近，字君遠，大學士來宗道壻，諸生。國亡，絶意聞達，與定達同讀書深巖。

同時蔡勳，諸暨人。光禄卿。

吴之龍，字雪門，歙縣人。從葛寅亮遊。官光禄丞。紹興亡，隱西湖。

史學易，字儒吉，象山人。太學生。光禄丞，侍經筵。國亡，不應鄉飲。

張錧，永嘉人。自延平同知遷光禄丞。

秦祖襄，字汝翼，慈谿人。崇禎十六年進士。疏表祖母王節，乞假歸，結廬而居，不與外事。北京亡，扶服至杭州。安宗立，馬士英招之，堅拒。徐石麒、劉宗周夙重祖襄，聞是加敬，力挽授虞衡主事。南京西宮成，賜金。外轉徽州知府。出京而揚州亡。至任，除暴安良，威惠甚著。南京亡，與金聲起兵。監國魯王召尚寶卿兼督餉郎中。會徽斬清使，聲復徽、寧、池、太，首薦祖襄，紹宗擢太僕少卿，仍管府事。

時魯與朝廷角立，未便赴魯。熊汝霖視師江上，特疏曰：「徽吾之門户，正宜故人聯絡之。」九月，王亦擢太僕少卿管府。祖襄即日渡江，未抵嚴州，而徽已失守，乃謁紹興，仍以太僕兼儀制郎中、經筵日講官。紹興亡，自經獲救，入櫧林，會丁父憂，廬墓三年。清以遺逸薦，三書力辭。妻爲方拱乾女，諸昆皆貴盛，累招不出。家居著述。母喪，嘔血死。

駱方璽，字武懿，諸暨人。天啟二年進士。授句容知縣，歷南海、臨晋，著循聲。遷營繕主事。朝有買銅硝之役，奸人冒領國帑，諸暨尤甚。會京師大旱，詔求直言，因陳欽贓攀累之苦。疏入，禁飭。又請擢用劉宗周、黄道周。陳各衙蠹所得贓款，乞下户部轉撫按嚴究追補充餉，旨可，邑人歡聲如雷。安宗立，轉虞衡員外郎。南京亡，與史繼鮪從軍江上。魯王監國，累擢郎中、太僕少卿。

繼鮪，字如矢，諸暨人。崇禎十六年進士。北京亡，方胤昌約同降，拒之南走，授饒州推官。清兵至，被執得脱。王授刑部雲南司主事，歷員外郎、郎中。紹興亡。皆授徒以終。

與方璽同召者陳朝輔，字平若，鄞縣人。萬曆四十四年進士，官山西道御史，疏糾輔臣馮銓甚力，銓遂罷歸。後坐魏忠賢黨削籍。王起太僕少卿。紹興亡，入山卒。

楊德周，字齊莊，鄞縣人。萬曆四十年舉於鄉。授古田知縣，剔蠹鋤奸，編審精覈，追呼不擾。遷高唐知州歸。魯王監國，擢尚寶卿。卒年七十六。孫文沆，字瀣仙，遺民，工詩。

李安世，字泰若，餘姚人。崇禎十六年進士。歷行人、考功主事、吏科給事中、尚寶卿。劾張國柱，幾遭不測。紹興亡，歸。清召不出，海道王天錫訪之不見。卒年九十。弟盛世，字際虞，崇禎三年舉於鄉，官清豐知縣，致仕。

來咨諏，蕭山人。宗道子。任尚寶丞。

同時中書舍人：

陸寶，字敬身，鄞縣人。太學生授。崇禎時，以邊事自效，詔書褒荅。侍郎劉之綸出師，戒莫浪戰，不用敗。尋以終養歸。寧波兵起，傾家助餉。事敗遁去。清招鄉飲，不應。

顧超，字子超，吴縣人。下筆千言，兼長馬槊，有文武才。後入粤不返。

李元曜，東陽人。助張國維餉千金。江上潰，課耕。

沈茝，字香山，嘉善人。負大略，擅詩歌古文。從軍事敗，改名李譚，字滌庵，依無錫膠山黄庭。閉門痛哭終。庭，字守中，任俠。與顧祖禹友善。茝死，遺有孤媳，訪其宗爲立後。

丘子章，字含三，鄞縣人。諸生授。從扈舟山、思明。又從張煌言天台歸。後遁洞庭山中。卒年七十一。

施鉉，本姓氏，字瀛仙，會稽人。事敗易今姓。居嘗州，好施予。

孫肩，字梅溪，嘉興人。光禄卿光裕子。諸生。工詩草。爲僧名詮勝，字大山。

李文緝，字于光，鄞縣人。尚書檽子。諸生。自大理寺副改。從父梃，字維新，諸生。痛哭死。子允睿，字思白，不應試。

范汝植，字木公，鄞縣人。參議鈁孫。太學生授。具雄才，工詩。隱。

朱邦翰，字均衡，餘姚人。附貢。文華殿中書。

吴之經，字薪如，崇德人。孝友。輸米代漕。

王至京，永嘉人。歲貢授。

張暘泉，樂清人。以詩名。

林增式，瑞安人。

吴振芳、吴嗣良，皆温州平陽人。

行人則：

董應遵，字王路，鄞縣人。父光永，字百齡。南京北城兵馬副指揮，釐革奸弊，中忌歸，南京亡，痛哭不欲生，卒年七十八。應遵，歲貢，家饒於資，傾家助餉。錢肅樂命與柴耀明司餉出納。莊元辰疏薦，從瓜里軍。紹興亡，隱大梅山爲僧，卒年七十七。

陸符，字文虎，鄞縣人。崇禎十五年舉於鄉，從王起兵，與羅名選、姚宗昌皆賜進士授，命勘衛所錢糧。千户馮如斗乾没恐露，刺之不殊。江上潰，行遯。名選，於潛人。崇禎九年舉於鄉。

韓巖，字公嚴，武進人。諸生授。隱天台。

沈光瑀，字禹玉，鄞縣人。崇禎十五年舉於鄉授。後降於清。

欽天博士則李維墉，字緑霞，鄞縣人。諸生授。卒年九十一。

羽林經歷則蔡繼曾，字宗賓，蕭山人。隱，力行義舉。

邵之詹，字思遠，餘姚人。崇禎六年舉於鄉。從孫嘉績軍，授户部主事。疏請畫地分餉：紹興八邑各有義師，正餉則給義兵，金華歸朱大典，寧波歸王之仁，台、衢、嚴、温、處給方國安，悉繇户部司其出納，以杜爭端。」國安等不可。

之詹復啟言：「鎮兵食正餉，義兵食義餉。義餉無名之税，徵之民間富室，諸臣慷慨舉義，必不虐及鄉里。且近日海寧、喬司、富陽諸戰，皆鄉兵爭先，而鎮兵僅遥爲聲援。列坐江口，飽食而嬉，豈不内愧！夫鄉兵單弱，固知非鎮兵不足以創立行營，然列營將帥果能協志前行，則目前尚可設想；若遷延觀望，計較軍資，民心潰散，餉無從徵，將不知所歸宿矣。」不報。遷户科給事中兼理餉郎中。時中官客鳳儀、李國輔兼制軍餉，力言非制。後國安並奪義餉，復請張國維申飭軍法以約束之。

江上潰，入四明山。悲憤疽發背，嘔血死。

孫渠，字不踰，鹽城人。崇禎十六年進士。授上虞知縣，甫下車，即懲土豪之害民者，羣奸股弁。清兵下杭州，避地海寧。魯王監國，仍回上虞，調會稽。福京詔至，疾上開讀儀注，忤旨別轉，尋遷職方主事。明年，擢户科給事中，監軍督餉，數陳戰守之策。浙東不守，扈從海上。旋歸里，閉户著書。當事屢敦趣出，得書焚之弗視。年七十餘，終日危坐，間與高士二三人講究詩文，徜徉以歿。

棨少失怙恃，育於兄嫂。守貧嗜學，博通經史。鄉薦後，值歲旱蝗，民苦無粟納官，言於知縣楊世禄購米湖廣，請漕撫牒免所過關税。於是富民爭往，楚粟大至，富窶兩利。四年，河決新溝。泣請大吏築塞，而羣議紛呶如聚訟，漕撫李待問卒從其策。興工未幾，伏秋水發，興鹽爲壑，民多流徙郡城，淮民待之甚虐。言之推官王用予，笞其尤無狀者，流民乃安。復請待問發帑振飢，詞甚哀切。待問色動，即發倉粟，命棨、用予散給。昕夕奔馳，勞勩備至。民苦加賦，適待問入掌户部，舟泊皇華亭，謁之，力陳其害，隨之京師，仍依舊額八千三百餘頃征銀，獲減遼餉、練餉共二萬餘兩。及歸，射陽湖淤塞，七州縣頻苦水潦，上書漕撫朱大典，言開濬之法甚具。議雖不行，而後之言水利者多主其説云。

包爾庚，字長明，上海人。崇禎十年進士。授羅定知州，戴星視事，五載不倦，聽斷明允，署清如水。曰：「我家孝肅，師也。」民有訟，即令證左約會，限期審鞫，不遺役。先是，圍堡各有陋規，皆革去之。以俸餘置學田八十畝，爲諸生膏火。鎮兵譁，守道水佳胤被圍，單騎馳諭，皆下馬羅拜。瑶蠻再變，總督沈猶龍剿捕弗戢，許其自新，皆聽命。又釐榖船稅，以利農商，民稱「小龍圖」。

嘗言：「大江以南人皆柔，而閩廣爲甚，故河北之刑不可施於吴越，吴越之刑不可施於閩廣，此爲吏所當知也。」故其政尚寬，所出死囚數十人。嘗謁廣督，見軍門俘囚累累數百，皆以不軌當伏法者也。入言曰：「此屬保無枉濫？盍詳訊而後誅之。」廣督善其言而不能從，每以爲憾。

行取入京，會大母喪，不赴。紹宗立，起吏科給事中。

魯王監國，與孫鼎同起兵科。紹興亡，入天台山。久之，歸隱青溪之曲，閉户著書。少穎慧。爲諸生時，陳子龍以古學標榜，挽入幾社。曰：「我不爲異，亦不爲同。」謝之。

清徵山林隱逸，以母老辭卒。

鼎，字大宣，餘姚人。崇禎十年進士，授大理評事，典四川鄉試，遷大理卿。

沈綵，字素先，會稽人。崇禎六年舉於鄉。魯王監國，授中書舍人。隆武二年，紹宗頒詔越中，魯不開讀。已聞黄鳴俊將以兵入，綵故門下士，遂遷浙江道御史。與王紹美逆之金華，議論侃侃，鳴俊色沮。大畧云：「閩、越競辛苦馬上，止以『大明』二字。魯單露阻江，當衝數月，功莫大焉。非有方、鄭矢石錢塘，仙霞下戍卒不卧久矣。魯爲天子捍圉，奈何自撤藩籬？且情有所不忍。唐、魯皆高皇帝子孫，始以兄弟至親。魯以閏六月起，唐以七月起。事遲而欲先功多者，竊爲天下所訕笑。且唐非有小振作以厭天下也。土地之非朱氏者無數矣，勤此半浙，置江以北不問，亦何足爲武？即使魯屈奉命，天下以唐無遠畧，徒創骨肉，宗室之起爲難者豈少哉！豪傑欲起，正在瞻望，此豈鬩墻之時？即事成而聽天人之所歸未晚。」於是上始使陸清源餉江上而不即魯厄，綵力居多。歸改兵科給事中。紹興亡，扈台不及，僞投百官江而死，匿姓名亡去，清不可蹤跡而止。

紹美，字子璵，會稽人。崇禎十三年進士，授肇慶推官，雪冤獄，卻廠羨，去日蕭然無一物。遷山東道御史，請卹劉宗周、祁彪佳、王毓蓍、潘集、周卜年五忠。弟紹蘭，崇禎九年舉於鄉。

張壎，字若青，仁和人。歲貢。授六合教諭。任甫三日而寇至。攝知縣，建城垣，寇不敢犯。歷國子助教，禮部司務，屯田主事、員外郎。修葺故宮，奉使江閩。紹興亡，隱。孫賁，事別見。

周齊曾，字思沂，鄞縣人。崇禎十六年進士。授順德知縣。邑故多盜，械得其魁，置之辟。向之爲逋逃主者，乃中以蜚語，罷歸。魯王監國，起吏科給事中。紹興亡，痛哭入剡源結茅，以禪自晦，名囊雲，足不入城市。海道王爾禄欲過訪舊，不見。

叔元良，字克生，諸生。憤死。

同時，吴之器，字賜如，義烏人。尚書有朋曾孫，崇禎十五年舉於鄉。負匡時畧，嘗遊兩京，陳大計。有尼之者，乃歸。王授兵科給事中。浙東亡，灌園終。藏書十餘楹，瀏覽廢櫛沐，卒爲通人，介然特立，以著述自命。所著婺書得班氏法，尤爲時重。詩風骨凝秀，亦自成家。弟之文，字叔簡。歲貢。授新昌知縣。大旱，啟請寬征。江上潰，隱卒，年九十二。

陳士元，字四長，崇陽人。選貢，自東鄉知縣遷兵科給事中。扈閩死。

贊曰：埰折檻犯顏，言如漢人，圜土十年，幾瀕於死，乾坤既易，荷戈無從，鼎湖上升，賜環無望，而歿齒愛君，歸骨敬亭，不以盛衰改節，不以存亡易心，君子哉若人乎！宗羲弘通博雅，命世大才，顧於滄海橫流之際，一小試之，以甌越彈丸，當山河兩戒，嗚呼悕矣！敬舒、階泰、沐日、通、時對、利民、之垣、潛夫、元辰、玉藻、集之、齊曾忠清梗亮，殿臣、正中、應嘉、世振、蘭、山、爾一、祖襄、方璽、德周、棐、爾庚、綵健力峻拔，皆爲名臣，守諭、之詹所謂可使治其賦也歟！

南明史卷八十三

列傳第五十九

無錫錢海岳撰

碩德　曹廣等　金公玉　楊崑　耿章光等　蔣思宸　朱日升　齊應麟　張簡　嚴塽　于在鎔　許諫　曾古風　吴永功　堵道楠等　吴逵　**查繼佐**　兄繼坤等　任孔當　宋珍　朱之彪　范驤　吴脈鬯　孫宏

谷文光　王朝鼎　**沈履祥**　**傅巖**　子齡發等　毛元時等　**洪錫祚**　張印立　鄭爾說　李茂根

吴國粹　陳熙　韋克振　雷永祚　毛重光　周有鳳　郭振清　胡士瑾　秦之鑑　羅璧　潘懋璋　錢炳强恂　張世位　葉應期　謝甲　蘇萬元　丁益高　楊秭　陸瑞徵　劉鼎　扶國祚　陳其德　高秉衡馬軾　陸長祚　方可選　李永周　吴人傑　張元度　聶胤緒　向秋闈等　李位卿　方學聖　唐銓　顧其康　羅聯第　解學周　謝時揚　劉廷憲　張如戴　龐霦　袁建高　劉文舉　尹天民　龔則悦　姜賜履薛大訓等　朱國藩　馮汝縉　黄鐘諧　楊春芳　錢爾登　張國寶　馮瑋　陳汝奇　左國柱　余懷悌　王一友　周甲　黄翼聖　甘元鼎　朱介　沈諫　徐文炳　陳瀛　朱允治　查嗣馨　蔣星煒　吴主一　賈爾壽等　高應魁　潘允濟　許士龍　林喬枝　李長盛　王日俞　黄元如　程章　蔣時秀　陳昌期　武際飛

王丕顯　徐懋曙　黄以陞　孔聞語　馬夢桂　詹承忠　胡澄一　姜瑄　林堯斌　孫敷華　黄開先　蔣懋　苟天麒　戴立大　陳三謨　史起明　鄭尚藩　張履謙　衛寧殷　文可紀等　何天寵　施于身　葛延方　徐奇　張紹謙　劉辰楫　張開泰　單世德　李汝斌　陶元祐　袁俊年　王家臣　曾五典　顧襄遠吴琪滋　蕭光辰　徐美　方士衡　黄立中　陳正卿　劉登之　宋貞夫　王有旦　王應井　王榜　謝所舉汪應晋　孔時發　洪明偉　姜志宏　張鵬騰　李用和　萬鵬颺　李茂　馬瑞圖　劉諓　史遇　朱朝藩

等　藍倬默　舒自志等　陳所聞　李之杜等　郭運暄　江延正　李應祚　朱宗時　劉大有　劉日鎰等
王日新　張建高　孫振圖　王希乾　周希契　袁嵩年　周正春　施春錦　李肇勳　曹壽　陳國璧　王兆
修　鄒期相　嚴日明　歐中蘇　卜云吉　陳士奇　甘麟徵　徐日隆　仇秉忠　伊志可　酈用賢　戴啟禎
張岳　黃天弼　葉伯奮　高淩雲　林之驥　李裴　顧孝弘　龔策　羅章黼　方鳴秋　張一孺　包蒙吉
朱泌之　王至雍　何懿　譚于墀　章光祺　胡東甌　金應元　趙嗣先　張正乾　葉雷生　殷埕　胡寧
濂　陶元勳　徐彥　沈濳　朱之裿　季振宗

陳子龍，字卧子，嵩江華亭人。崇禎十年進士。授惠州推官，改紹興，折節下士。東陽諸生許都者，副使達道孫也，見天下將亂，陰以兵法部勒子弟，思得一當。同郡徐孚遠見而奇之，謂子龍曰：「都，國士。朝廷方破格求才，倘假以職，隱然干城也。」子龍因與都遊。數薦之上官，不能用。東陽知縣姚孫棐以備亂斂士民貲，坐都萬金，不得。適義烏奸人假中貴名招兵事發，孫棐謂都結黨謀逆，持之急。時都有母喪，會葬山中者數千人。孫棐疑爲變，遽告監司王鄘，遣使收捕。都黨執孫棐，痛笞之。旬日間聚衆數萬，下東陽、義烏、浦江，遂逼郡城。左光先急調撫標兵行剿，民各保寨拒敵，官兵大敗。鄘欲撫之，語子龍曰：「賊聚糧據險，官兵不能仰攻，非久持不克。我兵萬人，止五日糧，奈何？」子龍曰：「都，舊識也。請往察之。」單騎入其營，諭令歸誠，待以不死。乃挾都見鄘；復挾之徇山中，散遣其衆。都乃以二百人隨子龍來降。光先竟殺都等六十餘人江滸。子龍救之不得，大恨。以招撫功，遷文選主事，改兵科給事中。子龍深痛負都，不赴。

安宗立，以原官召用，巡視京營。子龍上三疏：首勸勤學定志以奠中興之基。次言：「自古中興之主，如少康、周宣，皆躬親武事。三代之後，漢之光武、唐之肅宗，莫不身先士卒，故能光復舊物。從未有身居法宮，履安處順，而可以戡定禍亂者。臣瞻拜孝陵，依依北望，不知十二陵尚能無恙否？而先帝先后之梓宮何在？興言及此，陛下當嘗膽卧薪，宵衣旰食；羣工庶尹亦宜砥礪鋒鍔，奮發意志，以報仇雪恥是務。竊聞山東、河北義旗雲集，拭目以望王師。朝廷晏然置之度外，何以收三齊抗手之雄，慰趙魏悲歌之士乎？臣恐天下豪傑，知朝廷不足恃，不折而歸寇，而羣然有自王之心矣。伏望陛下速幸京營大閱，復弭節江滸，大集舟師，分命武臣，一至蕪湖，一至京口，以視險要，固根本，使天下曉然知陛下下詔親征，六師並發。令一軍繇歸亳以入汝雒，次潼關，一軍繇襄鄧以攻武關，出廣漢。巴蜀之甲，燕晉之師，則用之爲奇兵，爲聲援。逆寇授首，可計日待矣。」又言：「臣入國門再旬矣。人情泄沓，無異昇平。清歌漏舟之中，痛飲焚屋之内，臣不知其所終矣。其始皆起姑息一二武臣。以至凡百政令，皆因循遵養。臣甚爲之寒心也。」末言：「先朝致亂之繇，在於上下相猜，朋黨互角，以爲鑒戒。」

尋常應俊封伯，子龍極論其非制。時廷臣懲劉孔昭殿上相爭事，無敢言者。馬紹愉陛見，言及陳新甲主款事，上曰：「如此新甲當卹？」羣下愕然相顧。陳盟曰：「可因命予卹，且追罪嘗劾新甲者。」子龍偕李清交章力諫，戒紹愉奉使毋蹈前轍，再辱國。乃止卹議。

未幾，糾漕道莊應會墨事，請予罷斥；又請召還鄭三俊、易應昌、房可壯等。並可之。

又上防守要策，言：「防江之計莫過水師，海舟之設，更不容緩。」遂自募千餘人，委何剛、宋徵璧、董庭、錢士貴及都司李時舉，舉人李愫，廩生張密訓練。又疏備邊三害，請收復襄陽。皆當時至計而莫之能用也。

尋張有譽以內批陞用，子龍疏言：「計臣清端敏練，百僚所服。但古制爵人於朝，與衆共之。墨敕斜封，覆轍可鑒。萬一異日有奸邪乘間，左右先容，銓司不及議，宰輔不及知，而竟以內降出之。臣等不爭，則倖門日開；爭之，則已有前例。立國之始，願陛下慎持之也。」

劉宗周既至，不召見。子龍上疏以背前旨，非是。又薦祝淵、涂仲吉任言官，違馬士英意，得嚴旨。

黃澍入。上書論楚、蜀寇情，因及上流措置羣帥之策。清兵日南，二東告急，督撫委而棄之。又上疏極論陳情實。皆密旨下部，未舉行。

會復廠衛，上面責金吾巽懦狀。子龍上公疏力爭。

采選淑女中官，中貴人私買女，多横勒。又言：「中使四出，有女之家黄紙貼額，閭井騷然。明旨未經有司，殊非法紀。又收選内員，慮市井無賴，自宫希進。先朝若瑾若賢，皆壯而自宫者也。」

時諸勳臣張甚，妄與啟事，至薦張孫振等。復與章正宸力爭，且昌言於朝。小人益爲側目。在言路五十日，章三十餘上。明年二月，以時不可爲，乞養去。

南京亡，避泖湖。陳洪範招之，不見。閏六月十日，嵩江兵起，子龍設太祖像誓衆，自爲監軍，沈猶龍爲總督，邀王家瑞、李向中、夏允彝、黄蜚、吴志葵、陸文孫等，招陳湖義士起兵，號「振武軍」。命志葵、魯之璵以舟三千自吴淞澱泖攻蘇。出入諸軍，書檄號召，直浙響應。紹宗擢僉都御史、太僕卿、侍讀學士、兵部右侍郎、左副都御史。監國魯王晋兵部右侍郎、尚書，節制漕務。八月三日，嵩江陷，子龍在志葵軍，以祖母在，僧服匿泖湖。欲之行在，以海上禁不果。汀州變聞，矢不欲生。作致允彝書焚墓，述己未死之故，期不相負。

祖母以天年終，再起，指揮太湖義師，與吴易、黄斌卿合兵圖恢復。王加翰林學士，總督七省義師。子龍少主幾社，以文望爲海内宗仰。及受新命，舟山及東南義師推爲盟主。

遂命夏之旭通吳勝兆於嵩江，盡檄澤中諸健，欲内外一日起事。

勝兆事敗，子龍奴茅太告變。永曆元年五月，都統巴山、操江陳錦至蘇，與土國寶欲盡除三吴名士，以子龍爲首，大索嵩江。子龍與之旭走嘉定，告急於侯岐曾，匿其僕劉馴家，已遷崑山顧天逵所。清吏執岐曾，别遣兵圍天逵家。子龍見國寶，植立不拜，神色不改。錦曰：「何不薙髮？」曰：「留此見先帝地下。」問：「畔人何在？」曰：「文天祥止有一人。」命送南京。十三日，泊跨龍橋下，義不受辱，乘間入水。清兵援之，被攣水底死，猶殊元戮屍。妻執，妾毅然請代死。母韓自沈死。

弟子王澐及朱世禎、徐桓鑒、張昂之、孫和鼎、孫和斗，書佐葉思劬，僕吴酉賄邏卒以他首易，子龍得歸葬。殷之輅、張寬、徐開祚以下數十人，亦坐子龍死。黄服卿家籍。事聞贈子龍禮部尚書，謚忠文。

徵璧，本名存楠，字尚木，崇禎十六年進士。授中書舍人、展書官。弘光時侍經筵，降清。

澐，一名大來，字勝時。歲貢。

世禎，字雲將，崇禎九年舉於鄉。子龍至友。

桓鑒，字惠朗，出遊死。

和鼎、和斗，巡撫元化子。和斗，字九野，嘗經紀侯峒曾家事，贍子龍孤，著書終。從弟和鼒，字襄臣，有幹畧，去諸生。

之輅，字元素，歲貢。歷中書舍人、車駕主事。慷慨養士數百人。執至南京，洪承疇曰：「若明何大官？爲逆！」之輅如言以報。與子日旉，弟之璉，從弟葵，從子璋、鍾皆死。之輅妾某自經死。子鴻逵，字翮冲，諸生，母大學士徐階孫，流離入北京，訪得之。之璉，字愬商。從弟懋畧，字台柱。從子鼎，字答嗚。璋，字半如。四人同死。寬，字子服。諸生，子龍門人。弟宮，字處中。弘光元年恩貢。

開祚，涑兄，諸生。徵璧、澐、桓鑒、之輅、寬、開祚，嵩江華亭人。世禎，青浦人。和鼎、和斗，嘉定人。服卿，吳縣人。

同時，夏發英，一名寶謨，字晋伯，秀水人。從易起兵太湖，奉啟請兵紹興。授行人，遷中書舍人。會清人爲間於張國俊曰：「張存仁行表降於魯。」廷臣信之，以爲坐受杭嘉矣。發英爭曰：「毋爲小人所算，未有我力不敵彼而反屈下我者。甘言惑聽，不如謝絕。」遂已其事。子龍將就浙東，復令釋寃於鄭遵謙，擢職方主事。歸與徐爾穀約嘉興義師再起，事洩被執。在獄與李之檀、張謝石、侯其偉唱和，不屈死。

俞積沛，嵩江華亭人。諸生。允彝弟子。從起兵，與子龍死。弟積溥，爲僧；積澄、積澍不知所終。

張敬，字簡卿，江都人。諸生。從子龍起兵，死於獄。

笪君甫，嵩江華亭人。縣胥。論死，笑曰：「一介小人，與士大夫列爲忠義，死猶生也。」臨命神色不變。

王觀光，字公覲，上海人。恩貢。歷寧波通判、王府長史。以子龍義師被逮。爲僧名海岸。子日旭，字東白，諸生。乞食負父歸，偕隱。

黄濤，字觀只，嘉興人。崇禎十五年鄉試第一。下獄免，後降於清。

沈廷揚，字季明，崇明人。家雄於貲，尚氣節，倜儻慷慨。歲荒民乏，捐四千金拯濟鄉里。馮若愚絜子元颺千里覓館，與遇逆旅，留之。歸旬日，請廷揚兒出館，曰：「吾未有子，先生與令子安心讀書可也。」歲終以百金餽之。後元颺成進士，開府天津。

崇禎中，廷揚以諸生入資，授武英殿中書舍人。時山東運道多梗，議復海運。廷揚疏言其便，輯海運書五卷，因户部尚書倪元璐以進，而與漕臣議不合。再疏力爭，曰：「當此主憂臣辱之日，有力者宜效力，有智者宜畢智。」又曰：「臣願但效忠，不願博官。願自買舟載糧，先試以爲法，爲國非爲身，作事非作官，不費朝廷一錢，不失朝廷一粒。設有不利，臣自身當。」疏凡八上，上命以廟灣六船試之。不一月，廷揚上謁。元璐驚曰：「我已言公去矣，奈何尚在？」廷揚笑曰：「糧至矣。」元璐即入奏。上大喜，遷户部郎中，往登州與徐人龍計海運事。

時寧遠軍餉用天津船，自登州候東南風轉至天津，又候西南風轉至寧遠。廷揚請從登州徑達寧遠，省費甚多。尋命赴淮安專督海運，累擢光禄卿、太僕卿。

清兵陷嵩山，繞出經畧洪承疇後，糧道斷絶。上召廷揚議，請行，乃繇天津經山海關左達鴨緑江，半月抵嵩山，軍中呼萬歲。比還而後餉不繼，城遂陷。

李自成攻京師，廷揚以部檄馳至淮上，借漕糧二十萬石。甫發運而凶問至。

安宗即位，命以海舟防江，兼理直、浙、山東糧儲，饋江北諸軍。疏請練水師二萬人衛長江，不報。時廷臣有請繇海道出師北伐者，嘆曰：「誠使是策得用，願爲前軍。」已皆不行。但令運米十萬石餉吴三桂軍。劉澤清在淮上，欲得其舟，廷揚曰：「須俟朝命。」澤清縱兵奪之。時漕督田仰爲馬士英私人，一切軍務置不問，淮上瓦解。遂與黄銘丹率部歸崇明。

清兵陷南京，盡散家財，部署水艍船數百。顧容、黄五嘗、張士儀、張鵬翼各以水陸兵數千舟千餘至，皆與廷揚善，共盟推義陽王朝墠監國，以廷揚爲户部右侍郎。士儀降清，與朱灝、劉四公航海入浙。監國魯王晋左侍郎、僉都御史，總督浙、直水師，令繇海道復三吴。時仰入相，忌之，乃依黄斌卿舟山。

清楊承祖貽書曰：「抗節波濤，公之大志，其如大厦非一木所支何！」廷揚答曰：「夷齊何人，我以舟山作首陽可也。」因聚衆斫石誓曰：「鞠躬盡力，不能畢我志者，有如此山。」紹宗亦晋兵部右侍郎，總督浙直水師。時諸軍無餉，競起剽掠，浙東張國柱、陳梧尤甚。乃密謂斌卿曰：「師以恢復爲名，今若此，則賊已。將軍其戒之。」斌卿曰：「公言固是，然將何以足食？」廷揚因爲之定履畝勸輸法，於是軍士不復敢掠。

永曆元年正月，李廷輔、李得功、楊瑞、汪自富、毛士、林五保響應崇明海上執死。二月，以二百舟攻崇明，韓景仁、李顯等戰死。嵩江吴勝兆反正，先送款舟山。斌卿猶豫不欲應，廷揚曰：「事機之來，間不容髮，奈何坐失之？」張名振慨然請行，邀之爲導。乃謂之曰：「兵至必以崇明爲駐劄地，禁打糧然後可。」名振許之。至崇明，食盡，名振違約，登岸掠食。舟泊鹿苑，五更颶風大作，自相擊，軍士溺死者過半。清兵逆岸上，合呼薙髮者不死。名振、張煌言、馮京第雜降卒中逸去，廷揚率張名斌三百舟獨戰四晝夜。舟膠於福山徐六涇，嘆曰：「風波如此，其天意耶？吾當以一死報國，然死此無名。」乃呼謂遊騎曰：「吾大明總督，可送至南京。」遂被執，時四月十四日也。

至蘇州，麾下七百人從焉。五月二日，巡撫土國寶坑之於婁門外李王廟。問廷揚曰：「懼否？」徐曰：「彼義士也，而倚我爲主，我何懼！」笑對七百人曰：「爾速去，無留戀，旦夕仍隨我也。」七百人齊曰：「諾，謹候公。」聲若雷，遂皆就義。國寶曰：「公真鐵漢。」因勸薙髮，許以高官。曰：「安見鐵漢肯薙髮乎？留此數莖，見先帝於地下耳。」於是致南京。見承疇、巴山，背立不顧。承疇少貧困，廷揚教養之有恩，至是爲清經畧南直，欲脱廷揚，曰：「爾是假者，聞沈某已爲僧去矣。公但薙髮，當大用。」廷揚故作不識，曰：「吾目盲，汝何人？」承疇久之曰：「小姪洪某。」廷揚曰：「承疇承國厚恩，死難久矣，先帝賜祭十三壇，建祠都下，安得尚有其人？爾何人斯，欲陷我於不義耶？」挺身抉承疇衣，將撲之。巴山曰：「爾已不認洪某，爾在海何爲？」曰：「吾行吾志耳。」巴山怒形於色，命武夫轉廷揚身，且掌頰。曰：「吾死且不懼，詎畏掌耶？」箕坐於地，指承疇大駡曰：「天下事都壞汝等。」巴山命送之按察使獄。按察使周亮工前令濰縣，受薦舉，流涕苦勸。廷揚張目熟視曰：「我不識若。昔日友生皆先殉節，我死恨晚耳。」因推冠指之曰：「爾曉此千條萬縷者，父母浩氣所鍾乎？頭可斷，髮不可薙。」勸者益力，廷揚益厲。七月一日，門人韓范入獄慰問。酌酒未半，下視若有所思。范忽下淚，從子元昇亦下淚。廷揚起，厲聲曰：「昇淚胡爲？吾今以美事貽爾。」范曰：「思家鄉乎？」曰：「國已破矣，何用家爲。忠臣不怕死，不顧家。

有所思者，文天祥輩耳。」重命進酒，暢飲竟日。明日，方巾寬袍，輿向淮清橋，南拜訖，從容仰卧，自撩其鬚曰：「來殺。」推刃斷喉卒。妾張，奔視含殮，歸自經死。

子元泰，諸生，執死；元掄，字叙彝，諸生，負文名，清招不出，廬墓終。元恭、元昇、名斌，贊畫職方主事沈始元，總兵蔡德，副總兵沈爾韜，遊擊蔡耀、戴啟孟、施榮、劉金城、翁彪、朱斌、林澍、陳象、聶寧東、薛宗成，守備畢從義、陳邦定十八人同死。鮑國祥亡隱。沈宏之返葬廷揚蘇州虎丘，與袁雲芝護其家，自寧波歷仙霞、興化，多方保全。訃至舟山，皆流涕，就地立祠祀，贈户部尚書。

銘丹，字端侯，崇明人。諸生。張獻忠毁皇陵，憤激決妻子，誓不破寇不還，因謁制府，獻平寇策，爲史可法參謀。及北京破，廷揚駐淮上，銘丹謁，願假一旅自效，命募水師崇明。南京陷，方赴浙探魯王消息，知廷揚已入舟山，乃撫膺曰：「事不可爲矣。」南向慟哭，投海死。妻施水死。

四公，不知何許人。仕魯王。寓崇明，以詩名。

始元，崇明人。

宏之，字茂之，嘉定人。工詩，好談經濟。嘗從袁崇焕遼東，以議撤毛文龍不合，辭去。内閣馮銓招修武事全書，歸。卒年八十二。

雲芝，太倉人。諸生。張溥弟子。從廷揚遊。

于穎，字穎長，金壇人。崇禎四年進士。累官工部員外郎，出爲順德知府，移西安，以事罷。尋起工部郎中，出爲紹興知府。越人重水利，前守築三江應宿閘而越水治，然閘在下流，能禦潦而無以處暵。十七年大暵，劉宗周家居，謂惟通麻谿壩，更於壩之上流通茅山閘，潦則閉之，是謂良策。而蕭山愚民挾形家言阻之。長吏咨於穎。穎曰：「劉公言是。」捕蕭民之梗令者杖之，事得集。雖大暵不爲灾。民復翕誦穎。

弘光元年，遷寧紹台副使。馬士英挾太后入浙，宗周泣曰：「非斬士英，無以收既潰之人心。」穎於是再疏請誅士英，不報。宗周曰：「明府徑申大義於天下可矣。」穎自以外臣，未可擅殺宰相，乃止。

偕宗周歸，結熊汝霖輩共起兵。而清兵已至，穎亦馳入雲門山觀變。紹興通判張愫以城降清。會鄭遵謙斬愫迎穎。穎回望城哭，城中人呼曰：「于公來，吾事濟矣！」

先是，穎密遣徐胤昇朱壽宜、朱兆憲募兵金華備敵，至是絡繹率衆至，以郎文明、任朝晉、張弘兆爲中軍，來方煒、來集之等亦各以兵會。穎乃操小舟西至蕭山，清令陳瀛出謁，執之，焚招降榜。時守江者有劉穆兵五百，參將鄭維翰、都司金裕鄉兵五百，守備許耀祖兵五百、紹興指揮武經國義兵六百，鳴鼓誓衆，大集都亭，時閏六月十三日也。即夕，與壽宜、沈邦通謀以五百人趨西興。前所遣諸生莊則敬等以江船百艘來歸，沈鎮東爲導，盡驅西岸船而東，至中流。清兵在西岸，無所得船，穎率衆登岸大噪，遂畫江分守。穆扼潭頭，向富陽；維翰、裕渡江屯沈家埠，扼橋司，扞海寧；耀祖聯絡江中舟師；經國列營江岸；壽宜、兆憲各以自募義兵控龕子亹；方煒、集之以自募兵堵七條沙；朱伯玉出奇遊擊；并命徐芳烈、何之杰措餉；尊禮訓導許士龍，聘廪生徐芳聲參軍事。

尋清兵拕内河舟百餘，木筏填土擬渡。穎遣死士陳勝等鑿沈之。風起潮湧，筏盡漂，各營鉤致以爲用，時詫爲神助。穎謂諸將曰：「杭已有重兵，攻不易，莫若於下流蹊橋司入海寧，出海鹽，以通太湖，上流蹊潭頭入富陽，出餘杭，以塞獨嵩關。」比海寧兵起，而富陽爲清將郎斗金所據。遣穆夜襲之，餘杭之道得通。姚志卓、丘若濬來會，穆乃駐師清風亭爲聲援。清兵大至，陷富陽，義士王襄、貢生繆法信率義旅請行，王宗茂、阮維新等併力以禦。劉肇勷戰死，法信兵抄掠。

隆武元年九月，富陽再陷，宗茂、維新戰死。穎自漁浦渡江救之，再復富陽，於是方國安、王之仁得駐江上。浙東立國，清兵不能遽渡者，穎之力也。

監國魯王晋浙江按察使，行巡撫事。紹宗命以兵部右侍郎、副都提，督浙東。魯王亦加兵部右侍郎、僉都御史，督師江上，以包秉德爲監軍，遂自爲一軍，守漁浦。時諸軍交訌，爭兵爭餉，穎支持其間，爲最苦，之仁尤惡之。一日會於潭頭，語不合，之仁拔刀擬之，士英卻以身蔽，乃免。穎三啟辭官，不許。已而諜告清兵自海道至，命移三江口，連陳危急。江上潰，航海扈從不及，還鎮江。鄭成功師至，謀響應，被執死。

胤昇，上虞人，崇禎元年進士，歷車駕主事，順德、興化知府、廣東副使。魯王擢兵部右侍郎，巡撫金衢嚴。

壽宜，本名兆宜，字仲含，紹興山陰人，尚書燮元子。諸生。任後軍都府都事。弘光時，頒詔徽寧池太，以錦衣指揮使掌南鎮撫簽書管事，正法紀，多所全活。扈台州、舟山。兵敗歸，抑抑卒。妾何，紹興亡水死。兄兆寧，字伯定，廩生，任錦衣指揮使，先卒。弟兆憲，字叔起。諸生，工文，任錦衣指揮僉事都司經歷。燮元在四川卒，庫貯餘金八十萬，遺命立召藩臬付之，一不入私。從兄兆宸，字心瞻，崇禎六年舉於鄉，職方主事；兆相，字士揆，弘光元年恩貢，理餉，斗米三百文，轉輸有法，士不苦飢，一時賴之；兆宣，字季方，自後軍都府都事改刑部主事。紹興亡，皆詩酒杜門。

邦通，字青來，蕭山人。出資助軍，授副總兵，守西興。事敗歸。

鎮東，字辰所，蕭山人。崇禎七年武進士。平望守備、崇明參將，累遷都督總兵，封尚義伯，守富陽。從扈歸，爲商販終。

伯玉，字坦之，餘姚人。傾財結客。授都司。後被執獄死。

芳烈，字涵之，蕭山人。選貢，授中書舍人。

之杰，字伯興，蕭山人。諸生。官職方郎中。與毛甡同爲監軍，入清，獻詩。甡，改名奇齡，應鴻博，事見清史。

宗茂，蕭山人。諸生。血戰全城。後渡富春江，中亂矢死。楊夢陶力戰死，贈忠靖較尉。

秉德，字欽和，蕭山人。諸生，授職方主事贊畫。與沈禹錫友。工文。杜門。

白抱一，字函二，南和人。恩貢。授林縣知縣，平林慮山蟻尖砦寇，治行爲河南第一，遷陝西道御史。崇禎十一年，畿内大祲，疏蠲逋賦三年，可其奏。十六年，召對平臺稱旨，命出巡漕，苦心察核，弗以一塵自污。瀆鍰之應解者數萬，皆罷之。明年，雷震奉先殿，下詔修省。上書曰：

頃以奉先殿獸吻爲雷震損，皇上悚惕靡寧，親行恭慰，旋命禮臣條上祭告修省事宜。顧臣以爲祭告可以言事宜，修省未可徒責之事宜也。何也？修者，敬修諸己；省者，内省諸心。從來避殿減膳，不過具文；祝史致詞，無關誠信。若論災變，揆厥咎端，多在臣下，然而皇上之一身，真天地祖宗社稷之主。夫風雨者，天地之怒氣也，廟貌震驚，則祖宗未免怨恫也。今歲仲春之月，皇上躬秉圭瓚，有事於社稷，而暴雷飄風，左右懍懍；兼之守臣奏報鳳陵發祥之地，無雲而雷，鬱葱改色。合是數者觀之，災不虛生，變豈細故？故臣竊觀皇上數年以來，罪己同於湯禹，側身邁於雲漢。繩振則周文之發政施仁，求言則虞廷之達聰明目。以皇上勵精求治如此，固宜錫福如升恒。尚爾示儆於災變，則臣有以知其故也。父母之於子也，於其最克家者，愛之愈深，則督之愈至；惟其不類，則漫爾置之。然則皇上真天地之愛子也。否泰相循，關乎運數；重熙三百，古所未聞。凡災變之所儆戒人君者，惟修德足以勝之。今皇上遇災滋懼，降詔修省。臣以爲敬修諸己、内省諸心者，爲我皇上陳之。

孔子曰：「修己以安百姓。」故安民者，修己之驗也。百姓誠有未安，固未可謂修己之已至也。而安民之要，在乎知人。夫知人雖難，然堯之知舜，舜之知禹，所知不過一二人而已。詩曰：「維彼惠君，民之所瞻。秉心宣猷，考慎其相。」故論相獨爲人君之職也。皇上御極以來，居茲地者，將五十人矣。自有君臣以來，未有旅進如此其多，更易如此其數者也。良繇考之不慎，所以去之彌輕。刻深狠戾者，謂皇上之果於持法，則務爲戕傷善類，以快己之私。便僻機變者，謂皇上之欲爲推恩，則又爲狎比淫朋，以遂己之欲。總之，務爲容悦之意多，自然安社稷之意少。懷患得患失之隱以事君，竊作福作威之權以罔上，後先一揆，彼此一致也。語曰：「慎獨可以行道，無欲可以言王佐。」皇上誠能合德於天，采聽於衆，早得無欲之臣，以付王佐之任，則容悦詭隨者無所售其奸，老成持正者得以安其位。取人以身，影隨表正，又何疑乎前車之覆乎？易曰：「乾德曰保合太和，坤德曰含弘廣大。」孔門論政，而以欲速見小爲戒；詩書所載，而以臨下以簡、馭衆以寬、不兢不絿、不剛不柔爲極則。故察之太精則不足以容物，持之太密則不足以得情。一眚見棄則世無全才，一事見疑則人懷慙阻。曩自刻深機變之人相繼進用，人心久已險而不平，躁而不静。激以爲智，訐以爲直，是以戈矛日熾於冠裳，囂凌日見於輦轂。人心不正，世道因之。臣以爲君心者，萬化之源也。崇奬忠厚，則浮薄之習自消；務爲寬大，則朘削之風自正。守正剛直者，雖忤己而必弘；廉節恬退者，雖遲鈍而必録，則聲色不大，而窺伺之端何自開？偏黨不作，而篤恭之效固可覩。將見君仁而仁，君義而義，教化馴，風俗厚，風俗厚，而中外之亂衰息矣。

上嘉納其言。

安宗立，仍故官。時君臣上下苟安江左，不復以國事爲念。復疏言：

古今否泰之故，不過視其君臣上下之交而已。上下交而志同則泰，上下不交而志不同則否。先帝以堯舜之資，皇皇求治，而遘變若此，徒以上下之交不孚，羣臣各爲心，遂負先帝，萬死莫贖。今觀廟堂之上，意見未免互歧。牙纛之臣，忠勇未聞敵愾，以此而望佐成中興之業，庸可冀乎！夫意見所以不平者，大都從一官起見。即今陷北諸臣，官爵非不尊也，大勢一去，如縶囚虜，如縛雞豚，此豈獨陷北諸臣之恥？而苟偷視息於舊京，遂謂一官長保，尚欲爭之不置也。忠勇所以不奮者，大率以安頓家屬爲名。古稱將受命之日則忘其家。田單之妻妾編於行伍；李光弼之家屬閉置寺中，積薪圍之，是獨非人臣乎？且家莫富於燕都。前此之河山帶礪者，安在諸將能殺敵，則隨地爲家，各戰其地，分茅土而胙之可也。不能殺敵，又何地可家，而必與編氓爭此一塊土，各求分汛也。諸臣非不明而熟於計，然一似夢囈不醒者，獨以大義未明耳。

春秋之義，大報仇而重雪恥。今日君臣一體，文武一心，精神盡用之於討賊。此賊一日不滅，固所謂終天之痛也，不共戴天之恨也。勾踐會稽之棲，君臣卧薪嘗膽者廿年；晉敗齊師於鞌，齊頃公七年之間未嘗飲酒食肉。況今日之仇恥有十百倍焉者乎？我皇上斯干未築，椒寢未繁，暬御未備，飲食服御過爲挹損，「大仇未復」一語，天地神人共爲慘裂；乃諸臣一似未嘗有此志也。諸臣不嘗逮事先帝乎？先帝之龍髯未歸橋山，中宮血胤甘蹈白刃，一念及此，而煌煌蟒玉、赫赫龍章，反因以爲利，能即安乎？恐未可以正告天下也。

臣以爲皇上之纘承大統，與漢文之起自代藩、世廟之與於楚甸微有不同。何也？仇耻未有若今日者也。今必滅澆誘羿如少康，殲除銅馬、赤眉若光武，而後聲靈與二祖同符，作求爲列宗所鑒。臣以爲一切追崇之典宜行於奠安梓宮、修復陵廟之後，而凡優卹赦宥之詔，不妨先以及民。至若加恩進秩，諸臣皆未可遽受也。然後天下曉然知大義所在，凡我皇上所以君臨天下者，原是殷憂多難、履危涉險，未嘗有利天下之心，而諸臣敢恤其私，又何以對天下後世乎？忠孝所倡士氣百倍，精神所孚豚魚可格，而從前積習有不灑然易慮者哉！臣知賊不足平，行將爲宗社無疆之慶矣。

南京亡，謁監國魯王紹興，命偕谷文元犒師江上。江上潰，隱清涼山卒。

何綸，字蟠雪，梁山人。崇禎十年進士。官貴州道御史，劾周延儒、吴昌時、周仲璉貪險不法，著直聲。安宗立，巡按應安，上疏劾馬士英、阮大鋮。改淮揚，尋代任天成按浙江。清兵迫，猶疏請章奏禁用四六文。杭州亡，依監國魯王紹興，仍故官。

李挺，字梅溪，井研人。選貢，自荔浦知縣遷浙江巡鹽御史。在任誅求無厭。運使梁昭孟不與，怒糾之。紹興仍故官。江上潰，皆間歸卒。

姚允致，字静生，紹興山陰人。天啟七年舉於鄉，巡江御史。紹興亡後卒，年七十。

蔡堯中，字允之，諸暨人。寧郡王儀賓。舉江西鄉試。謁紹興，上足餉練兵火攻策。授火攻總督監軍僉事，遷兩浙鹽運使。紹興亡，與和溪縣主隱烏巖。

錢履福，字錫純，惠州海豐人。恩貢。歷天台、太平知縣，浙江督糧參議，歸。以公廉稱。

潘茂達，字君奇，宜興人。父紹謨，字懋嘉，副貢，廣安知州。茂達，太學生。關寧參謀通判，累遷杭嘉湖參議。侍父隱。

陳達情，元城人。崇禎十三年進士。紹興推官。杭州亡，降清。魯王監國，以得民心，復任，累遷户部主事、寧紹台參議。紹興亡，自刎死。

俞綸，字伯綬，諸暨人。崇禎十六年進士。興化推官，累遷金衢嚴參政。侍父樓居，不下十餘年，卒。

江文淳，字爾涵，武進人。崇禎十三年特用。歷嘉祥、上元知縣。南京亡，遷温處參議。

馮顒，義烏人。崇禎十六年武進士。浙江驛傳僉事。

胡濳，字是庵，繁昌人。太學生考授知縣，累遷杭嚴副使。交奇士恢復。名捕，走宜興爲僧。

吴廷簡，字心臣，深州人。崇禎元年進士，改庶吉士。歷簡討、山東參議、寧紹副使。

郭玉昇，定海人。歲貢。寧紹僉事。降清。

易震吉，字月槎，江寧人。崇禎七年進士。嘉湖副使，隱。

張孝龕，本名復，字七來，崑山人。恩貢。衢州通判，遷金衢副使。

文王輔，灌陽人。天啟元年舉於鄉，授蘇州同知。祁彪佳命充監紀。清兵至，謁福京，歷温州知府、温處僉事。

許宸章，字彦徵，嘗熟人。副貢。金華通判、台海副使。浙東亡，入金華山中。子山，字青浮，工詩。迎歸不出。

張名籙，字友仲，光山人。天啟七年舉於鄉。授岐山知縣，有清操。調華陰，歷五城兵馬指揮、刑部主事。坐議章正宸、熊開元獄輕，削籍。安宗立，起主客員外郎。王擢浙江水利副使。

徐金芝，字素人，紹興山陰人。倜儻負大畧，兼通天文兵法。崇禎十三年，以諸生應直言詔，上八事，格不行。復陳金塘、大榭、玉環海屯之便。會王之仁疏請兵屯，議合，授寧波通判，董其事。明年，金塘開田萬三千有奇，大榭四千有奇。

安宗立，參之仁幕。監國魯王勞軍江上，咨以兵事，遂遷之仁水師營監軍僉事，擢太僕少卿。金芝出家資募千人，忠義沈呆婆以千人歸之。啟請大舉，謂越海邊壤不可羸安，當計復南京，定名號，然後義師力圖北討。會方國安左其議，金芝去幘擲地，曰：「鼠輩擅權，其曷濟天下事！」乃投劾歸。

紹興亡，從黃冠居。瞿式耜馳書起之，母老未赴。桂林陷，金芝氣盡，感疾卒。

兄可貞，字固庵，去諸生。

李振璣，字佩于，鄞縣人。尚書康先子，恩貢。歷都府都事、尚寶丞、監軍副使。弟振玘，字佩千，任都府都事。兄弟皆輸張煌言餉。振璣事連下獄，振玘救之獲免。

李文燮，字元之，鄞縣人。輸餉江上，歷監紀同知、監軍副使。

杜騏徵，字同思，上海人。監貢。監紀同知。

徐鳳垣，字掖青，鄞縣人。歲貢。傾財餉錢肅樂軍，授監紀推官。卒年七十一。

虞國鎰，義烏人。恩貢。監紀推官。

丁泰清，字在躬，鄞縣人。江上監軍。連年餉軍，家竟以破。

張尚燮，字世調，鄞縣人。江上監軍司餉。

陳鳳圖，字聖則，鄞縣人。歲貢。瓜里參軍。卒年八十四。

舒天福，字五齊，鄞縣人。督餉參軍。

胡耀庚字元白，鄞縣人，歲貢。

李凱，字仲捷，鄞縣人。歲貢。與邑諸生董隆吉，布衣李蒞、朱相玉，皆參軍。

金有聲，會稽人，贊畫，勞瘁卒。

何弘仁，字仲淵，紹興山陰人。劉宗周弟子，崇禎十年進士。授建平知縣，調高要。築建平城，修端溪隄，爲百世之利。魯王監國，遷雲南道御史，監江上軍。累上封事，或非時要，然皆關太平大體，物望倚以爲重。紹興陷，追扈不及，過關山嶺，書衣帶間，曰：「有心扶日月，無計挽河山。」弘仁間關赴行在。聞台州又陷，曰：「已矣，無復可爲。吾非吾身，吾何家爲。爲吾子者，食貧守節而已。」遂投嶺下，死而復甦。有土人負之入陶介山，削髮苦行。與李爲芝、郭蓮峯往來縉雲、義烏諸山中。尋卒。遺命暴骸三日，野火焚之。

兄育仁，字禾育。選貢。授職方員外郎。國亡，自經，救不死。每晨興北拜哭。數年，卒自經死。弟法仁，事别見。兄弟六人皆爲僧。

爲芝，字丹仲，東陽人。從陶奭齡習性命之學。弘仁爲僧，同起居三年。殯殮如禮，召其子資其歸葬。親殁廬墓，荒振鬻産。清舉賢良方正，不應。

同時，楊三星，字應心，紹興山陰人。選貢。授長洲知縣，以强直罷。紹興陷，入鐵崖山，不食七日死。

荆本澈，字濂之，丹陽人。崇禎七年進士。授建昌推官，所屬南豐、瀘溪二知縣爲温體仁私人，發其陰事罷之。體仁恚，免歸。

時天下多故，散財結客，招致北地材勇，抵掌談兵事。及體仁敗，乃起職方主事。會左良玉兵東下，史可法謀於本澈，命辨士持書諭之，良玉乃退。可法疏留監下江軍。命甫下而北京陷，本澈大慟，嚙血草檄，徵兵勤王，縞素誓師，悉起平昔所養士自當一隊，爲南直保障。

時江北潰兵亂流而濟，劉肇基、于永綬火鎮江。本澈陳兵江口，諭以禍福，相次引去，鎮江得無恙。

馬士英惎其才，嗾陸朗誣奏與姜曰廣謀立潞王。禍且不測，史可法揭救乃免。陞監軍僉事。

南京亡，弘光元年六月十一日以舟師駐施翹河，號「四會營」，與顧容合。招張士儀、黄五嘗、張鵬翼起兵嵩江不克。會義陽王朝墠至崇明，與田仰、李國輔、李士璉、胡來貢及總兵李守庫、徐君美、胡學海奉之。

清招撫嵩江、上海，縣丞邵士美走，教諭盧志璉、鴻臚少卿王世焯降，引清兵入上海，以府炤磨陶溥署知縣。閏六月十二日，上海民有力者各就其地招兵，多者千人，少者數十人，起斬清弁，火其營。十九日，沈虎臣至吴淞來乞師。本澈於二十二日入吴淞，以潘復爲監軍，溥爲嵩江同知攝上海知縣，粤人王甲爲都司，與潘國光守上海。隆武元年七月六日，斬溥。十八日，本澈至上海。二十一日誓師，斬世焯齎詔者二人。時閻應元江陰圍急，本澈進屯江口。有寧其愚者，以僧兵數百會於砂山，戰敗入江。八月三日，青浦陷。四日，嵩江陷。十日，上海陷，署教諭徐百瑜死。清屠城五日乃止。五嘗及副總兵王顯以崇明降清。容與本澈携貳，謀殺之，乃至寧波。仰謁監國魯王，疏本澈兵力可復崇明，擢副都御史，總督浙直水師，兼巡撫蘇嵩，以梅之熚爲監軍，張祺爲蘇嵩副使。紹宗亦擢兵部左侍郎、副都御史恢復浙直。時紹興僉人亂政，本澈語王之仁曰：「小朝廷堪再壞耶？」上殿力陳其失。

九月，率大小舟數百、甲士數萬進蘇嵩。蔣德執福山江上死，汪承恩降清。十月十八日，攻劉河上捷。十一月十四日，復崇明，斬五嘗、顯及副將施鴻仕，仍以夏國士知縣。二十七日，清兵大至，五嘗標將爲間，誘陷崇明，守庫、君美及總兵荆集、諸生樊養昂戰死，副總兵荆杉不知所終，監軍副使王臣縉降清。本澈乃與周夢鸞、沈乙走舟山，屯小沙嶴，衆猶三四千人。上疏福京，請多造小舟資戰守。其將善射，嘗駕三水艍還攻施翹河，覆清舟二百餘。

客强於主，爲黄斌卿所忌。本澈爲人傲岸，亦與相左，復不能戢其士卒。斌卿造爲流言，二年四月因民怨，命單里襲之，本澈與子沐、淼，兄本源及子屺等一門遇害。將晏應鼈、蔡安邦歸斌卿。

沐，字稷咸，副貢。淼，字潺宛，諸生。皆左軍都督，精騎射，戰爲將先，故及於難。本澈妻孫，與沐子烈、炬二人得歸。次子彬，諸生，奉本澈命居寧波，獨免。

本源，字濬之，諸生。監紀同知。屺，字季瞻，諸生。兄峴，諸生。有膽決，斌卿命偕屺弟嵋、嵰歸里。嵰弟峒方五歲，爲將劉鰲所養。

士儀，字端表，太倉人。魁梧饒膽略，本指揮張氏家奴，從軍官遊擊。崇禎十年，固始告警，朱大典檄守霍丘西南，扼其東下，寇乃走六安。十五年，遷參將。張獻忠、賀一龍、賀錦攻霍丘，將騎兵與鎮篁、霍丘步兵躡之，城得保全，士民爲立大功碑。已以淮河總兵守清河。高傑南下，力拒之。後領河協營，守王家樓，隸可法。扼清兵清河。淮安陷，以兵數千、舟百從海南走崇明，屯劉河，與容、五嘗奉朝墠。隆武元年九月十五日，李成棟屠岳王市，至茜涇，士儀所將多川卒，驍勇殊死戰。二十五日，以衆寡不敵，楊廷威戰死。士儀正病，兵輿之降清。未幾卒。

五嘗，字仲嘉，崇明人。壽州伏波營總兵，守江南。朝墠遷都督。以私怨殺容。總兵高進忠以舟百、鐵甲數千人自海州至，倚之。未幾，進忠、五嘗與副總兵黄中色，知縣端茂玘、教諭葉爾喬降清。

來貢，字龍光，嘗熟人。本汚工。遼東都司，從劉孔昭爲孟河總兵，授都督。孔昭敗蘇州，獨全師返守嘗熟。城陷，與金臺、陳志仁起舟山。魯王命挂武定將軍印。亦爲斌卿所殺。

虎臣，錢塘人。把總。志葵命守上海。

復，字蓉江，上海人。保舉。歷西華知縣、河南監軍僉事。上海陷，入海依容。八月十八日，引容兵至龍華。未幾，退劉河。後洪承疇起用。

百瑜，字元振，嵩江華亭人。恩貢。

顯，不知何許人。故白茆盜，與張海山歸正。

之熚，宣城人。崇禎三年舉於鄉。工部主事。從馬紹愉北使，疏請改葬威宗。南歸，魯王擢監軍，傾家助餉。頒詔崇明。

祺，字劍州，蓋州人。崇禎十五年特用，遷安知縣。降清，南歸。

國士，陝西人。歲貢。崇明丞。南京亡，知縣徐鼎去，權知縣，號令不行。

養昂，字震瀛，崇明人。

臣縉，字大紳，鳳陽定遠人。崇禎十三年進士。授錢塘知縣。從本澈軍，代國士爲知縣。後從沈廷揚入浙。永曆七年，與諸生沈東山内應張名振死。

夢鸞，本名明偉，字元度，孝豐人。父珽，字無瑕，工詩畫草書，硤石被兵，祈死卒，年八十一。夢鸞，諸生。通兵法，官浙直水營都司。本澈薦遊擊，卒。

乙，字東來，崇明人。以剿寇功，官都司。

茂杞，字楚材，蕪湖人。崇禎三年舉於鄉。降清。

又姚赤文，字香塵，嘉善人。諸生。朝墠命以兵部右侍郎提督衜南下，與副總兵張道楫起兵江陰。城陷走，復起兵太湖，被執。清將詰曰：「若何人？」曰：「大明百姓。」曰：「彼中諸公卿已皆歸命，何況若！」曰：「今日恢復大事，即何論貴賤，苟不忘大明，皆當起。」曰：「若思中興乎，恐不可得矣。」曰：「中興自有日，赤文死不及見耳。」將以其義正，欲釋之，而詞益厲，不得已送杭州死。

張采，字受先，太倉人。與同里張溥，號婁東二張。采，崇禎元年成進士，溥亦以歲貢入都，名噪公卿間。已采授臨川知縣。溥，四年成進士，改庶吉士，乞假歸，集名士結復社，交遊日廣，聲氣通朝宁。所品題頗能爲榮辱，執政惡之。里人陸文聲納粟爲太學生，求入社，不許，又嘗以事爲采所辱，詣闕言溥、采倡復社亂天下，温體仁方枋國，下所司。學道倪元珙、兵道馮元颺、知州周仲璉言復社無可罪，奉嚴旨貶斥。周之夔、蔡奕琛先後訐溥、采結黨亂政，詔責溥、采回奏。溥已前卒，采上言：「復社非臣事，然臣與溥生平相淬厲，死避網羅，負義圖全，誼不出此。念溥日夜解經論文，矢心報稱，曾未一日服官，懷忠入地，即今嚴綸之下，并不得泣血自明，良足哀悼。」是時體仁已罷，周延儒再相，方求解於東林，疏上，事即解。

采才名亞於溥。溥性寬，泛交博愛；采特嚴毅，喜甄別可否，人有過，輒面斥之。知臨川時，鋤强扶弱，聲大起。移疾歸，士民泣送載道。家居，知州劉士斗、錢肅樂嚴重之。以奸蠹詾，采片紙報，咸置之法。

安宗立，起禮部主事，進員外郎。時庶務草創，徵文議禮，頗有功。乞假去。南京亡，奸人銜采者，羣擊之死，復錐刺之。已而甦，避之鄰邑。紹宗召尚寶卿。魯王監國，密疏通聲氣，擢副都御史，爲南直聲援。未幾卒。

馮元飂，字沛祖，慈谿人。崇禎十六年進士。北京之變，仲兄元飆爲兵部尚書，先事假歸；伯兄元颺爲津撫南下，見非清議，未幾相繼卒。元飆臨終曰：「吾無以慰伯兄未意志，汝其勉之。」元颺號咷曰：「敢不爲國盡死！」

弘光時，授職方主事。黄得功出禦左良玉兵，遷上江僉事，監蕪湖軍。上蒙塵，跳杭州。會沈宸荃兵起，大喜，誓兄靈而後行。紹宗起兵科給事中。監國魯王累擢太僕少卿、僉都御史、副都御史，總督軍務糧餉，巡撫蘇嵩兼督義旅，便宜行事，駐崇明，輸家財以充餉。未行而江干又破，哭兄靈曰：「國事今已矣，賴宗廟之靈，或可以一綫支，兄其冥助之。不然，當蹈海死，更不拜先墓矣。」乃赴舟山，黄斌卿館之。問王消息，則已入閩，呼天長慟。不數日病，勿藥。斌卿視之。曰：「世受國恩，先伯仲尤爲國元老，耿耿志未遂死，將以望之余，而今竟死，天也！」言迄而瞑。

元颺，少而聰穎，十五年待試春闈。時寇氛急，上倚任元飆，猜疑未赴，以爲未必能潔身苞苴外。思嘗之，一夕，有人叩元飆求見，元飆以事冗，命左右請元飂出見。客謂元飆也，出則其人以三千金求一邊帥缺。元飂怒，揮出之，以告元飆，喜曰：「真吾弟也。」次日，元飆入朝，上笑語曰：「卿家三相公真卿弟也。」元飆駭愕，乃知昨夜以三千金來者，上遣也。一時元飂之名大震。

從弟元飈，字徵遠，授兵部主事。國亡，悲憤死。

族人家禎，字吉人，崇禎四年進士。授中書舍人，册封周王。歷屯田主事、員外郎。王遷職方郎中。陳時政，擢太僕卿。翻城之役，與族子蕘以子弟數百人應之。邑市兒陳謨以告密爲清寧紹台道，家禎詬之，後與蕘被執下獄，得脱，肆力詩古文。弟子濚，字水文，諸生，篤孝。家禎入獄，宛轉申理，得全。

又劉性恒，字叔度，慈谿人。官生。以職方主事從元飈軍，亦死海上。

朱大定，字君永，秀水人。大學士國祚子，諸生，任中書舍人。乞外，授成都通判。强武多智畧。崇禎十三年十月，張獻忠攻城。請米五百石，爲粥食餓者，全活無算。防守北門，見城下一朱衣者巡軍，强弩射殪之，繼率壯丁八十出戰沙河鋪，手禽七人，斬三十餘級回，血淋漓堂上。兵退，遷同知，攝重慶。母病歸。安宗即位，起職方主事，累轉尚寶卿。上書史可法，請正君心、收人望、鋤奸佞、慎名器、足兵食、通民情，凡六事。可法動容，嘆曰：「救時才也。」將引用，而馬士英亂政，拂衣歸。

南京亡，首與虞廷陛、黄承昊散財起兵嘉興，揚言定王嗣統，馳詔南直恩例十九款。開讀新詔，聽者數萬人。大定守南門，募水師自成一軍。清兵至，陳梧以中軍率郡兵爲先鋒，大定以水師鄉勇爲後勁，迎戰陡門鎮西，殺傷相當。清兵忽繞出郡兵後，前後夾攻，郡兵敗，大定救之不利，急將水師返櫂，梧敗走。沈龍起兵烏鎮死。

嘉興陷，大定謁紹興，命以原官兼副使、職方員外郎，參贊吴易軍務，錢重爲監軍僉事，張賁自中書舍人遷職方主事，副總兵徐桐、沈鎮爲將。長興總兵金國雄，德清總兵龐元培，太湖總兵沈泮，雙林總兵陳恭賢，烏鎮副總兵楊維明及海寧查繼佐、董延貞，各以舟數百響應。監紀孫爽、海鹽參將朱民悦，結海鹽中後二營澉浦、乍浦；曹廣報宜興、長興恢復，吴江嘉善底平，與易剋師期，大定指縱之力爲多。陞左僉都御史，營龕山。大定善於駕馭而又餉以家財，故其軍不擾。

時蘇、嘗、嘉、湖、廣德，皆瞻望官兵。大定欲應方明於廣德，兵寡不能行。王命與熊汝霖出攻海鹽，大定請汝霖繇海鹽直搗蕪湖，斷清運道。汝霖兵單餉匱，亦不能進。大定建議合陳萬良間襲嵩江、嘉興，杭州可不戰而屈。

時敕諸將西進，皆逗留不前，大定痛切論之，因請千金募三百人。未至，海口兵潰，不肯渡，乃孑身密渡浙西。會易敗，乃返。又命與黄宗羲、王正中出屯譚山。江上潰，王入海，乃撤師入太湖招兵。易故部復集，推爲盟主，擢太僕卿、副都御史。

一日，屯兵國祚墓舍，病作。時有惡大定者，引佟國器兵邀擊。相拒數日，力竭，嘆曰：「臣欲延主上一綫之祚於海上，今力竭矣，無能爲，不如死以愧不死者。」乃大呼曰：「我大明副都御史也，可速殺我。」遂執送杭州，不飲不語。張存仁勸之再三。曰：「世受國恩，不偷生以負臣節。成仁志定，無多言。」下獄。復以利害説之，卒不屈。臨命挺立，神色如嘗。

兄子：茂暻，字子莊，崇禎十三年進士。授宜春知縣，禽宋子鳳、蔡全六，平天井窩盜。弘光時，遷職方主事。茂暉，字子若，諸生。有聲復社。任中書舍人。茂曙，字子蘅，官生。工文。茂曜，字子蕃，太學生。茂暘，字子药，諸生。茂皖，字子芾，諸生。茂疄，字子荃。從子茂昉，字子葆，官生。茂晭，字子蓉，諸生。皆布衣蔬食。

重，字鍾銘，吴江人。諸生。

賁，字繡虎，秀水人。工文，多奇計，終監軍副使。

桐，字古木，嘉興人。善射，精擊劍，能文詞。率衆守嘉興。城陷，入太湖，王授遊擊。兵敗爲僧，名木頭陀。任俠，結客徐州。後以義師事連，與子皆死於獄。

汪碩德，字澹石，歙縣人。碩畫弟。雄武多大畧。安宗立，官定番總兵，命募水師。南京亡，自署召募義勇督練水師兼戰船江防左府都督僉事，與陳伯美守嘉興南門。弘光元年閏六月十九日，戰南郊，其子小捷。清兵環攻，肘重創，斬數人死；伯美亦死，兵潰。碩德再集兵萬人雙林，進屯塘棲，與熊汝霖、吴易相應，以曹廣監其軍。監國魯王擢兵部右侍郎總督義師。上疏福京，陳兵以無糧迫民，民以無生投寇。上嘉納之，命扼八閩、金、衢。

吴易、黄蜚死，餘衆多歸碩德，改屯太湖，時以舟師出戰敗清兵。久之，兵單無援，麾下金公玉，安撫許耕奇、徐明道，同知吴任蘭，總兵史弘弼、田希成、毛濟宇，副總兵施子昭、曹辰，參將李世忠，參謀陸美初，相繼被執死，黄素莪自嘉湖降清，遂散衆湖居，爲僧名台石。

永曆六年正月，楊崑自南寧奉敕印密招浙、直義旅，諸蠟丸定盟疏上，過安慶見執，連及碩德。五毒火灼體，不及他一人。七年十一月二十八日，從容賦詩，與耿章光、蔣思宸、朱日升、齊應麟、張簡、嚴㷁、于在鎔、許諫、曾古風、顧光、方省吾、余坤、内官某及楊卓然、萬日吉、葉士彦、吴永功、堵道南等七十三人皆遇害，萬象瑞幸免。

廣，字遠思，崇德人。崇禎十三年進士。授汀州推官，清冤獄。調漳州，與龍溪知縣劉鴻嘉、漳浦知縣沈兆昌，請黄道周開講鄴山。入爲刑部主事，改禮部。南京亡，與嘉興義師，爲易朝紹興，歷兵科給事中，紹宗兵科。疏陳張捷、楊維垣並非死節。擢太僕少卿，通海上消息。事敗規什一。家饒於財，與楊式傳葬楊文瓚父子兄弟十柩。式傳字雪巖，鄞縣人，館廣家，去諸生。

公玉，休寧人。盛漖部總兵。隆武元年十月，會金有鑑攻長興不克，王封鎮南伯。

崑，本名國柱，江寧人。從盧象昇軍，官副總兵。南京亡，爲盧象觀先鋒。昭宗封南寧伯。

章光，字祖來，聊城人。侍郎如杞子，崇禎十年進士。歷曲沃、香河知縣，安州、易州知州，渾厚明威，寇起立殲。遷南京刑部主事，入爲武庫職方員外郎。北京破，降李自成。南歸，轉尚寶丞卿，督四鎮軍務。南京亡，爲僧，名真止；殯葬道周、金聲。崑事發，書辦趙之勝預爲井宅中，收章光屍畢，歸市五櫬，諷章光妻妾姚、朱及二女入井，命妻段先死爲導，僕陸向妻李，去二子從之下。姚、朱死，之勝出諸屍殯之，而自經於五櫬側。向以居外宅免。之勝，字叔濟，會稽人。

思宸，字翀之，鳳陽人。崇禎六年舉於鄉。授吴江教諭，與象觀兵。事敗，走山東，欲聯絡白馬黨以萬人起，不就。已與崑謀糾太湖義師。妻杜，妾謝、詹從死。

日升，字君旭，淮安山陽人。崇禎十六年進士。烏程知縣。

應麟，字獻禎，臨淄人。選貢。揵爲知縣，力革需派，募鄉兵禽董應鼇。

簡，蕪湖人。監軍僉事。

墺，字心若，不知何許人。從蜚軍。以不薙髮被執，得脫。

在鎔，字公冶，金壇人。崇禎六年舉於鄉。劉孔昭至戚，受僉都御史巡撫天津劄印。

諫，字水樵，上元人。諸生。

古風，廣西人。

内官某，不知何許人。死不仆。刑者取食其心，屍忽起走數尺，逐刑者，刑者驚駭死。

永功，字九叙，諸生。完髮。諸生趙起濂負骨歸隱。

道楠，字南枝，諸生。妻湯仰藥死；象瑞，字輯五，諸生。皆宜興人。

其後十年三月，吴逵與從父明烈通義師死。十五年六月，蘇州潘應祥等、溧陽端應國，及妻曹等，謀起兵死。又陳與胤、余士起、蘇冠、吴亮工、張卿、温如柏、陳際熙、胤芳、徐泰時、詹應鶚、張雲臺、楊梁承、徐埭、程傳中、徐煇、弘保，皆與義兵死，事跡失傳。逵，無錫人，逵弟，授總兵。

查繼佐，字伊璜，海寧人。崇禎六年舉於鄉，以才名領袖旦社。南京亡，與兄繼坤、族弟美繼，朱大定、沈宗埰、陸鳴時舉義里中。諸生孫旦復募得千餘人，董延貞起斬清兵，參將滿維城，都司湯瑞麟、姚欽明、胡士燦各以衆應，歐陽杰結義士淩應章、王志麟、周紹賢、錢元、陸瀾以舟五百來歸，聲勢甚盛。於是奉宗室華堞爲盟主，以任孔當、姚黄爲監軍，副總兵黄國仕主兵，高允超爲中軍，參將王鳳出聯絡。

聞魯王監國，繼佐至江上乞師。王授職方主事，進屯江上，與陳梧、朱壽宜、諸生倪會壽之師相應。時華堞千人、尹自鵬千人、李唐禧七百人、劉繼武五百人、趙淩雲五百人，及嵊縣喻恭復、尹燦之衆皆至，因説張名振合趨浙西。遷員外郎、郎中、御史。鄭芝龍密表臣魯，王信之，不開詔。繼佐上言：「芝龍貳於福京，即貳於我，不可信。」鋭意西渡，刺血乞師，命監紀推官宋珍激勵諸軍皆奮，而名振不進，乃啟劾之。

已以副總兵朱之彪爲先鋒，與清兵戰橋司、老鹽倉克捷。隆武元年十一月，國仕與總兵孔思誠、趙天祥、顧石大捷赭山，追奔數十里。明年五月，以千人自臨山西渡，合大定、陳濳夫、吴麟武，繼進千人，舟覆，改泊大竹山，援王正中得濟。無何，江上潰，兵散，參張煌言軍。

晚年，講學隱居，改名左尹，字非人。南潯莊史獄起，與范驤牽連獲免，遂以文酒聲伎浪遺跡四方以終。著罪惟録、魯春秋，簡質有史才。

繼坤，字寤五，諸生。有詩名。從黄道周遊。官職方主事監軍。事敗，抑抑死。美繼，自有傳。族人繼薇，爲僧，名聽月。弟亦爲僧，名雪萍。

孔當，字任之，濟寧人。崇禎十三年進士。授晋陽知縣，致仕。倡義殲寇，權濟寧道，任守禦事，城得全。已斬清兵南渡，遷浙江道御史。事敗歸。總河楊方興欲薦之。曰：「亡國逋臣，何顏復玷。」蔬食以死。

珍，長治人。選貢。博野知縣遷。

之彪，紹興山陰人。故許都先鋒，破東義，勇奪萬夫。都降，不可，脱去。鄭遵謙兵起，以衆數千歸之。兵甲犀利，久戰知步伐，遵謙疑之，分散其衆，授守備，怏怏。縛將殺之，有死友三人，一請伏鑕代，殺之；再請，再殺之；最後請死者曰：「殺三人矣，乞遲之彪一日死。」遂收繫。繼佐力請，得釋，擢遊擊，與鳳、韓萬象捷鹽倉。赭山之役，先登大勝，晉副總兵。後命招兵東義，違期伏法。

驤，字文白，海寧人。歲貢。孝友，工書，湛深經學。清舉方正，力辭。史案被逮，志氣如嘗。

與孔當同南渡者：

吴脈鬯，蓬萊人。副貢。北京亡，航海南京，上中興恢復議，授監紀推官，從王瀠軍，調杭州推官。浙東陷，山居注易卒。

孫宏，字幼閶，海寧人。崇禎十五年舉於鄉。與繼佐義師，授宣平教諭。卒官。

谷文光，字雷蜚，鄞縣人。起優童，負經略，官魯府長史，扈從天台。聞寧波兵起，定拒守計。魯王監國，超擢通政使。奉命犒江上師，王之仁不予優禮。以政事日亂，啟言：「臣官通政，在三代爲納言；在漢爲尚書，在唐、宋爲侍中門下侍郎之任。漢之衰，尚書歸於宦寺，唐、宋之衰，侍中門下外別有銀臺，進奏之吏不得其職。今殿下以一成三户起，而喉舌之任，已爲其官，極言謬論，無從式遏，何以節制諸悍帥。」王是之而不能用。又啟薦董德偁、萬泰，召用。已晋兵部右侍郎。

明年，總督寧紹台。以海門李礎貪懦，奪其印，自領鎮事，日練兵修舟。其後紹興失守，王得入海，文光力也。紹興陷，方國安使人守王。王悉其逆狀，命文光與海門總兵王朝鼎、王有志，副總兵張國忠、蔣應彪襲斬之，王乃得脱。台州陷，從扈舟山，失道而返，爲僧山中。歿銘旌自書「罪臣」二字。

朝鼎，海門衛人。

沈履祥，字其旋，慈谿人。崇禎十年進士，授侯官知縣，調甌寧。安宗立，上治安、責成二疏，皆見嘉納。監國魯王遷江西道御史，擢太僕少卿，督餉台州。而江上師潰，清兵陷台州，履祥走海門。或曰：「盍遯乎？」履祥曰：「死吾分也。」冠帶西拜者再，南拜者再，從容書絶命詞，與李唐禧出，被執。清命還職按閩。曰：「文信國有言，吾不能捍父母而反教人畔父母乎！」命且薙髮。曰：「頭可斷，髮不可薙也。」極口怒罵，遂縛樹上，射之死。家人求其屍，得首於桑園，得身於積屍中，以其有服帶可據，合而紉之以葬。贈太僕卿。妻某經死。

傅巖，字野倩，義烏人。崇禎七年進士，授歙縣知縣，遷户部廣東司主事，調儀制。監國魯王擢江西道御史，監朱大典軍，同守金華，屢卻清兵。相持三月，城圍益急。請招子弟豪望爲援，夜縋出歸里，集義勇數百人，率子齡發、齡熙及毛元時趨金華。猝遇清兵，不顧衆寡，奮擊，所殺過當。清急麾後隊數萬人至，巖等力竭，皆戰死。

齡發，字長含。齡熙，字長穆。當巖遇害，敵刃將及，齡熙年甫十四，以身翼蔽其父，刃著頤死。齡發赴救，矢洞右脅。移時甦，見父弟歿，手抉創死。長子齡文，字長質。諸生。從外至，得不死，奉母隱杭州，貧死。

元時，武舉。歷守備、東江督餉都司歸。與妻陳、媳王一門死。同時，王應麟，隨父遇兵代死。皆義烏人。

洪錫祚，字藿藜，東莞人。天啟元年舉於鄉。授龍遊知縣，遷處州同知，痛治黠吏，盜風寢息；大興庠序，士民愛戴。擢温處僉事。海盜多，誘登岸，火其舟而禽之。魯王監國，錢肅樂薦以太僕少卿内用，力辭。

福京詔頒，廷論紛呶。啟陳三策，曰：「蘇、嵩、嘉、湖列營數百，浙西府縣義旗高搴，鄞、慈、石浦兵鋭可用，平湖義師血戰方酣。殿下居中策應，宜簡舟師絶流而渡，杭州孤懸，必不能守。然後渡三吴以規南京：此上策也。吴中水師潛據太湖，若遣師聯絡，而另簡偏師，繇嘉興以趨蕪湖，杭州坐困，勢必返救，大兵躡之，浙西可定：此中策也。唐、魯誼屬宗藩，奚必爭親疏先後之分；義兵正兵皆爲國而來，奚必持分地分餉之議？倘我兵渡浙，定鼎金陵，大號自非閩人所能奪。若徘徊爭論，藩鎮中官得制義餉，弘光故臣不變鴞音，則義師解體，强虜方抵隙蹈瑕，從收漁人之利：是曰下策。」啟上不省。

初，閩詔頒浙，錫祚表謝，肅樂棄軍來依。清兵至，錫祚不敵，兵潰，乃航海，展轉海壇、福清，圖恢復。未幾，閩中又破，乃間歸，完髮匿跡水南鄉。聞肅樂死，大慟歐血。廣州再陷，鬱抑竟卒。

時浙江外吏之可考者：

張印立，臨朐人。崇禎十年進士。歷藁城知縣、南京户部郎中，遷杭州知府。

鄭爾説，字鼎殷，上饒人。崇禎元年進士。授建寧知縣，遷刑部主事，疏論温體仁、王應熊黨同伐異，忤旨罷。起廣東道御史，轉刑部郎中，出爲杭州知府。南京亡，爲童子師德興，二十年如一日。歸塗遇盜，劫衣篋，將去。審知爾説，即慚謝請死，其信孚强暴如此。

李茂根，當塗人。杭州同知，降清。

吴國粹，字燦侯，宜興人。太學生。杭州通判歸，多義行。

陳熙，羅定東安人。歲貢，杭州通判。

韋克振，字子寅，黄岡人。杭州通判，降清。

雷永祚，字長卿，太湖人。天啟四年舉於鄉。杭州推官。歸，家居十餘年，不赴鄉飲，卒年七十九。

毛重光，宜興人。副貢。杭州推官。

周有鳳，字仲翽，紹興山陰人。崇禎十五年舉於鄉。錢塘教諭。

郭振清，字霞舉，上虞人。歲貢。自奉化教諭調錢塘，歲大祲，庠士貧者多餓死，捐奉濟之。杭州亡，哭先師廟，歸，不見一人。

胡士瑾，字文瑜，貴池人。崇禎十三年進士。授烏程知縣，緩徵弛役。調仁和，乞歸。左夢庚東下，助劉開文守城。

秦之鑑，字尚明，武進人。崇禎十六年進士。授仁和知縣，歸。國亡，授徒馬山，後遊嵩山。至儀封，聞當事有薦之者，嘔血卒。

羅璧，字雙輪，光州人。崇禎十年進士。自滑縣知縣調仁和。

潘懋璋，分宜人。崇禎十五年選貢。海寧知縣，甫任而國變，歸。卒年八十一。

錢炳，字伯蘊，太倉人。選貢。授富陽知縣，德化刑清。

强恂，無錫人。崇禎十六年進士。自仁和知縣調富陽。

張世位，字季思，開化人。崇禎十五年舉於鄉。富陽教諭。

葉應期，字令我，處州龍泉人。歲貢。授金華訓導。許都亂，有贊畫功，攝知縣。調富陽教諭，歸。

謝甲，劍州人；蘇萬元，府谷人，皆餘杭知縣。

丁益高，字襄明，宣城人。廩貢。餘杭縣丞。兵間綏集，解圍完城。

楊秭，字若菩，嘉定州人。崇禎九年舉於鄉。於潛知縣，明斷平允。

陸瑞徵，嘗熟人。新城知縣。

劉鼎，字在調，進賢人。天啟七年舉於鄉。自孝豐知縣調昌化。

扶國祚，光山人。尚書克儉子。任中府都事、工部郎中。弘光時，頒詔江西，擢嚴州知府。

陳其德，字太華，秀水人。歲貢。嚴州教授。

高秉衡，鳳陽人。淳安知縣。

馬軾，字止齋，大理太和人。崇禎十二年舉於鄉。遂安知縣，隱。

陸長祚，長洲人。壽昌知縣。

方可選，字贊明，望江人。恩貢，壽昌教諭，二攝知縣，有安民功，歸。卒年九十。

李永周，字完浟，成都人。舉於鄉。分水知縣。北京亡後，卒官。

吳人傑，字海隅，南昌人。歲貢。分水知縣，置豪猾汪德華於法。清兵至，勸降，不應，走閩死。

張元度，字侯裕，新會人。恩貢。分水知縣，革火耗，禁溺女，修建隄堰。乞歸。

聶胤緒，五河人。選貢。嘉興同知。

向秋闈，溆浦人。萬曆三十一年舉於鄉。嘉興通判。歸，偕武耀、武瓚團鄉兵，立雞頭山寨，與袁自志犄角，以壽終。耀，字燦我。瓚，字明玉。

李位卿，平江人。選貢。嘉興通判，走。

方學聖，字振林，貴池人。崇禎十六年進士。秀水知縣，以決獄稱。

八。

唐銓，字子曹，金山衞人。授秀水知縣。將之任而杭州亡，衣冠北拜嘔血死。

顧其康，字錫元，崑山人。諸生。朱國昌薦賢良，授秀水教諭。清徵不應。卒年七十八。

羅聯第，高要人。選貢。嘉善縣丞，降清。

解學周，字蝶齋，興化人。選貢。崇德知縣，去奸，革火耗。

謝時揚，江夏人。崇禎九年舉於鄉。崇德知縣。

劉廷憲，字秋岳，同安人。天啟元年舉於鄉。桐鄉知縣，清慎執法，汰耗鋤猾。

張如戴，字琅石，閬中人。崇禎九年舉於鄉。桐鄉知縣，降清。

龐霦，字象六，吴江人。崇禎十六年進士。平湖知縣，歸。陳名夏迭招，不出。

袁建高，章丘人。崇禎十五年舉於鄉，平湖知縣。

劉文舉，順天人。歲貢。平湖縣丞，降清。

尹天民，宜興人。太學生。海鹽縣丞，走。

龔則悦，龍遊人。崇禎十七年選貢。海鹽教諭。

姜賜履，南昌人。崇禎十三年特用。自連平知州擢湖州知府。

薛大訓，字六詁，吴江人。父世德，字遂初，諸生。南京亡，不食死。大訓，副貢。歷成都通判、衡州同知，撫字多勞。尼天然稱將軍，平之。遷湖州知府，未至而杭州亡，爲道士服終。

朱國藩，南康人。恩貢。湖州同知。馮汝繙，淮安山陽人。天啟四年舉於鄉，湖州推官。皆降清。

黄鐘諧，無錫人。崇禎十六年進士。歸安知縣，隱。

楊春芳，字四知，寧德人。歲貢。歸安教諭，降清。

錢爾登，字叔嘉，無錫人。崇禎十六年進士，長興知縣，鋤奸禁暴，政寬民和。歸後寢處一閣，士國寶强出，誓死不應。少事心性，服高攀龍書，殁以書殉。

張國寶，長興訓導。降清。

馮瑋，字玉九，杞縣人。崇禎十六年進士。德清知縣，不應清召。卒年八十八。

陳汝奇，鄞縣人。天啟元年舉於鄉。德清訓導，降清。

左國柱，字子正，桐城人。都御史光斗子。副貢。武康知縣，民尸祝之。

余懷悌，字幼良，婺源人。恩貢。武康知縣。

王一友，義烏人。歲貢。武康教諭，與縣丞顧明俊、典史陳國善降清。

周甲，歸安人。武康訓導，爲僧大靈山，名超覺。

黃翼聖，字子羽，太倉人。薦舉。新都知縣，拒寇全城。各邑倡除衙蠹，變作，邑獨安堵。遷安吉知州。國亡杜門。

甘元鼎，字公調，豐城人。歲貢。孝豐知縣，愛民好士。清兵至，自經獲救，不知所終。

朱介，富順人。以部郎遷紹興知府，清課興學，省刑出滯，民頌神明。

沈諫，字信吾，陜西人。舉於鄉。紹興同知。

徐文炳，偃師人。歲貢。陳瀛，仁和人。崇禎六年舉於鄉，皆山陰教諭，降清。

朱允治，永康人。山陰訓導，走。

查嗣馨，字魯生，海寧人。崇禎十五年舉於鄉。名著復社。授會稽知縣，首誅暴掠，請緩徵，得罪方國安，欲竄之去，民爭留任。周王聞而嘆曰：「真父母也。」未幾，以張幼學代。清兵至，欲城守，民奉入山。後仕於清。

蔣星耀，字槎長，武進人。天啟七年舉於鄉。蕭山知縣，調會稽。

吴主一，字協于，義烏人。崇禎六年舉於鄉。會稽教諭，歸卒。

賈爾壽，字祺生，順天通州人。歲貢。與兄以禄散財結客保鄉里。部分未竟，會清兵至，鋭甚。兵敗寶坻，急謀南下，聯絡十三萬人水陸並發。久之，乃依史可法。江東兵起，華堞召，不應。授蕭山知縣，兵荒調劑，兵不譁，民不苦役。及去，庫銀十萬，封識如故。尋卒。以禄，字泰榮，諸生。北京亡，妻李經死。以禄哭先帝窆後，乃去南京。時議密聯絡北方，毅然請行，潛入北京。具疏諸路空虚狀，乞急擊擣虚，不省。南京亡，追扈不及。行至廣德，以貌類馬士英，爲人誤擊死。魯王監國，贈職方主事。

高應魁，紹興山陰人。蕭山主簿，拒寇，去。

潘允濟，字威掌，杭州新城人。崇禎十二年舉於鄉，蕭山教諭。

許士龍，嘉善人。歲貢。蕭山訓導，去。

林喬枝，慈谿人。歲貢。蕭山訓導，降清。

李長盛，字傳叔，興化人。大學士春芳曾孫。副貢，諸暨知縣。

王日俞，字喜賡，嘗熟人。崇禎十六年進士。餘姚知縣，疏褒許琰。子澧。

黄元如，光州人。天啟四年舉於鄉。餘姚教諭，與典史王思聖降清。孫嘉績兵起，伏誅。

程章，字含譽，休寧人。副貢。餘姚訓導，守城有功。不仕。

蔣時秀，字粹林，桂林興安人。崇禎三年舉於鄉。嵊縣知縣。

陳昌期，字五際，印江人。崇禎十三年特用。嵊縣知縣，加職方主事，降清。

武際飛，字九羽，金壇人。崇禎十三年特用。新昌知縣。國亡賣卜。

王丕顯，字君謨，嵩江華亭人。恩貢。新昌訓導。入山，餽米不受。

徐懋曙，字復生，宜興人。崇禎四年進士。以禮部員外郎典試廣東，遷吉安知府，有防禦功。歷黄州、寧波。

黄以陞，龍溪人。崇禎中薦孝廉，歷寧波同知、知府。

孔聞語，六安人。恩貢。寧波通判，降清。

馬夢桂，字秋卿，嘗熟人。崇禎十六年進士。鄞縣知縣，不受羡金。

詹承志，字確庵，筠連人。崇禎十六年進士。嘉善知縣。起兵敗，謁紹興，調慈谿。歸隱吴江。縣丞林宗腴、教諭戴在中降清。

胡澄一，字上水，揚州通州人。慈谿主簿，歸。

姜瑄，黄岡人。代顧之俊爲奉化知縣，强毅有幹才，民以安堵。

林堯斌，安溪人。萬曆四十三舉於鄉，象山教諭，遷知縣。

孫敷華，南直人。舉於鄉。黄開先，建寧人，崇禎六年舉於鄉，皆代姜圻爲象山知縣。

蔣懋，南直人。象山縣丞，靖暴安民。

茍天麒，巴縣人。恩貢。歷宿嵩、望江知縣，太平推官，揚州江防同知，遷台州知府。

戴立大，字瓠容，蕪湖人。萬曆三十七年舉於鄉，歷夏邑知縣，户部主事、員外郎，榷揚州。遷台州知府，以廉得民。南京亡，民變，執虞大復，推官婁應奎走。立大招安之，獲大復至杭州。奉魯王監國天台，卒。

陳三謨，益都人。萬曆四十六六舉於鄉，台州知府。

史起明，字文起，翼城人。崇禎十六年進士。中書舍人，降李自成。南歸，從沈猶龍起兵嵩江，權華亭知縣。城陷，謁紹興。調臨海。降清。

鄭尚藩，字良价，浦江人。選貢。臨海訓導，國亡拒薦，研王守仁學，以名教自任。

張履謙，孝感人。歲貢。

衛寧殷，河内人。崇禎十五年舉於鄉，黄巖知縣。

文可紀，字大美，豐城人。天啟元年舉於鄉，天台知縣，在邑大治。衣冠完髮，清召不出。從子振祚，字孝先，諸生。不應試。

何天寵，宛平人。崇禎十五年舉於鄉。天台知縣。

施于身，昆明人。崇禎九年舉於鄉，仙居知縣，破縉雲寇，致仕，入山參禪。

葛延方，不知何許人。仙居知縣，禁絶低價，不取民一錢，平安仁盜，民賴以安。

徐奇，字而法，會稽人。歲貢，仙居訓導。劉宗周弟子。

張紹謙，字道益，南城人。選貢。寧海知縣，梓方孝孺集，卒官。

劉辰楫，同安人。天啟七年舉於鄉。

張開泰，荆門人。選貢，寧海知縣。

單世德，字爾達，巢縣人。崇禎十六年進士。永康知縣，平長生教，調金華。

李汝斌，溧陽人。吏員。金華縣丞遷知縣。

陶元祐，字三寧，武進人。崇禎十六年進士，蘭谿知縣，隱。

袁俊年，公安人。崇禎十二年舉於鄉。自樂清知縣調蘭谿。

王家臣，分水人。歲貢。遂昌訓導，招羣盜受命。遷蘭谿教諭。國亡，抑抑死。

曾五典，字子叙，太倉人。崇禎十六年進士。東陽知縣。在任三月，病歸。

顧襄遠，嵩江華亭人。恩貢。東陽知縣。

吴琪滋，武進人。崇禎十五年舉於鄉。東陽知縣，降清。

蕭光辰，徐州人。崇禎十二年舉於鄉，義烏知縣。

徐美，南城人。崇禎十三年特用。永康知縣。

方士衡，歙縣人。永康縣丞。

黄立中，永嘉人。武義教諭。

陳正卿，無錫人。崇禎十二年舉於鄉。浦江知縣。

劉登之，字公榮，紹興山陰人。恩貢。浦江教諭。入山。

宋貞夫，同安人。天啟四年舉於鄉。湯溪知縣。

王有旦，南直人。歲貢。湯溪知縣。

王應井，陝西人。歲貢。湯溪知縣，與縣丞林映陽、典史陸嘉懋降清。

王榜，宜興人。崇禎十三年特用。衢州知府。

謝所舉，字瞻菉，湘潭人。萬曆三十七年舉於鄉。湖口知縣，徵稅先豪族，不足，自出財爲貧民代償逋賦。

汪應晋，字康叔，休寧人。左良玉東下，犒牛酒爲民請命，良玉飭兵不犯。遷衢州同知。

孔時發，字式中，杞縣人。選貢。參軍，紹興授衢州通判，遷同知。清除知府，不應。

洪明偉，字筠軒，歙縣人。歲貢。衢州訓導，歸。

姜志宏，字參字，昌化人。崇禎十三年進士。西安知縣。

張鵬騰，字扶九，平越人。歲貢。歷永康訓導、西安教諭。清至，固守不屈。

李用和，撫州東鄉人。歲貢。龍遊訓導，止趙民懷兵掠，後卒。

萬鵬颺，雲夢人。萬曆四十三年舉於鄉。嘗山知縣。

李茂，字小白，瀘州人。吏員。長興典史。清兵至，走。紹興授嘗山知縣。崇禎十三年特用。江山知縣。隱績溪。

馬瑞圖，字遇伯，祥符人。崇禎十五年舉於鄉，江山知縣，多惠政。

劉諫，字豫沙，建昌新城人。歲貢。安吉判官遷江山知縣，未任歸，卒年七十。

史遇，字于巷，嘉興人。崇禎六年舉於鄉。江山教諭，有詩名。

朱朝藩，字石笏，陸涼人。天啟四年舉於鄉。開化知縣，與典史鍾淑哲降清。淑哲，溧陽人。

藍倬默，字識之，古田人。處州同知，出數千金助餉。

舒自志，字履初，溆浦人。萬曆三十七年舉於鄉。自武義知縣遷處州同知，清衙蠹，加僉事銜，歸。湖南陷，以鄉兵保龜山三年卒。子養粹，字完白，絕意進取。

陳所聞，甌寧人。選貢，自光澤教諭遷處州教授。

李之杜，字惟斷，朝邑人。歲貢。永康教諭、處州教授，署龍泉知縣，歸，卒年七十三。

郭運暄，中江人。崇禎十二年舉於鄉。江延正，泰寧人。皆麗水知縣。

李應祚，宜賓人。崇禎三年舉於鄉，青田知縣。任滿不得歸，流寓邑中。年八十餘，猶日手一卷。

朱宗時，寧陽人。天啟七年舉於鄉。青田知縣，降清。

劉大有，雒陽人。恩貢。縉雲知縣，寬大愛民，兵間艱險，鬻宅衛民。去日，民貲之乃得歸。

劉日鎰，字宛懷，南昌人。崇禎九年舉於鄉。遂昌知縣，與民休息。國變，持以鎮静，民用不擾。調嵩陽，革弊政，民多安業。潰兵數萬至，傾囊力救；有不獲者，爲民請命，合邑以全。勞瘁卒官。子一經，居嵩陽，安貧樂道。

王日新，字學孟，仙遊人。嵩陽掾，禽湯八斤。焦勞卒官，知府汪宗明歸其喪。

張建高，廣寧人。歲貢。負武畧。授嵩陽知縣，修通濟堰，平黄村口山寇。調遂昌，降清。

孫振圖，平陰人。崇禎三年舉於鄉。遂昌教諭，作人有方。

王希乾，桐廬人。遂昌訓導，有介節。

周希契，旌德人。龍泉主簿。閩寇入，攝知縣。以監紀從熊人霖平寇。後卒於官。

袁嵩年，公安人。崇禎十二年舉於鄉。龍泉知縣。

周正春，字元卿，宣城人。龍泉典史，督捕不輕入人罪。總兵包甲潰兵至，弁吴招兵，爲民所殺。甲欲屠城，正春與監紀湯、方二人痛哭訴之，事乃已。民爲建祠。

施春錦，字文蘊，開化人。崇禎六年舉於鄉，龍泉教諭。

李肇勳，章丘人。崇禎十二年舉於鄉。慶元知縣。

曹壽，不知何許人。

陳國璧，連江人。選貢。慶元知縣。

王兆修，字爾吉，會稽人。少師宗周，博極羣書，尤深易理。以歲貢授慶元訓導，歸詩史自娛。

鄒期相，字公寅，無錫人。副貢、賢良方正。歷奉議知州，浙江都司經歷，攝雲和知縣，力拒許都。北京亡，請當路發喪哭臨。歸止惠山祠卒。

嚴日明，汲縣人。崇禎十六年進士。雲和知縣。

歐中蘇，字眉仙，潼川人。崇禎六年舉於鄉。雲和知縣，立學宫，有清操。

卜云吉，字允臧，武進人。崇禎十六年進士，宣平知縣，勤政清盜，革陋規。

陳士奇，全椒人。宣平知縣。

甘麟徵，中江人。崇禎十二年舉於鄉。景寧知縣。

徐日隆，宣城人。歲貢。景寧知縣，修城講學。

仇秉忠，字藎思，歙縣人。崇禎十三年特用。歷永寧知州、杭州、温州同知，以文章政事稱。

伊志可，字有之，寧化人。諸生。朱繼祚薦温州通判。

酈用賢，諸暨人。歲貢。温州教授。

戴啟禎，字養和，嚴州建德人。歲貢。永嘉訓導，作人甚盛。卒年八十三。

張岳，字開淳，莆田人。崇禎十六年進士。自海鹽知縣調瑞安，悍弁過境及長雒王至，汰供億。隆武二年，米斗銀五錢，振活無算。左七黨亂，起兵平之。

黄天弼，崇仁人。歲貢。瑞安知縣。

葉伯奮，字復迅，同安人。樂清知縣。

高凌雲，威縣人。例貢。樂清知縣，降清。

林之驥，字子千，莆田人。崇禎十六年進士。江陰知縣。鄭鴻逵兵過境，以大義説之，得免鈔畧。南京亡，或勸降清。曰：「讀書出仕，不能出力，尚欲事二姓耶？去決矣。」遂謁福京，調平陽。

李裴，太倉人，隆武二年舉天興鄉試。授泰順知縣。

顧孝弘，字弘之，崑山人。廩生。泰順訓導，歸。卒年七十。子清宴，事别見。

龔策，字晋之，武進人。同知。詩多變徵音。

羅章黼，建昌廣昌人。選貢。方鳴秋，字元駕，龍遊人。諸生。有才畧。卒年八十。皆通判。

張一孺，字尚珍，浦江人。歲貢。知州。清召山林隱逸，不赴。
包蒙吉，字聖修，遂昌人。崇禎十七年恩貢。州同知，隱。李之芳招，不出。
朱泌之，餘姚人。恩貢。王至雍，永嘉人。何懿，字無垢，臨海人。諸生。譚于墀，字扶峯，嘗熟人。崇禎十七年選貢。皆推官。
章光祺，字奕卿，鄞縣人。諸生，監紀推官。以匿屠獻宸於家，受嚴刑，幸脱。
胡東甌，不知何許人。崇禎十六年進士。
金應元，會稽人。天啟元年舉於鄉。
趙嗣先，樂清人。崇禎六年舉於鄉。
張正乾，字南一，江陵人。崇禎十二年鄉試第一。隨毛壽登閩、廣、直、浙，見馬阮亂政，歸。
葉雷生，紹興山陰人。崇禎十五年舉於鄉。殷埕，字元亮，嘗熟人。崇禎十七年選貢。胡寧濂，字君寧，歸安人。選貢，詩文杜門。皆知縣。
陶元勳，字全一，會稽人。徐彦，龍遊人。崇禎十七年選貢。皆縣丞。
沈潛，字乾初，慈谿人。監國時選貢。負經濟才，上救時四務，授教諭。詩雄放慷慨。抑塞死。

朱之裿，字其瓛，海寧人。恩貢。訓導，隱。

季振宗，字慧卿，義烏人。恩貢。自南虎賁左衛經歷謫縣丞，歸。

贊曰：潁、文光首倡畫江，抱一、綸、金芝、弘仁轉側艱阻，本澈、采、元飈、履祥起義海上，大定、碩德、繼佐、巖、錫祚措拄一方，皆監國魯王之能臣。子龍掞藻摛秀，以文章名世，而多惠愛，既死，蘇、嵩郡縣無不爲位以哭，此尤難能者。廷揚英鋭多奇，化碧原頭，麾下七百人無一降者。司馬遷感田横之士五百從亡，憾無善畫者莫能圖，於廷揚亦云。悲夫！